러브 섹스 그리고 비극

러브, 섹스 그리고 비극

우리가 몰랐던
고대 그리스의 사랑

지은이 | 사이먼 골드힐
옮긴이 | 김영선
펴낸이 | 한병화
펴낸곳 | 도서출판 예경

초판 인쇄 | 2006년 12월 8일
초판 발행 | 2006년 12월 15일

출판등록 | 1980년 1월 30일 (제300-1980-3호)
주소 | 서울시 종로구 평창동 296-2
전화 | (02) 396-3040~3
팩스 | (02) 396-3044
전자우편 | webmaster@yekyong.com
홈페이지 | http://www.yekyong.com

값 19,800원
ISBN 89-7084-324-8 03900

LOVE, SEX & TRAGEDY
Why Classics Matters

Love Sex and Tragedy

우리가 * 몰랐던 * 고대 * 그리스의 * 사랑

러브 섹스 그리고 비극

사이먼 골드힐 지음
김영선 옮김

예경

차 례

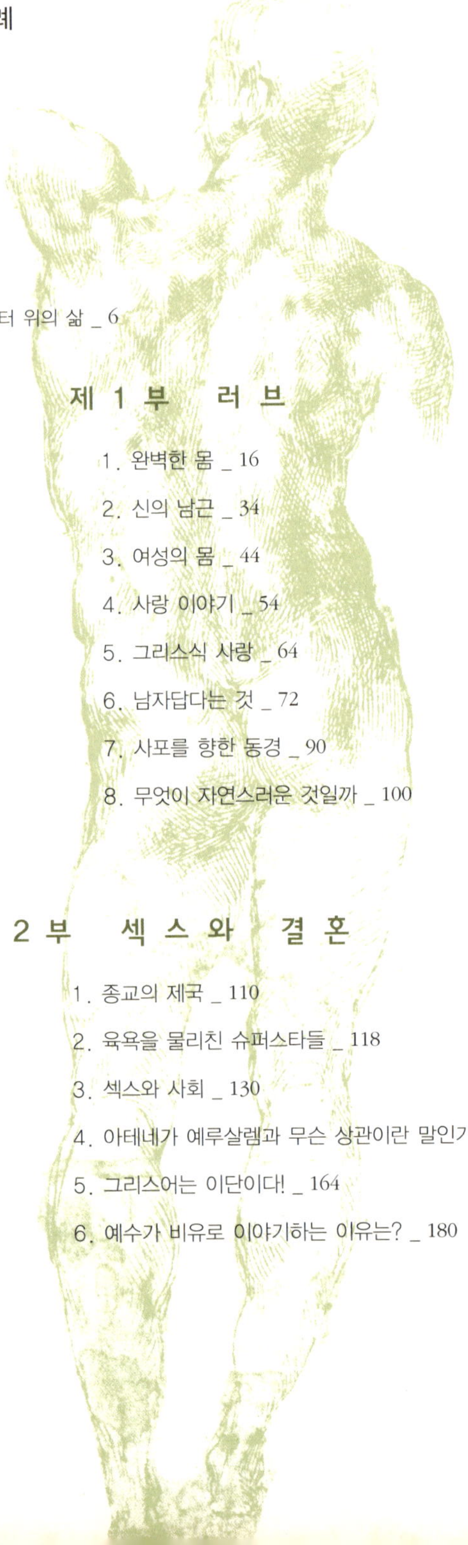

제 1 부 러 브

제 2 부 섹 스 와 결 혼

제 3 부 선량한 시민

제 4 부 오락

제 5 부 할리우드와 프로이트

옛터_위의_삶

눈부시게 아름다운 여배우 멜리나 메르쿠리는 그리스의 가장 유명한 문화부 장관이 되었다. 그녀는 청중을 움직이는 법을 잘 알았다. 메르쿠리는 한 대규모 국제회의에서 연설을 하기 위해 일어섰다. (영어를 아주 잘했지만) 강한 그리스 억양으로 그녀는 말했다. "실례합니다만, 우선 몇몇 그리스어 단어를 언급해야겠군요." 메르쿠리는 각국 대표들이 긴장을 늦추고 편히 기대앉는 동안 잠시 말을 멈추었다가 아주 천천히 다시 잇기 시작했다. "민주주의, 정치학, 수학, 연극……."

현대 서구에서 문화에 관한 이야기는 곧 그리스에 관한 이야기이다. 모든 자의식적인 예술 생산물의 최고 형식들은 그 기원과 근거가 고대 세계까지 거슬러 올라간다. 현대 연극은 고대 연극에서 이상理想을 발견하며, 그 역사는 로마의 희극을 거쳐 그리스의 비극까지 더듬어 올라간다. 오페라는 고대 연극 공연들이 가졌던 강력한 힘을 되찾으려는 시도에서 시작되었다. 소설, 서사시, 시도 모두 고대에 근원을 두고 있다.

미술은 고전적인 몸에서 모델을 찾고, 미술관은 고대 신전처럼 지어진다. 베누스만큼 아름답고, 세이렌처럼 매혹적이며, 아도니스만큼이나 돋보이고, 헤라클레스처럼 강력한 이미지들이 서구인들의 상상력과 언어의 바탕을 이룬다.

하지만 고급예술에만 고전의 유산이 스며들어 있는 것은 아니다. 서구 시민들은 웅변과 행동으로써 민주주의의 가치를 찬미하고 증진시키면서 민주주의를 위해 싸우고 죽는다. 오늘날 문명화된 국가에서는 민주주의가 필수적이다. 민주주의의 뿌리와 원리 또한 고전기그리스가 페르시아 전쟁에서 승리한 이후 기원전 5세기에서 기원전 4세기에 걸친 도시국가들의 최전성기-옮긴이의 고대 아테네에서 찾을 수 있다. 정치가 메르쿠리가 알고 있었던 대로, 정치학은 그리스인들이 창안한 것이었다.

우리는 삶의 가장 사적인 수준에서도 고전과의 연고緣故에서 벗어나기가 어렵다. '레스비언'은 여성을 사랑한 그리스 여류시인 사포가 살았던 섬의 이름인 '레스보스'에서 나온 말이다. 동성애에 관한 논의에서는 '그리스식 사랑'이 예로써 거론되며, 정신적으로 충만한 교우관계는 '플라토닉한 관계'로 불린다. 번화가의 은행 건물 바깥에 서 있는 고대 그리스풍의 기둥에서부터 체육관에서 땀을 흘리며 운동하는 것까지, 그리고 완벽한 복부 근육이란 어떠해야 하는지에 대한 우리의 생각에 이르기까지, 고대 세계의 유산은 현대 일상의 바탕을 이룬다.

의식하든 못하든 우리 주변 도처에, 그리고 우리 안에 고전의 유산이 남아 있다. 하지만 르네상스 이래 오늘날처럼 옛 고전을 잊으려는 시대는 없었다. 이전 세대들의 마음에 넘쳐흘렀던 이미지와 언어를 이해하려면 이제 안내서가 필요하게 되었다. 미술관에 걸린 고전 신화 그림에는 설명을 위한 꼬리표를 붙여야 하고, 시에 등장하는 고전과 관련된 모든 내용들에는 주를 달아야 한다. 오랫동안 서구 문화의 토대, 즉 공통된 상상력의 원천이던 것이, 대중문화의 확산과 더불어 전 서구의 현대 교육제도에서 차례로 뿌리째 뽑혀 나가고 있다.

현대는 기억상실증에 걸렸다. 과거, 문화 전통, 우리 자신의 역사에 대한 애착과 관심에 대한 기억상실 말이다. 욕설이나 섹스를 자기네가 처음 발견했다고 믿으며 부모들의 욕망을 이해하지 못해 빤히 쳐다보고 있을 수밖에 없는 청춘들처럼, 현대 문화는 자신이 그 유산을 잊고 있다는 것 자체도 스스로 알기 어렵다.

이 기억상실의 한 가지 증세는 과거의 유산이 쉽게 진부하거나 구닥다리로 보일 수 있다는 것이다. 이러한 유산의 가장 피상적인 흔적들만 본다면 그것은 확실히 진부하다. 은행 바깥의 고전풍 기둥들은 위엄과 존경에 대한 바람을 나타내는 데 지나지 않으며, 고전의 이미지를 이용한 광고판은 고급스러움의 상징을 교묘히 조작하고 있을 뿐이다. '베누스처럼 아름답다'는 말은 진부한 문구이다. 이런 것들이 오랜 전통을 손쉽게 확인할 수 있는 단서이기는 하지만, 이 책은 이렇게 유포되어 있는 피상적인 과거 이미지들에는 관심이 없다.

이 책은 현대 미술과 문학에 고전 신화가 어떻게 나타나는지에 대한 안내서가 아니다. 그리고 디즈니의 만화영화 〈헤라클레스〉나 텔레비전 드라마 〈여전사 지나〉하고도 무관하다. 그렇다고 고전 연극의 현대적 재해석을 논의하지도 않는다. 교육제도와 정치가들에 반대해서 한탄을 하려는 것도 아니다. 내가 초점을 맞추고자 하는 것은 통상 사람들이 고전에 끌리게 되는 그런 것들이 아니다. 그보다, 이 책은 왜 고전이 중요한가를 다룬다.

이 책 전반에 걸쳐 왜 고전을 배우는 것이 현대 서구인의 삶의 주요 관심사를 이해하는 데, 다시 말해 서구인의 자기이해에 근본적으로 중요한지 보여주고자 한다. 여기서 살펴볼 문제는 우리의 공적, 사적 생활에서 가장 기본적이고 중요한 관심사들이다. 과거가 어떻게 오늘날 우리의 정체성을 형성하는가? 우리의 성적 욕망과 몸에 대한 인식은 어느 정도로 문화적 산물인가, 혹은 자연적으로 타고난 것인가? 사회, 그중에서도 특히 결혼 및 가족과 관련된 종교의 역할을 어떻게 이해해야 하는가? 민주시민이란 무엇을 의미하는가? 우리의 여가활동은 우리 자신과 사회에 대해 무엇을 말해주는가?

신화와 역사, 섹스와 몸, 종교와 결혼, 정치와 민주주의, 오락과 볼거리, 이들은 현대 서구인의 자아를 구성하는 기본적인 블록 조각들이다. 무엇보다도 교육과 예술의 기억상실증이 점점 더 현대 문화에 확산되고 있는 작금에, 이들 블록 조각들을 이해하려면 고전 이해가 중요함을 거듭 강조해야 할 필요가 있겠기에 이 책을 쓰게 되었다. 여기서 중요한 것은 현대인의 삶을 이해하는 데 고전이 얼마나 필수적이냐 하는 점이다.

이런 일련의 물음들은 실로 아주 광범위하지만, 이 책의 기본원칙은 간단하다. 그것은 다음의 한마디로 요약될 수 있다(물론 이 말도 한 고대 작가한테서 얻은 것이다). "네가 어디서 왔는지 모른다면, 너는 언제까지나 어린아이에 지나지 않을 것이다." 이는 로마의 정치가이자 웅변가인 키케로의 말이다. '너는 언제까지나 어린아이에 지나지 않을 것이다' 라는 말은 타락한 정신문명이 자연 상태의 인간을 오염시키기 이전 시대의 낭만적인 꿈같은, 더없이 기쁘고 천진난만한 상태를 의미하는 것이 아니다. 이는 세상에서 충분히 실현할 만한, 또는 세상이 어떻게 돌아가는지 올바르게 이해할 만한 힘, 권한, 능력 없이 삶을 허비하리라는 뜻이다. 고대 로마에서는 아버지가 어린 자식을 죽여도 처벌받지 않을 수 있었으며, 그러한 엄한 로마식 미덕은 칭송을 들었다. 어린아이는 기껏해야 영향력 없는 예비 어른일 뿐이었다. 키케로는 우리 자신이 누구인지 모른다면, 이런 어린아이 같은 삶이 우리를 기다리고 있다고 위협하고 있는 것이다.

키케로에게 우리가 어디서 왔는지 아는 것은 무엇보다도 중요하다. 우리가 태어나기 전 무슨 일이 있었는지 알아야만 한다. 우리가 어디서 왔는지 모르는 것은 종신형에 처해져 마땅한 일이다. 이는 무지에 대한 비난만이 아니라 무능함의 선언이기도 하다. 키케로가 '네가 어디서 왔는지 아는 것'이라고 한 말의 의미는 오늘날 왜 우리에게 고전이 중요한가 하는 문제의 핵심과 직결된다.

우리는 가정에서 태어난다. 고대 로마에서 가문은 중요했다. 키케로 자신은 로마의 상류가정 출신이 아니었다. 그는 끊임없이 자수성가한 사람으로서의 자부심과, 로마사회의 최고 지위를 차지하는 데 요구되는 계급과 혈통을 중시하는 속물근성을 동시에 보여주었다. 로마의 좋은 가문들은 공식적인 신분의 표시로서 복도에 줄줄이 조상들의 데스마스크를 걸어두었다. 로마인들은 자신을 자신이게 하는 사자死者들 사이에서 살았던 것이다.

프로이트 이후의 현대 세계에서도 과거와 연결되는 가족 드라마가 현대인을 규정짓고 있으며, 자신의 뿌리, 곧 자신의 가족사를 아는 것은 자기발견에 관한 이야기이다. 우리는 마음속에 우리의 데스마스크를 가지고 있다. 우리가 우리 가족과 어떻게 연결되는지 아는 것이 자기이해에 관한 이야기의 중심을 이룬다. 하지만 키케로에게는 개인의 정체성 문제보다는 '내가 어디서 왔는지 아는 것'이 훨씬 더 중대한 문제였다.

공적 삶 또한 한 개인을 규정짓는다. 키케로는 피비린내 나는 내란 속에서 정치 이력을 쌓았다. 내란의 결과 로마 공화정이 무너지고 아우구스투스가 로마제국의 첫 황제가 되었다. 클레오파트라의 애인이자 내전에서 패배한 측을 이끌었던 마르쿠스 안토니우스는 키케로를 암살하라고 지시했다. 키케로가 특히 자신에 대해 적대적인 발언들을 해왔던 까닭이었다. 안토니우스는 원로원에서 번번이 자신을 지목하고, 그리고 자신을 공격하는 글을 써대었던 키케로의 손을 잘라서 가져오게 했다.

키케로는 격동의 시대를 살았다. 그는 정치활동에 일생을 바쳤다. 내란의 시기에 정치는 모든 시민의 삶에 영향을 미친다. 그리고 국체國體의 변화는 삶의 경험에 근본적인 충격을 가져온다. 로마의 정치 변화가 키케로의 공적, 사적 삶을 규정지었다. 이러한 정치적인 이야기가 키케로의 역사의식과, 그러한 정세에서 그가 어떻게 영웅 역할을 했는가 하는 이야기의 바탕을 이룬다.

'내가 어디서 왔는지 아는 것'은 로마의 정치무대에서 활약하는 이들에게 매우 중요한 문제였다. 하지만 그것이 하나의 정치적 이상이 되면서 현대 서구의 역사에 오점을 남기기도 했다. 종교 및 이념 집단의 열렬한 자기동일화가 지독한 증오를 자극하는 것과 마찬가지로 종족주의 및 민족주의 정치가 무력충돌의 발단이 되기도 했다. '내가 어디서 왔는지 아는 것'은 거리에서 일상적으로 폭력을 접하는 사람들에게는 난감한 정치 이상이다. 개인의 이야기는 그 자체가 정치성을 갖는다. 키케로에게 그리고 오늘날 우리에게 '나는 어디서 왔는가' 하는 것은 분명 정치적인 문제이다.

하지만 자기이해에는 이러한 정치사 이상의 것이 요구된다. 문화적 정체성이 또한 '내가 어디서 왔는지 아는 것'과 관련해서 격론을 불러일으키기 때문이다. 서로 다른 문화들이 적대하게 되면, 경계를 넘나들거나 혹은 경계를 통제하거나 하는 모든 정황에서 자기주장과 힘이 난무하게 된다. 로마제국이 팽창하던 시기에 그랬던 것처럼, 이는 오늘날 세계 각국의 관계에서 익히 볼 수 있는 상황이다.

로마는 놀라우리만치 빠른 속도로 지중해를 지배하게 되었다. 하지만 그리스의 정복은 이들 정복자들을 특히 불안하게 만들었다. 로마인들이 접촉하게 된 그리스인들은 오래전 이탈리아 지역에 식민지를 두었던 사람들이기 때문이었다. 그리고 그보다 훨씬 더 불안한 점은 그리스 문화가 로마 문화보다 훨씬 더 우수하다는 사실이었다. 로마의 창건자들이 아직 늑대의 젖을 빨고 있을 때, 그리스에서는 철학, 연극, 의학, 문학의 세기가 펼쳐지고 있었다. 호라티우스로마 아우구스투스 황제 시대의 서정시인이자 풍자작가의 유명한 표현에 따르면, "사로잡힌 그리스인들은 야만스런 정복자들의 마음을 사로잡아 자신들의 문화를 라틴 땅으로 가져왔다."

로마인들은 그리스 문화를 습득했다. 그리스의 조각상들을 훔치고, 그리스의 철학 저작들을 번역하며, 그리스의 의사들을 참조하고, 그리스의 문학 형식들을 차용했다. 또한 그리스어를 익혔다. 로마인들은 "저 자잘한 그리스인들"의 약점, 유약함, 기회주의를 콧방귀 뀌며 내쳤을 것이다. 하지만 그들은 어찌할 도리 없이 그리스 문화의 세력권 내로 이끌려 들어갔다.

키케로만큼 이러한 과정을 적극 장려한 사람은 없었다. 그는 그리스 문헌들을 라틴어로 번역해서 라틴 철학이 가능케 했으며, 그리스 조각들을 수집했다. 특히 그의 서신들은 로마에 전해진 그리스의 유산을 열렬히 탐사하면서 여가시간을 보내는, 공직을 가진 교양 있는 로마인이라는 이미지를 후대에 전해주었다. 로마인들도 그리스를 돌아보았다. 이것이 이 책의 많은 부분에서 고대 로마보다는 고대 그리스에 초점을 맞추고 있는 이유이다. 내가 어디서 왔는지 알려면 그 문화유산도 알아야 한다. 키케로는 로마인을 로마인이게 하는 것에 사로잡혀 있었다.

문화적 정체성은 현대인들에게도 마찬가지로 하나의 강박관념이 되어 있으며, 그 전선戰線은 넓은 영역에 뻗쳐 있다. 민족주의는 문화를, 사람들로 하여금 은유적이든 또는 말 그대로든 총을 쥐어드는 문제로 쟁점화한다. 문화적 정체성의 문제는 편협한 선입관이나 사회의 예법과 같은 해악을 끼치는 차원과, 사회의 법규와 정치적 과정이라는 좀더 거시적인 차원 모두와 유기적으로 연관되어 있다.

문화적 정체성의 이러한 이해관계들이 종교적 정체성(이슬람교도를 이슬람교도이게 하는 것은 무엇인가?) 또는 인종문제(흑인 문화는 있는가?)와 뒤섞일 경우 그 폭발력은 현대 도시들이 너무도 잘 알고 있는 혼란과 파괴를 불러올 수 있다. 문화의 차이로 인해 곤란을 겪고 있는 현대 사회에서 '너는 네가 어디서 왔는지 아는가?' 하는 것은 절실한 사회 문제이다.

개인의 삶을 이야기하는 방식은 맥락과 논점에 따라 다양하다. 개인 및 가족의 정체성, 정치적 정체성, 문화적 정체성은 우리 안에 중첩되어 있으면서 서로 영향을 미친다. 키케로는 우리가 어디서 왔는지 알 것을 요구하면서, 한 개인을 이해하는 이 모든 방법들을 원용한다. 하지만 그는 또한 성인이 된다는 것이 단지 삶의 이야기가 복잡해짐을 의미한다고 하는 일반적인 조언에 그치지 않고, 단도직입적으로 좀더 명확하고 긴요한 조언을 하고자 한다.

키케로는 독자들에게 (이러한 폭넓은 방식으로 이해되는) 역사에 관해서 이렇게 주장한다. 역사가 중요하므로, 만일 역사를 알려고 하지 않는다면 사회에서 완전한 삶, 즉 성숙한 삶에 이를 수 없다. 역사는 우리 자신의 정체성을 형성하고 변화시킨다. 만약 역사를 알지 못한다면, 진정한 자기인식에 이를 수 없다. 이는 과감한 주장인데, 이 책은 이것이 사실임을 보여주고자 한다.

에우리피데스의 가장 유명한 비극인 《바코스의 무녀들》에는 아연해지는 한 순간, 아니 더 정확히 말하면 두 번의 순간이 있다. 극 앞부분의 한 장면에서 테베의 젊은 통치자인 펜테우스는 주신酒神 디오니소스와 마주치지만 필멸의 인간인지라 신을 알아보지 못한다. 그는 디오니소스 신을 위험하고 성적으로 타락한 제식祭式으로 도시의 여자들을 꼬이는 동방의 협잡꾼으로 여긴다. 그래서 그는 주신을 자기 궁의 감옥에 가두려 한다.

붙들린 주신은 젊은 왕을 비웃다가, 어느 순간 단호히 말한다. "너는 네 삶이 어찌될지도, 네가 무슨 짓을 하고 있는지도, 네가 누구인지도 모른다." 펜테우스는 이를 곧이곧대로 해석해서는 잘난 체하며 답한다. "나, 펜테우스는 에키온의 딸인 아가베의 아들이다." 그는 자신의 이름과 가족과 신분을 말함으로써 '너는 누구냐?' 라는 물음에 답한 것이다.

소름끼치는 극의 절정에서, 펜테우스는 디오니소스에 의해 광란에 빠져 언덕으로 나온 여인들을 염탐하다가 붙들린다. 그를 붙잡은 것은 그의 어머니 아가베이다. 겁에 질린 펜테우스는 변변찮은 변장을 벗고서 간청한다. "저는 어머니의 아들입니다, 어머니. 펜테우스요, 어머니가 에키온의 집에서 저를 낳으셨지요. 오 어머니, 부디……." 하지만 미쳐버린 아가베는 아들의 팔을 잡아 빼버린다. 그리고 그의 누이들과 함께 맨손으로 잔혹하고 끔찍하게 아들을 갈가리 찢어 죽인다.

자신이 누구인지 주장하고 증명해야 하는 가장 긴급한 순간에, 그는 자신의 정체성을 구성하는 자기동일성의 표지들(자신의 이름, 어머니의 이름, 신분 등)을 시험하게 된다. 하지만 그것들은 아무런 힘도 갖지 못하며, 아무도 그것들을 알아보지 못한다. 그의 몸, 그의 자아는 절단되어 찢어발겨진다.

이 비극은, '너는 누구인가?' 하는 물음이 이름과 가족과 그 사람의 역할로써 대답될 수 있고 또 대답되어야 한다고 생각한다면, 아직 '자기 삶이 어찌 될지도, 자신이 무엇을 하고 있는지도, 자신이 누구인지도' 이해하지 못하고 있는 것임을 충격적이도록 생생하게 보여준다(마치 디오니소스 신은 우리 모두를 비웃는 듯하다).

지난 100년 동안, 다시 말해 '인간이란 무엇인가' 하는 문제를 간단히 생각하던 우리의 자신감에 수많은 이의들이 제기된 한 세기 동안에, 《바코스의 무녀들》이 엄청난 인기를 누렸던 것이 우연은 아니다. 이 극은 '너는 네가 누구라고 생각하는가?,' '너는 어디서 왔다고 생각하는가?,' '너는 어디로 가고 있다고 생각하는가?' 하는 것은 언제나 우리를 불안하고 난감하게 하는 문제라고 주장한다.

델포이 신전의 입구 기둥에는 '너 자신을 알라' 라는 유명한 비명碑銘이 새겨져 있었다. 델포이 신전은 그리스에서 가장 유명한 신탁소이다. 그리스인들이 가장 중요한 미래 문제에 대해 신탁을 구하기 위해 방문하는 곳이었다. 사람들은 자신과 가족의 운명에 대해 물었고, 도시국가들은 정치상의 정책에 관한 문제를 신탁에 올렸다. 개인이나 도시국가 모두에게 이 비명은 준엄하게 경고한다. 우리 삶에 대한 의문과 답들을 이해하려면, 언제나 반드시 우리 자신을 알아야 한다고. 델포이 신전 신의 이 명령은 오늘날에도 여전히 유효하다. 자기인식과 자기이해 없이는 그런 중요한 문제들을 제대로 이해할 수 없는 것이다.

이 책은 어째서 고전, 즉 고대 그리스와 로마의 문화 연구가 오늘날 사회에서 '인간이란 무엇인가' 하는 중요한 문제의 답을 구하는 데 중요한 역할을 하는가에 관한 것이다. 우리가 누구이며 어째서 우리 자신인지를 이해하려면 역사가 중요하다고 주장하는 것으로만 그치지 않는다. 좀더 명확하게, 현대 삶에서 우리 현대인의 자기인식에 고대 세계가 얼마나 중요한 역할을 하는지 보여주고자 한다. 현대인의 자아는 그 아래에 묻혀 있는 삶, 곧 고대라는 바탕, 다시 말해 고대로부터 물려받은 사상과 이미지들로 구성되는 구조 없이는 충분히 또는 적절히 통찰될 수 없다. 자기이해를 위해서는 이러한 토대들을 밝히는 것이 필요하다.

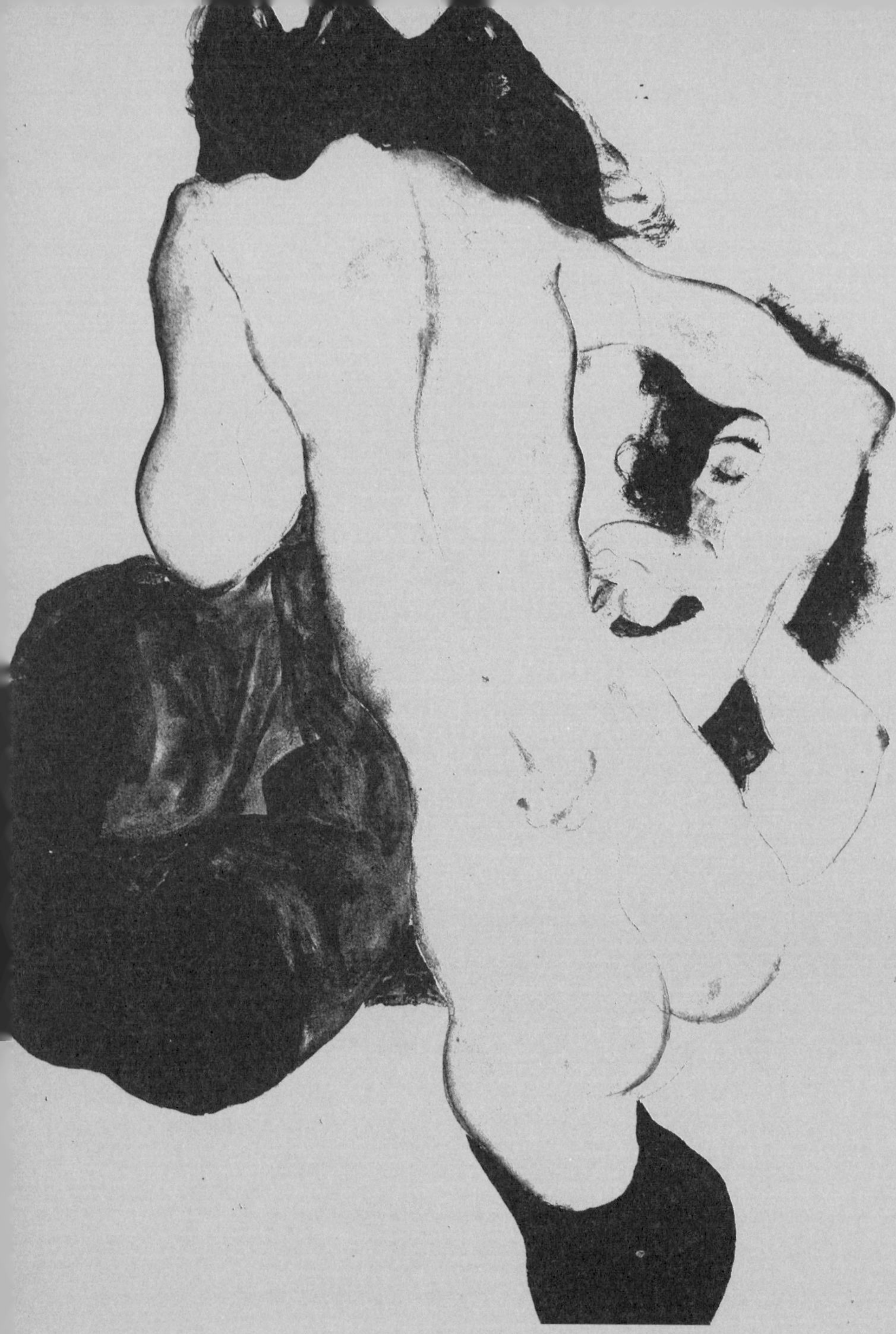

제1부 러브

Who do you think you are?

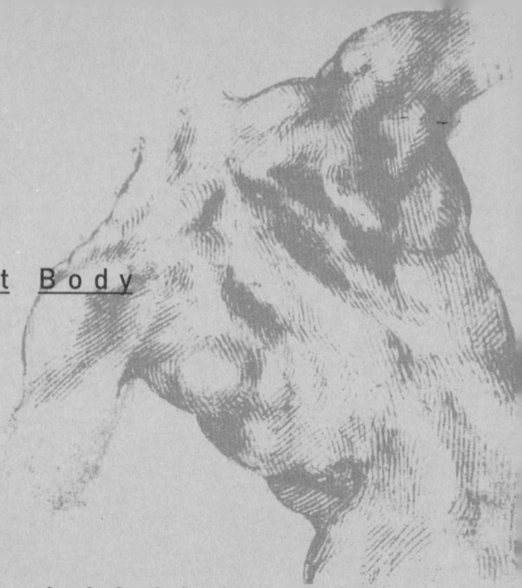

01 완벽한 몸

The Perfect Body

클라크 게이블이 영화 〈어느 날 밤에 생긴 일〉(1934)에서 셔츠를 벗었을 때, 두 가지 놀라운 일이 일어났다. 우선은, 의류산업이 일변했다. 그가 속옷을 입지 않았기 때문인데, 수많은 남성들이 다시는 속옷을 입지 않겠노라고 결심했고, 그래서 1년 안에 의류제조업자들이 줄줄이 파산하고 말았다. 두 번째는, 수많은 사람들이 살아 있는 가장 섹시한 남성 스타의 벌거벗은 몸통을 뚫어지게 쳐다보았던 것이다.

영화팬인 현세대가 당시 사람들이 그 순간에 느꼈을 충격과 에로티시즘을 짐작하기란 거의 불가능한 일이다. 오늘날 스크린이나 잡지에서 볼 수 없는 신체 부위는 거의 없다. 그리고 우리는 우리 자신의 몸보다 러셀 크로의 몸에 더 익숙하다. 하지만 당시에는 영화에서 스타가 옷을 벗는 것은 극히 드물었다. 영화 〈카사블랑카〉(1942)에서 험프리 보거트는 줄곧 셔츠를 입고 있다.

당시 영화산업에서 주를 이루던 전쟁영화와 서부영화에서는 병사나 카우보이가 항상 총에 맞지만 대개 팔에만 총상을 입는다. 이들 장르영화에서는 판에 박은 듯이 그러했다. 셔츠의 소매가 찢길 수 있는 극적인 순간이 분명 있지만, 배우들의 몸은 단정히 옷에 감싸여 있다. 괴성을 질러내는 인디언이나 다른 '원주민'이 구릿빛의 벌거벗은 몸을 드러낼 수는 있었으나, 서구인 남성은 아니었다. 애국심에 찬 해군의 모험담을 그린 〈토린호의 운명〉1942, 국내 개봉 제목으로 원제는 'In Which We Serve'—옮긴이에서 배가 난파될 때도 주인공 노엘 카워드는 단추 하나 끄르지 않았다.

1960년대 후반과 1970년대에 와서야 사정이 차츰 달라지기 시작했다. 베트남 전쟁에 대한 냉소적이고 익살맞으면서 엉뚱한 반응을 보여주는 〈야전병원 매쉬〉(1970) 같은 전쟁영화가 전형적이다. 이 영화는 망가지고 살집이 좋으며 피투성이의 노출된 몸을 보여주었다. 이때부터 사랑 이야기든 영웅담이든 몸의 노출이 점점 더 많아지게 되었다. 〈로키〉에서부터 〈글래디에이터〉에 이르기까지 이제 주인공은 가슴을 드러내어야 한다.

주인공의 이미지가 옷을 입은 상태에서 벗은 상태로 (또는 그 반대로)바뀐 것은 이것이 처음은 아니다. 페르세우스와 안드로메다의 이야기는 그림의 주제로 가장 자주 다뤄지는 그리스 신화 가운데 하나이다. 특히 바위에 묶인 채 바다괴물에게 잡아먹히기 직전의 안드로메다가, 페르세우스가 달려들어 괴물을 죽이고 그녀를 구해 그녀와 결혼하기만을 기다리는 장면이 그러하다. 그리스 영웅들이 대개 그런 것처럼 고대 그림들에서 투구와 날개 달린 샌들과 굽이치는 망토만 걸친 채 누드인 인물은 페르세우스이다. 이에 비해 보통 안드로메다는 단정히 옷을 입고 있다.그림 1

● 그림 1 〈페르세우스와 안드로메다〉

하지만 르네상스 시대의 유럽 미술

가들 사이에서 이 이야기가 다시 인기를 얻으면서, 고대의 페르세우스는 갑옷과 튜닉가운 같은 겉옷-옮긴이을 입고 등장한다. 그리고 안드로메다는 점점 더 노출을 하게 된다. 그녀의 기다란 머리카락과 성긴 비단은 관람자에게 나신을 보여주기 위한 하나의 장치에 불과하다. 티치아노 베첼리오Tiziano Vecellio, 1488/90-1576, 이탈리아 르네상스를 대표하는 베네치아화파 화가는 나체의 안드로메다를 두드러지게 강조하여,그림 2 옷을 갖춰 입고서 뒤쪽의 배경에서 바다괴물에게 달려드는 페르세우스로부터 안드로메다에게로 관람자의 시선을 완전히 돌려놓는다. 이제 영웅 페르세우스가 되려면 갑옷이 필요한 반면, 여성의 몸은 바다괴물만이 아니라 남성의 눈에도 노출된다. 일반적 또는 전형적인 누드에 대한 생각이 근본적으로 바뀐 것이다(일반적 또는 전형적인 누드는 원래 남성 누드였으나 이제 여성 누드로 바뀌었다는 말-옮긴이).

● 그림 2
티치아노, 〈페르세우스와 안드로메다〉

남성 몸을 드러내는 방식에는 역사가 있다. 이는 몸이 어느 정도로 관람자에게 노출될 수 있는가 하는 문제만이 아니라, 어떻게 보이는가 하는 문제이기도 하다. 〈글래디에이터〉나 〈로키〉에서의 몸은 클라크 게이블의 그것과는 다르다. 몸의 이미지는 영화, 텔레비전, 잡지의 인물 사진에서부터 의학 교재, 소설, 법제도(검열법), 고급예술과 음란한 낙서에 이르기까지 우리 주변 사방에 널려 있다. 이러한 온갖 몸의 이미지들은 우리 자신이 어떻게 되어야 하고, 우리 자신에 대해 어떻게 생각해야 하며, 우리가 누구인지 어떻게 아는지를 말해준다. 그런데 이들 완벽한 몸의 이미지는 어디에서 유래한 것일까?

가장 간단한 답은 고대 그리스이다. 르네상스와 르네상스인들에 의한 그리스 미술의 재발견 이후 그리스 조각으로부터 남성 몸의 이상을 구하는 오랜 전통이 있어왔다. 호리호리하지만 근육 좋은 몸, 우아하게 조화된 형태, 머리를 돌리거나 또는 (뒤에 나오는 미론의 〈원반 던지는 사람〉처럼) 운동선수가 몸을 비틀어 몸의 균형을 잡은 모습은 서구인의 상상력 속에 아주 확고하게 자리 잡은 하나의 이미지를 만들어내었다. 이런 이미지들은 워낙에 일반적이어서, 이를 새롭게 보거나 어떤 역사적 맥락 속에 놓고 보기는 어렵다. 사람들이 빈약한 몸이나 몸만들기 또는 근육상태에 대해 고민하고 체육관에 다니는 데는 또는 단순히 좋은 몸이란 어떤 것인가에 대해 사람들이 가진 생각에도, 고대 그리스까지 거슬러 올라가는 역사가 있다. 이러한 역사를 알고 나면, 우리 몸을 보는 방식이 달라질 것이다.

현대 사회에서는 몸의 이미지들이 쏟아지고 있다. 고대 그리스 시민들의 눈에도 몸의 이미지들이 넘쳐났으며, 그런 이미지들이 시민의 공적, 사적 생활을 가득 채웠다. 아테네인들이 다니는 시장의 주변 건물들은 공공기금을 들여 제작한, 과거의 전사들과 전투들을 그린 그림들로 장식되어 있었다. 민주주의 영웅을 기념하는 거대한 조각상들도 있었고, 많은 인물상들이 묘사된 프리즈장식 띠 형태의 소벽-옮긴이를 두른 파르테논 및 여러 다른 신전들이 있는 아크로폴리스가 도시 위로 솟아 있었다. 사방에 운동선수, 죽은 영웅, 장군, 시의 후원자, 신神의 조각상들이 숲을 이루었다. 길을 따라 신전 주변에 놓이거나 신전과 묘의 부조에 새겨진 석제 및 청동제의 남성 조각상들이 이어졌다.

아테네인들이 집에 둘러앉아 포도주를 마실 때면, 항아리와 컵에는 아름답게 그려진(완전한 몸을 가진 인물들로 구성된 군대를 묘사한) 그림들이 장식되어 있었다. 고대 그리스의 주요 도시와 경기장은 강인하게 단련된 남성의 이미지들로 넘쳐났다.

하지만 완벽한 몸은 그리스 시민들이 실제로 따라 하기에는 힘든 모범이었다. 이런 몸을 얻으려면 훈련이 필요했고, 그에 따라 무엇보다도 먼저 체육관이 생겨났다. 체육관은 그리스 문화를 특징짓는 중요한 요소 가운데 하나이다. 그리스의 도시국가라면 어디서나 극장, 주연酒宴(또는 향연),

정치논쟁, 체육관을 볼 수 있었다. 체육관은 몸에 대해 생각하고 그것을 실행하기에 최고의 장소였다. 몸 단련에 대한 현대인들의 열성은 현대 도시생활을 상징하는 기호로서 여겨지곤 하는데, 사실상 그 기원을 고대 그리스의 도시국가에서 찾을 수 있다. 우리가 몸과 운동에 열중하는 것은 현대에서만 볼 수 있는 새로운 현상이 아니라 고대의 또 다른 유산이다. 고대 그리스의 바람직한 시민은 적당한 체육관을 고르고, 외모에 신경을 쓰고, 몸을 단련하고, 다이어트를 하고, 개인 트레이너를 고용했다.

체육관은 그리스 시민이 운동하러 가는 곳이었다. 물론 남자들만 말이다. 시민들은 정기적으로, 심지어는 매일 체육관에 가야 했으며, 특정 집단은 특정한 체육관으로 갔다. 플라톤에 의하면, 소크라테스는 신들의 여왕 헤라의 사원 근처에 있는 타우레아스 체육관에 즐겨 출입했다. 이 체육관은 최상류층 아테네인들이 운동하는 곳이었다. 하지만 그는 잘생긴 젊은이의 초대를 받아 곧잘 다른 체육관으로 가곤 했다.

체육관에서 시민들은 옷을 모두 벗었다. (오늘날의 체육관과 달리 당시에는 옷을 모두 벗은 채로 운동했다. 하지만 달리기를 할 때는 남근이 움직이지 않도록 묶어 고정시켰다.) 몸에 기름을 직접 바르거나 하인에게 바르게 한 뒤, 달리기나 레슬링이나 장애물넘기를 하거나 또는 투창이나 원반던지기 같은 경쟁종목을 연습했다. 적어도 최상층의 소년들은 감독을 위해 개인교사들이 따라다녔고, 좀더 중요한 운동선수들은 전문적인 트레이너가 지도했다. 그러고서 마지막에 때 미는 금속제 도구로 기름과 때를 닦아내었다. 기름병과 때 미는 도구는 그리스 사람들이 운동 가방이나 테니스 라켓처럼 꼭 가지고 다니던 것이었다.

1970년대에 이르기까지의 현대 광고는 찰스 애틀러스20세기 미국에서 근육질 몸으로 유명했던 인물–옮긴이로 요약된다. 그는 '세상에서 가장 근육이 완벽하게 발달한 남자' 라는 명칭을 쓰며, 자신이 그랬던 것처럼 운동이 '당신을 남자로 만들어줄' 것이라고 장담했다. (애틀러스는 실제로 자신이 '완벽한 남자의 몸' 을 가질 생각을 하게 된 것은 뉴욕 메트로폴리탄 미술관에 있는 헤라클레스 조각상 때문이었다고 말했다.)

고대 그리스의 도시국가에서 체육관은 남성들의 모든 행위의 중심이었다. 체육관이야말로 그리스 남성들을 진짜 '남자로 만들어' 주었기 때문이다. 이는 우선 전쟁에 대비해서 몸을 연마함을 의미했다. 진정한 남성은 모두 도시국가의 육해군으로서 전투에 참가했기 때문이다. 서기 2세기에 활동한 작가 루키아노스는 체육관의 남성이 어때야 하는지, 그 문화적 이상을 다음과 같이 쓰고 있다.

> 젊은이들은 햇볕에 그을린 남자다운 얼굴을 하고 있다. 그 얼굴들에서는 정신, 정열, 남자다움이 드러난다. 멋지게 조절된 그들의 몸은 빛이 난다. 야위거나 말라빠지지도 않고 지나치게 살찌지도 않으면서, 균형 잡혀 조각으로 새긴 듯하다. 그들은 땀을 흘려 불필요한 살을 빼고 그렇게 살을 뺀 몸은 힘과 체력을 길러, 흠 잡힐 만한 어떤 결함도 가지고 있지 않다. 그들은 몸을 건장하게 유지한다.

이상적인 체형은 너무 여위지도 너무 뚱뚱하지도 않으면서 완벽하게 균형 잡힌 몸이다. 보여지는 것은 물질적인 특성만이 아니라 '남자다운' 얼굴에서 발하는 '남자다움'과 '정신'이다. 몸은 그 사람이 어떤 부류의 인간이며 그의 삶이 어떠한지를 보여준다. 운동은 이러한 완전한 남자다움을 약속하며, 체육관에 가는 것은 그 때문이다. 하지만 운동을 하지 않는 사람의 몸은 이렇게 된다고 루키아노스는 말한다. "그늘에서 희멀건해져서 후들후들 떨어대고 땀을 뻘뻘 흘리며 숨이 차 헐떡거리는 여자의 몸처럼 창백하고 나른하게 축 늘어지거나 핏기 없이 수척해질 것이다……."

남성의 몸이 '여자 같아지는' 것은 두려운 일이다. 진정한 남성에게는 그 반대가 바람직하다. 루키아노스는 모든 이들이 목표로 삼아야 할 특징, 즉 햇볕에 그을린 피부, 단단함, 균형감, 건장함, 건성乾性과 같은 특질들에 반대되는 부정적인 특질로서 창백함, 왜소함, 연약함, 떨림, 허약함, 습성濕性을 제시한다. 그가 전하는 바는 분명하다. 열심히 운동하라, 그렇지 않으면 바람직하지 못한 몸 때문에 창피를 당하게 된다. 바람직하지 못한 몸을 가졌다는 것은 바람직하지 못한 시민임을 의미한다.

고대 예술가들은 루키아노스가 열광하며 기술한 운동선수의 이상적인 몸을 표현했다. 그림 3의 프리즈는 한때 묘비로 쓰인 인물상이 서 있던 받침대의 부분이다. 여섯 개의 인체가 마치 해부학 교과서처럼 펼쳐지고 있다. 거의 정면을 향한 상태에서 왼쪽으로 시작하여 뒷모습이 보이며 회전한다. (이렇게 회전하는 동작은 특히 다섯 번째 몸에서 조각가의 몇 가지 문제점을 드러낸다.)

루키아노스가 주장한 것처럼, 몸은 군살이 없으면서 체격이 좋아야 한다. 운동을 해서 우람하면서도 뚱뚱하거나 오늘날의 보디빌더처럼 근육이 과도하지 않아야 한다. 근육은 복부의 육두근과 깎아 다듬은 듯한 흉근이 뚜렷해야 한다. 그리고 장골릉허리부분에서 양쪽에 뼈를 따라 이어지는, 엉덩이의 위쪽 테두리를 두르고 있는 뼈-옮긴이 즉 샅 위쪽과 엉덩이 위로 이어지는 선 혹은 접히는 부분이 뚜렷이 드러나야 한다. 이는 근육이 아주 단단하게 발달한 한편으로 군살이 전혀 없어야만 드러날 수 있는 신체적 특징이다. 그리스 조각들은 실제로는 그러기 불가능한 방식으로 이 부분을 강조한다. 허벅다리는 강인하고, 종아리는 아주 뚜렷하며, 남근은 (언제나) 작다. 그리고 이들은 아름다운 청소년들이기에, 아직 턱수염은 없지만 모발은 세심히 손질되어 있다.그림 3

체육관은 시민이 자신이 어떤 부류의 사람인지 알게 되는 장소였다. 다

● 그림 3
해부학 교과서처럼 인체를 보여주는 묘비의 프리즈

른 이들과 경쟁하고, 자신의 몸을 드러내 보이며, 몸을 좀더 남자답게 만듦으로써 남자다움을 시험하는 곳으로, 그저 운동만 하는 곳이 아니었다. 그리고 연애 상대를 만나는 데도 중요한 장소였다. 미소년이 알려지고, 성인 남성들이 미소년의 관심을 얻으려 다투며, 서로 모여서 이야기 나누고 과시하고 서로를 관찰하는 것도 이곳이었다. 여기에서 다른 사람들을 만나고, 완벽한 몸의 이미지에 반하는 다른 사람들과 자신의 몸을 보게 되었다. 체육관은 운동하고 몸을 관리할 뿐만 아니라, 몸에 대해 이야기 나누고 고민하며, 몸을 과시하고 욕망하는 장소였다.

그림 4의 로마 조각상은 실제 몸 그대로라기보다는 실제에 이상적인 이론을 가미한 것이다. 이는 가장 유명한 고대 조각상 가운데 하나인 〈도리포로스〉, 즉 〈창을 든 남자〉로 기원전 4세기에 폴리클레이토스가 제작했다. 조각에 관한 글을 쓰기도 한 폴리클레이토스는 미의 규범(카논)을 처음으로 개발한 사람이었다. 그는 《카논》에서 완벽한 남성의 표본이 갖추어야 할 완벽한 비례를 이론적이고 수학적인 용어로 서술했다. 레오나르도 다 빈치는 신적神的인 미의 수학을 시험하는 인체 비례도에서 그의 규범을 따랐다.

찰스 애틀러스도 이 규범을 채용했는데, 그의 경우는 이론적 관심은 덜했다. 그는 자신을 '20세기의 이상적인 남성상'으로 광고하면서 폴리클레이토스의 조각상을 모방한 자세를 취했다.그림 5 폴리클레이토스는 균형과 조화의 이론적 원리를 '균제'라는 말로 요약했다. 이 말은 분명 루키아노스가 완벽한 몸에 대해 경탄하면서 언급한 내용앞에 인용한 루키아노스의 글 참조-옮긴이을 그대로 반영하고 있다.

학자들은 〈도리포로스〉가 실제로 저 규범을 구현하고 있는지 어떤지(대부분 사람들이 그렇다고 생각한다)를 두고 논쟁했지만, 중요한 점은 그리스인들이 전형적으로 이론에 관심을 두었다는 사실이다. 체육관이 그리스 사람들로 하여금 몸에 대해 유별나게 의식하게 만든 것만은 아니었다. 또한 예술적 신조가 실제 몸이든 조각이든 그것을 평가하고 논의할 수 있는,

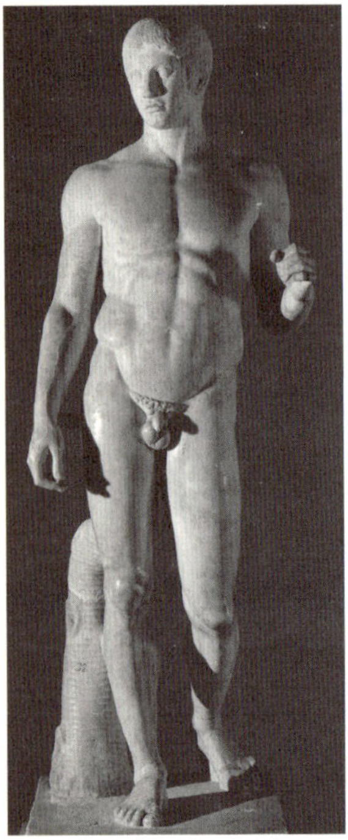

완벽한 몸에 관한 이론적 규범을 제시했다.

수많은 이상적인 몸이 조각되고 그려졌다. 그리스의 도시들은 온전히 그대로 따라하기는 힘든 몸의 이미지들로 넘쳐났다. 오늘날에는 보통 여성 모델들이 현대 여성들에게 거의 따라갈 수 없는 몸매를 제시한다. 하지만 그리스 문화의 신전, 항아리, 회화 같은 데서 눈에 띄는 것은, 아주 엄격하고 불가능한 기준으로서의 이상적인 남성 몸이다. 진정한 남성의 몸은 그런 몸을 만들고 유지하는 데 많은 노력과 관리를 요한다.

고대 체육관 문화에서 누드는 필수적이었다. 찰스 애틀러스와 〈도리포로스〉는 고대의 페르세우스나 티치아노가 그린 페르세우스처럼, 완벽한 몸이 어떤 것인지 보여주는 데서 분명한 차이를 보인다. 현대인들은 그리스인들이 발가벗고서 운동을 하는 데 놀라서 그렇게 몸을 드러내는 관습은 문화적으로 아주 특이하다고 말한다. 하지만 로마인들은 누드에 대해 훨씬 더 도발적인 태도를 보인다.

그리스인들이 체육관에 드나든 것과 마찬가지로, 로마인들은 욕탕에 가는 것을 중요하게 생각했다. 욕탕에서 온욕, 냉욕, 증기욕뿐만 아니라 잡담을 즐겼으며, 경우에 따라서는 가벼운 운동을 했다. 물론 누드로 말이다. 오늘날의 헬스클럽이나 온천에서 그런 것처럼, 탈의가 필요한 사회활동의 경우 그 사회적 한계를 특별히 관리할 필요가 있다. 물론 로마의 욕탕에도 나름의 규약과 형식이 있었다. 하지만 유대-그리스도교 전통에서 볼 때 언제나 충격적인

● 그림 4
폴리클레이토스의
〈도리포로스〉
● 그림 5
찰스 애틀러스

것은 여성들도 욕탕에 갔다는 사실이다.

여탕이 따로 있었는지 또는 상류층 목욕객들이 따로 분리되었는지에 대해서는 여전히 의문이다. 어떤 욕탕은 남탕 또는 여탕이었을 수도 있으며, 일정 시간대에는 한쪽 성만이 이용할 수 있는 욕탕이 있었을 수도 있다. 하지만 로마에서는 분명 혼욕이 일반적이었다. 신사이자 학자인 플루타르코스는 그런 부적절한 관습에 크게 충격 받았음을 고백했는데, 이것이 로마의 혼욕 풍속에 대한 고대 그리스인들의 전형적인 반응이었다. 현대의 신사들과 학자들이 로마의 혼욕에 대해 놀라서 분개하는 것을 보면, 우리의 누드 문화, 다시 말해 몸을 드러내는 것과 관련해서 우리가 가지고 있는 사회적 기대에서 벗어나는 것이 얼마나 신중을 요하는 일인지 분명해진다.

로마인들의 혼욕에 대해 분개하는 사람들만 있었던 것은 아니다. 욕탕의 그러한 도발성은 특히 로렌스 앨머 태디머Lawrence Alma-Tadema, 1836-1912, 네덜란드 태생의 영국 화가 같은 빅토리아 여왕 시대 미술가들을 흥분시켰다. 기분좋게 자극적인 그의 몇몇 그림은 욕탕이 배경이다. 〈테피다리움〉'온탕'이라는 뜻, 그림 6이 그 훌륭한 예이다.

홍조 띤 얼굴에 꿈꾸는 듯한 표정으로 감각적인 모피 깔개 위에 몸을 노출한 여자의 자세는 관람자의 몽환적인 시선을 끌어들인다. 여자가 오른손에 쥔 때 미는 도구는 운동을 해서 몸을 문질러 닦아야 할 필요가 있음을 암시한다. 깃털 부채에 의해 적절함의 한계가 지켜지고 있다. '데코룸' decorum, '적합함' '적절함'이라는 뜻으로 서양미술사에서 중요한 개념이다. 말하자면 해야 할 일과 하지 말아야 할 일에 대한 지식이라고 할 수 있다-옮긴이의 한계가 유지된다(하지만 영국의 미술사학자이자 미술평론가 케네스 클라크는 부채가 음모를 암시한다고 본다).

고대 로마에서도 욕탕에 가는 것은 여가를 보내는 즐거운 일상사였다. 엄숙한 도덕주의자들은 욕탕에서의 도덕적 해이감과 단정치 못한 행실에 대해 불평을 늘어놓곤 했다. 그리고 수상쩍은 시인들은 도덕주의자들에게 모든 공격의 빌미를 제공하는 욕탕에 대한 시를 썼다.

● 그림 6
로렌스 앨머 태디머의
〈테피다리움〉

하지만 누드에 대한 염려는 그것이 가진 분명한 성적 가능성 때문만은 아니다. 누드는 가장 꾸밈없는 우리 자신의 자연적인 상태로 여겨지곤 한다. 하지만 그것은 또한 우리가 우리 앞에 있는 사람의 사회적, 지적, 도덕적 조건을 잘 알 수 없는 상태이기도 하다. 로마 문화는 확고하고 분명하게 구분되는 신분, 명예, 그리고 지위의 가시적인 표지들에 얽매인 정도가 현대 사회보다 훨씬 더 강했다. 누드는 세상 사람들이 이 시민이 누구인지를 말해주는 옷, 보석, 그리고 직위를 나타내는 표식이 드러나지 않게 한다. 사실 벌거벗은 상태로 신분이 가려지는 공공의 공간은 사람들을 불안하게 했을지도 모른다. 옷이 우리를 우리 자신이게 하는 것이다.

누드를 드러내 보이는 고대의 관습은 현대인의 눈에 다소 낯설어 보일 수 있다. 고대 아테네와 로마제국에서 건강 안내서, 다이어트 및 운동 처방서가 번창했다는 사실 또한 그에 못지않게 놀라운 일이다. 의사에서 운동 코치, 개인 안마사에 이르기까지 일련의 전문가들이 서로 경쟁했다. 《히포크라테스 전집》에는 기원전 4세기의 다이어트 또는 식이요법에 관한 책이 여러 권 포함되어 있다.

이 전집은 무엇을 먹어야 하는지, 얼마나 자주 그리고 언제 목욕을 해야 하는지, 어떤 유형의 운동을 얼마나 해야 하는지, 잠은 얼마나 자고, 섹스는 얼마나 자주 해야 하는지에 관해 처방을 내리고 있다. 이러한 '양생養生'을 의미하는 그리스어는 '디아이테diaite'이다. 여기에서 영어 '다이어트diet'가 나왔다. 다이어트 책이 베스트셀러 목록에서 수위를 차지하는 것은 오늘날만의 현상은 아니다. 현대인들과 마찬가지로 고대 그리스인들도 아름다운 몸을 위해 부지런히 전문가의 충고를 들었다.

이 다이어트 책들은 여러 가지 음식물의 소화흡수에 관한 내용을 충분히 다루고서, 다양한 질병을 치료할 수 있는 식이요법에 대해 길게 설명한다. 예를 들어, 두통이 있고, 무기력감을 느끼며, 변비가 있고, 경우에 따라서는 열이 난다면(즉 '과식' 했다면),

> 증기욕을 한 후에 헬레보레미나리아재빗과의 독성이 있는 여러해살이풀-옮긴이를 써서 뱃속을 깨끗이 씻어 내리고, 10일 동안 단계적으로 가볍고 부드러운 음식과 변이 나오게 하는 고기의 양을 늘리면, 아랫배가 과다한 체액을 아래로 끌어내려 방출함으로써 두통을 이길 수 있다. 천천히 조깅을 하고, 이른 아침에 충분히 걷고, 그리고 몸에 기름을 바르고 레슬링을 하라. 점심을 먹은 후에는 잠시 수면을 취하라. 저녁을 먹은 후에는 산책을 충분히 하라. 몸에 기름을 바르고 하면 목욕을 따뜻하게 할 수 있다. 그리고 섹스를 멀리하라. 이것이 가장 빠른 치료법이다.

이는 몸 안의 변을 씻어 내리는 헬레보레 및 증기욕 같은 의학적 처방과, '점심을 먹은 후에는 잠시 수면을 취하라'와 같은 좀더 일반적인 생활수칙을 복합적으로 충고하고 있다. 의사의 처방에 따라 섹스에서 조깅에 이르기까지 그 시민의 일상생활을 조절하고자 하는 것이다. 그리스가 현대인에게 물려준 것은 민주주의와 극장만은 아니었다. 개인 트레이너와 유행을 좇는 다이어트 또한 그리스인들에게서 온 것이다.

시민의 몸은 공공 재산이다. 체육관에서 옷을 벗고, 주연에서 긴장을 풀고, 거리를 걷고, 의회나 법정에서 이야기를 하면서, 시민의 몸은 보여지고 논평되었다. 어떻게 서고, 어떻게 걷고, 몸가짐을 어떻게 하느냐 하는 것은 그리스 시민들의 공통된 관심사였다. 다른 사람들은 그 시민의 몸을 보고서 그를 평가하고, 한 시민의 자아감은 그러한 평가에 달려 있었다.

기원전 4세기 작가 크세노폰에 따르면, 소크라테스는 항상 실용적인 인물이었다. 크세노폰은 다음과 같은 이야기를 통해 이를 보여준다. "친구인 에피게네스가 젊은이로서는 체격이 빈약한 것을 보고서 소크라테스가 말했다. '자네 몸은 공무公務에는 관여하지 않는 사람의 몸이 됐구만!'" 그러자 에피게네스는 자신은 일개인일 뿐이며 공직에는 참여하고 있지 않다고 대꾸한다. 하지만 소크라테스는 그를 강하게 비난한다. "자넨 올림픽 경기 선수 못지않게 몸을 관리해야 하네."

소크라테스는 몸이 빈약한 젊은이를 보면 응당 그런 몸은 그가 마땅히 지녀야 할 공공심을 가지고서 공직에 참여하는 사람이 아니라는 불명예스러운 사실을 분명하게 드러낸다고 결론지었다. 그는 어째서, 특히 군인으로서 또는 단지 한 남자로서도 "좀더 좋은 몸을 갖는 것이 더 좋은지"에 대해 계속 설명하고서 마침내 이렇게 결론짓는다. "자신의 최고의 아름다움과 강인한 몸을 개발할 수 있는 방법을 알려고" 노력해야 한다. 그리고 그런 일은 저절로 되지 않는다. 그러니 "자네는 자네 몸을 관리해야 하네."

크세노폰은 몸을 관리해야 하는 이유를 요약하고 있다. 전쟁과 다른 모든 공적 활동에서 성공하려면, 시민은 몸을 가능한 한 아름답고 강하게 만들기 위해 단련해야 한다. 소크라테스는 몸이 허약한 사람에게 다가가서는 한탄을 하며, 그의 근육이 튼튼하지 못하다고 성가시게 잔소리를 해댈 것이다. 허약한 시민은 공공의 문제, 즉 모든 시민이 관심을 가져야 할 문제이므로, 소크라테스와도 무관하지 않은 일인 것이다. 비만은 정치적인 문제였다.

오늘날 남자 몸에 관한 고대 그리스의 영향은 심대하다. 어떤 몸이 성적 매력이 있고 건강한지는 고전 조각과 예술에 구현된 그리스인들의 미의 이상에 크게 의존한다. 완벽하게 연마되어 근육이 있으되 군살 없이 균형 잡힌 남성의 몸은 고대 세계의 예술, 의학 문헌, 그리고 여러 다른 기록들에서 하나의 이상으로서 나타난다. 몸을 쇠약시하여 멸시하며 정신적이고 비물질적인 삶을 열망하는 그리스도교 전통에도 불구하고, 이렇게 단련되고 관리된 몸의 이미지는 서구 사회의 상상력 속에 미와 건강의 아이콘으로서 완전히 자리 잡았다.

우리는 좋은 몸이 어떤 것인지 알고자 하며, 다른 문화에서는 좋은 몸의 정의가 달라짐을 안다. 그리고 몸의 이미지가 강력한 영향력을 지닌 미디어에 의해 조작되고 있음을 잘 안다. 루벤스가 그린 통통하고 귀여운 여자이든 또는 《보그》지에 실린 깜찍한 모델이든, 미디어는 언제나 완벽한 몸에 대한 환상을 제공해왔다. 하지만 우리는 여전히 자신이 어떤 것이 좋은 몸인지 알고 있다고 생각한다. 그리고 우리가 그렇게 생각한다는 사실 자체가, 고대 그리스에서 만들어진 몸에 대한 신화가 현대 문화에 여전히 얼마나 강력한 영향을 미치고 있는지를 말해준다.

오늘날 몸과 관련된 문화에서 그리스를 향한 이러한 동경은 거의 잘 드러나지 않는다. 하지만 19세기 말 근대 유럽에서 올림픽 대회가 재창설되었을 때, 이상화된 그리스(즉 완벽한 몸)와 운동경기의 관계는 단연 두드러졌다. 프랑스인 바롱 피에르 드 쿠베르탱은 근대 올림픽 대회의 창설자로 여겨진다. 자기선전의 명수인 쿠베르탱은 곧잘 자기 혼자 힘으로 올림픽 대회를 창설했다고 그럴듯하게 주장하곤 했다.

쿠베르탱은 영국 공립학교의 체육실기 교과를 좋아했다. 그는 당시 성서와도 같던 《톰 브라운의 학창시절》영국의 법률가인 토머스 휴스가 자신의 럭비학교 시절을 그린 소설로, 1857년 발표되어 엄청난 성공을 거두었다. 이 소설 이후 다양한 학교소설들이 등장했다-옮긴이을 읽었던 것이다. 또한 쿠베르탱은 '체육교과' 과정을 통해 자신의 동포들이 독일의 병기兵機를 좀더 잘 격퇴할 수 있도록 만들고 싶어했다. 이러한 바람은 고대 그리스에서 운동경기가 가장 좋은 전쟁 대비책으로 여겨졌던 사실을 그대로 반영한다.

하지만 사실상 초기 올림픽 운동을 자리 잡게 한 것은, 당당하고 강인한 그리스 문화, 즉 고대 그리스에 대한 사람들의 호감이었다. 쿠베르탱은 올림피아고대 올림픽 경기가 벌어졌던 곳-옮긴이가 "형식에서 엄격히 그리스적인 삶에 대한 전망의 요람"이라고 썼다. 독일 고고학자들은 올림픽이 실제 열렸던 장소를 밝혀내기 위해 올림피아를 발굴했다. 하인리히 슐리만이 트로이와 그 보물들을 찾아내면서, 고대에 대한 열광은 최고조에 달했다. 과거의 영광을 떠올리게 하는 그리스의 축제에서 몸소 그리스 문화를 체험하는 기회가, 근대 올림픽 대회를 낳는 거스를 수 없는 동력을 제공했다.

19세기 사람들은 모든 그리스적인 것에 집착했고, 이러한 강박관념이 몸 문화를 변화시켰다. 올림픽 운동의 기초가 다시 다져지는 동안(20세기 초로 넘어오면서), 특히 독일에서 몸에 대한 예찬이 무성했다. 사람들은 모여서 함께 도보여행을 하고, (때로는 누드로) 운동과 수영을 하거나 함께 훈련을 했다. 자연에 대한 낭만적 애호는 독일인들로 하여금 특히 숲과 산에 대해 애착을 갖게 했다. 그리고 그리스 문화에 열광한 독일인들은 '운동'을 독일 국가사회주의의 열렬한 이상으로 만들었다. 옷을 벗은 채 운동하는 것은 열렬한 국가사회주의자임을 나타내는 기호였다. 실제로 독일에서는 유럽의 다른 나라들이나 미국과는 전혀 달리 공공장소에서의 누드가 여전히 용인되었다. 예를 들어 베를린의 공원들에서는 여전히 옷을 벗은 채 일광욕하는 것이 보통이었다.

하지만 몸에 대한 이러한 예찬은 시간이 갈수록 가장 우려할 만한 방향으로 흘렀다. 독일 국가주의와 더불어, 몸이 단련된 아리아인들의 공격성을 조장했던 것이다. 극렬 아리아인들은 몸에 대한 예찬을 나치 이데올로기와 연관시켰는데, 이러한 열성과 19세기의 그리스에 대한 낭만적 애호를 연결짓는 데 가장 유력한 근거를 제공한 것이 프리드리히 니체였다.

독일 정신의 이상화, 권력 이론, 열등한 자들을 지배하는 초인의 도덕에 대한 니체의 찬양은 제2차 세계대전 이전과 전쟁이 진행되는 동안 극에 달한 나치당의 국가사회주의에 심대한 영향을 미쳤다. 이를 두고 독일 파시즘이 니체의 진정한 정치적 입장을 철저히 악용했다는 주장이 있어왔지만, 니체의 저작이 20세기의 많은 논객들에게 정당성과 영감을 제공한 것은 분명하다.

니체는 그리스의 몸이 서구의 상상력에 미친 영향력에 대해 예리하면서도 묘한 구석이 있는 글 한 단락으로 요약하고 있다. "독일인들은 지금까지 가장 고상한 인간 형상을 지녔던 그리스인들과 다시 맹약을 맺었다." 이는 이데올로기적으로 격론을 불러일으킬 만한 주장이다. 독일 종족은 그리스인들의 자손으로, 그리스인이 가장 고상한 인간 형상을 지녔던 것처럼, 독일인들은 최고의 형상을, 다시 말해 그들이 물려받은 진정한 유산을 열망한다는 것이다.

"오늘날 우리는 그리스인들이 창안한 세계 해석의 모든 근본적인 형식들에 다시 접근하고 있다……우리는 매일 점점 더 그리스화되고 있다." 하지만 니체에게는 생각만 그리스화될 수 있는 것이 아니었다. "우리는 매일 그리스화되고 있다. 처음에는 개념과 평가에서, 말하자면 혼만 그리스화되지만 언젠가는 우리 몸 또한 그렇게 된다. 우리는 '혼이 그리스화되어서' 우리 자신을 그리스인들의 사고방식에 따라 생각할 수 있게 된다. 하지만 결정적이고 최종적인 목표는 '우리 몸도' 그리스화되는 것이다. 우리는 신체적으로 그리스화될 필요가 있다." 니체의 이 말은 고대 철학을 하면 장골능과 복부의 육두근을 얻게 되리라는 말에 진배없다.

그리스적인 몸에 대한 이러한 동경은 니체가 소리 높여 외치는 다음과 같은 말로 요약된다. "독일적 덕성에 대한 나의 희망은 여기에 있다(그리고 항상 여기에 있었다)!" 요컨대, 니체에게 진정으로 독일적인 것은 '우리 몸'이 그리스화되는 것을 의미한다.

고대 그리스의 몸, 독일 사회국가주의, 그리고 올림픽 대회에서 보이는 현대의 이상적인 몸의 관계를 훌륭하게 포착하고 있는 것이, 레니 리펜슈탈Leni Riefenstahl, 1902-?, 독일의 배우이자 영화감독으로 나치 운동을 힘차고 화려하게 극화한 1930년대 기록영화로 유명함의 불명예스러운 영화 〈올림피아〉이다. 이 영화는 1936년 베를린 올림픽에 관한 기록영화로, 괴벨스가 이끄는 국민계몽선전부를 위해 제작되었다. 이 기록영화는 나치 독일에서 엄청난 성공을 거두

● 그림 7
왼쪽: 미론, 〈원반 던지는 사람〉
오른쪽: 레니 리펜슈탈의 영화 〈올림피아〉에서

면서, 리펜슈탈의 의도와 무관하게 불길한 몸의 정치학을 이루게 된다.

하지만 이 영화는 가장 인상적인 이미지로 그리스적인 몸에 대한 동경을 드러낸다. 이 기록영화의 1부에는 '국가들의 제전' 이라는 제목이 붙어 있다. 이는 긴 프롤로그와 함께 시작되는데, 이때 나치의 이데올로기가 실린 고대 그리스의 이미지들이 충실히 재현된다. 카메라는 아크로폴리스로부터 낭만적인 느낌을 주는 그리스의 다른 폐허들로 이동하다가, 마침내 흰 대리석 조각상들을 클로즈업한다. 이들 모두가 경기선수인 것은 아니지만, 마지막 이미지는 고대의 유명한 조각상인 미론의 〈원반 던지는 사람〉이다. 영화에서 이 이미지는 회전하기 시작하여 현대의 운동선수로 바뀌고, 그는 근육이 잘 발달한 몸으로 힘차게 원반을 던진다.그림 7

이 현대의 운동선수는 말 그대로 고대의 이상적인 조각상을 구현한 것으로 보인다. 니체는 고대의 〈원반 던지는 사람〉을 현대의 독일 운동선수로 변형한 리펜슈탈의 이미지를 좋아했을 것이다. 히틀러는 〈원반 던지는 사람〉을 좋아했다. 1938년 히틀러는 이 조각상을 독일로 사들이기 위해 가능한 외교수단을 총동원했다. 이탈리아 문화성이 독일의 외교력에 밀린 결과, 이 조각상은 베를린으로 가게 되었다(하지만 이것은 1948년에 조용히 반환되었다). 리펜슈탈의 이미지는 분명 히틀러 '총통'에게 강력한 영향을 미쳤다.

그리스적인 몸을 따라가려는, 오랫동안 지속되어온 전통 속에 니체와 리펜슈탈이 있다. 우리는 그리스인들과 마찬가지로, 운동과 다이어트로 단련된 남성적인 몸의 이미지들에 둘러싸여 있다. 그 이미지들은 공개적으로 보여지고 사람들에게 동경의 대상이 되지만, 그것을 그대로 따라가기는 도무지 불가능하다. 이러한 그리스적인 몸에 관한 신화를 구현하려는 시도가 서구 문화의 상상력 저변을 흐르고 있으며, 모든 서구인들 속에 하나의 유산으로서 살아 있다.

우리는 체육관, 나체 흉상, 특정한 자세, 다이어트 등 주변 곳곳에서 여전히 매혹적인 그리스적인 몸을 볼 수 있다. '우리 몸이 그리스화되는 것'은 니체의 공상일 수 있다. 하지만 그것은 오늘날 많은 사람들이 여전히 의식적으로든 무의식적으로든 공유하고 있는 하나의 이상이다.

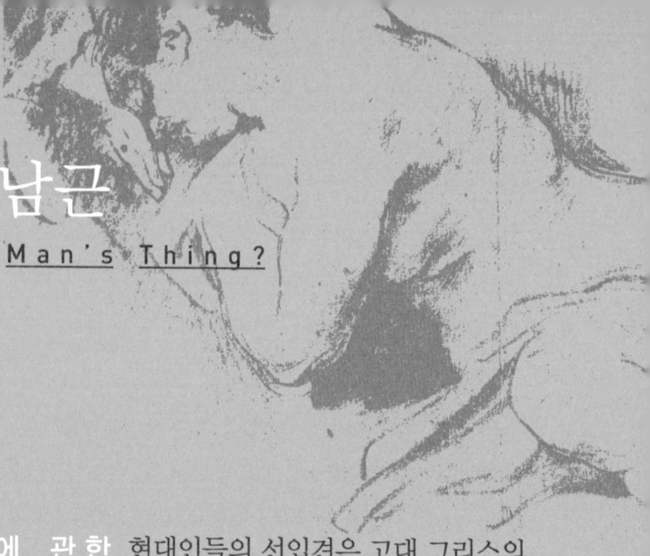

02 신의 남근

A Man's Thing?

아름다운 몸에 관한 현대인들의 선입견은 고대 그리스의 신화로부터 나온 것이다. 하지만 완벽한 몸을 가지려는 이러한 노력은, 그리스인들과 로마인들이 인간의 몸을 어떻게 표현했는지에 관한 훨씬 더 복잡한 이야기의 일면만을 보여줄 뿐이다. 고대 세계와 달리 우리는 현대인의 자의식에 드리워진 금기와 불안에 대해서 잘 알고 있다.

몸에 대한 우리의 생각이 고대의 가장 뛰어난 조각상에 영향을 받은 것은 분명하다. 하지만 미술관들에 소장되어 있는 벌거벗은 흉상들은 고대인들이 몸을 어떻게 표현했는지에 대해 지극히 협소한 시각을 갖게 할 뿐이다. 전 세계 미술관의 큐레이터들은 조각상에서 떨어져 나온 남근들과 함께, 그리스도교 전통이 감추고 싶거나 신앙심 깊은 그들의 구미에 맞게 바꾸고 싶었던 다른 것들을 자물쇠가 채워진 서랍이나 비밀 금고에 꼭꼭 숨겨 보관해두고 있다.

고대인들이 발기된 남근을 가지고 무엇을 했는지는 아주 분명하게 드러난다. 남근에 대한 고대인들의 접근법은 현대 사회의 그것과 아주 달랐기 때문이다. 고대의 몸은 남근상에 이르러, 우리가 우리 자신을 누구라고 생각하는지 좀더 명확하게 들여나볼 수 있는 또 다른 종류의 거울을 제공해 준다.

오늘날 영국이나 대부분의 서구 국가들에서 법은 큐레이터나 도덕적인 정치가들 편이다. 영국법이 극히 노골적인 포르노그래피를 판정하는 오랜 기준은 발기한 남근의 노출 여부이다. 영국의 텔레비전이나 신문에서는 발기한 남근을 보여줄 수 없다. 영국의 텔레비전에서는 밤 9시 이후에 성관계를 하는 듯한 장면, 가학성 폭력, 여성 나체를 방영할 수 있다. 하지만 남성의 발기한 남근은 의학 프로그램에서도 허용되지 않는다.

이 검열법의 기본 목적은 사람들(특히 나이가 어리고 혹하기 쉬운 이들)을 '타락시키고 나쁜 길로 빠져들게' 하기 쉬운 이미지나 저작들을 금지하는 것이다. 그래서 전체 사회의 선善을 위해 그러한 모든 외설스러운 것들은 검열을 받아야 한다. 또는 인터넷과 비디오 산업으로 인해 검열이 점점 더 강화되어, 그것들은 포르노그래피로서 '성인' 에게만 유통되도록 제한된다. 그리고 이미지에 관한 한, 검열법이 점검하는 것은 발기한 남근이 나오느냐 나오지 않느냐 하는 점이다. 하지만 이 책의 바로 다음 페이지에서 우리는 발기한 남근을 보게 될 것이다. 그러나 그것은 포르노그래피가 아니며, 이 책이 독자를 타락시키지도 나쁜 길로 빠져들게 하지도 않을 것이다. 그것은 고전 예술작품이다.

그림 8은 다소 시시해 보일지 모른다. 그림에 보이는 것은 두 개의 장식 기둥이다. 각 기둥 위에는 발기한 아주 커다란 남근의 일부가 얹혀 있는데, 고환과 음모가 갖춰져 있다. 이 두 기둥은 디오니소스 신에게 봉헌된 델로스 섬의 작은 신전 입구 양편에 서 있던 것이다. 신앙심 깊은 역사가들은 보통 이 발기한 남근이 '다산의 상징' 이라고 막연히 얼버무리고는 얼른 다른 고상한 것들로 눈을 돌려버린다. 하지만 이런 식의 설명은 부적당할 뿐 아니라 틀린 것이다.

그림 8에서 앞쪽에 있는 기둥은 조각들과 비문들로 장식되어 있다. 비문은 이 기념비가 무엇을 기념하고자 한 것인지, 이 세련된 그리스의 도시국가에 어째서 이런 기념비가 세워지게 되었는지에 대해 좀더 정확한 이야기를 전해준다. 이 기념비는 기원전 4세기 말에 카리스티아스라는 남자가 후원한 연극이 이 지역 연극경연에서 우승한 것을 기념하기 위해 세워졌다. (스타가 되기 위해 성적 향응을 제공해야 하기도 하는) 할리우드의 많은 샛별들은 이 남근이 성공을 거둔 극의 흥행주를 기념하는 것이라는 의외의 사실을 제대로 이해할 수 있을지도 모르겠다.

이 기념비 자체는 카리스티아스에게 특별한 것이었을 수 있다. 하지만 그 형태는 그리 놀라운 것이 아니었으며 그리스인들 눈에는 흡족했을 것이다. 기둥의 양면에는 디오니소스 숭배의식의 열광적인 여사제 한 사람을 포함한 측근들을 옆에 거느린 벌거벗은 디오니소스의 모습이 새겨진 부조 조각이 있다. 디오니소스는 주신일 뿐만 아니라 연극을 후원하는 신으로, 카리스티아스는 디오니소스 연극축제에서 우승을 거둔 것이었다. 이 이미지는 당시 연극의 성공을 축하하기 위해 열리던, 가장 일반적인 형태의 디오니소스 축연祝宴을 보여준다.

● 그림 8
델로스에 있는 카리스티아스의 기념비

기둥의 앞면에 있는 이미지그림 9는 현대인들이 보기에 충격적일 수 있다. 여기에는 머리가 남근으로 된 수평아리가 새겨져 있다. 하지만 그리스 시대에 이 이미지는 이상한 것이 아니었다. 예를 들어 그리스 항아리들에는 날개 달린 남근상이 날개를 퍼덕거리는 장면이 그려져 있는데(현대 학자들은 왜 이런 '날개 달린 남근상'이 만들어졌는지 모른다. 그것이 '성적 의미'를 가지고 있으리라는 좀 뻔한 견해가 제기되고 있을 뿐이다), 여자들이 이들 '날개 달린 남근상'을 지니거나 거기에 올라탄 모습이다.

하지만 이 경우 수평아리/남근상이 델로스의 디오니소스 제식祭式에서 나온 숭배상임을 곧바로 알 수 있다. 델로스인들은 디오니소스에 경의를 표하는 유명한 축제인 팔로포리아를 열었다. 이 축제에서는 장려한 행렬이, 특히 머리가 남근으로 된 새 모양의 상을 디오니소스의 주신전으로 날랐다. 카리스티아스는 자신의 성공을 델로스 섬의 종교의식과 연계해서 축하하고 싶었던 것이다.

시민들의 제식에 발기한 남근상을 사용하는 것이 현대 국가에서는 분명 당혹스러운 일이다. 하지만 거대한 남근상을 나르는 것은 고대 세계 디오니소스 제식의 일부였다. 정치권력이 가장 강력하던 시기에 아테네는 외국의 동맹국들에게 디오니소스 대축제(이 축제에서 비극과 희극이 생겨났다)에서 시민들이 들고 행진할 남근상을 보내도록 요구했다. 이 축제는, 제식이 장관을 이루고 그리스 세계 전역에서 온 방문객들과 고위인사들이 참석하는 대규모 정치행사였다. 아테네인들은 자신들의 가장 화려한 국가 제식에서 발기한 남근의 거대한 모형을 가지고 행진하는 것을 전혀 이상하게 여기지 않았다.

그리고 그게 왜 꼭 이상하게 여겨져야 할까? 그것으로 하는 일이란 그냥 도시를 한바퀴 도는 것이었다. 집집마다 현관문 옆에는 여행자를 수

● 그림 9
카리스티아스의 기념비(정면)

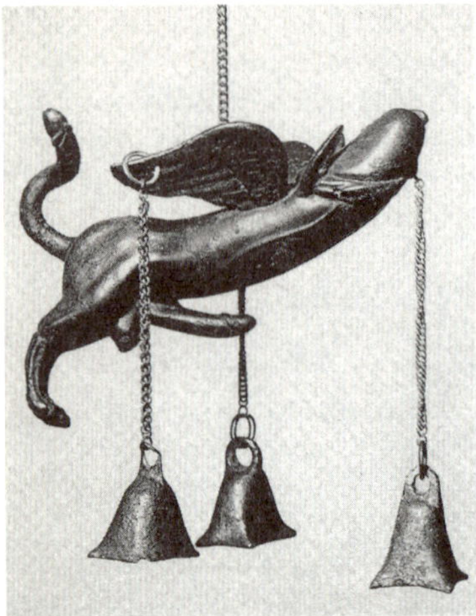

● 그림 10 로마의 설렁줄

호하는 헤르메스의 신상인 '헤르마'가 서 있었다. 하지만 옷주름이 아름답게 새겨지고 근육이 뚜렷하게 표현된 뛰어난 고전 조각들과 달리, 이들 헤르마는 네모기둥 위로 돌출한 머리이자 발기한 커다란 남근 형상을 하고 있을 뿐이었다. 때로는 머리 부분이 완전히 벗겨져 있었다. 헤르마는 아테네 전역의 십자로에도 놓여 있었는데, 그 위에는 '친구를 속이지 말라'와 같은 다소 도덕적인 금언이 새겨져 있었다.

이들 헤르마는 아테네의 정치적, 도덕적 통제 하에 있는 영토를 표시하는 방편으로서, 국가에 의해 세워졌다. 아테네의 종교 부문, 정치 부문, 국가 조직 및 국가 영역 내에서 남근상을 일상적으로 볼 수 있었다. 남근상은 고대 문화의 상징체계에서 없어서는 안 되는 것이었다.

다른 신들, 특히 디오니소스의 숭배상도 (하나의 덩어리로 되어 있으며 머리이자 동시에 발기한 남근의 형상으로) 이들 헤르마와 유사했다. 로마 문화에서는 프리아포스그리스 종교에서 동식물의 다산의 신-옮긴이가 바로 이런 남근 형상이었다. 프리아포스의 경우는 종종 좀더 발달한 인간 몸의 형태를 가지기는 했지만 말이다. 하지만 로마인들은 프리아포스가 도둑들로부터 정원과 과수원을 지키기 위해 자신의 남근을 무기처럼 휘두른 것으로 상상했다. 그의 남근은 위협과 힘의 표지였다. 그리고 로마의 노예 주인들은 실제로 벌을 주거나 또는 단순히 자신의 권위를 주장하는 방법으로서 남성 및 여성 노예를 강간하는 것을 자랑으로 삼았다.

모든 로마인들이 남근을 이런 명백한 공격성의 의미로 사용한 것은 아니었다. 고고학자들은 폼페이의 화산재 속에서 남근 형태의 현관문 설렁줄과 괴기스럽게 과장된 성기 형태의 전등을 발견했다. 그림 10은 이들 물건들이 어떻게 장식되고 어떻게 남근의 형태를 취하고 있는지를 보여준다. 마치 오늘날의 야릇한 성인용품 같은 느낌을 주는, 날아가는 발기된 남근에는 세 개(양 날개에 각각 하나, 그리고 남근 끝에 하나)의 종이 달려 있다. 하지만 날개 달린 남근 자체도 역시 발기한 남근을 가지고 있다. 게다가 날개 달린 남근은 꼬리를 가지고 있는데, 구부러지기는 했으나 그것도 남근 형태이다. 이것은 공공장소에 있던 것이 아니라, '남근에 또 남근이 있는' 기괴하도록 공상적인 개인 골동품이다. 이것이 로마인들의 눈에 얼마나 일반적이었는지, 또는 얼마나 불쾌하게 여겨졌는지, 또는 얼마나 익살스러웠는지는 알 수 없다. 이 설렁줄은 어떻게 울려야 하는 것일까?

남근상은 고대 종교와 사회생활에서 하나의 비품으로 쓰였다. 가장 웅장한 시민 제식에 쓰였으며 일상적으로 볼 수 있었다. 또한 상징성이 강한 이 이미지는 희롱과 겁탈이라는 내용을 끌어들일 수 있는 좋은 기회를 제공했다. 그림 11의 헤르마는 그다지 점잖지 못한 농담을 보여준다. 이는 고대 아테네에서 만들어진 화병에 그려진 것으로, 헤르마와 함께 제단이 보인다. 헤르마는 특대형의 남근을 가지고 있으며 아주 언짢은 표정이다. 이 신은 새가 면전에서 날개를 퍼덕거리는데도 무기력하다. 그리고 그의 특대형 남근은 이 숭배상이 평범한 횃대로서, 조롱 섞인 취급을 당하고 있음을 강조하여 보여준다.

이 이미지는 포도주를 담는 암포라목 부분이 몸체보다 좁고 양쪽에 손

● 그림 11
헤르마가 그려진 암포라

잡이가 달린 전형적인 항아리 형태의 그리스 도기-옮긴이에 잘 어울린다. 이 항아리는 이런 농담에 익숙한 남자들이 벌이는 주연(향연)에 쓰이던 것이었다. 이를 현대 세계와 대비시켜 볼 만하다. 1990년대에 종교연구가인 한 학자가 《신의 남근God's Phallus》이라는 제목의 책을 출간했다가 직위를 잃었다. 현대 세계는 종교에 관한 유머는 좋아하면서도 신의 성적인 몸에 대한 농담은 그다지 달가워하지 않는다.

하지만 그림 12에 보이는 젊은 여성은, 조각이 아름답기는 하지만 좀더 난감한 모습이다. 충격받기 쉬운 독자들은 주의하시라. 이것은 정말로 눈이 휘둥그레질 만한 모습이다. 헤르마는 수염이 덥수룩하고 뿔이 난 추한 신의 모습을 하고 있다. 이는 판임에 틀림없다. 원래 목신牧神 판은 난폭하고 혼란을 불러일으키며 공포심을 유발한다.

헤르마 앞에는 염소 다리를 가진 젊은 여성이 있다. 소녀 판인 '파니스카'이다. 그녀는 받침대 또는 제단에 한쪽 발굽을 올려놓았다. 장막이 드리워진 배경과 과일나무에서 뻗어 나온 잎들이 또한 이곳이 전원의 조촐한 신전임을 암시한다. 하지만 그녀는 오른손으로 헤르마의 뿔을 그러쥐고서, 왼손으로는 신의 남근을 자기 쪽으로 끌어당기고 있다.

● 그림 12
로마시대 석관 위에 새겨진 파니스카

하지만 이 부조가 음란하기만 한 이미지는 아니다. 여기에는 몇 가지 복합적인 농담이 담겨 있다. 전통적으로는 판이 님프나 목동이나 염소를 겁탈하는 데 반해, 여기서는 판 자신이 한 여성의 만족을 위해 이용되고 있다. 보통은 판이 소녀들을 뒤쫓고, 소녀들이 두려움으로 인해 갈대로 변신하면, 판은 그 갈대를 잘라 팬파이프 '판의 피리' 라는 뜻—옮긴이를 분다. 여기서 판 신은 돌로 만들어졌으며, 소녀는 전혀 두려워하는 기색 없이, 붙박여 있는 판 신의 남근을 이용해서 자신이 원하는 일을 하고 있다.

고대 희극에서 전형적으로 집요하게 성적 만족을 요구하는 것은 여성이다. 여기서 파니스카가 전원의 신전에서 어떻게 약삭빠르게 즉석에서 성적 만족을 충족시키는지 볼 수 있다. 그녀는 판 신의 뿔을 그러쥐고 있다. 현대 영어에서 그런 것처럼, 그리스어와 라틴어에서 '뿔' horn은 단골로 음란한 말장난에 쓰였다. 이것은 '호색적인' horny 장면인 것이다. 이런 말장난은 뿔과 남근에 가 있는 소녀의 두 손에 의해 분명해진다. 짐짓 찡그린 듯한 판 신의 얼굴도 소녀의 손길에 히죽거리고 있다.

이 이미지의 인물들이 인간이 아니며, 이 소녀가 우리의 누이나 연인이나 아내나 친구가 될 수 없는 인물이라는 점이 중요하다. 이 우스꽝스러운 장면이 우리와 같은 인간들에 의해 연출되었다면, 현대의 관람자와 마찬가지로 고대 로마의 관람자에게도 훨씬 더 난감하거나 부적절하거나 그저 음란한 장면이 되고 말았을 것이다. 신화적으로 묘사된 점이 이러한 장면의 연출을 가능하게 하면서, 익살맞으면서도 그저 노골적인 성적 몸짓으로만 보이지 않게 한다.

하지만 오늘날의 관람자에게 정말로 놀라운 것은, 또는 충격적이기까지 한 것은 이 이미지가 로마의 석관에 조각되어 있다는 점이다. 이것은 매음굴이나 침실에나 있을 법한 음란한 이미지가 아니라, 2세기 로마의 한 부자가 자신의 마지막 휴식처로서 공들여 제작한 석조 조각물의 부분이다. 이것은 여러 제식들 가운데서도 특히 경건하고 조심스러운 장례식을 위한 이미지이다. 이 그림은 경건하고 진지한 분위기에서 보이도록 고려된 것이다.

이런 맥락에서 이것은 로마인들에게 눈살을 찌푸리게 하는 이미지가 아니었다. 많은 석관들에 신화속의 인물과 인간이 함께 한껏 즐기는 장면이 묘사되어 있다. 로마인들은 자신의 기념비가 풍족한 생활이 담긴 이미지들로 가득 덮이기를 바랐다. 그리고 전원의 즐거움을 보여주는 이 익살맞고 우스꽝스러운 신화적 장면은 그러한 세계의 유쾌함을 포착하고 있다. 하지만 오늘날 묘비에서 이런 유의 부조를 보게 된다면 아주 이상하게 여겨질 것이다.

발기한 남근이 다산의 상징이 될 수 있음은 의심할 수 없다. 또한 그것은 위험을 물리치기 위해 사용될 수도 있고, 남성의 힘과 우월함을 표시할 수도 있다. 하지만 고대 문화에서는 그보다는, 사람들의 행렬에 의해 운반되어 공식적인 기념비로 쓰이거나, 집의 입구 또는 십자로에 세워져 설렁줄과 등불로 쓰였다. 남근의 그림이나 조각은 사적이고 긴장감이 풀린 비공식적인 상황에서 쓰인 것만큼이나 종교적, 정치적, 연극적 맥락에서도 쓰였다. 현대인들이 외설로 비난하면서 사람들을 타락케 하고 나쁜 길로 빠져들게 한다는 이유로 보지 못하게 금하는 것을, 고대 세계에서는 어디서나 볼 수 있었다.

이렇게 간략하나마 공적 미술에 나타나는 남근상을 살펴보면, 고대 미술에서 이 남근상이 벌거벗은 흉상보다 훨씬 더 많음이 분명해진다. 고대에는 발기한 남근을 쉽게 볼 수 있었던 반면, 현대에는 그것을 열심히 감추려 한다는 점이 인상적이다. 하지만 남근에 대한 현대인과 고대인의 태도가 이렇게 차이를 보이는 것이, 취미나 관습의 차이 같은 사소한 문제만은 아니라는 점도 분명하다. 남근을 어떻게 드러내는가 하는 것은 양 문화가 가진 몸과 섹슈얼리티, 즉 인간이란 무엇인가에 대한 기본적인 관점의 차이를 보여준다. 우리가 파니스카에 대해 보이는 반응은 필연적으로 몸과 섹슈얼리티에 대한 우리의 생각을 드러내며, 그것은 우리 자신에 대해 무언가를 말해준다.

그렇다면 왜 현대 사회에서는 일반 대중이 발기한 남근을 보지 못하도록 금지하고 있을까? 그 이유가 무엇이든(여기에는 한 가지 이유만 있을 것 같지는 않다), 그것은 섹슈얼리티와 사회에 대한 여러 가지 생각을 불러일으킨다. 그 이유가, 법을 만드는 법률가들이 모두 특정 나이와 계급에 속한 사람들이기 때문일지도 모른다. 또는 예술이 욕망을 감추는 것과 대조적으로, 발기된 남근은 욕망의 분명한 표지로 여겨지기 때문일 수도 있다. 또는 그것이 인간이 드러내기에 가장 난처한 것이기 때문인지도 모른다. 그리고 어린아이들이 그것에 대해 짓궂게 물어대기 때문일지도 모르겠나.

고대 세계와 우리 사이에 존재하는 이러한 놀라운 차이는, 우리가 몸의 이미지를 대하는 방식이 왜 그러한지, 그리고 그것이 우리의 정체성에 대해 무엇을 말해주는지, 분명한 답을 얻기란 아주 어려운 일임을 말해준다.

03 여성의 몸

The Female Body-Soft and Spongy, Shaved and Coy

지금까지는 남성에 대해 이야기했다. 이는 부분적으로 고대의 상황이 반영된 것이다. 고대에는 거의 모든 작가, 화가, 조각가들이 남성이었으며, 이들이 자신들 작품의 전형적인 관객으로서 염두에 둔 것도 남성이었다. 따라서 복부의 육두근과 남근에 초점을 두어 남성을 강조한 것은 다소 예상 가능한 결과이다. 그렇다고 해서 여성의 몸을 드러내는 방식에 관한 이야기 또한 존재한다는 사실이 그리 놀라운 일은 아닐 것이다.

당장 드는 생각은, 남성 몸에 관한 이야기와 여성 몸에 관한 이야기를 대비시켜보는 것이다. 이 양자의 대비는 의미 있는 비교를 가능하게 해준다. 영국의 검열법에서, 예를 들어 포르노그래피 관련법은 무화과 잎 같은 것으로 남근을 가렸는지의 여부와 더불어, 남근의 발기 여부를 구분한다. 이것이 일반적으로 허용되는 것과 허용되지 않는 것을 명확하게 구분하는 선으로 여겨졌다.

하지만 여성 몸과, 공식적으로 허용될 수 없는 성적 흥분의 표시를 여성의 몸에서 찾아내는 문제에 이르면 상황이 아주 달라지고 훨씬 애매해진다. 많은 남성들이 당혹스러워하는 것처럼, 검열당국 입장에서는 여성에게서 성적 욕망의 표시를 찾기란 훨씬 더 어렵고, 해서 정확히 무엇을 금지해야 하는지도 마찬가지로 어려운 문제였다. 만일 (남성의 발기한 남근처럼) 성적 흥분상태를 드러내는 것이 문제라면, 여성 몸에서 알아볼 수 있는 흥분의 흔적이란 무엇일까? 그리고 여성 몸의 어느 부위가 남성을 자극하지 않을 수 있는가?

제2차 세계대전 이후 관음증적인 대중 앞에서 펼쳐지는 스트립쇼에서 여성의 몸을 합법적으로 드러낼 수 있게 됨에 따라, 허용될 수 있는 것과 허용될 수 없는 것 사이의 경계가 급속히 변화되고 흐려졌다. 오랫동안 확고한 단속의 기준은 음모陰毛였다. 영화와 잡지들은 음모를 가리느라 부지런히 수정작업을 했다. 여기서, 여성 몸을 표현하는 데서 우리가 그리스로부터 직접적으로 영향 받은 점을 하나 살펴볼 수 있다.

르네상스 이후 미술가들의 상상력에 불을 지른, 흰색 대리석으로 만들어진 아프로디테와 베누스에게는 음모가 없다. 남성상의 경우에도 인간 남성이든 남신男神이든, 동일한 전통에 따라 거의 항상 그러하다. 남성상도 여성상도 겨드랑이 털 같은 상스러운 것은 전혀 갖고 있지 않다. 적어도 여성의 경우에는, 털을 뽑는 고대의 관습이 이를 설명해줄 수 있다. 우리는 그리스 여성들이 미용상 털을 제거했음을 알고 있기 때문이다. 일부 여성들은 멋진 모양을 만들어 음모를 면도했으며, 또는 적어도 일부 남성들은 그런 여성들을 농담거리로 삼곤 했다. 현대의 예술 전통은 여성상에서 음모를 없애는 고대의 관습을 그대로 따랐다.

아프로디테의 계보를 잇는 여성 이미지는 보통 누드이다. 그러한 이미지를 보고 배우고 자란 빅토리아 여왕 시대 비평가인 존 러스킨John Ruskin, 1819-1900이 결혼 첫날밤에 아내의 음모를 보고 너무 충격을 받아서 첫날밤을 치르지 못했다는 소문이 있다. 미술사가들에게 체모 없이 여성 몸을 묘사하는 이런 방식은 '이상화된 것'이다. 하지만 바로 이러한 이상화된 환상이 또한 검열 방식을 규정해왔다. 그것은 볼 수 있는 것만을 볼 수 있게 하고, 보일 수 있는 것만을 보이게 하는 왜곡의 장막이었다. 러스킨의 이야기가 사실이든 아니든, 그것은 잠재된 불안, 즉 여성상에서 음모를 제거하는 묘사방식의 관습 저변을 흐르면서 그것을 지속시키고 있는 환상과 검열을 드러내 보여준다. 우리는 그리스의 표현형식과 더불어 성gender에 대한 고대의 편견을 그대로 물려받았다.

그리스의 여성 조각상에서 체모를 제거하는 것은 널리 퍼져 있는 암묵적인 관습이었다. 도시든 시골이든 그리스 사람들의 남성 조각상은 초기부터 누드였지만, 첫 여성 누드상인 여신 아프로디테가 조각되어 전시된 것은 소크라테스와 페리클레스의 시대보다 2세기 후인 기원전 4세기에 이르러서였다. 첫 여성 누드상은 어쩔 수 없이 한바탕 소동을 일으켰다. 자기네 도시의 신전을 위해 그것을 주문한 코스인들의사 히포크라테스, 화가 아펠레스가 코스 섬 출신이다-옮긴이이 완성되어 도착한 조각상을 받아들이지 않았던 것이다.

하지만 크니도스라는 이웃의 섬이 곧 이 조각상을 받아들였고, 이것이 안치된 신전은 고대 지중해 연안에서 가장 유명한 관광지 가운데 하나가 되었다. 이 〈크니도스의 아프로디테〉는 사람을 홀리는 에로틱한 아름다움으로 유명했다. 남자들은 이 조각상에 마음이 사로잡히기도 하고 심지어는 사랑에

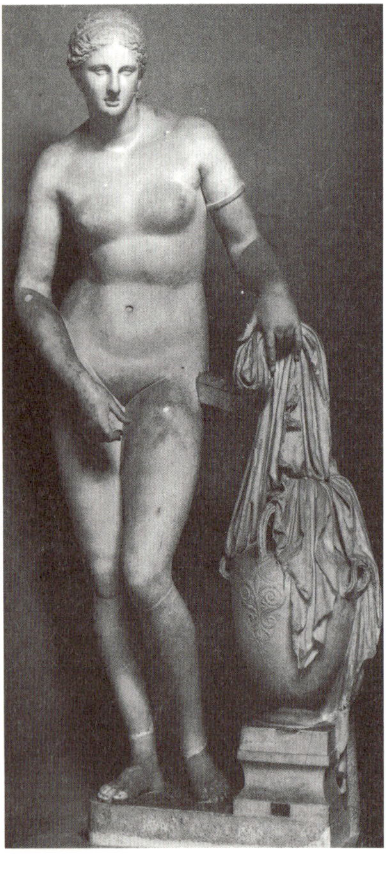

● 그림 13 〈크니도스의 아프로디테〉

빠지기도 했다. 널리 알려진 이야기에 따르면, 한 사나이는 이 조각상과 성교를 하려고 하기까지 했다. 이 이야기를 전하는 화자는 “그녀의 허벅다리 안쪽 대리석에 그의 정액이 남긴 흔적을 볼 수 있다”고 덧붙이고 있어서, 이 이야기를 들은 사람들은 여신의 다리 사이를 들여다보게 된다.

현재 이 조각상 자체는 유실되었으나, 로마시대의 모사본그림 13이 남아 있다. 여신은 마치 목욕을 하다가 벌거벗은 채 관람자에게 발견되어 놀라는 듯한 자세를 취하고 있다. 한 손에는 옷을 쥐고, 다른 손으로는 짐짓 음부를 가리고 있다. 이 자세는 관람자로부터 음부를 가리는 동시에, 은밀한 그곳으로 관람자의 주의를 끌어당긴다. 그녀의 눈은 수줍게, 또는 의도적으로 자신을 쳐다보는 관람자를 외면한다.

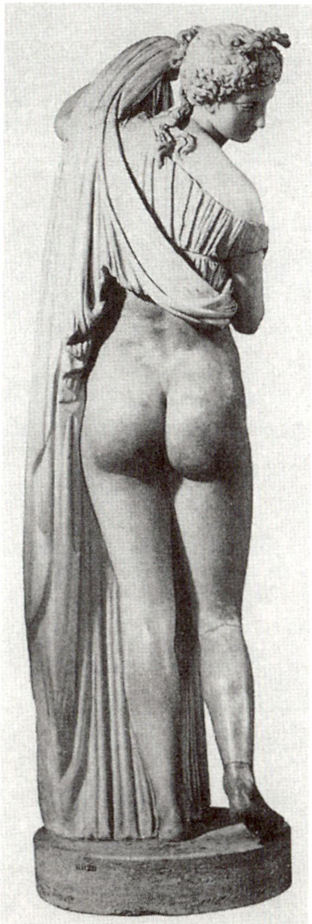

당당하게 선 남성상이 관람자의 시선에 열려 있는 반면, 여성상은 감춤과 드러냄의 유희를 연출한다. 여성의 몸은 착 달라붙어 몸의 윤곽이 드러나는 천을 걸치거나 하늘거리고 속이 비치는 성긴 비단을 걸치고 있다. 관람자는 여성 조각상에서 언제나, 그 여성의 몸이 시선에 얼마나 열려 있는지에 주의를 기울이게 된다.

〈아프로디테 칼리피고스〉그림14로 알려진 조각상은 여성 몸을 드러내는 또 다른 역동적인 방식을 보여준다. 그녀는 관람자에게 뒷모습을 보이고 서서, 맨 엉덩이가 드러나도록 옷자락을 왼쪽 어깨 위로 들어올리고 있다. 여신은 자신의 뒤태를 보기 위해 오른쪽 어깨 너머로 돌아본다. ‘아프로디테 칼리피고스’는 ‘엉덩이가 아름다운 아프로디

● 그림 14 〈아프로디테 칼리피고스〉

테' 라는 뜻칼리피고스(Kallipygos)는 '아름다움'을 뜻하는 칼로스(kallos)와 '엉덩이'를 뜻하는 피게(pyge)의 합성어-옮긴이이다.

이 조각상의 여신은 자신의 눈길과 함께 관람자의 시선이, 조심스럽게 드러내어 두드러지게 강조된 부위로 향하게 한다. 들어올린 옷자락이, 보여주고자 하는 것을 적절히 틀 지워 제시한다. 바로 이로 인해 관람자의 시선이 여신의 몸에서 성적 흥분을 불러일으키는 부위로 향하게 된다. 하지만 아테네 여신과 아르테미스 여신은 결코 벌거벗은 모습으로 묘사되지 않는다. 신화는 목욕 중인 이 여신들을 본 악타이온 같은 남자는 그것이 비록 우연이더라도 무참히 찢어발겨져 죽임을 당한다고 경고한다. 아프로디테는 관람자에게 욕망을 불러일으키지만, 다른 여신이 옷을 벗은 것을 보는 것은 훨씬 더 위험한 일이다.

여성 몸을 드러내거나 여성 누드를 보는 것은, 남성 몸의 경우와는 다른 유희인 듯하다. 남성 몸과 여성 몸을 나란히 놓고 검열과 몸이 드러나는 방식을 이야기해보면, 양자를 이해하는 데 도움이 된다. 불안과 사회적 규제가 서로를 강화하며 작용하는 것을 볼 수 있다. '예술'은 예술이 아니라면 용인될 수 없는 것들을 관람자가 볼 수 있도록 허용하지만, 그러면서 또한 그것을 보는 관람자의 시선을 신중히 통제한다.

조각이든 그림이든, 몸은 이상에 대한 욕망과 현실적 염려 사이의 가느다란 줄을 탄다. 몸의 이미지가 음란함이나 실제 성적 행위의 흐트러진 느낌을 지나치게 풍기게 되면 혐오스러워진다. 관람자가 남성 또는 여성의 몸을 볼 때, 관람자 자신의 몸(곧 자신의 섹슈얼리티, 도덕성, 죽음)에 대한 인식은 지속적인 규제를 필요로 한다. 그래서 사회는 언제나 몸의 이미지에 대해 근심하는 것이다.

관람자를 타락케 하는 그림을 어떻게 보아야 할까? 보는 즐거움은 어느 시점에서 좀더 음흉한 충동이 될까? 이런 문제들은 몸의 이미지나 많은 연애사건들에 늘 따라다니는 것이다. 그리고 이들 문제는 고대 그리스의 조각들을 살펴볼 때 분명해진다. 몸을 본다는 것이 우리에게 의미하는 바를 올바르게 인식하려면, 남성 몸과 여성 몸을 표현하는 관습(말하자면 남성의 발기된 남근과 여성의 음모 제거)을 나란히 놓고 이야기해야 한다.

우리는 남성 몸과 여성 몸을 드러내는 방식에 대한 이야기를 시작할 수 있다. 하지만 그리스 사회는 지극히 가부장적이어서, 남성 몸 및 여성 몸의 표현을 함께 놓고 보면 남성 우위의 힘의 표현이 금방 드러난다. 여성 몸에 무슨 일이 일어났는지 의학만큼 분명하게 보여주는 분야도 없다. 남성의 몸이 다이어트 책과 자제심에 의해 완벽한 체격으로 단련되는 반면, 여성의 몸은 아예 그런 목표가 없다. 아리스토텔레스는 이렇게 말한다. "여성은 결함을 타고났다."

여성의 몸은 본래 습하고, 차가우며, 연약하고, 소극적이다. "다공성多孔性을 지닌 해면질"인 것이다.스펀지처럼 수많은 작은 구멍들이 뚫려 있는 상태와 같다는 것 –옮긴이 (물론 남성은 건성에, 뜨겁고, 단단하며, 활동적이다.) 의학은 여성 몸의 특질에 대해 이렇게 정의하면서 여성 몸의 상태를 영구히 부적절한 것으로서 규정짓는다.

의학은 인간의 살과 뼈를 이해하는 데 정통한 학문분야이다. 그리고 그리스의 의학은 오랫동안 서구 과학의 모범이 되어왔다. 서기 2세기의 뛰어난 의사인 갈레노스의 저작은, 영국의 의사 윌리엄 하비가 1500년 뒤에 혈액순환을 발견한 이후까지도 유럽의 병원에서 교본으로 쓰였다. 예를 들어 여성의 전형적인 질병인 '히스테리'는 언제나 이런 오랜 의학 전통여성의 몸은 영구히 부적절한 상태로 타고났다고 보는 견해–옮긴이에 깊이 영향을 받은 여성의 정신 및 몸의 모델에 준해서 이해되었다. 의학은 몸에 대한 우리의 이해를 공식화했으며, 그리스 의학은 여성 몸을 특정한 방식으로 개념화했다.

히포크라테스의 저작을 교본으로 쓰는 고대 그리스의 의학에서 여성의 몸은 혈액과 체액이 흐르는 관이 서로 연결되어 있는 항아리와 같다. 그 관들은 막힐 위험이 있다. 그래서 만일 여성의 출산력을 점검하려면, 밤에 그녀의 질 속에 마늘 조각을 넣어둔다. 그 다음날 아침에 그녀의 호흡에서 마늘냄새가 나면, 그것은 다행히도 그녀의 몸속 관들이 적절히 뚫려 있으므로 수태에 문제가 없음을 말해준다. 콧구멍에서부터 자궁에 이르는 관에 막힘이 없어야 한다. 이렇게 몸속 관들이 연결되어 있기 때문에 여성이 첫 성교를 한 후에 목소리가 더 깊어진다고 그리스 의사들은 생각했다. 아래쪽 구멍의 개봉이 자연히 위쪽 구멍에 영향을 미치는 까닭이다.

입과 질의 이러한 연관성은 현대 의학 용어에서도 여전히 찾아볼 수 있다. 의사들은 자궁의 (입술을 뜻하는) '음순'과 (목을 뜻하는) '자궁경부'라는 용어를 사용한다. 여성의 생리生理는 과학적 설명을 필요로 하고, 과학은 그것을 장악한 사람(의사)에게 지배력을 쥐어준다. 의학은 여성의 사회적 위상을 통제하는 한 가지 방식이다. 그것은 우리가 여성의 몸을 보는 방식을 바꾸어놓는다.

완벽한 몸의 기준이 되는 것은 남성의 몸이다. 남성의 몸은 조절과 운동과 관리를 필요로 하며, 견고하고 균형이 잡혀서 완전한 예술작품이 된다. '남성 몸의 변종(기형)'인 여성의 몸은 혈액과 해면질의 연약함 때문에 영구히 부적절하다. '완벽한 여성의 몸'이란 그리스 의학의 사고에서는 모순된 말이다. 남성 몸과 여성 몸 사이의 이러한 불균형이 그리스 사회 전체를 관류하고 있다. 여성은 성적 매력이 있고, 아름다우며, 건강할 수 있다. 하지만 여성의 몸은 남성의 통제와 지배의 대상이다. 그리고 (폴리클레이토스가 그랬던 것처럼 남성 몸에 대한 규범은 수립될 수 있어도) 여성 몸에 대한 규범은 성립할 수 없다. 여성은 남성과는 다른 방식으로 보이는 것이다.

고전 고대에 생겨난 몸 이미지의 유산은 사회적으로도 영향을 미친다. 그러한 영향은 오늘날 미술관과 잡지에서 분명하게 드러나지만, 현대 도시의 거리나 공공시설에서도 느낄 수 있다. "왜 여자는 좀더 남자처럼 될 수 없을까?" 하고 영화 〈마이 페어 레이디〉의 히긴스 교수는 노래한다. 이러한 물음과 이에 대한 답은 오랜 역사를 가지는데, 그 역사의 첫 출발점은 그리스인들이 여성과 남성의 몸을 표현한 방식이다.

몸은 우리 존재의 기반이다. 인간은 출생, 성장, 질병, 죽음을 겪는 육체적 존재인 것이다. 그리고 고통과 기쁨, 웃음과 눈물 같은, 우리 자신의 몸의 감각보다 더 자연스럽고 자명하게 느낄 수 있는 것이 무엇일까? 우리는 최소한 자신의 기쁨이나 고통의 감각을 속일 수는 없다. 하지만 고대의 몸은, 서로 다른 사회들의 몸에 대한 관점이 얼마나 제각각인지를 보여준다. 그 사회에 속한 사람들에게는 그 제각각의 몸이 자연스러워 보인다. 하지만 이방인들에게는 그것이 이상하고 심지어 부자연스러워 보일 수 있다. 그렇다면 자연스러운 것을 자연스럽게 보이게 하는 것은 무엇일까?

고전이라는 렌즈를 통해 몸을 보면, 간단하거나 자명해 보이는 것이 어떤 역사를 겪어왔는지가 드러난다. 이 역사는 그 자체로 흥미롭다. 하지만 더 중요한 점은, 실은 이 역사를 통해 우리가 몸을 보는 방식이 형성된다는 사실이다. 이러한 역사를 통해 '좋은 몸'이란 군살 없이 단단하며 근육이 새긴 듯 뚜렷한 남성의 몸이라고 하는 것이 명백하고도 틀림없는 사실로 여겨지게 된다.

하지만 이것이 명백하거나 자명하게 옳은 것은 아니다. 누군가는 이런 '좋은 몸'(군살 없이 단단하며 근육이 새긴 듯 뚜렷한 남성의 몸)이 단단하고 못이 박힌 손처럼, 천하고 변변찮은 일을 하는 노동자의 표시라고 주장할 수도 있다. 또는 부드럽고 살집이 있으며 창백하고 희멀건한 몸을 여유로운 삶, 즉 상류 계급과 출신, 그리고 교양의 표시로 볼 수도 있다. 또한 저러한 '좋은 몸'을, 육두근이 선명한 복부를 만들기 위해 지나치게 시간과 노력을 들이는 자아도취적인 집착의 표시로 볼 수도 있다. 과도하고 비대한 근육을 가진 보디빌더들에 대한 서로 모순되는 두 가지 감정(그러한 몸에 대한 선망과 거부감)이, 적어도 부분적으로는 몸 단련에 너무 많은 시간을 들이는 데 대한 염려에서 나오는 것이라는 말은 아무래도 틀렸다. 그보다는, 그것이 지나치게 강박적이라는 점 때문이며, 또한 그러한 강박관념이 단지 몸으로만 향해 있다는 점 때문이다. 사실 그저 자기 몸만 사랑받기를 원하는 사람이 어디 있을까?

아폴론의 몸과 귀족의 손을 '좋은 몸'으로 여기는 생각은 서구 문화사文化史의 산물이다. 서구 문화사에서 무엇보다 중요한 요소는 그리스를 향한 동경이다. 그리스적인 몸은 현대인이 몸에 대해 가진 생각의 일부를 이루게 되었다. 여성의 아름다움에 대한 루벤스의 생각은 현대의 관람자에게는 몹시 당혹스러운 것이어서, 설명이 필요하다. 이는 단지 취향이 변해서만은 아니다. 여기에는 의학, 예술, 섹슈얼리티와 드러내 보이기, 사회적 기대, 종교적 신념의 역사가 서로 뒤얽혀 있다. 이 모든 것들이 함께 작용하여 몸에 대한 생각과 이상을 변화시킨다.

이러한 변화의 역사는 고대 그리스와 로마가 제공하는 이미지, 환상, 모델을 바탕으로 발전해왔다. 현대인들의 상상력은 의식적으로나 무의식적으로나 그리스로 가득 차 있다. 우리가 몸을 보는 방식은 이러한 문화사, 즉 우리 안에 살아 있는 고대 그리스가 만들어낸 신화의 일부이다.

영화에서 보는 몸, 광고에서 스쳐 보게 되는 몸, 소설이나 의학 교재에서 보는 몸, 법과 관습에 의해 통제되는 몸, 당당한 예술과 음란한 낙서, 그리고 환상과 과학적 연구에서의 몸 등, 이들 온갖 상상된 몸들의 이미지가 우리를 둘러싸고 있고, 우리는 이들 이미지에 의해 살아가고 사랑을 한다. 이 이미지들은, 우리가 세계를 보고 이해하는 방식에 관한 역사의 일부분을 이룬다.

이 역사, 즉 우리의 정체성이 어떻게 형성되어왔는지를 이해하려면, 그리스적인 몸이 어떻게 우리의 정체성 저변을 지속적으로 관류해왔는지 알아야 할 필요가 있다. 몸에 대한 자의식은 외모에 대한 부끄러움만을 의미하지 않는다. 그것은 또한 우리의 역사가 우리를 어떻게 형성해왔는지에 대한 인식을 의미한다. 이러한 인식이 거울에 비친 우리의 모습도 바꿔 놓을 것이다. 우리 모두 안에 그리스의 역사가 살아 있으며, 그것이 우리의 정체성을 이루기 때문이다.

04 사랑 이야기

His and Hers-A Love Story?

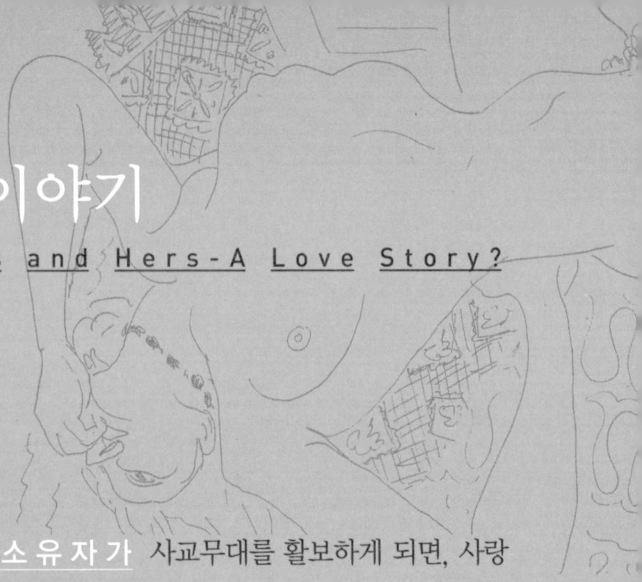

완벽한 몸의 소유자가 사교무대를 활보하게 되면, 사랑의 신이 인간들의 마음에 불을 지를 준비가 된 셈이다. 기원전 5세기와 4세기에 지중해 세계 문화의 중심지였던 고전기 아테네는 언제나 고대인의 욕망에 관한 그림을 제공해왔다. 이 그림은 후대들에게 가장 큰 혼란과 환상과 혐오감을 불러일으켰다. 로마인들은 그것이 매혹적인 만큼 분명 부적절한 것임을 알았고, 그리스도교도들은 그 혐오스러운 도착倒着에 대해 소리를 질러대었다. 그리고 빅토리아 여왕 시대 사람들은 눈을 돌리거나 애써 몽상에 잠겼다.

아테네인들의 욕망에 관한 사회 규범과 금기는 오늘날 그리 잘 알려져 있지 않다. 하지만 특히 아테네인들의 사랑 방식은, 우리가 우리 자신과 몸에 대해 가지고 있는 가장 친숙한 태도를 재조명해줄 것이다.

'그리스식 사랑' 은 서구의 상상력을 형성하는 한 요소이다. 현대 서구에서 사랑의 방식에 대해 생각하고 논의하면서 고대 그리스를 돌아보지 않은 시대나 사회는 없었다. 레스보스 섬 출신인 사포의 이름이 갖는 에로틱한 힘은 세기를 넘어 메아리친다. 몸 이야기와 마찬가지로, 현대의 욕망에 관한 이야기는 그 역사가 그리스까지 거슬러 올라간다. 그리고 몸의 역사가 그런 것처럼, 이 역사는 우리 현대인과 고대인들의 차이점, 그리고 우리가 고대로부터 물려받은 유산을 아주 분명하게 보여준다.

오늘날 우리는 흔히 '사랑은 세계 공통' 이라고 말한다. 하지만 실은 그렇지가 않다. 그리고 고대 그리스인의 사랑 방식은, (특히 우리 현대인의 사랑 방식이 분명 일반적이고 전형적이라고 생각한다면) 우리 현대인이 보기에 아주 이상하고 특수한 경우이다. 만일 매혹적인 사랑 이야기의 주요 배경이 그리스라면, 그것은 남성이 남성을 사랑하는 이야기일 것이다. 하지만 우선 나는 현대 서구인들이 항상 원하는 이야기부터 시작하려 한다. 소년이 소녀를 만나는 이야기 말이다.

열세 살 소녀와 혼전 관계를 가진 후 곧 자살한 남성이 낭만적 주인공의 전형이 된 것은 역사의 이변이었다. 로미오는 현대인들의 상상력 속에서 연인의 전형으로 여겨지는데, 이는 단순히 로미오의 이야기 자체보다는 셰익스피어 극과 관계가 있다. 현대 문화에서 로미오라는 이름("이름이 뭔데요?"줄리엣이 캐풀렛가의 가면무도회에서 로미오를 처음 만난 뒤 그가 집안의 원수인 몬테규가 사람이라는 것을 알고서, 이름은 그저 이름일 뿐이니 몬테규라는 이름을 버리고 자신을 가지라며 하는 말-옮긴이)은 곧바로 발코니를 향해 쏟아내는 눈물어린 한숨과, 사회적 제약과 가문 간의 반목이라는 장애를 뛰어넘는 진정한 사랑의 추구를 떠올리게 한다. 이 이야기는 셰익스피어의 비극 이후 수없이 공연되고 새로 씌어졌다.

고대 그리스에는 이 같은 이상적인 사랑 이야기나, 불행한 어린 연인들의 이야기가 없다. 고대 그리스인들은 사랑을 그렇게 하지 않는다. 후대 사람들에게 정절의 모범이 된 부부인, 호메로스의 《오디세이아》에 등장하는 오디세우스와 페넬로페도 '당신을 사랑하오' 나 '당신을 원해요' 또는

'그리웠어요' 또는 오늘날 관객들이 오랫동안 행방불명되었던 남편이 전쟁에서 돌아왔을 때 할 법한 표현들을 하지 않는다. 전형적인 그리스인 남편인 소크라테스는 임종의 침상에서 울고 있는 아내를 내보내고는 마지막 순간을 자신의 (남성) 친구들과 토론을 하며 보냈다. 그리스 비극의 여주인공은 끔찍하고 지독한 정념으로 괴로워하며 몸을 비틀지, 결코 아름답고 고상한 사랑을 하지 않는다. 고대 그리스에는 로미오와 줄리엣이 없다.

'에로스'라는 그리스어는 '사랑'으로 가장 많이 번역된다. 하지만 대부분의 경우에서 '욕망'으로 번역되는 것이 훨씬 더 정확하다. 에로스는 다른 사람에게, 또는 어떤 도시나 음식에 끌리는 열렬한 감정을 말한다. 플라톤이 《향연Symposium》의 대화에서 선善 자체에 대한 최고의 철학적 동경(이 동경은 물리적인 것을 초월하여 영혼의 가장 깊숙한 욕구와 가능성의 실현을 추구한다)을 표현하기 위해 '에로스'라는 말을 사용하는 것을 보면, 어째서 사람들이 일반적으로 이 말의 바른 번역이 '사랑'이라고 생각하는지 쉽사리 알 수 있다. 그리고 그리스의 많은 연인들은 그들의 가장 깊고 감동적인 감정을 표현할 때 '에로스'라는 말을 사용한다.

하지만 '에로스'는 낭만주의나 그리스도교적 의미에서의 '사랑'과는 다르다. 그것은 성적性的인 맥락에서, 하나의 질병, 다시 말해 그러한 감정을 겪는 사람으로서는 결코 원치 않는 격렬하고 파괴적인 정염으로서 가장 자주 묘사된다. 이것은 하나의 사회적 힘으로서 아주 파괴적일 수 있다. 현대의 한 노래 가사에 따르면, "사랑이 세상을 돌아가게" 하며 "사랑은 아주 놀라운 것"이다. 고대 그리스의 비극시인인 아이스킬로스에게 "에로스는 사회의 모든 결속을 파괴하고 왜곡한다." 그리고 소포클레스에게 "에로스는 사람의 마음을 부정不貞과 파멸로 이끈다." 비극은 욕망으로 야기된 충돌과 불행을 즐겨 다룬다. 에로스는, 비극이 아테네 시민들에게 보여주는 보편적 진리를 파괴한다. '사랑'을 품을 수는 있으나 항상 '에로스'를 조심해야 한다.

비극에서 비극적 결말을 불러오는 다양한 요인들 가운데는 에로스도 포함된다. 에로스는, (가령 회화 같은) 다른 곳에서는 날개를 가진 장난꾸러기 사내아이(라틴어로 큐피드, 그리스어로 에로스라 불린다)로 등장한다. 이 사내아이는 재난과 분쟁을 불러일으키고, 그로 인해 희생된 이들을 조롱한다. 그러니, 에로스를 경험하는 것은 결코 품위 있는 일이 아니다. 현대 소설에서는 흔히 모든 사람들이 사랑에 빠지고 싶어한다. 하지만 아마도 고대 아테네인들이라면, 현대인들의 그런 생각에 당황해서 몸서리를 칠 것이다. 이는 에로스가 감미로운 황홀감을 가져다준다는 점을 인정하더라도 마찬가지이다. 그리스인들이 가장 높이 치는 미덕인 '자제심' 은 욕망하지 않음을 뜻한다. 이는 또한, 아무리 통탄할 일이 벌어지고 누를 길 없는 욕망이 일더라도, 불운한 처지에 놓인 자신을 가능한 한 통제함을 의미한다.

엄격하고 고매한 철학자들은 관조 속에 자제심을 발휘하며 숙고에 따른 실천을 추구한다. 하지만 그다지 고매하지 않은 시민들에게 에로스는 어쨌든 특정한 육체적 행위를 통해 쉽게 충족시킬 수 있는 것이다. 에로스는 그리 오래 지속되지 않는다. 더 정확히 말하자면 본래 에로스는 오래갈 성질의 것이 아니다. 그것은 끊임없이 또 다른 욕망의 대상으로 쉽사리 옮아간다. 완성된 에로스는 충족된 후 종료되는 반면, 티셔츠에 대한 현대인의 애정이 그러하듯 사랑은 영원하다. 에로스는 달콤하면서 씁쓸하고, 일시적이며, '사랑' 을 다소 오도하여 번역하는 질병의 상태이다.

에로스를 작동시키는 동력이 하나 있는데, 이는 현대의 연인들이 특히 잘 인식하기 어려운 것으로, 고대와 현대의 차이를 가장 분명하게 드러내준다. 그것은 일방적이 아닌, 상호적인 관계라는 이상과 관련이 있다. 현대 사회에서 두 연인이 서로 사랑하고 사랑받는 것은 낭만적 사랑의 공인된 이상이다. 두 남녀는 열정, 애정, 존경심의 감정을 공유하고자 한다. 제인 오스틴의 소설에서 남녀 주인공은 어쨌든 소설이 끝날 무렵에 '서로' 사랑한다는 사실을 깨닫는다.

오늘날 연인들은 손을 맞잡고서 거리를 걷고 싶어한다. '날 사랑해?' 는 일방적이 아닌 상호적인 관계를 확인하는 질문이다. 고상한 연애시 속, 숙녀와 함께 하는 기사騎士에서부터 프레드 어스테어와 진저 로저스미국의 무용

수이자 배우인 두 사람은 여러 편의 뮤지컬 영화에서 짝을 이루어 크게 성공한 것으로 유명하다-옮긴이

에 이르기까지 보답받지 못한 열정을 노래한 서정시들이 많지만, 이 시들은 앞으로 두 사람이 '함께' 나누게 될 사랑이 가져다줄 더 없는 기쁨의 서곡이다. 사람들이, 두 연인이 똑같이 성적 욕망을 공유한다는 생각을 하게 된 것은 20세기 후반에 와서였다.

빅토리아 여왕 시대 소설 속의 사랑은 이와는 다른 길로 나아간다. 빅토리아 여왕 시대의 의학 서적과 사회사상에서는 여성의 성적 욕망에 대한 도덕적인 망설임이 드러난다. 하지만 상호적 관계라는 이상을 거부하는 사람이 '색마,' '오입쟁이,' '창녀' 등으로 비난받기는 마찬가지였다. 현대 사회는 어린 연인들에서부터 장미로 꾸며진 시골집 문가의 나이 지긋한 부부에 이르기까지, 두 사람의 '상호' 결속에 특권을 부여한다. 죽음이 두 사람을 갈라놓을 때까지.

그러나 고대 아테네의 사회적, 도덕적 표현에서 이와 같은 이상은 찾아볼 수 없다. 고대의 남성은 자기 아내에게 애정이 깊지도 않았고, 아내와 '상호' 결속되어 있지도 않았다. 실은 이와는 거리가 멀었다. 고대 아테네인들에게 남편과 아내의 관계는 의무와 책임과 존경심에 의해 구속되어 있었다. 여기에 가족의 유지라는 공통된 목표도 있었다. 결혼은 이를 위한 토대이자 초석이었다.

고대 세계 내내 그리스 사회가 가장 강력하고도 분명하게 요구하고 있는 것은 가족의 유지이다. 가족은 세대에 걸쳐 지속되어야 하며, 이를 위해 결혼생활의 보장이 필수적이었다. 그렇지만 아내에게 욕망을 느끼는 것은 비극적이거나 희극적인 착오일 따름이었다. 로마 후기의 도덕주의자인 세네카는 이렇게 요약한다. "아내와 연인처럼 같이 자는 것은 간통만큼이나 혐오스러운 짓이다."

단정한 소녀가 가장 매력적인 순간은, 결혼식날 처녀의 몸으로 결혼을 앞두고 있을 때이다. 그리스의 꽃병들에는 아름다운 여인이 날개 달린 자그마한 에로스의 호위를 받아 남편에게로 가는 모습이 담긴 그림들이 많다.그림 15 이 특유의 그림이 꽃병에 둘러져 있는 것이다. 이는 고대 그리스 결혼식의 전 단계를 보여준다.

가장 왼쪽 그림에서, 자리에 앉은 신부는 날개 달린 에로스에게 마음이 이끌린다. 그 다음에 차례로 이어지는 여섯 인물(다섯 명의 여인과 에로스)은 모두 신부의 선물과 장식품들을 가져오고 있다. 신랑은 오른쪽의 턱수염을 기른 남성이다. 그는 신부의 왼쪽 손목을 쥐고서 두 사람이 함께 살 새 집으로 그녀를 이끈다. 신부의 오른팔은 에로스가 잡고 있다. 결혼식날 이 욕망의 신은 매순간 소녀를 따라다닌다. '소녀'라고 한 까닭은 그리스 여성의 평균 결혼연령이 14세나 15세였기 때문이다. 반면 남성의 평균 결혼연

● 그림 15
아테네의 연고 항아리에 표현된 결혼을 축하하는 이미지

령은 35세 정도였는데, 남성이 아내에 대해 책임을 질 수 있을 만큼 나이 차가 있어야 했던 것이다.

남편이 소녀에게서 가장 강한 성적 매력을 느끼는 것은 바로 이 결혼식 날이었다. 하지만 이날 이후에는 사정이 달라졌다. 아내를 둔 남성의 에로스는 정부情婦, 소년, 창녀, 그리고 심지어 (훨씬 더 위험하기는 하지만) 다른 사람의 아내에게로 향할 수 있었다. 노골적이고 공공연한 정념의 대상에서 본인의 배우자는 제외해야 했다.

이는 가족과 결혼을 그 무엇도 침해할 수 없는 기념비적인 것으로서 지속시키기 위해 가장 굳세게 싸우는 두 부부, 즉 《오디세이아》의 페넬로페와 오디세우스의 경우에도 해당한다. 오디세우스는 집으로 돌아오는 길에 여러 여신들과 (물론 마지못해) 잠자리를 했으며, 페넬로페는 구혼자들에게 둘러싸여 있었다. 하지만 온갖 고난을 겪으며 20년 만에 재회했음에도, 그리고 이 귀향 이야기의 절정에서 두 사람이 함께 잠자리에 듦에도, 이들은 단 한 번도 서로에 대한 성적 욕망이나 갈망을 드러내지 않는다. 두 사람은 '그녀/그/당신을 안고 싶다' 와 같은 에두른 표현조차 하지 않는다.

이러한 태도는, 이 이야기가 근엄하고 과묵한 서사시라서가 아니라, 철저히 이데올로기에 따른 것이다. 호메로스에게 성적 욕망은 언제나 남성에게 위험한 것이며, 여성에게는 타락의 징후이다. 호메로스의 서사시에서 남성이 욕망을 느낀다면, 그는 조심해야 한다. 페넬로페에게 욕망을 느낀 못된 구혼자들은 죽음을 향해 꼬여든 것이었다.

유혹자 파리스가 헬레네미케네의 왕인 아가멤논과 그의 형제 메넬라오스는 스파르타 왕의 딸들인 각각 클리템네스트라와 헬레네와 결혼한다. 트로이의 왕자 파리스가 메넬라오스의 아내인 헬레네를 유혹해 가로챔으로써 트로이 전쟁의 원인이 되었다-옮긴이에게 끌려 욕망을 느낀 결과 트로이는 멸망하고 만다. 페넬로페와 오디세우스가 서로에 대한 욕망을 드러내는 말을 하지 않는 것은 그리 놀랄 일이 아니다.

같은 양상이 고대도시 아테네의 비극에서도 나타난다. 현대 심리요법의 원리 가운데 하나는, 욕망을 드러내는 데 익숙해지는 것이 그에 대한 심리적 강박으로부터 벗어나는 데 바람직하며, 또한 그렇게 함으로써 그러한 강박에서 벗어날 수 있다는 것이다. 하지만 그리스 비극에서 성적 욕망을 드러내는 여성은 모두 (그것이 남편에 대한 성적 욕망의 표현일지라도) 가족의 파괴를 불러온다. 자식을 죽이는 메데이아에서부터 남편을 죽이는 클리템네스트라에 이르기까지, 성적 욕망을 분명하게 표현하는 여성은 괴물이 된다.

희극에는 정욕적인 남성들이 많이 등장한다. 어떤 남성은 자기 아내에게 강한 정욕을 느끼기도 한다. 하지만 이들은 한결같이 자신의 욕망 때문에 창피를 당하고 놀림감이 된다. 발기한 남근으로 인해 점점 더 우스꽝스러운 꼴이 되는 것이다. 어쨌든 욕망을 공공연하게 드러내는 데 대해 명백하게 도덕적 비난이 쏟아지는 세계에서는, 결혼을 통해 가족을 유지한다는 공통된 목표가 있음에도, 남편과 아내의 위계적 관계로 인해 성적 욕망을 상호 공유할 여지가 없었다.

이 문제의 중심에 있는 것이, 그리스인들이 남성의 욕망을 이해하는 방식이다. 성인 남성은 욕망을 품는 주체가 될 뿐, 자신이 욕망의 대상이 되거나 또는 그렇게 되고 싶어하거나 하지 않는다. 그는 분명 존경과 명예와 의무의 대상이고자 하지만, 다른 사람의 통제에 의해 지배되고 싶어하지 않는다. 자신이 추구의 대상이 되기를 원치 않는다. 고대 아테네인들에게 최고의 미덕인 자제심은, 남성이 자신의 아내, 몸, 욕망, 가족을 통제함을 의미한다. 만약 아내, 몸, 욕망, 가족이 그 자신의 통제를 넘어서면, 그는 웃음거리가 되어 창피를 당하거나 신세를 망칠 위험도 있다.

남성은 다른 사람의 감정에 자신을 내맡겨서는 안 된다. 이러한 태도는 플루타르코스가 쓴 짤막하고 외설스런 한 이야기에 인상적으로 요약되어 있다. 플루타르코스는, 함께 자는 소녀가 실은 그를 좋아하지 않는다는 이유로 친구들에게 놀림감이 된 남자에 대해 이야기한다. 그 남자는 이렇게 답한다. "나는 식당에 가면 생선을 먹네. 난 그 물고기가 날 생각하기를 바라진 않네." 어쩌면 아주 냉정해 보일지 모르나, 이것이 고대 그리스 남성들의 전형적인 태도였다. 그는 욕망의 주체가 되는 데 만족하며, 그에게 상호적인 관계는 중요하지 않다. '날 사랑해?' 는 그리스 남성이 할 만한 질문이 아니다.

이러한 상호적인 관계의 결여는 남성과 여성 사이의 위계와 관계가 있으며, 특히나 현대의 연인들에게 이것은 결혼에 대한 전망을 어둡게 만든다. 고대 도시 아테네에서 독신 여성의 목소리는 좀체 들을 수 없다. (이따금씩 비문에 보이는 '아무개가 이것을 증여했다' 라는 구절을 빼면) 여성이 남긴 기록은 보이지 않는다. 남성이 전하는 여성의 욕망에 관한 얼마 안 되는 이야기들은 결말이 불행하거나 심한 익살로써 끝을 맺는다. 고대 아테네에서는 제인 오스틴, 조지 엘리엇, 버지니아 울프의 소설 같은 이야기를 찾아볼 수 없으며, 일기나 개인적인 기록이 남아 있을 뿐이다.

톨스토이는 "모든 행복한 가족들은 엇비슷하다"고 썼다. 말하자면, 행복한 가족에 대해서는 별달리 할 이야기가 없다는 말이다. 따라서 현재 알려져 있는 증거들(불행한 가족들이 잔뜩 등장하는 비극, 희극, 판례, 그리고 철학 등)만 가지고서 지나치게 일반화하는 것은 그릇된 일인지도 모른다. 하지만 공식적인 그림에 나타나는 남성과 여성의 관계(특히 남편과 아내의 관계)는 이들 관계를 냉정하게 파악하는 데 도움이 된다.

고대 도시 아테네에서 결혼(그리고 여성에 대한 남성의 욕망)과 관련해서 기록을 남긴 이들은 모두 남성이다. 해서 우리가 그 기록들에서 볼 수 있는 것은 남성들의 관심사뿐이다. 즉, 구애를 피해 달아나는 객체가 아니라 행위하고 욕망하는 주체로서 자제심을 발휘하고 지배하는 방법 같은 것들 말이다. 남성 몸과 여성 몸에 대한 차별적인 생각은 남성과 여성에 대한 아테네인들의 사회적 기대가 다른 데서 나왔다. 고대도시 아테네에서 사랑 이야기의 자연스러운 결말은 '장미로 뒤덮인 작은 집의 노부부' 가 아니었던 반면, 현대 문화에서는 이러한 결말이 거의 지배적이다.

상호작용이 결여된 일방적 관계를 용인하고 조장하는 고대식 사랑은, 상호적 관계를 자연스럽고 근본적인 것으로 생각하는 현대 연인들의 정서에는 맞지 않다. '사랑은 세계 공통' 은 판에 박은 말로, 우리의 가장 내밀한 감정이 그냥 생겨나는 것이 아니라 실은 사회의 압력과 기대에 따라 구성되는 것이라는 그리 유쾌하지 않은 생각을 잊어보려는 하나의 방편에 지나지 않는다. 과거에는 현재와 달랐다는 사실을 알고 나면, '너는 네가 누구라고 생각하는가?' 하는 문제가 좀더 불안하게 다가온다.

05 그리스식 사랑

Greek Love

고대 세계에서 열정적인 시, 의미 깊은 자기성찰적인 논문, 훌륭한 이야기들, 그리고 자기인식적인 세련된 해학의 주제로서 주로 다뤄지는 것은 (현대 세계에서는 여성과 남성의 상호적 관계에 기초한 결혼이 주로 그러한 주제로서 다뤄지는 반면) 결혼보다는 남성에 대한 남성의 욕망이다.

그리스인들의 삶 가운데서, 전통적으로 '그리스식 사랑'이나 좀 불경스럽게는 '그리스인의 동성애'로 불리는 것만큼, 현대와 고대의 문화 차이가 두드러지게 느껴지고, 논의하기에 껄끄러운 부분은 없다. 오늘날에는 앞서의 두 가지 표현 모두 거북살스러운 느낌을 준다. 하지만 이 부분은 끊임없이 격렬한 논쟁과 성토를 불러일으키는, 그리스 사회가 가진 습성의 한 측면을 소개하는 데 적합하다. 개인적으로나 사회 전체적으로나, 동성애자의 위상은 오늘날 일어나고 있는 여러 가지 사회 변화 가운데 가장 극렬한 의견 대립을 불러일으키는 부분이다.

오늘날에 이르기까지 오랜 세월에 걸쳐 거듭되고 있는 성 정체성에 관한 진지한 논쟁은 고대 그리스까지 거슬러 올라간다. 가령 1990년대 후반에 미국의 콜로라도 주의회는 그 주의 반차별법에 대해 오랫동안 공식적인 논쟁을 벌였다. 즉, 반차별 조항에 동성애를 하나의 범주로서 포함시켜야 하는지와 관련해서 말이다. 법원은 '동성애'가 '자연스러운'('타고난') 것일 수 있는지를 파악하고자, 플라톤 전문가로부터 이미 널리 알려져 있는 증언을 청취했다.플라톤은 《향연》에서 아리스토파네스의 연설을 통해 성인 남성인 애자(愛者)와 미소년 사이의 사랑을 최고의 선이라고 말하고 있다-옮긴이 이에, 플라톤이 이 말을 통해 의미하고자 한 바와 거기서 우리가 수용해야 하는 바에 대한 신랄한 비판들이 줄을 이었다.

콜로라도 주는, 플라톤과 아리스토텔레스가 동성애를 가족에 해악을 끼치는 것으로 보았으며, 주당국의 관심사는 동성애 지지에 있지 않다고 밝혔다. 하지만 주당국의 이러한 주장에 반대해서, 실제 플라톤이나 아리스토텔레스, 그리고 그리스 사회가 동성애에 대해 가졌던 생각은 그와 아주 달랐다는 주장이 나왔다. 《버지니아 법률 비평》Virginia Law Review에 언급된 것처럼, "법조계와 일반인들은 고대의 성적 규범에 대해 충분히, 그리고 정확히" 알아야 할 필요가 있다. 콜로라도 주의 법조인들에게, 플라톤은 남성의 욕망 문제에서 중요한 권위자였다.

이런 유의 논쟁은 르네상스 이후 거의 모든 시대에서 찾아볼 수 있다. 영국 빅토리아 여왕 시대의 유미주의자들이 그랬던 것처럼, 게이들이 모여든 많은 하위문화 집단들은 그리스를 이상화했다. 그리고 콜로라도 주의회의 경우에서와 같이, 사회가 동성애를 어떻게 평가해야 하는가가 도마 위에 오르게 될 때면, 언제나 가장 중요한 모델이 되는 것은 그리스 사회였다. 현대 서구인들이 그리스를 빼놓고서 남성에 대한 남성의 욕망을 생각하기는 아주 어려운 일이다. 동성애는 그에 대한 환상과 비난이 극단적으로 갈리고, 섹슈얼리티에 대한 현대인의 생각을 가장 의미심장하게 드러내 보여준다. '그리스식 사랑'이 무엇인지 (남성에 대한 남성의 욕망, 그 제도와 관습을) 살펴봄으로써, 오늘날 '그리스식 사랑'이 우리에게 의미하는 바를 탐구할 수 있을 것이다.

아테네 사회에서 적절한 남성이 남성에 대해 품은 욕망을 처리하는 방법은, 일반적인 사회적 기대에 의해 규정된다. 욕망하는 남성은 보통 '애자'愛者로 번역되는 '에라스테스'erastes로 불리며, 자유시민이다. 그리스의 자유시민은 누구나 남성에 대해 욕망을 느끼고 그것을 표현할 수 있다. 같은 성의 누군가를 욕망한다는 사실 그 자체가 불명예스럽거나 수치스러운 일이 되지도, 실로 어떤 논란거리도 되지 않는다. 사랑에 빠진 사람은 언제나 놀림감이 되고 동정을 받기 마련이기는 하지만 말이다.

아테네인들의 모든 삶의 수준에서, 이러한 형태의 욕망이 온전히 정상적인 것으로 받아들여진 것은 분명하다. 법정에 선 정치가도 도덕적인 다수의 분노도 사는 일 없이, 젊은 남성에 대한 자신의 욕망을 이야기할 수 있었다. 오늘날에도 그렇지만, 정치가들이란 워낙에 사회가 용인하는 '정상'으로 보이는 데 관심이 많은 사람들이다.

서기 4세기의 정치가인 아이스키네스는 기혼자로, 성적性的인 문제와 관련된 한 사건 재판에서 검사 역을 맡았다.고대 아테네의 법정에서는 판사, 변호사, 검사가 따로 정해져 있지 않고 그때그때 자유시민들이 그러한 역할을 맡았다-옮긴이 "저의 반대자들은 제가 체육관에서 골칫거리이며 그렇게 많은 소년들의 애자라는 사실이 수치스럽지 않은지 물을 것입니다……하지만 저는 그 적절한 사랑에서 어떤 허물도 찾지 못하겠습니다……저는 본인에게 그런 사랑에 쉽게 빠지는 경향이 있음을 부인하지도 않습니다. 그리고 그것은 오늘도 마찬가지입니다." 아이스키네스에게, 체육관을 다니며 마음에 드는 소년들을 찍어두고서 여러 소년들의 에라스테스가 되는 것은 '적절한 사랑'이다. 아이스키네스는 자유민은 그렇게 하는 것이 당연하다고, 법이 언급하고 있다고 말한다.

플라톤의 저작을 보면, 역시 기혼자인 소크라테스도 예쁘장한 소년들을 보고 황홀해했던 것으로 묘사되어 있다. 정치적으로 극보수주의자였던 한 시인에게 더할 나위 없는 날이란 바로 이런 날이었던 것 같다. "남자에게 더 없는 행운은 사랑에 빠져, 체육관에 갔다가, 집으로 와서, 하루 종일 미소년과 잠을 자는 것이다." 남성들 간의 성적 관계는 두말할 것도 없이 정상적인 것이었다.

에라스테스가 욕망하는 상대는 보통 '애인'(사랑받는 자)으로 번역되는 '에로메노스' eromenos이다. 이 애인은 '소년'이라 불릴 만한 나이에, 가급적 미소년이어야 한다. 이는 턱수염이 나기 시작하기 직전, 그렇지만 사춘기가 지난 청소년을 의미한다. 소년의 아름다움의 기준은 '몸치수'와 '신장'이다. 가장 좋은 것은 근육이 좋고 균형이 잡혀 있으며 잘 발달한 몸이다. 소년의 아름다움을 저해하는 것은 털이다. 처음에 난 뺨 위의 솜털은 매력적이지만, 일단 턱수염이 나서 남자가 되기 시작하면, 그는 더 이상 욕망의 대상으로서 적절하지 않다. 그는 이제 자신이 에라스테스 역할을 할 수 있게 된다. 억센 털은 (에로메노스에서 에라스테스로 역할이 바뀌는) 이러한 두려운 전환기를 나타내며, 그리스의 연애시 작가들은 이때 완전한 아름다움이 조금씩 빠져나가 치명적인 손실을 입게 되는 것을 한탄한다. 하드리아누스 황제 치세의 로마제국에서, 스트라토라는 한 그리스인이 많은 작가들이 쓴 (거의 모두가 소년들에게 구애하는) 에로틱한 경구들을 책 한 권 분량으로 모았다. 이 경구들은 모두 자라나는 달갑지 않은 털을 주제로 해서 다양한 내용들을 읊어댄다. 영국 시인들이 그들의 애인들에게 "그럴 수 있을 때 장미꽃봉오리들을 따 모으라"고 충고하는 반면, 그리스 시인들은 애인인 소년에게 곧 "털 같은 것이 나리니" 애자에게 쌀쌀맞게 굴지 말라고 경고한다.

고대도시 아테네의 남성에게, 자유시민 성인이 자유시민 소년에게 느끼는 욕망은 성적 관계의 주요한 전형이었다. 다른 형태의 남성 간 교제 중에 이만큼 명예롭고, 이만큼 용인되거나, 이만큼 더 없는 성적 기쁨을 가져다주는 것은 없었다. 하지만 비슷한 연령의 남성들 사이의 섹스는, 특히 둘 다 수염이 난 연령일 때는 조롱감이었다. 또는 도의적으로 용인될 수 없거나, 좀더 심하게는 명백히 혐오스러운 것으로서 반감을 사기도 했다(사생활이라는 장막 뒤에서 이루어지는 어떤 관계일지라도 그러했다).

하지만 최악의 경우는, 다른 남성의 만족을 위해 자기 몸을 허락하는 여성 같은 성인 남성이었다. 그런 남성을 키나이도스cinaidos라고 한다. 스스로를 키나이도스라고 하는 남성은 아무도 없었고, 그것은 심한 모욕으로서 농담이라도 해서는 안 될 말이었다. 현대의 독자는 그리스 정치가들이 '비역질을 당했다' 고 킬킬대며 다른 사람들도 그렇게 웃으리라고 생각할지 모른다. 하지만 고대 그리스에서 누군가를 키나이도스라고 부르는 것은 대단히 적대적인 행위였다.

어쩔 수 없이 권력관계가 작용하기는 했지만, 주인은 노예 소년과 섹스를 할 수 있었으며, 그에 대한 욕망을 표현할 수도 있었다. 남성 매춘부와의 섹스는, 특히 적수의 눈에는 고이 넘어갈 일이 아니었다. 하지만 고대인들이 매춘부를 이용하는 것과 관련해서 일반적으로 염려한 것은, 현대의 도덕주의자들이 근심하는 것과 달랐다. 고대 그리스인들이 눈썹을 찡그리게 되는 것은 그보다는, 매춘부에게 가는 것이 경제적으로 심히 부담이 되거나, 특히 자신이 싫어하는 누군가를 험담하면서 자신의 자제심이 부족함이 드러날지도 모르기 때문이었다. 하지만 모든 유형의 남성 욕망은, 자유시민 남성과 그의 애인인 자유시민 소년이라는 모범 앞에서 빛이 바래진다.

미소년이 털이 자란 시민으로 성장하면서 역학관계는 흥미롭게 변화된다. 남성이 욕망의 대상으로 여기는 소년은 남성으로 성장하게 될 것이다. 그러면 더 이상 그는 욕망의 대상이 되지 않는다. 대신 그 자신이 에라스테스의 역할을 해야 한다. 모든 남성이 한때 '그러한(욕망의 대상이 되는) 소년' 이었던 것이다. 따라서 앞으로 시민으로 성장하게 될 소년에 대한 상당한 보호가 필요해진다. 해서, 성인 남성과 소년의 접촉에는 양식화된 복잡한 의례와 세심한 구애가 따른다.

빅토리아 여왕 시대 사람들의 '소년과 소녀의 만남' 이나, 규정이 복잡한 무도舞蹈와도 같은 남성의 정중한 구애라는 그리스식 모델에서, 깍듯하게 예의를 차리면서 속을 태우고, 누군가와 상의를 하고, 따라다니고, 모르는 체하고 하는 것은 일종의 규칙이었다. 그리스식 사랑은, 사람이 많은 체육관에서 처음 본 때로부터 마침내 성적 황홀감을 느끼는 순간에 이르기까지 여러 단계들을 밟아 이루어진다.

그 첫 단계는, 언제나 첫눈에 에로스에 빠지게 된다는 식이다. 문득 미소년을 바라보게 되는 순간 두둥 하고 천둥이 울리는 것이다. 소크라테스가 타우레아스 체육관에서 운동을 하던 어느 날 한 미소년이 들어섰다. "카르미데스의 신장身長이나 아름다움은 놀라웠으며, 모두가 그를 마음에 둔 것 같았다. 사람들은 그 소년이 체육관에 들어섰을 때 벼락을 맞은 듯 눈을 흡뜨면서 혼란스러워했다……모든 이들이 그를 조각상처럼 뚫어지게 쳐다보았다……그때 나는 소년의 망토 안을 얼핏 보고 흥분해서 더 이상 제정신을 차릴 수가 없었다……나는 야수에게 사로잡힌 것 같았다."

소년을 보는 순간 사람들은 공통적으로 소년의 더 없는 아름다움에 혼란스러움을 느낀다. 소크라테스를 포함한 모든 사람들이 소년을 마음에 두고서 마치 예술작품처럼 쳐다본다. 소년은 고전적인 '아름다움'과 '신장' 조건을 갖추었다. 그리고 소크라테스는 좀더 은밀히 옷 아래 소년의 몸을 보고서 어찌할 도리 없이 흥분하고 만다. 에우리피데스의 말처럼, "두 눈에서 뚝뚝 듣는 에로스가" 타는 듯한 아픔을 준다. 소크라테스는 철학을 하는 것이 어떻게 가장 뜨거운 정욕의 불길을 잠재우는지 보여주려면, 온 자제심을 다 발휘해야 할 것이다. 에로스에 의해 꿈틀거리는 욕망은 통제되어야 한다.

구애의 다음 단계는, 법정에 선 (정치인다운 독선적인 자의식을 보여주는) 아이스키네스에 의해 훌륭하게 포착되고 있다. 그는 이렇게 말한다. '법'은 자유시민에게 "소년과 교제하고, 소년을 따라다니며, 어울리는 것"을 허용하고 있다. 에로스를 느낀 남성은 애인과 시간을 함께 보내고자 한다. 그는 '봉사'로써 욕망을 표하고, 애인을 바라보며 체육관이나 다른 사교행사에 줄곧 따라다닌다. 하지만 그 과정이 얼빠지고 감상적인 것만은 아니다.

이러한 구애의 과정은 흔히 하나의 교육과정으로 이야기되곤 한다. 애자는 애인에게 자신의 유익한 경험을 전하고 세상에 대해 가르친다. '적절

16a

16b

16c

● 그림 16
성인 남성과 소년의
교제(술잔에 그려진 그림)

한 사랑'이란 온 자제심을 발휘하는 것이며, 미소년을 (특히 그가 법정에 서게 될 때를 대비해서) 좋은 시민으로 길러내는 하나의 교육방법이다. 철학자들이 그토록 관심을 기울이는 것은, 바로 이런 식으로 이상화된 에로스인 것이다.

아이스키네스가 찬미한 그러한 과정을 묘사한 그림들이 많다. 그림 16은 술잔의 그림으로, 펼쳐서 전체 모습을 한눈에 볼 수 있게 한 것이다. 이 이미지들은 애자가 소년과 '어울리며 봉사하는' 다양한 모습들을 보여준다.

잔의 바닥그림 16c에는 나이든 남성이 세밀하게 그려져 있다. 이 남성은 물론 수염이 나고, 가슴이 드러나는 옷을 입고 있으며, 그리스 시민들이 야외에서 종종 들고 다니던 지팡이를 들고 있다. 그는, 마찬가지로 얌전하게 차려입은 미소년에게 손을 뻗고 있다. 남자와 소년 둘 다 줄에 묶인 사냥개를 데리고 있다. 이는 보통 사냥을 하고 있는 상황임을 암시한다. 사냥은 전형적인 남성적 활동이며, 연장자가 젊은이들을 교육하고 '함께 어울릴' 수 있는 사교 분야의 하나이다. 또한 성인 남성이 구애의 일부로써 선물을 선사하는 것이 통례이므로, 그가 소년에게 개를 선물로 주고 있는 것일 수도 있다.

그림 16b는 세 쌍을 보여준다. 왼쪽에서, 턱수염이 나고 지팡이를 지니고 망토를 두른 남성이 소년에게 말을 건다. 겸손한 자세의 소년은 상체 전체에 망토를 두르고 있다. 중간에 있는 두 번째 쌍에서는, 앞서와 비슷한 성인 남성이 좀더 활달한 모습으로 소년에게 토끼를 선물로 주고 있다. (놀잇감, 특히 토끼와 새는 가장 일반적이고 대표적인 선물 품목의 하나였다.) 오른쪽에, 개를 끌고 있는 노예를 동행한 세 번째 쌍의 성인 남성은 앉아 있는 소년에게 말을 건다.

세 번째 그림인 그림 16a는 컵 나머지 부분의 그림을 보여주는데, 비슷한 인물들이 묘사되어 있다. 하지만 이번에는 한 남자가 왼쪽 옆에서, 성인 남성과 소년이 주고받는 것을 지켜보고 있다. 이 애자는 소년에게 돈을 주고 있다. 그의 왼손에 있는 것은 지갑이 분명하다. 오른쪽에서는, 또 다른 남성이 소년에게 꽃을 준다. 소년은 뛰어오르는 강아지 쪽으로 눈길을 돌리고 있다. 정숙하게 망토를 두르고 똑바로 선 젊은이가 이들을 번갈아 본다. 그림 16b에서는, 서로 어울리는 세 쌍의 연인들이 있고, 각각의 남성은 소년 하나씩과 함께 한다. 그림 16a에서는, 각각 세 인물로 구성된 두 쌍이 있다. 소년의 관심을 얻거나 소년과 교제하지 못하고 있는 세 번째 남성은 삼각관계의 가능성을 보여준다.

더불어, 이들 이미지는 성인 남성이 어떻게 소년과 '어울리며 그 소년에게 봉사하는'지를 보여준다. 이들은 주연에 쓰이는 잔에 그려진 이미지이다. 성인 남성은 주연에서 술을 마시면서, 잔의 바깥 면에 둘러지거나그림 16a, 16b 포도주를 다 마신 후 바닥에서 드러나는그림 16c 이미지들을 보게 된다. 그것은 바로 신중히 조절된 그 자신의 사회적 관계를 반영하고 있다. 이 잔은 '적절한 사랑 방식' 을 펼쳐 보여주고 있는 것이다.

아이스키네스가 자기 이야기를 하면서, 이러한 구애 단계에서 (그리스인들이 여성 누드상에서 음모를 제거했던 것과 같은) 도덕적 '수정작업' 을 멈춘 것이 우연은 아니다. 하지만 다른 많은 작가들과 화가들이 그 다음 단계를 묘사하고 있다. 구애의 다음 단계는 좀더 육체적이다. 물론 분명 애자가 좀더 세심하게 배려하고 숙고하면서 자제심을 가지고 행하기는 하지만 말이다. 선물을 준 후에는, 아마도 입을 맞추게 될 것이다. 그리스의 연인들은 입맞춤을 하기까지 많은 시간을 들였다. 다음의 아름다운 경구는, 확실치는 않으나 플라톤의 것으로 알려져 있다.

> 아가톤에게 입 맞추었을 때, 내 영혼은 입술에 머물렀네.
> 내 가련하고 고통스러운 영혼은 떠올라, 나를 지나 그에게로 갔네.

여러 세대의 시인들이 이 더없이 절묘하고 기발한 표현(입을 맞추는 순간 연인들 사이에 영혼이 오갈 수 있다는)을 거듭 사용하고 있다. 하지만 적어도 크세노폰이 묘사한 바에 따르면, 소크라테스는 좀더 냉철하다.

크세노폰이 큰소리로 말했다. "아니, 입맞춤이 무슨 불길한 영향을 미친다고 생각하시는지"……소크라테스가 말했다. "자넨 바보네. 저 아름다운 이들은 자네에게 입을 맞추면서 자네 입에다 뭔가를 집어넣는다네. 다만 자네가 그걸 볼 수 없을 뿐이지. 그들이 '아름다움과 젊음'이라고 부르는 야수는 독을 품은 거미보다 훨씬 더 무서운 것임을 자네는 깨닫지 못하는구만……."

아름다운 소년의 입맞춤은 가장 고약한 거미한테 물리는 것보다 더 위험하다. 해서 만일 이 금욕적인 철학자의 충고를 그대로 받아들인다면, 어여쁜 소년을 보자마자 되돌아서 달아나야 한다.

입맞춤과 포옹은 ('그 일' 또는 '그 행위'로 알려진) '그것을 하는' 마지막 단계로 이어질 것이다. 하지만 여기에는 또한 한 가지 문제가 있다. 앞으로 시민이 될 소년은 어느 정도로 애자에게 몸을 허용할 수 있을까? 소년이 지금 당장이나 후일 이때를 회고할 때, 자신의 존엄과 위신을 잃게 하지 않으려면 어디까지 가능할까? 완곡어법과 망설임 속에서 어느 선까지 갈 것인가 하는 의문은 끊임없이 이어진다.

성인 남성이 따라오면, 소년은 피해야 한다. 성인 남성이 소년에게 요구하면, 소년은 적당한 상황에서 '그의 요구를 들어줄' 수 있다. '적당한 상황'이란 소년에 대한 애자의 충분한 교육적 보살핌과 더불어, 적당하고 장기간에 걸친 구애를 의미한다. 이런 구애는 저 은밀한 순간, 더 없는 기쁨이 폭발하는 유일한 순간에 절정에 이르게 될 것이다. 하지만 '요구를 들어준다'는 것은 무엇을 뜻하는가? 여기서 무엇보다도 두드러지는 것은 일방적인 에로스, 다시 말해 상호적 관계의 부재이다.

브리고스 화공이 그림을 그린 그림 17의 유명한 잔은 이런 일방성을 눈에 띄게 구체적으로 보여준다.

수염이 난 남성이 망토를 벗지는 않았으나

●● **브리고스 화공** '브리고스'는 기원전 6세기 말과 기원전 5세기 초의 몇몇 컵이나 꽃병 등 그리스 적회식 도기제품에 나타나는 서명으로, 그 서명이 도공의 것인지 화공의 것인지 밝혀지지 않았기 때문에, 그러한 도기를 만든 장인들을 관례적으로 브리고스 도공, 브리고스 화공이라고 부른다-옮긴이

외출할 때 사용하는 지팡이와 모자를 내려놓았는데, 그 이유는 분명해 보인다. 그는 아름답고 가슴이 두툼한 소년과 함께 서 있다. 소년은 그의 선물, 아마도 놀잇감을 받아들여서, 자루에 담아 왼손에 꼭 쥐고 있다. 둘 다 벌거벗었으며, 애정 어린 포옹을 하고 있는 듯하다. 소년은 남자의 머리를 잡고서 그의 눈을 쳐다본다. 하지만 남자에게서는 성적으로 흥분한 흔적(역시 발기한 남근이다)이 보인다. 남자가 왼손으로 자극하고 있지만, 소년의 남근은 발기되어 있지 않다.

가장 점잖은 것에서부터 가장 상스러운 것에 이르기까지 참으로 많은 그림들 가운데, 애자와 마찬가지로 소년의 몸에 성적으로 흥분한 흔적이 보이는 것은 단 하나도 없다. 포옹, 바라보는 눈길, 뛰어오를 듯한 기쁨에는 배려와 승낙, 그리고 애정이 담겨 있을 수 있으나, 성적 욕망은 언제나 한쪽 방향으로만 움직인다. 이 그림은 시민 남성이 남성답고, 소년이 소년다운 적절한 방식을 보여주고자 한다. 음주자는 이 잔으로 술을 마시면서

● 그림 17
브리고스 화공의 술잔

만족해할 것이다. 미성년자에 대한 성적 학대가 근심거리가 되고 있는 오늘날의 사람들이, 그리스에서는 지극히 정상적이었던 이 그림을 무심히 보기는 어렵다. 그리스인들이 적절한 성이라고 생각한 것이 현대인의 그것과 아주 달랐음은 분명하다.

구애 과정에서와 마찬가지로, 최종적인 쾌락의 행위에서도 그것이 적절히 행해지도록 요구하는 사회적 기대가 작용했다. 고대 아테네에서 오럴 섹스는 분명 적절한 행위에서 벗어나는 것이었다. 그리스와 라틴 문화에서는 그런 일에 입을 사용하는 것을 아주 혐오스럽게 여겼다. 꽃병에 표현된 것 가운데 오럴 섹스 장면은 보통 몹시 흥청거리고 법석을 떨어대는 주연에 등장하는데, 때로 창녀가 함께 하기도 하고, 때로는 추악하고 강제적으로 이루어지기도 한다. 이것은 단정한 소년으로서는 결코 받아들일 수 없는 행위이다.

하지만 현대의 관람자들이 가장 놀랄 만한 일은, 학자들이 즐겨 '가랑이 성교'라 부르고 그리스인들이 '디오메리제인' diomerizein, 즉 말 그대로 '허벅다리 사이로 하기'라고 일컫는 것이 완전히 정상적인 '흠 없는 행위 방식'이었다는 점이다. 남성의 남근을 소년의 허벅다리 사이로 끼워 넣는 이런 방식으로 해서, 소년에게 삽입할 일은 없는 것이다. 많은 법률 및 철학 문헌들이 아주 도덕적인 목소리로, 자유시민 소년에 대한 삽입 행위는 겁탈이자 신성모독이라고 말하고 있다.

기원전 6세기의 포도주병인 그림 18은 그 최종적인 순간을 아주 생생하게 보여준다. 한가운데의 쌍은 그리스의 성인 남성과 소년에게 통상적인 정상체위로 성교를 하고 있다. 소년은 꼿꼿이 서고, 성인 남성은 어깨와 무릎을 구부리고 있다. 남근의 위치가 소년의 허벅다리 사이에 삽입하는 자세임을 분명하게 보여준다. 이것이 성인 남성과 소년이 성교할 때의 모습이다. 항아리에 이런 장면이 묘사된 경우는 그리 많지 않다(남성들의 주연에 쓰이는 그릇들에 훨씬 더 많이 선택되는 일반적인 그림 주제는 구애를 하고 마음을 졸이며 기다리는 장면이다). 이런 장면이 아주 아름답거나 조심스럽게 표현된 삽화는 거의 드물다. 그리고 아마도 사람들은 그런 유

의 항아리를 탁자 위에 놓아두고 싶어하지는 않을 것이다.

● 그림 18
'가랑이 성교'를 보여주는 포도주병의 그림

많은 항아리들에서 '칼로스 호 파이스' kalos ho pais, 즉 '소년은 아름답다'라는 명문銘文을 볼 수 있다. 때로는 '아무개는 아름답다'라는 식으로 이름이 좀더 명확하게 언급되기도 한다. 그 가운데는 당시 유명한 미소년으로 찬미되던 널리 알려진 이름도 종종 있다. 이 도시국가의 화려한 공적 생활의 일부인 에로스의 영역에는 아름다움을 과시하고, 홀린 듯 빤히 쳐다보고, 원망願望 실현의 환상을 갖고 하는 과정이 으레 따르기 마련이었다. 항아리에 끊임없이 그 이름이 새겨지던 '미소년'은 고대 그리스 시민들의 성생활 속에 들어와 있었다.

현대 사회의 규범과는 너무도 다른 그리스식 사랑의 모델은, 정상적인 섹슈얼리티란 무엇인가에 대한 논의를 끊임없이 유발하고 자극해왔다. 이 복잡한 구애와 원망 실현, 아름다움과 욕망의 세계는 우리에게 하나의 거울을 제공해준다. 우리 이전의 많은 사람들이 그랬던 것처럼, 우리는 이 거울을 통해 섹슈얼리티에 대한 우리 문화의 태도를 비춰볼 수 있을 것이다. 고대 그리스식 사랑 방식은, 남성의 섹슈얼리티에 대한 논의에서 '남성다움'을 어떻게 이해해야 하는지에 대해 끊임없이 의문을 불러일으킨다.

06 남자답다는 것

A Man Is a Man Is a ...

남성다움이 문제가 될 때면, 현대인의 그것과 아주 다른 그리스 남성의 성적 행동은 상반된 평가를 동시에 듣는다. 어떤 사람들은 노골적으로 도덕적인 비난을 쏟아 붓고, 또 어떤 사람들은 그것이야말로 가장 이상적인 유형이라는 동경에 찬 환상을 드러내 보인다. 그리스식 사랑은 언제나 부당하고 혐오스러운 것으로 간단히 치부되어버리거나, 또는 그리스도교 이전에 가능했던 자유로운 감정 표현이 주는 더 없는 기쁨에 대한 꿈을 불러일으키곤 한다. 이러한 두 가지 반응은 모두 고대를 흑백논리로 재단해버린다.

이러한 흑백논리에 따르면, 그리스는 현대의 도덕학이 거부하는 악덕을 가진 이교 세계이거나, 아니면 욕망에 사회적 족쇄가 채워진 '위선적인 속박' 이전의 잃어버린 세계이다.

고대의 섹슈얼리티에 대한 이러한 두 가지 이미지는 모두, 현대 사회에 무엇이 바람직하고 무엇이 부적절한지에 대한 권력을 쥔 쪽의 생각을 다른 사람들에게 강요하고 공식화하는 데 효과적으로 이용되곤 한다. 양자 모두가 현재의 요구를 뒷받침하기 위해 과거를 지나지게 단순화시킨다.

리펜슈탈의 영화에서 독일 운동선수의 몸으로 바뀌는 〈원반 던지는 사람〉은, 지나치게 이상화하고 단순화된 과거에 대한 환상이 갖는 위험성을 분명하게 보여준다. 이 환상은 결국 (독일 국가주의라는) 사회적, 정치적 폭력으로 귀결되고 있기 때문이다. 그것은 순수하게 남성다움을 보여주는 고대의 이미지에 현재의 요구를 싣고자 했던 것이다. 하지만 과거는 현재보다 더 단순하고 쉬우리라는 생각은, 남성다움에 대한 가장 사소한 논의마저 왜곡할 수 있다. 어떤 것이 '남성다운가' 하는 것은 언제나 시대와 장소에 따라 달라진다.

하지만 그리스는 그냥 그리스일 뿐, 이후의 그 어느 시대의 유년기도 아니다. 섹슈얼리티는 그 자체가 이미 복잡하고 괴롭고 웃기고 어리석고 혼란스럽고 어려운 문제이다. 섹슈얼리티를 규정하는 것은 사회적 기대이다. 하지만 욕망에 관한 사회적 규정은 당연한 것으로서 받아들여지는 동시에 강제되는 것이기도 하면서, 또한 알게 모르게 깨어지기 마련인 것이다. 전쟁과 급격한 사회 변화로 격동하는 시기였던 여성운동의 세기 이후, 현대 사회에서는 통상 '남성다움이란 것이 의문시' 되고 있다.

하지만 남성 정체성의 경계는 이미 고대 그리스 때부터 시험되고 위협받았으며 심히 훼손되었다. 남성다움을 증명하는 것은 이미 부질없는 일이었다. 위기에 처한 고대 그리스의 남성다움에 대한 좀더 면밀한 관찰을 통해, 우리는 리펜슈탈 유의 위험한 이상주의를 방지할 뿐 아니라, '남자는 남자다워야 한다' 는 주장에 의문의 눈길을 돌릴 수 있게 된다.

그리스인들이 남성다움을 이야기하기 위해 즐겨 끌어들이던 인물은 사티로스였다. 신화는 남성 영웅뿐만 아니라 털이 부숭부숭한 염소 꼬리와 못생긴 들창코, 그리고 때로는 털이 난 다리와 염소의 뿔도 가지고 있는 이 디오니소스 신 추종자들을 주인공으로 삼기도 한다. 주연에 쓰이는 항아리의 장식들 속에서 가장 많이 눈에 띄는 것이 이 사티로스이다.

보통 남근을 드러내고 있는 모습으로 알아볼 수 있는 이들은, 사람들로서는 하기 힘든 온갖 못된 짓들을 다 한다. 그들은 켄타우로스그리스 신화에 나오는 괴물 족속으로 상반신은 사람이고 하반신은 말의 형상이다-옮긴이처럼 결혼을 깨뜨리거나 하지는 않으며, 아테네의 아크로폴리스에서 나온 파르테논 신전의 조각들과 다른 인상적인 조각들에서 볼 수 있는 것처럼 그들 스스로가 망가진다. 사티로스는 대개 디오니소스 신의 여사제들을 납치하거나 그러려 하고 있는 모습이지만, 이들이 사용하는 겁탈 방법은 대개 소박하다.

그림 19는 주연을 벌이고 있는 사티로스를 보여준다. 이것은 주연에서 마실 포도주를 저녁 내내 차갑게 유지하는 데 쓰이는 아름다운 냉각용기에 그려진 그림이다. 한가운데에 있는 사티로스는 가정에서는 해서 안 될 균형 잡기 묘기를 부리고 있다. 주연에서 가장 인기 있는 놀이 가운데 하나는 '코타보스' kottabos이다. 이는 방 한가운데에 막대기 위에 균형을 잡아 올려놓은 잔을 가지고 하는 것으로, 긴 의자에서 술을 마시며 포도주

● 그림 19
사티로스가 보이는 6세기의
포도주 병

찌꺼기를 그 잔 속으로 던져 넣는 놀이이다.

그림 19의 사티로스들은 이 놀이의 색다른 형태를 보여준다. (이 항아리를 복제한 오늘날의 많은 모사품들은, 이 이미지를 아주 당혹스러운 것으로 만드는, 몸을 뒤로 젖힌 사티로스의 남근을 충실히 수정 작업해 놓았다.) 이 빼어난 항아리는 그림이 훌륭하고 이미지가 기품 있으면서 유쾌하다. 사티로스는 머리카락을 둥글게 말아 뒤로 말쑥하게 묶었다. 한가운데에서 곡예를 부리는 사티로스의 좌우에 서서 그림의 틀을 이루는 사티로스 둘은 점잖게 남근을 묶어 고정시켰다. 하지만 모든 그림들이 이렇게 점잖은 것은 아니다.

그림 20은 좀더 곡예 같은 떠들썩한 주연을 벌이고 있는 사티로스들을 보여준다. 이 이미지는 앞서의 것보다 그림 솜씨가 훨씬 떨어지고, 사티로스의 얼굴과 몸은 좀더 그로테스크하다. 이들 사티로스는 남근을 묶어 고정시키지 않았다. 그룹 섹스에서 빠져 있는, 가장 오른쪽의 사티로스는 수수께끼의 스핑크스 조각상과 막 섹스를 하려는 참인 듯하다. 이 이미지의 사티로스들은, 단정한 소년들은 해서는 안 될 것들을 모두 보여준다. 술항

● 그림 20 곡예사 같은 사티로스들의 떠들썩한 주연

● 그림 21
사티로스 복장을 한 남성

아리가 돌아가 술에 취할수록 음주자는 점점 더 불량한 일에 즐거이 참여하게 된다. 사티로스는 인간과 야수 사이의 위태로운 경계에 잠복해 있으면서 혼란을 일으킨다.

하지만 사티로스가 단지 신화적인 존재인 것만은 아니다. 실제로, 평소에는 충실한 시민이던 사람들이 사티로스로 분장을 했던 것이다. 아테네에서는 매년 비극이 상연된 뒤 사티로스극이 공연되었다. 이는 사티로스로 분장한 코러스가 등장하곤 하는 짤막하고 떠들썩한 촌극이었다. 사람들은 남근과 꼬리가 붙은 상스러운 반바지를 입었다. 사티로스들은 비극이 보여주는 진지한 인간세계를 패러디한 묘기, 싸움, 탈선행위들을 하며 뒤얽혔다. 게다가 그리스 세계의 많은 종교행렬과 디오니소스 축제들에서, 남성들은 사티로스로 가장해 행진하며 신나게 뛰어다녔다.

그림 21은 사티로스 가면을 쓴 남성을 보여준다. 그는 산뜻한 점무늬의 짧은 반바지를 입었으며, 여기에는 꼬리와 발기한 남근이 달려 있다. 이 시민은 디오니소스 신의 포도나무 잎이 기어오르고 있는 커다란 항아리 앞에서 손을 엉덩이에 얹고서 춤을 춘다. 시민 남성들이 사티로스처럼 행

● 그림 22
22a 디오니소스 신의 여사제를 납치하는 사티로스
22b 여성을 포옹하는 남성

동하는 것이다. 여기에는 모종의 빈정거림이 담겨 있다. 남자들이 모여 술을 마시다 보면 사티로스처럼 되지 않는가? 사티로스는 행실 나쁜 남자들을 풍자하는 것인 듯하다. 그들은 적절함의 경계를 넘나든다.

하지만 주연에 쓰이는 많은 항아리들이 이 사티로스들로 장식되어 있다. 그들은 주연에서 마시는 포도주의 수호자일 뿐 아니라, 포도주가 그런 것처럼 사람을 전혀 다른 사람으로 만들어버릴 수 있는 디오니소스 신의 변함없는 수행원들이다. 아테네의 모든 잔치들에는, 허용가능한 행위의 한계에 의문을 제기하는 사티로스들이 존재한다. 남성은 주연에서 어느 정도로 자유롭게 행동할 수 있는가? 그는 어느 순간에 사티로스가 되는가? 사티로스란 따로 있는 게 아니라, 누구라도 디오니소스 신의 포도주를 너무 많이 마시다 보면 사티로스처럼 되는 게 아닐까? 사티로스는 그리스 남성들에게 음흉하고 당황스럽고 익살맞은 거울을 제시하며, 그리스 남성은 그 속에서 자신의 몸과 섹슈얼리티를 대면하게 되는 것이다.

이런 점들이 재치있게 묘사된 화병들이 있다. 그림 22a, 22b는 같은 항아리의 양면이다. 이 두 그림은 술 취한 이들에 대해 의문을 제기한다. 그림 22a에서 사티로스는 디오니소스 신의 여사제를 납치한다. 여사제는 여자들이 보통 그런 것처럼 흰 피부를 가졌으며 풀어헤친 머리에는 화관을 쓰고 있다. 여사제가 어느 정도로 저항하고 있는지 말하기는 어려우나, 사티로스의 몸은 그가 성적으로 흥분해 있음을 분명하게 보여준다.

그림 22b에서 턱수염이 나고 적당히 망토를 두른 남성이 여성을 다정하게 안고 있다. 두 사람은 서로 눈을 마주보고 있으며, 머리모양이 훨씬 더 말쑥하고 단정하기는 하지만 이 여성도 머리에 화관을 쓰고 있다. 이 쌍은 품위 있게 옷을 차려입고 있다. 두 장면은 동일한 포도나무, 즉 디오니소스의 포도나무가 드리운 동일한 나무그늘에 의해 연결되어 있다. 이 항아리를 돌려가며 만지작거리면서 포도주를 마시는 사람은 이 두 장면을 어떻게 볼까?

두 사람이 다정한 모습으로 껴안은 장면은 에로스의 긍정적이고 애정어린 면을 나타내고, 사티로스의 장면은 에로스의 부정적인 이미지, 즉 강간에 대한 두려움을 나타내는 것일까? 또는 이 두 이미지는 좀더 내밀하게 연관되는 걸까? 이 둘은 '남자들이란 정말로 어떤 사람들일까?' 나 '과음한 남자와 ……' 같은 제목으로 함께 묶어서 읽어야 할까? 이 항아리의 이미지는 남성이 욕망을 충족하는 방법에 관한 문제를 제기한다.

파우니그리스 신화의 사티로스에 해당하는 로마 신화의 신-옮긴이 및 판과 더불어 사티로스는 고전주의라는 미명 하에 성적 자유를 환기시키며 서구 예술에 지속적으로 등장한다. 그림 23에서 러시아의 위대한 발레 무용가인 니진스키가 뿔을 달고 충격적이도록 명확하게 표현된 성기가 달린 점무늬 의상을 화려하게 차려입고서 뽐을 내고 있다. 이것은 그의 발레 〈목신의 오후〉의 한 장면이다. 〈목신의 오후〉는 드뷔시의 음악을 가지고 안무한 것으로, 첫 공연은 1911년 파리에서 있었다. 이 공연은 청중들을 분노하게 만들었고, 이들을 통제하기 위해 경찰이 동원되었다.

니진스키가 재현한 노골적인 섹슈얼리티는 파리지앵들에게 놀라우면서도 매혹적이었으며, 몇 해 동안 무용이 유럽에서 가장 혁명적인 예술형식이 되게끔 했다. 이 고전적인 장면은 그와 관련된 쇼가 생겨나게 했으며,

허용되는 것의 경계를 밀어붙임으로써 청중들을 혼란에 빠뜨렸다. 사티로스는 파괴적이다. 그들은 목가적 풍경을, 불온한 꿈을 꾸는 위험한 곳으로 뒤바꿔놓는다. 그리고 파리에는 이런 남성적인 이미지가 너무 많았다.

하지만 남성나움을 희롱하는 것은 신화에서만이 아니다. 플라톤의 남성 욕망에 대한 해부는 아주 영향력이 크다. 그는 그 어떤 현대 소설만큼이나 복잡하고 중층적인 남성 욕망의 이미지를 만들어내고 있다. 《향연》은 그리스식 사랑에 관한 한 성서나 다름없다. 하지만 여기서 소크라테스가, 철학자들이 어떻게 아름다움 자체를 관조함으로써 아름다운 몸에 대한 욕망을 초월하는지에 관한 유명한 이야기를 하고 난 직후에 일어난 일만큼 인상적이고 재미있는 것은 없다. 그때, 누군가 대문을 두드리는 소리가 들리고, 만취한 알키비아데스가 두 매춘부의 부축을 받아 비틀거리며 들어선다. 소크라테스가 세속을 떠난 이상주의를 이야기한 데 바로 이

● 그림 23
목신 판으로 분한 니진스키

어서, 알키비아데스는 혀 짧은 소리로 부적절하고 도를 지나친 섹스에 대한 이야기를 해서 (에로스에 대한) 모든 논의를 훨씬 더 속된 차원으로 끌어내린다.

알키비아데스는 아테네에서 가장 매력적이고 카리스마를 지닌 젊은이였다. 그가 죽고 몇 년 후에 씌어진 이 대화는 그가 아직 살아 있을 때의 이야기이다. 그의 생애는 배신과 충돌, 그리고 일시적인 성공과 절망적인 몰락으로 점철되었다. 《향연》에는 이 위험하고 경박한 반反영웅이 어리고 성적 매력을 지니고 있을 때의 이야기가 나온다. 알키비아데스가 자신이 어떻게 못생긴 소크라테스를 유혹하려 했는지 충격적이고도 솔직하게 이야기를 털어놓는 것이다.

●●

《향연》의 알키비아데스는 아주 잘생기고 기지 넘치는 청년으로 자라났으나 사치스럽고 무책임하며 자기중심적이었다고 한다. 그는 시라쿠사 원정대의 지휘관으로 임명되나 헤르마 상을 파괴한 혐의로 소환되자 스파르타로 가서 아테네에 심각한 타격을 주는 일에 가담한다. 스파르타 왕의 아내와 내통한 것이 발각되어 다시 페르시아로 가는데, 여기서도 아테네와 동맹을 맺고 있던 여러 도시국가들이 반란을 일으키도록 돕는 일을 한다. 그의 능력을 필요로 하는 아테네 해군의 부름을 받아 공을 세운 덕분에 아테네 시민들의 열렬한 환영을 받으며 귀국하지만, 아테네 해군이 한 전투에서 패배하면서 은퇴한 후, 스파르타에 의해 암살당한다–옮긴이

그 자신이 말한 대로, 알키비아데스는 소크라테스가 하는 이야기들에 매료되어서 못 견디게 그와 함께 있고 싶었다. 게다가 '소크라테스가 아름다운 젊은이들과 쉽게 사랑에 빠져 언제나 벼락이라도 맞은 듯한 느낌을 받고서 그들을 따라다닌다' (소크라테스는 체육관에서 카르미데스를 만났을 때 자신이 바로 이랬다고 말했다)는 사실을 알았다. 그래서 그는 통상의 절차를 따르고자 했다.

"나는 (늘 따라다니던) 몸종을 물러가게 했습니다……그래서 그와 함께 단 둘이 시간을 보낼 수 있었지요." 하지만 아무 일도 일어나지 않았다. 그래서 "나는 체육관에 와서 나와 함께 운동을 하도록 그를 특별히 초대하고서, 거기서 뭔가를 시도해보려고 그와 함께 체육관으로 갔지요." 그들은 운동을 하고 레슬링을 했다. 하지만 역시 별다른 일은 없었다. 다음에 "나는 그를 저녁 만찬에 초대했습니다. 나는 마치 소년을 위해 몰래 계획을 꾸미는 애자 같았습니다." 알키비아데스는 두 번째 저녁 만찬에서

소크라테스에게 밤을 보내고 가라고 청했다. 밤이 이슥해지고 두 사람은 함께였다.

"나는 팔꿈치로 그를 슬쩍 찌르며 말했습니다. '소크라테스님, 주무시나요?' '아닐세.' 그가 말했습니다. '제가 무슨 생각을 하는지 아십니까?' '글쎄, 무슨 생각을?' '저는 저의 애자가 될 만한 사람은 당신뿐이라고 생각합니다. 한데 당신은 너무 소심해서 저한테 아무 말도 못하시는 것 같습니다.'" 소크라테스와 잠자리를 하려는 알키비아데스의 서툴고도 어색한 시도는 성공하지 못하고, 유혹은 철학적 대화로 바뀐다. 알키비아데스는 슬퍼하며 이렇게 말을 맺는다. "아무런 일도 일어나지 않았고, 소크라테스와 잔 건 내 아버지나 형하고 잔 것과 다를 바 없었습니다."

알키비아데스는 자신이 아테네에서 가장 매력적인 젊은이이자 그 시대의 가인임을 안다. 하지만 두 사람이 옷을 벗은 채 침대에 함께 누웠는데도, 미소년을 몹시 좋아하는 못생기고 늙은 남자로 하여금 자신에게 손을 대도록 설득하지 못한다. 이 이야기에서 부적절한 것은, 이런 이야기에 따르기 마련인 자조나 자기비하가 아니다. 또한 알키비아데스의 서툰 행동도 아니다. 그 자신이 말한 대로, 그가 '애인'이 아니라 '애자'처럼 행동한 것이다. 알키비아데스는 자신이 애자인 것처럼 소크라테스를 귀찮게 따라다니며 요구하고 있다. 미소년으로서는 부적절하게 자신의 욕망을 드러내고 있는 것이다. 그리고 그는 지금 취해서, 자기폭로와 자각이 뒤섞인 가운데 자진하여 자신의 '나쁜' 행동에 대해 털어놓고 있다.

플라톤은 여기서 아주 다층적인 초상을 구성해내고 있다. 우리는 여기서 타락한 기회주의자로 유명한 한 정치가의 젊은 시절, 즉 매력적이고 감수성 이 풍부한 소년이던 그가 소크라테스를 좇아서 고귀하고 참된 영혼이 될 수도 있었던 순간을 돌아보게 된다. 하지만 또한 소크라테스를 성적으로 유혹하려다가 실패한 자신의 젊은 시절을 회고하는 알키비아데스를 본다. 알키비아데스가 술에 취해서 과거를 회고하며 자신의 부적절한 행위를 인정하고, 게다가 그 일(그가 도덕적 타락에 관한 이야기에서 전기轉機가 된 일)을 자진해서 고백하는 순간을 목격하고 있는 것이다.

플라톤은 섹스와 정치, 자기인식과 자기기만, 이야기와 철학을 함께 엮어서, 한 사람의 섹슈얼리티가 다른 여러 가지와 얼마나 복합적으로 연관될 수 있는지를 깊이 인식하게 해준다. 플라톤은 알키비아데스의 (일반적인 관습이나 사회적 기대의) 위반을 방편으로 욕망에 관한 철학에 대해 이야기하고 있는 것이다.

적절한 남성다움에 관한 아테네인들의 지도에는 길잡이들과 길들과 동료 여행자들이 있기는 하지만, 실제 길을 찾아가는 것은 함정과 유혹, 전망과 착각, 환상과 자기기만을 뚫고 가야 하는 좀더 복잡한 일일 수 있다. 하지만 남성다움이란 것은 대개 관습과 사회적 기대에 의해 지탱되며, 남성다움의 경계는 농담이나 (관습이나 사회적 기대의) 위반에 의해 언제든지 흔들릴 수 있다. 우리는 주변에서, 이러한 위반을 통해 우리에게 허용되는 것의 한계를 보여주는 '나쁜' 남성의 이미지나 그에 관한 소설을 많이 볼 수 있다.

우리는 죄를 범한 사람들(즉, 관습이나 사회적 기대를 위반함으로써 우리에게 허용되는 것의 한계를 보여주는 사람들)에 대해서 처벌을 요구한다. 그러면서 부유하고 유명하며 행실 나쁜 알키비아데스 같은 인물에게 호기심을 느낀다. 그가 지닌 매력과 그가 행한 위반이 서로 뒤얽혀서, 사람들은 그의 이야기를 듣고 싶어하는 것이다. 19세기 동성애 문화에서 플라톤의 저작이 중요한 텍스트가 되었을 때, 오스카 와일드나 그의 친구들을 사로잡은 것은 미소년에 대한 초월적 사랑만은 아니었다. 그들은 알키비아데스의 기지와 자기선전, 그리고 화려한 스타일 감각에도 매혹되었다.

현대 서구 문화에서 그런 것처럼, 허약한 남성은 고대 그리스에서 하나의 문젯거리였다. 하지만 고대 그리스인들이 남성 섹슈얼리티가 갖는 즐거움과 위험성을 함께 인식하고 있었음에도, 현대 사회는 그것을 간단히 악덕 혹은 미덕의 모델로서만 파악해왔다. 우리는 현대의 규범과 사회적 기대와는 너무나 다른 복잡한 그리스식 사랑의 세계를 대하면서, 적어도 자신의 이익이나 목적에 따라 남성다움이란 어떤 것이며, 또 어떤 것이어야 한다고 하는 현대 문화 이론가들의 주장에 대해 염려하지 않을 수 없다.

07 사포를 향한 동경

Longing for Sappho

고대에 나온 욕망에 관한 뛰어난 저작들과 아름다운 남성 몸의 이미지들은, 남성에 대한 남성의 욕망 및 일반적인 남성다움에 관한 논의에서 '그리스식 사랑'이 우리의 생각을 풍부히 해줄 수 있음을 확인시켜주었다. 이에 비하면, 여성 욕망의 역사는 훨씬 더 애매하다.

여성이 여성을 사랑하는 방식에 대한 이야기는, 남성의 욕망과 여성의 욕망의 양상이 서로 비슷하리라는 생각이 얼마나 잘못된 것인지를 분명히 보여준다. 여성에 대한 여성의 사랑에는 남성들 사이의 '그리스식 사랑'에서 볼 수 있는 것과 같은 관례가 없다. 그리스식 사랑은 남성의 욕망을 바탕으로 한다. 남성들이 사회의 경계심 가득한 시선 속에서(하지만 고대 그리스 사회는 정치적으로도, 남성에 대한 남성의 욕망을 지지한다) 복잡한 의례에 따라야 하기는 하지만 체육관, 주연, 그리고 다른 공공장소에서 드러내놓고 구애를 하는 반면, 여성들은 그러한 장場들을 갖고 있지 못했다.

남성 작가들은 소년에 대한 성인 남성의 사랑은 이상화하면서, 여성에 대한 여성의 욕망은 소름끼치고 부도덕하며 자연에 반하고 혐오스럽기만 한 것으로 묘사한다. 서기 2세기의 풍자작가 루키아노스도 레아이나라는 고급 매춘부가, 한 부유한 여성이 어떻게 사신을 유혹했는지 폭로하는 허구의 대화를 쓰고 있다. 그는 빈정거리며, 혐오감과 외설스러움이 표면적으로 드러날 듯 말 듯한 어휘로 이 일을 묘사한다. 그리고 레아이나는 이 일에 대해 수치스러워하고 당혹스러워한다. 이것이, 어째서 고대 아테네인들에게 '동성애'란 말이 남녀를 포괄하는 용어로 쓰일 수 없는지에 대한 한 가지 이유이다. 여성의 동성애는 고대 세계에서, 그에 대해 공격하는 글은 많으면서도 이름이 붙여지지 않은 채로 남아 있었다. 그것은 아무런 사회적 위상을 갖지 못하고, 그저 도착倒錯적인 것으로서 매도되고 억압되었다.

고대 아테네에서 다른 여성을 성적으로 욕망한 여성의 예를 찾기는 참으로 어렵다. 남성의 경우와 마찬가지로 여성도 그럴 수 있다는 생각이 충분히 가능하지만, 거의 모두 남성인 극소수의 작가들만이 그것도 끔찍스러운 것으로서 여성의 동성애를 논하고 있을 뿐이다. 고대 아테네에 관한 역사 기록에서, 그리스 남성들이 소년을 사랑한 사례들은 많으나, 실재한 여성이 여성을 사랑한 실제 예는 없다. 해서 우리는 은폐된 여성 욕망의 세계를 상상해볼 수 있을 뿐이다.

하지만 고대 아테네 이전 시대에 에게 해의 한 섬에서 한 여성이 등장한다. 아마도 그녀가 아니었다면, 우리는 고대 여성의 욕망에 대해 영원히 아무런 이야기도 들을 수 없었을 것이다. 그녀는 현대 문화가 욕망을 표현하는 데 고대 그리스를 강박적으로 이용하고 있음을 상징적으로 보여준다. 이 여성은 사포로, 그녀는 고대 여성의 욕망에 관한 현대인의 생각을 지배한다. 사포는 한 시에서 미소녀에 대한 자신의 열정에 불멸성을 부여하고 있다. 사포를 따라가다 보면, 그녀가 여성을 사랑하는 여성들의 수호성인이라는 것보다 훨씬 더 많은 사실이 밝혀질 것이다.

사포에 대해 알려진 것이 거의 없음에도, 또는 아마도 바로 그렇기 때문에 그녀는 그리스의 섹슈얼리티에 대한 고찰에서 하나의 아이콘이 되어 있다. 확실히 알려진 것을 모두 모아도 사포의 일대기를 구성하기는 어렵다. 그녀는 기원전 6세기 초 무렵에 살았으며, 레스보스 섬에서 연애시를 썼다. 그 가운데 일부는 남성을 향한 사랑을 노래하고 있다. 그녀의 일대기로 여겨지는 것들은 모두 고대 또는 현대의 학자들이 구성한 것이다. 이들은 그녀의 시를 바탕으로, 또는 남아 있는 것은 완전한 시 두 편과 몇 안 되는 단편斷片들뿐이므로, 상상력 넘치는 투영을 통해서 말이다.

이러한 사포의 일대기들은 그 형태와 규모에서 다양하다. 그녀는 파온이라는 남자와 사랑에 빠져 자포자기적인 절망감에 휩싸여 절벽에서 몸을 던졌다. 또는, 그녀는 한 무리의 소녀들을 거느린 여교사였으며 키가 작고 우울하며 못생겼다. 그녀에게는 클레이스라는 딸이 하나 있었다. 또는, 클레이스라는 연인이 있었다. 그녀는 결혼식의 노래, 주연의 노래, 짤막한 풍자적인 이야기와 격정적인 시 등을 지어, 그 시대의 모든 시에 모범을 제시하는 역할을 한 시인이었다. 또는, 그녀는 여성적인 새로운 미의식을 창조한 시인이었다. 전쟁과 폭력이라는 남성적인 영역에서 벗어나, 관능과 감수성이 풍부한 새로운 영역에서 여성들 간의 사적인 관계를 찬미하였던 것이다.

고대 독자들의 일반적인 판단에 따르면, 사포는 서정작가들 가운데 가장 뛰어난 작가로서 '열 번째 뮤즈'였으며, 고대 내내 열렬히 숭배되었다. 그 사랑 이야기들의 성적 에너지가 어떤 것이었든지 간에, 오래도록 그녀의 시들이 불려진 것은 남성들의 주연에서였다. 비록 주연의 여흥거리이기는 해도, 지극히 가부장적인 고대 그리스 사회의 남성들이 그녀의 노래를 부르는 것에 대해 어떻게 생각했을지 상상하기는 어렵다.

사포는, 현대의 섹슈얼리티가 자신을 찾기 위한 거울로써 고대 그리스를 어떻게 이용하는지, 다른 어떤 인물보다도 더 잘 보여준다. 그녀는 서구인들이 욕망에 대해 생각할 때 고대 그리스를 어떻게 이용하는지를 보여주는 하나의 모델이다. 실제 사포에 대해 알려진 것이 아주 적기 때문에, 그녀는 욕망의 이미지를 투영시킬 수 있는 훌륭한 캔버스가 되는 셈이다. 빅토리아 여왕 시대의 그림 3점이 그러한 투영 과정을 보여준다. 이 세

그림 말고도 그녀의 이미지를 보여주는 그림들은 수없이 많다. 사포는 남성의 세계에서 여성의 욕망을 표현하기 위한 방편으로써 끊임없이 이용되어왔던 것이다.

그림 24는 1877년 샤를 오귀스트 멩긴Charles-Auguste Mengin이 그린 수심에 잠긴 사포의 전신 초상화이다. 이것은 7년 후에 맨체스터 시립미술관에 전시되었다. 멩긴은 그리 주목 받지 못한 파리 출신의 화가였다. 하지만 이 작품은 기념할 만한 그림이다. 그렇게 키가 작거나 못생긴 것은 아니지만, 오비디우스가 묘사한 것처럼 '우울한' 사포는 아주 침울한 낭만주의 예술가처럼 보인다. 그녀의 왼팔은 어슴푸레하게 보이는 기둥 위에 나른하게 얹혀 있다. 오른팔에는 그녀의 악기이자 권위 있는 시인의 상징인 리르고대의 현악기-옮긴이가 들려 있다.

그녀는 내면을 응시하고 있다. 흘러내린 머리카락과 옷자락으로 얼굴에는 그늘이 졌고 눈은 눈썹에 가려졌다. 그녀가 걸친 검은 튜닉도 주변의 그림자 속으로 흘러내린다. 그녀는 어둠에 잠기는 동시에 어둠으로부터 나타난다. 이것은 빛과 정결함, 태양과 이성의 그리스가 아니다. 타오르는 위험한 열정의 화신이다. 그 자신이 위험한 낭만적 열정의 전형적인 주인공인 바이런이 "그리스의 섬이여, 그리스의 섬이여. 사포가 불타

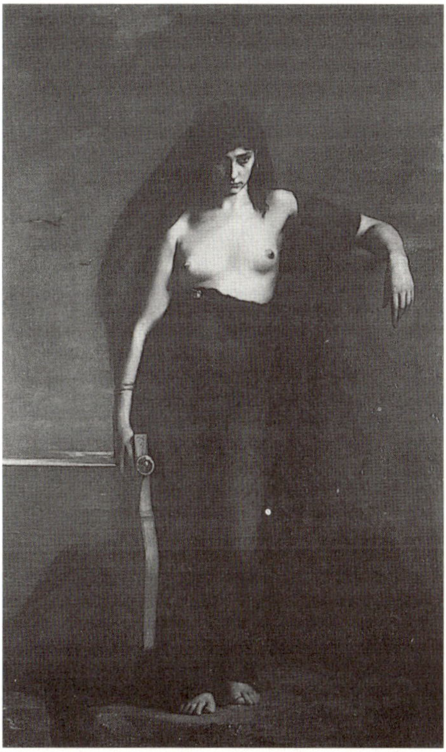

● 그림 24
라파엘전파 화가인 멩긴이 그린 사포

오르듯 사랑하고 노래하던 곳이여"라고 쓴 이후, 실로 사포는 뜨겁게 타올라 짙은 연기를 피워 올렸다. 이후 서구의 예술작품들에서 사포가 뜨겁게 타오르는 낭만적 열정의 화신으로 줄기차게 등장했다는 말-옮긴이

하지만 멩긴은 가슴과 어깨를 드러내어 사포를 심히 에로틱한 모습으로 그렸다. 그리고 몸의 다른 부분들이 그늘져 있는 만큼, 드러난 가슴과 어깨가 환히 빛나도록 했다. 그녀의 몸을 비추는 빛이 어디서 왔는지는 분명치 않으며, 그 빛이 그림의 나머지 부분들을 짙은 그림자 속에 잠기게 한다. 마치 그녀의 가슴에서 나온 빛이 그녀의 얼굴을 비추어 드러내는 듯하다.

사포의 옷차림새는 전체적으로 이상야릇하다. 고대 레스보스 섬에서는 시인들이 이렇게 하고 돌아다녔던 것으로 생각하지 않으면 안 될 듯이 보인다. 멩긴이 고대 그리스와 사포의 생애에 대한 몽상을 담아 그린 이 그림에서 관람자는 젊은 여인의 드러난 몸을 보게 된다. 이 그림은 예술 창조를 향한 열정에 대한 은유로 읽힐 수 있다. 그녀의 가슴속에서 불타는 사랑은, 타올라서 그녀의 얼굴, 즉 그 영혼의 거울을 비추는 어떤 열정이다. 하지만 실은 관람자는 이 여인의 탐스러운 가슴에, 그리고 분명 좀더 도발적인 시선에 붙들리게 되며, 그것을 보면서 쾌감을 얻는다. 이 그림은 사랑의 시인을 성적 매력이 넘치게 그리고 있다.

1841년에 그려진 두 번째 그림그림 25은 사포의 열정을 아주 다른 이미지로 보여준다. 절벽 위의 사포는 아마도 뛰어내려 자살할 태세이다. 해는 분명 짙은 포도주색 바다 아래로 가라앉고 있고, 시인은 바다 건너 하늘을 올려다본다. 머리는 19세기 중반 스타일로 뒤로 묶어 단정히 쪽을 졌다. 비탄에 빠졌으면서도 지극히 정제된 모습을 보이고 있는 사포의 머

● 그림 25 빅토리아 여왕이 그린 사포

리에서 몇 가닥 머리카락이 빠져나와 있다.

그녀는 회개하는 사람이 흔히 그렇듯이 무릎을 꿇고 있다. 마주 쥔 손은 단순히 기도하는 자세만은 아니다. 아마도 그것은 하늘을 향한 시선에 어울리는 혼란스러운 감정 또는 내적 묵상을 나타낸다. 옷은 그 아래 몸의 형태가 드러나고 팔과 어깨가 노출된, 일반적인 그리스식이다. 이 그림이 특히 매력적인 것은, 빅토리아 여왕이 어렸을 때 그린 것이라는 점이다. 여기에는 서명과 날짜가 기재되고 '사포'라는 제목이 붙어 있다. 젊은 여왕이 상상으로 그린 그림인 것이다.

빅토리아 여왕이 그린 사포는 실로 빅토리아 여왕 시대 사람다워 보인다. 이 이미지는 '몸을 던져 죽은 여성', 즉 농락을 당해 자신의 도덕적 흠결, 구체적으로 말해 성적 과실 때문에 사회적으로 파멸하여 결국 자살을 선택할 수밖에 없었던 전형적인 타락한 여성에 대해, 당시 사람들이 느꼈던 매혹을 암시하는 것일 수 있다. 하지만 이것은 오히려, 사랑과 싸우는 고독한 여성을 그린 좀더 정숙한 그림이다.

젊은 여왕은 개인적인 계기에서 이 동판화를 제작했을 수 있다. 하지만 이것이 발표된 때는 빅토리아 여왕의 오랜 통치가 끝나가던 1900년이었다. "여왕 폐하의 동판화만큼 사포의 시적 아름다움과 낭만적 격정을 품위 있게 묘사하기는 어려울 것이다." 한 기사는 이 동판화에 대해 이렇게 쓰고 있다. "이 그림은 단순하면서 열정적이다." 여기에, 여왕에 대한 아첨이 전혀 들어 있지 않다고 말하기는 어렵다. 하지만 이 비평은, 이 스케치가 강렬하고 열렬한 여성 욕망을 구현하고 있다고 말하고 있다. 골똘히 생각에 잠긴 멩긴의 연인처럼, 여왕이 그린 이미지는 욕망의 대상으로서의 여성이 아니라 욕망하는 여성 자신을 보여준다. 멩긴의 선정적인 상상력은 빅토리아 여왕의 사포에 구현되어 있는 사회적 규제와 너무나 분명한 대조를 이룬다.

빅토리아 여왕의 동판화와 대비되는 것이, 그림 26의 멋진 그림이다. 이는 로렌스 앨머 태디머가 그린 것인데, 그는 그리스에 대한 빅토리아 여왕 시대 사회의 시각을 널리 보급시킨 사람들 가운데 하나이다. 앨머 태디머는 관능적이면서 종종 수상쩍어 보이는 일련의 고대 세계의 이미지들을 그렸다. 이 이미지들은 고대 세계의 품위와 고고학적 엄밀성으로써, 기분 좋게 자극하는 타락에의 매혹, 퇴폐, 그리고 관음증적 쾌감을 아슬아슬하게 감추고 있다.

이 그림은 〈사포〉라는 제목으로 1881년에 그려졌다. 가려진 소나무 사이로 언뜻 보이는, 밝게 빛나는 하늘 아래에서 어두운 색의 지중해가 반짝거린다. 그림은 엑세드라라 불리는 옥외 대리석 테라스의 장면을 보여준다. 이는 작은 연주회 공간으로 마련된 곳으로, 두 개 층으로 된 좌석이 둘러져 있다. 이 공간은 작은 조각상들과 회색 대리석 기둥('스텔라' 라고 한다), 그리고 석재 늑골이 받치고 있는 벤치인 개인 좌석으로 꾸며져 있다. 이런 유의 장면은 앨머 태디머의 몇몇 호화로운 풍경들에서 볼 수 있는 전형적인 것이다. 그는 반짝이는 흰색 대리석과 찬란히 빛나는 파란 하늘과 바다로 구성된 그리스풍 무대에서 그리스풍 옷을 입은 젊은 남녀의 꿈같은 사랑을 보여주는 전형적인 장면을 연출한 그림을 많이 그렸다. 게다가 〈사포〉에서는 시적 감흥과 에로티시즘이 제목뿐만 아니라 풍경에 의해서도 암시된다.

여기서 리르를 안고 연주하는 시인은 알카에우스이다. 그는 몇몇 이야기에서 사포의 연인으로 일컬어

● 그림 26
앨머 태디머가 그린 사포

지는 남자이다. 알카에우스는 젊고 아름다우며, 연주를 하면서 연주장 건너편의 사포(강의대에 얹은 팔 위에 얼굴을 대고 앉아 있다)만을 응시하고 있다. 사포는 몽롱한 듯 강렬한 눈길로 그의 시선에 응한다. 연주하는 알카에우스와 그 연주를 듣고 있는 사포 사이의 강의대 위에는 누군가에게 씌워지기를 기다리는 승리의 월계관이 있다. 사포 뒤쪽 긴 대리석 의자에 자리를 잡고 앉은 세 여성은 집중하거나 황홀해하거나 비판적으로 관찰하는, 다양한 태도를 보여준다.

네 번째 여성은 사포 뒤에 서 있다. 데이지 화관을 쓴 그녀는 알카에우스를 뚫어지게 쳐다보는 한편으로, 애정어리고 방어적인 태도로 사포의 어깨를 팔로 감싸고 있다. 긴 대리석 의자에는 사포의 연인들로 일컬어지는 여성들, 즉 아나크토리아, 아티스, 곤길라의 이름이 그리스어로 낙서되어 있다. 이 그림이 전시되었을 때 몇 안 되었던 비평 가운데 하나는, 그 글씨 자체가 사포가 살던 고대 그리스의 것과 다르다고 지적하고 있다!

이 그림에 내재한 성적 긴장은 신중히 조절되어 있다. 사포는 알카에우스와 주고받는 시선에 못 박힌 듯 사로잡혀 있다. 이것은 에로틱한 것일까? 아니면 같은 시인으로서의 경쟁심일까? 그들 사이에는 월계관이 놓여 있다. 그리고 두 시인은 사포의 강의대, 즉 독서대를 이루고 있는 나무와, 알카에우스의 의자 및 리르, 즉 그가 앉아 연주하는 공간을 이루고 있는 나무에 의해서도 서로 연결된다. 두 사람은 시인과 시인으로서 정면으로 맞서고 있는 것이다. 동시에, 알카에우스가 앉은 의자 아래에 버려진 황금 술잔은 분명 퇴폐적인 느슨함을 암시한다.

하지만 사포는 그녀의 연인들 사이에 앉아 있다. 각 좌석의 명판 같은, 그녀의 연인들의 이름이 쓰인 낙서는 시적인 연애사건의 역사를 말해준다. 문장紋章처럼 그려진 이름들과 서 있는 아름다운 여성의 보호하려는 듯한 손은, 만약 여기에 성적 긴장이 있다면, 여성과 여성 간 욕망의 전통과 여성과 남성 간 욕망의 전통 사이에 있음을 암시한다. 사포는 동성 연인들과 알카에우스 사이의 선을 넘나드려는 걸까? 이 그림은 관람자에게 욕망을 읽어낼 것을 요구한다. 누가 누구를 원하며, 이 그림은 무엇에 관해 언급하고 있는 걸까?

특히 빅토리아 여왕 시대 사람들은 이 그림을 보고 아주 놀라워했다. 이 그림이 (고전주의라는 장막을 이용해) 드물게도 여성의 여성에 대한 성적 사랑과 남성에 대한 사랑 사이의 긴장을 암시하고 있는 까닭이었다. 빅토리아 여왕 시대의 문화에서 일찍이 이와 같은 것은 없었다. 여성들이 쓴 자의식 강하고 품격 있는 몇몇 시들은 사포를 이용해서 여성 자신의 욕망을 암호화하고 있다. 이들은 더 오래되고 은폐되어왔던 '사포적인' 글쓰기의 역사를 뒤돌아보고 있다.

하지만 앨머 태디머는 공식적으로 최고의 명예를 누렸다. 다른 사람들의 경우는 사포의 욕망을 너무나 명백히 드러내어 예술의 자유를 누리는 데 큰 고초를 겪었다. 영국의 시인 앨거넌 찰스 스윈번Algernon Charles Swinburne, 1837-1909은 못 견디게 아나크토리아의 몸에 입술을 대고 싶어하는 사포를 그린 무모하고 감각적인 시를 출판했다가 신망을 잃고 말았다.

아 내 입술은 아무런 소리도 내지 않았네, 다만 갖다댈 뿐
그대의 매질당한 새하얀 가슴의 멍든 꽃에!
아 내 입은 뮤즈들의 젖을 빨았네
그대의 달콤하고 작은 상처가 흘리는 그 달콤한 피!
내 혀로 느끼고 맛볼 수 있었네
그 실낱같은 것이 그대의 가슴에서 허리로 방울방울 떨어지네!

스윈번은 이렇듯 색정을 노골적으로 드러내어 배척을 당하게 되었다. (〈아나크토리아〉에는 성도착에 대한 그의 기호가 동성애 성향만큼이나 명백하게 드러난다.) 그는 한때 옥스퍼드 대학의 고전학자인 벤저민 자우엣Benjamin Jowett, 1817-93과 '친밀한' 사이였으나, 결국 사람이 망가져서 쓸쓸히 죽고 말았다.

한 여성이 사포와 접촉하는 장면을 보여주는 것으로, 내가 아는 유일한 다른 그림은 시미언 솔로몬Simeon Solomon, 1840-1905, 라파엘전파 화가의 소품 수

채화인 〈미틸레네의 정원에 있는 사포와 에린나〉로, 현재 런던 테이트 미술관에 있다. 라파엘전파의 그림에 전형적으로 등장하는, 길게 늘어뜨린 머리 타래와 관능적인 입술을 가진 두 여인은 거의 입맞춤을 하듯 입술을 스치고 있다. 하지만 이 망측한 그림은 사람들에게 보여주기 위한 것이 아니었다.

개종한 유대인인 솔로몬은 월터 페이터와 오스카 와일드 주변에 모여든 화려한 유미주의자들 무리 중에 가장 도가 넘치는 사람 가운데 하나였다. 그는 스윈번처럼 모든 것을 적나라하게 드러내어 떠들어대었다. 스윈번과 마찬가지로, 정도를 벗어난 동성애 행위와 음란한 출판물로 인해 가족과 '모든 선량한 사람들'로부터 의절을 당했다. 한편, 스스로 미의식이 특출하다고 자부하는 사람들 사이에서는 솔로몬의 그림을 벽에 거는 것이 유행이었는데, 그런 무리 외에 그의 작품을 아는 사람은 거의 없었다.

그의 그림은 앨머 태디머의 〈사포〉처럼 공식적으로 공개되지 못했다. 이는 앨머 태디머의 그림이 얼마나 비범한 것인지를 확실히 말해준다. 이름을 붙일 수 없었던 '악습'이, 빅토리아 여왕 시대 고급문화의 심장부에서 캔버스에 분명하게 표현된 것이다. 입이 봉해졌던 욕망은 사포와 그녀의 그리스 풍경을 통해 제 목소리를 찾게 된다.

사포는 고대 그리스가 현대의 성적 상상력에 얼마나 깊이 깃들어 있는지를 선명히 보여준다. 현대인은 사포라는 인물을 통해 욕망에 대해 말하고, 욕망을 그리고, 욕망에 대한 환상을 만들어낸다. 고대 그리스의 완벽한 남성 몸은 규범적인 이미지로서, 남성다움이란 어떤 것인가에 대한 우리의 시각을 구성한다. 사포가 정확히 어떻게 생겼는지는 알려져 있지 않다. 하지만 그래서 사람들은 사포에게 자신들이 생각하는 모습을 투영하고, 그리하여 그녀는 우리에게 만화경처럼 다양한 욕망의 표정들이 만들어지는 끊임없이 변화하는 거울을 제공해준다. 현대 세계는 사포를 통해 욕망을 분명하게 표현하고 느낀다.

08 무엇이 자연스러운 것일까

Doing What Comes Naturally?

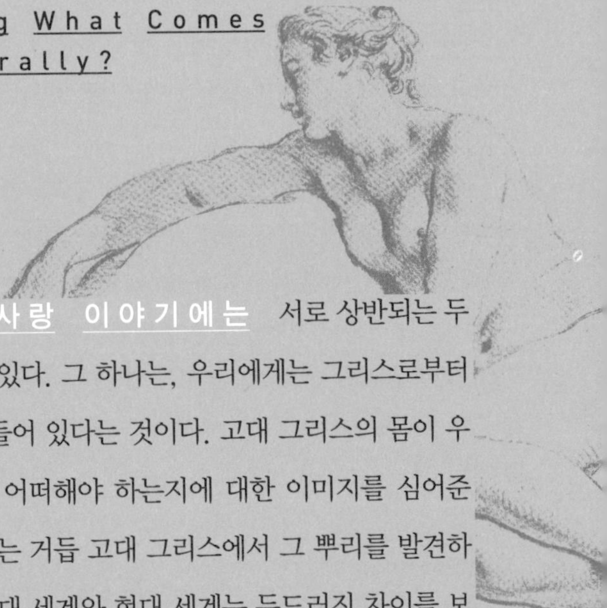

고대 그리스의 사랑 이야기에는 서로 상반되는 두 가지 기본적인 주장이 있다. 그 하나는, 우리에게는 그리스로부터 물려받은 유산이 스며들어 있다는 것이다. 고대 그리스의 몸이 우리의 마음에 남성이란 어떠해야 하는지에 대한 이미지를 심어준다. 섹슈얼리티의 역사는 거듭 고대 그리스에서 그 뿌리를 발견하게 된다. 또 하나는, 고대 세계와 현대 세계는 두드러진 차이를 보인다는 주장이다. (가리고 감추려는) 영국의 검열법은 고대 아테네의 '드러내 보이는' 문화와 대조되며, 고대의 성적 행동에 대한 사회적 기대는 현대의 관습들과 대조된다.

이렇게 우리 자신을 고대의 후계자로 보는 시각과 고대인과는 아주 다른 이질적인 존재로 보는 시각 사이의 긴장은, 현대 서구 문화의 악당이나 경찰 모두에게 극도의 흥분을 불러일으키곤 했다. 현대인이 고대 아테네인들을 자신과 다르다고 보는 것은 간단한 일이 아니다.

현대 서구 문화는 언제나 자신과 다르게 보이는 것들을 '다른,' '낯선,' '당혹스러운,' '인류학적으로 흥미로운' 과 같은 말로 지칭하며, 이렇게 자신과 다른 타자들을 구분하는 방식으로써 자신의 자아관념을 강화한다. '우리가 아닌 것' 을 이야기하는 것은 '우리' 를 규정하기 위한 기본 전략이다. 아무 것도 입지 않고 남근 가리개만 착용하는 것은 '이국적' 이고 '외래적' 인 것이며, '우리' 에게 속하는 것이 아닌 다른 문화로서·곧바로 알아볼 수 있는 표지이다. 물론 자기만의 별세계에서 그런 것은 제외하고 말이다.

문제는 고대 그리스를 그냥 '타자他者' 라고 할 수만은 없다는 점이다. 고대 그리스는 현대 서구 문화가 가진 여러 가치관들이 유래한 풍부한 원천들 가운데 하나이다. 플라톤의 《향연》에서 소년에 대한 남성의 사랑을 논하는 이들은 철학자, 희극시인, 비극시인, 의사, 그리고 정치가이다. 우리는 고대 아테네로부터 철학, 연극, 의학, 정치학, 그리고 우리의 소중한 민주주의를 물려받았다. 셸리는 이렇게 썼다. "우리는 모두 그리스인들이다." 고전은 우리 문화의 토대인 것이다.

이런 긴장이 19세기 유럽만큼 심했던 적은 없었다. 자신들의 고대 그리스가 순수하고 순백하기를 바랐던 빅토리아 여왕 시대 사람들은, 어떤 나이에서든 동성애를 법률로 금하고자 했다. 이상화된 그리스의 이미지와, 예술과 철학과 문학 그리고 단순하게는 고대 그리스 사람들의 행위(사랑 방식과 같은)에서 보여지는 실제 그리스 사이의 긴장은, 이 시대 사람들로서는 감당하기 어려운 것이었다.

빅토리아 여왕 시대 사회의 한쪽 차원, 즉 가장 정상적이고 단정한 차원에서는, 이러한 긴장에 대해서 어색하지만 철저히 함구했다. 영국식 예의범절의 허구성을 규명하는 책들을 쓴 E. M. 포스터는 놀라는 척하며 즐겁게, 영국의 교사가 학생들과 함께 그리스어를 번역하면서 "입에 담기도 싫은 그리스인들의 악덕에 대한 언급은 생략함"이라고 근엄하게 읊어대는 모습을 묘사하고 있다. '입에 담기도 싫은' 것을 언급해야 할 때는 언제나 이상한 억압과 자기폭로가 동반되기 마련이다. 이렇게 억압된 상태에서 플라톤의 《향연》이 얼마나 제대로 번역될 수 있을지는 의문이다.

그리고 좀 덜 유익한 다른 차원에서는, 그리스어를 공부하고 그리스적인 아름다움을 추구하는 것이 일군의 젊은이들의 관습이 되었다. 이들은 미학을 통해 사회의 규범과 법을 조롱하는 삶의 방식으로 나아가고자 했다. 런던 사교계의 총아이자 도깨비 같은 존재가 되기 전, 오스카 와일드는 에우리피데스의 비극을 진지하게 연구해서 출판하고자 했다. 그는 '지독히 추잡한 행위'와 관련된 유명한 고소와일드는 1891년 앨프레드 더글러스를 만나 교제하게 되었는데, 이에 분노한 더글러스의 부친이 와일드를 남색자라는 죄목으로 고소한다-옮긴이에 맞서 법정에서 자신을 변호하면서, 남성의 사랑이 애정 가운데 가장 고귀한 것, 다시 말해 "플라톤이 그의 철학의 기본으로 삼은……순수하고……완전하며……지성적인" 사랑이라고 주장했다.

심금을 울리는 와일드의 웅변에, 방청객들 사이에서 박수갈채가 터져 나왔다. 하지만 결국 리딩 교도소에 투옥되자 그는 치욕에 떨며 괴로워했다. 빅토리아 여왕 시대의 문화적 상상력 속에서 빛나는 그리스의 영광과, 그리스식 사랑('지독히 추잡한 행위') 사이의 긴장은 와일드와 더불어 스포트라이트를 받게 되었다.

하지만 그리스식 사랑(동성애)에 대한 분노는 지금도 여전하며, 오늘날 성적 욕망의 사회적 도덕적 영향에 관한 논의에서 동성애는 중요한 문제이다. 많은 동성애 관련 법규나 동성애를 공격하는 이들이 주장하는 것처럼, 그것이 부자연스러운 것이라고 말하는 사람들이 있다. 하지만 그런 사람들에게는 거추장스러운 사실이 하나 있다. 오늘날 우리가 소중히 여기는 사상들과 제도들을 처음 만들어 전해준 고대 아테네의 영광스러운 문화에서, 많은 남성들이 소년을 욕망하고 그들과 섹스하는 것을 온전히 정상적인 일로 여겼다는 점이 바로 그것이다. 만약 법률과 사회 규제로써 억제하지 않는다면, 남성이 자연스럽게 남성을 욕망하게 될지도 모르는 일이다.

고대 문화에서 남성에 대한 남성의 욕망이 자연스러운 것이었음을 알고 나면, 그것을 '부자연스럽다'고 말하기는 더욱 어려워진다. 예를 들어 〈레위기〉에서는 이렇게 말한다. 비록 남성 간의 성행위가 두말할 것도 없이 나쁜 것이라고 믿어지기는 하지만, 규약이 없으면 남성들이 서로를 욕망하고 그 욕망에 따라 행동하는 것을 막을 수 없으므로 성서의 규약이 꼭 필요함을, 그리스의 예는 말해준다. 돼지고기와 대하를 먹지 못하게 하는 성서의 율법처럼, 그게 아니라면 보통 사람들이 일상적으로 저지를지도 모르는 것을 금지하는 규정이 필요한 것이다.

하지만 동성애가 '자연스러운 것' 이라고 말하고 싶은 사람들에게도 사정이 난처하기는 마찬가지이다. 이는, 고대 아테네의 남성 간 동성애 관례가 너무 특수한 경우라서, 그것을 자연스러운 보편적 모범으로서는 말할 것도 없고 현대 서구의 모범으로도 보기 어렵기 때문만은 아니다. 실은 문제는 더 심각한 데 있다. 이 문제를 명확히 하는 가장 좋은 방법은, '동성애' 와 '이성애' 가 '자연스러운 범주들' 인가 하는 다소 일반적인 질문을 해보는 것이다.

'동성애' 와 '이성애' 라는 구분은, 그 언어나 사회가 아무리 서로 다르게 작동할지라도 어디에나 본래부터 존재하는 것일까? 또는, 문화가 서로 다른 경우 섹슈얼리티에 대한 사고방식도 아주 다르다는 사실로 미루어볼 때, '동성애' 와 '이성애' 란 그렇게 이름 붙여지고, 그렇게 생각되고, 그렇게 보여지고, 그렇게 약속될 때만 존재하는 것일까? 요컨대, 동성애와 이성애는 오스트레일리아 대륙처럼 발견되어서 이름이 붙여지는 것일까, 혹은 축구처럼 일찍이 누군가가 발과 공으로 무얼 했든 발명되고서야 존재하게 되는 것일까?

물론 좀더 명확하게 말해볼 수도 있다. '동성애' 와 그 짝인 '이성애' 라는 용어는 1879년대 독일의 신경정신과 의사 리하르트 크라프트 에빙 Richard Krafft-Ebing이 처음 사용했다. 그리고 20년쯤 뒤에 영국에서 크라프트 에빙의 섹슈얼리티에 관한 저작이 번역되었다. 크라프트 에빙은 해브록 엘리스, Have-lock Ellis 인간의 성행위를 연구한 영국의 의사 프로이트, 그리고 다른 많은 이들과 더불어 개인의 섹슈얼리티에 대한 새로운 사고방식을 제시하고자 했다. 이것은 법률, 의학, 사람들의 생각에 지대한 영향을 미쳤으며, 지금도 우리는 여전히 그 영향을 받고 있다.

19세기에 처음으로 의학사 연구자들이 '동성애' 라 불리는 병리 현상을 제시했다. 그것은 한 개인이 선택한 성적 상대의 성별에 따라 그 사람을 규정하는 심리 상태로 설명되었다. 그때부터 처음으로 사람들은 동성애자가 '되었다' (동성애자로 취급받고, 치료받고, 처벌 또는 사랑을 받았다). 남성들 간의 섹스는 이전의 많은 시대와 장소에서도 인지되고, 향유되고, 비난 받았다. 남색은 세계의 많은 곳에서 범죄행위로 처벌되었으며 지금도 마찬가지이다. 그런 행위에 빠진 남성은 '나약한,' '여자 같은,' '변태적인' 과 같은 심리적, 신체적 용어로써 치욕을 당했다. 18세기 런던에는 몰리 하우스동성애 남성들이 비밀리에 만나곤 하던 선술집을 이른다-옮긴이 에 모인 무리도 있었다. 남성들은 관습에 거스르는 쾌락을 위해 그곳으로 모여들었다.

하지만 권위 있는 법제도, 의학, 그리고 철학이 '동성애' 가 인간에게 근본적으로 주어진 조건이며, 한 인간의 본성이 동성애에 의해, 또는 단지 그리고 전적으로 '동성애자' 로서 규정될 수 있다는 생각을 갖게 되기 시작한 것은 아주 최근의 일이다.

이러한 동성애는 희망과 역사, 이데올로기와 지적 논의가 심히 뒤섞이는 현대 사회사상의 영역에 속하는 문제이다. 흔히 인간 본성은 불변한다고 주장한다. 이는 '세계 어디서나 사람들은 똑같다,' '(인간종에 공통되는) 인간성이라는 것이 있다,' '사람들은 다 비슷하다' 라는 등의 말로 표현된다. 프로이트는 정신분석 작업을 통해 희미하고 아주 먼 과거에 있었던 인간 정신의 발달과정에서 불변하는 원형(이를테면, 오이디푸스 콤플렉스 같은)을 발견했다. 이 원형에 의해, 인간 본성은 불변한다는 주장이 훨씬 더 결정적인 지적 차원에서 제기될 수 있었다. 일부 동성애자 역사가들은, 전 인류 역사에서 '동성애' 가 존재했음을 증명함으로써 그것이 자연스러운 것임을 밝히고자 하는 희망을 갖게 되었다. 왜냐하면 오래되어 유서 깊은 것은 설득력과 권위를 갖기 때문이다.

그러나 인간 본성의 불변성을 주장하는 이들의 맹점 또한 쉽사리 지적될 수 있다. 그들은 시대와 장소에 따른 많은 분명한 차이들을 무시하고, 또한 확실한 증거 없이 온갖 것을 다 불변하는 본성으로 가정해왔다. 현대인에게는 어머니와 섹스를 하는 꿈이 오이디푸스 콤플렉스와 관련된 뿌리 깊은 심리적 불안을 나타내는 것임이 분명해 보인다. 하지만 그러려면, 고대의 해몽 책에서 말하는 것은 무시해야 한다. 이런 꿈에 대해 고대의 해몽 책은 이렇게 말한다. 우선 당신이 당신 어머니와 어떻게 사는지, 다시 말해 두 사람이 어떤 자세로 자는지가 중요하다. 두 번째로, 그 꿈은 당신의 정치 이력과 조국에 관한 것이라고 고대의 해몽 책들은 말한다. 이에 따르면, 그 꿈은 프로이트가 말하는 성적인 것과는 아무런 관련이 없다.

어머니와 섹스하는 꿈이 언제나 오이디푸스 콤플렉스와 관련된 뿌리 깊은 심리적 불안을 나타내는 것이 되려면, 고대 아테네의 문화가 가진 사회적 기대는 현대 문화의 그것과는 다르다는 점도 무시해야 한다. 소포클레스의 비극 〈오이디푸스 왕〉에서 오이디푸스가 신탁이 실현되어 자기 어머니와 잠자리를 하게 될지도 모른다는 공포심을 드러내었을 때, 그는 염려하지 말라는 말을 듣는다. "많은 남성들이 꿈속에서 자기 어머니와 자지요. 하지만 실제로는 아무 일도 일어나지 않으며, 그들은 행복하게 살아갑니다." 얄궂게도 이 말을 한 사람은 오이디푸스의 어머니였다. 이때 그는 이미 자기 어머니와 잠자리를 하고 아이를 낳은 상태였다. 하지만 이 말은 현대의 비극에는 잘 맞지 않는다. 현대의 비극은 어머니와의 섹스를 꿈꾸는 사람들의 마음의 짐과, 그것이 아마도 분노나 당혹감이나 조소를 야기하리라는 것이 괜한 걱정이 아님을 조용히 예고한다.

게다가 인간 본성은 변함없다는 주장은, 변화에 반대하는 보수주의를 지지하는, 특히 탐탁찮은 방식으로 이용되곤 했다. "그것은 교육을 받거나 스포츠를 하거나 직업을 갖거나 공식적으로 발언할 수 있도록 되어 있지 않은 여성의 본성을 변화시킬 수 없기 때문이다"(이는 19세기에 있었던, 이른바 '여성문제'에 관한 논쟁에서 실제로 나온 말이다). '사람은 언제나 똑같다'는 일반적인 인식은, 편견과 권력이 만나게 될 경우 쉽게 폭력적인 강요로 바뀔 수 있다.

이들 두 가지 생각(인간 본성이 사회 속에서 사회에 의해 구성된다는 것과 인간 본성은 본질적으로 불변하는 특징들을 갖는다는 것) 사이의 긴장이, 모든 사람이 만족할 만하게 해소될 수 있을 것 같지는 않다. 하지만 고대 아테네의 사례가 그렇게도 사람들을 흥분시키는 이유는, 그것이 '동성애'를 병리현상으로 규정하는 빅토리아 여왕 시대 사람들과 이를 물려받은 현대인들의 생각에 도전하고 있기 때문이다.

아테네에서 남성들 간의 섹스는 도덕적, 정치적 또는 육체적인 유의 것이 아니었으며, 일종의 정신병을 의미하는 것도 분명 아니었다. 일부 그리스 성인 남성들이 성적 관계를 갖는다는 의심도 없지 않았다. 하지만 그런 관계가 알려지거나 그런 관계를 꿈꿀 경우에는, 대개 지독하게 조롱을 당했다. 그것은 적절치 않고 부자연스러우므로 경멸받아 마땅한 것이었다.

무엇보다도 바람직하지 못한 것은 키나이도스, 즉 자기 몸을 성적으로 이용당하는 데서 쾌감을 얻는 남성이었는데, 이들은 완전히 타락자로 여겨졌다. 하지만 극히 조롱받는 키나이도스는 포도주 감별관 같은 존재로서 남성들 간의 적절한 사랑을 지지해준다. 그리고 구애에 관한 일련의 규정과 자유시민 소년의 고결한 영혼을 위한 배려가 함께 하는 적절한 사랑은, 사회에서 완전히 용인되는 관습이자 즐거움이었다. 고대 아테네에서, 그 관계가 허용될 만하고 정상적이며 자연스러운 것인지를 규정할 때, 그것이 남성이 남성을 욕망하는 경우이더라도 무방했다. 고대 아테네에서는 (남성이 남성을 욕망하는 것을 자연스럽게 여겨 '동성애자'나 '게이'로 달리 규정할 필요가 없었기 때문에) '동성애자'나 '게이'가 될 수 없었다.

'그리스식 사랑'에 대한 논의가 그렇게 뜨겁게 불붙고, 사람들이 그렇게 이 논의에 매달리는 것은 이러한 이유 때문이다. '자연스러운 것'이나 '정상적인 것'에 대한 논의 없이는, 성적 행동에 대한 이야기는 그리 멀리 나아가지 못한다. 하지만 그리스의 사례는 실제적이고 혼란스러운 불안을 불러일으킨다. 인간 본성에 대한 우리의 생각은 어느 정도로 우리 문화의 자기규정적인 신념에 의해 구성되는 것일까? 한 문화에서 관례라는 것은 얼마나 확고하게 '자연'이라는 원리에 기초하고 있는 것일까?

'그저 자연스럽게 되어가는 대로 하는 것'은 노래 가사로는 멋있을지 모르지만, 반성적인 삶을 위한 금언으로 여겨지지는 않는다. 우리가 살아가는 역사 속에서 자연스러운 것에 대한 이러한 생각들을 검토하지 않는다면, 우리는 숙고되지 않은, 이전 세대로부터 물려받은 그대로의 신화 속에서 살아갈 수밖에 없다.

'그리스식 사랑'은 '자연스럽다'는 것이 무엇을 의미하는지, 그것을 어디서 찾아야 하는지, 그리고 그런 생각들을 비판적으로 바라보는 것이 얼마나 어려운지를 생각하게 한다. 섹슈얼리티와 자연은 분명 우리 정체성의 일부를 이룬다. 그리스의 사례는 언제나 우리의 정체성에 의문을 더하게 될 것이다.

제2부 | 섹스와 결혼

Where do you think you are going?

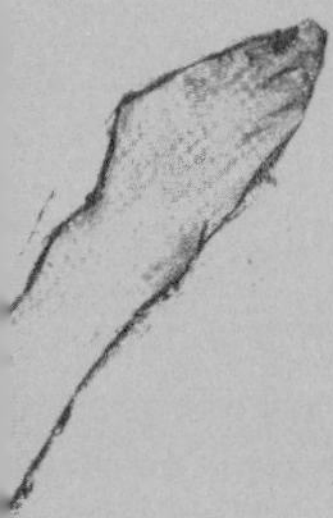

01✣ 종교의 제국

The Empire of Religion

아무리 확고한 무신론자라도 서구 문화에서 중요한 수많은 예술과 음악이 유대-그리스도교 전통을 충실히 간직하고 있음을 인정해야 한다. 바흐의 〈B단조 미사곡〉에서부터 메시앙의 〈세상의 종말을 위한 사중주〉에 이르기까지, 시스티나 성당에서부터 리우데자네이루의 그리스도상에 이르기까지, 이러한 위대한 예술작품들이 있게 한 열정과 논쟁과 이야기들의 바탕 없이 접근한다면, 이들이 가진 의미와 힘의 많은 부분을 놓치고 만다.

성서 없이 밀턴의 《실낙원》을 읽는 것은 분명 어리석은 일이다. 하지만 자신의 종교와 분투를 벌였던 조지 엘리엇 같은 소설가나 반교권주의에 사로잡혀 있던 입센 같은 극작가도, 그들의 글쓰기를 자극한 지적 열정이 무엇이었는지 잘 모르는 독자들에게 이렇게 속내를 털어놓을 것이다. 서구 문화의 많은 예술, 음악, 저작들은 성서와 그것의 종교적인 힘에 기초하지 않고서는 과거의 유적들을 둘러보는 관광여행에서 흔히 볼 수 있는 엽서나 다름없어지게 되리라고.

그리스도교에 대한 이해 없이 서구 문화의 위대한 예술적, 철학적 전통에 접근하는 것은 무의미한 일이 될 수밖에 없다. 하지만 그리스도교가 고대 그리스와 로마의 언어 및 사회와 오랫동안 지녀왔던 강한 연관성에 대한 올바른 이해 없이, 그리스도교를 이해하려는 것도 그만큼이나 무의미하다. T. S. 엘리엇이 요구한 대로, '그리스도교 문명이 살아남는 것을 보고 싶은 독자들'은 '고대 그리스와 로마에 대한 연구의 중요성'을 알아야 한다. 엘리엇은, 그리스도교 문명의 지속 가능성이 고전 연구에 달려 있다고 본다.

이 주장이 지나치게 완고하게 여겨질 수 있다. 하지만 그리스도교는 고전 고대의 문화 안에서 생겨났으며, 이러한 역사적 맥락 없이 그리스도교의 탄생과 발전이 이해될 수 없음을 엘리엇은 알았다. 엘리엇은, 그의 당대에 유행하던 고전 교육에 대한 공격이 종교(엘리엇 개인에게는 훨씬 더 큰 의미를 갖는)와 사회에 대한 사람들의 이해력을 떨어뜨리는 결과를 가져올 것이라고 보았다.

실제로 엘리엇이 염려했던 바가 그대로 나타났다. 오늘날 많은 사람들은 고전의 중요성을 이야기하는 책에 어째서 그리스도교에 대한 논의가 등장하는지 놀랄 것이다. 모든 종교가 그런 것처럼 그리스도교 역시 자신의 기원에 대한 충실한 이해에 큰 무게를 두고 있다. 하지만 현대의 교육을 보면, 그리스도교가 생겨난 시기가 고전 고대이며, 그것이 발전하던 첫 4세기, 즉 초기 그리스도교 시기가 로마제국 시대와 겹쳐진다는 점을 흔히 잊고 있다. 그리스도교는 실로 고전적인 주제인 것이다.

그리스도교도들은 자신들이 '이교도들'과는 완전히 구별된다고 주장해왔다(그리하여 고전 연구와 초기 교회 연구는 서로 획일적으로 구분되어왔다). 하지만 성 암브로시우스 같은 인물은 그러한 구분이 얼마나 그릇된 것인지를 보여준다. 그는 초기 가톨릭교회의 4명의 교회박사 가운데 한 사람으로, 성 아우구스티누스를 교회로 맞아들이고 세례를 준 성인이다. 그리고 초기 교회에 중대한 영향을 미쳤으며, 그리스도교의 교부로서 존경을 받았다. 하지만 암브로시우스는 오랜 시간 동안 로마 행정관 및 정부 관료를 지낸 인물이었다. 그가 막강한 권력이 주어지는 밀라노의 주교로 임명된 후에야 개종했다는 사실은, 현대인들이 생각하기에는 충격적인 일일 것이다. 초기의 그리스도교도들은 로마인들과 따로 떼어서 이야기하기는, 좀 더 이후의 그리스도교들이 우리로 하여금 믿게 만든 것보다 훨씬 더 어렵다. 그리스도교가 국교가 됨으로써 로마제국을 장악하기는 했으나, 그 과정에서 그리스도교는 로마제국의 형식을 받아들였다.

실제로, 영향력 있는 초기 그리스도교도들은 대부분 그리스와 로마의 도시들에서 성장해서, 그리스와 로마의 문화 속에서 교육을 받았으며, 그리스와 로마의 제도 속에서 살았다. 그들은 그리스어와 라틴어를 쓰고, 그리스와 로마 작가들의 저작을 읽었으며, 그리스와 로마의 건축물(도시의 가시적인 건축물뿐만 아니라 정신의 구조물을 포함하는)들로 둘러싸여 있었다. 초기 그리스도교가 로마제국 시대 고전 문화의 일부분이었음은 놀라운 일이 아니다.

이러한 역사가 오늘날 그리스도교도이든 비그리스도교도이든, 우리 삶의 가장 근본적인 차원에서 영향을 미치고 있다. 하지만 얼핏 보아서는 그러한 영향을 제대로 인식하기가 쉽지 않다. 지난 세기에 그리스도교는 종교제도이자 주요한 도덕적 권위로서의 위상을 점점 더 상실하게 되었다. 대부분 현대 서구 국가들이 여전히 그리스도교 국가로 여겨지고 있기는 하지만, 초기 그리스도교 때부터 이어온 교회의 구성체제는 점점 더 시대에 뒤떨어지는 구시대적인 것으로 보일 수 있다. (영국에서의 교회와 국가의 관계가 이를 공식적으로 기정사실화하여 보여준다. 다른 유럽 나라들과 미국의 경우 교회와 국가의 연계를 법제화하고 있지는 않지만, 영국에서보다는 그 연계성이 훨씬 더 강하게 느껴진다.)

하지만 정치와 종교가 분리된 사회도 근본적으로 이러한 역사의 영향을 받고 있다. 왜냐하면 그리스도교에 의해 형성된 대부분의 일반적인 가치관들이 현대의 삶의 방식에 완전히 통합되어서, 사람들이 그것을 아주 익숙하고 전통적인 것으로 여기고 있기 때문이다. 우리가 가장 기본적으로 전제하는 생각들은 이러한 역사로부터 유래했으며, 그런 생각들이 우리에게 영향을 미칠 수 있는 것은, 우리가 그것들을 당연한 것으로 받아들이기 때문이다.

예를 들어 결혼을 영원히 지속되어야 하는 서약으로 만든 것은 초기 그리스도교도들이었다. 현대인이 '죽을 때까지 함께 하는 것' 을 행복한 결혼의 이상으로 여기는 것과, 이혼이나 재혼을 치욕스럽게 여기는 것은 그리스도교의 영향을 받은 결과이다. 남자가 자신의 아내하고만 섹스를 해야 한다는 생각과, 다른 형태의 섹스는 부정 또는 간음 또는 부도덕이라는 생각도 로마, 그리스, 유대의 전통이 아니라 그리스도교의 전통이다. 바로 이것이 관계에 대한 충실함이라는 현대인의 생각의 바탕을 이룬다. 모든 사회에는 용인할 수 없거나 혐오스러운 성적 행위의 형태가 있기 마련이다. 하지만 육체와 섹스 그 자체를 불결하게 여기는(그렇게도 많은 현대의 범죄들, 음란함, 여자들의 내숭의 바탕을 이루는) 생각 역시 주로 그리스도교의 유산이다.

우리 안에는 이렇게 그리스도교적이고 고전적인 역사가 있다. 그리스도교 교회에서 결혼식을 치를 생각이 전혀 없는 사람도 이러한 기본적인 가치관들을 사회규범으로서 인정할 것이다. 그리스도교도이든 아니든, 많은 사람들이 충실한 상대와 결혼해서 결혼생활을 지속하고 싶어하며, 이러한 가치관들이 소중하다고 생각한다. 하지만 현대 사회에서 사회 변화에 따른 긴장이 가장 심하게 느껴지는 것이 바로 이들 삶의 가장 기본적인 영역들(결혼, 가족관계, 성도덕)이다.

결혼이 어떻게 기능해야 하는지는 사회와 개인에게 중요한 문제이다. 이러한 삶의 도덕 기준은 그리스도교적인 역사를 가지며, 그 기준들은 역사를 통해 오늘날과 같은 형태를 갖게 되었다. 현대 사회에서 이러한 도덕 기준에 대해 이의가 제기될수록, 우리가 어디서 왔으며 그 기준들이 어떻게 해서 그런 효력을 갖는지에 대한 이해가 우리 모두에게 더욱 중요한 일이 되고 있다. 이러한 의문은 오늘날 자신의 길을 찾고자 하는 사람이라면 누구나 가질 법한 것이다.

그리스도교는 유대인 거주 로마 지역에서 유대교의 반항적인 소수 분파로서 출발했다. 처음에는 자신을 그리스도교도라고 생각하는 사람들도 사실상 유대교도로서의 관습을 계속해서 지켰다. 이러한 상황은, 바울로가 '이교도들에 대한 사명' 으로 비유대교도들을 개종시키는 일을 시작한 서기 1세기 후반에 이르러 바뀐다. 그리스도교도임을 자임하는 작은 무리들이 지중해 연안 부근에서 성장하기 시작했는데, 대개는 정치권력의 기반이 조성되어 있는 로마 같은 대도시에 집중되었다. 여러 사람들이 그리스도교도란 무엇을 의미하는지 표명하고자 했으며, 2세기 내내 이교에 대한 신랄한 비난과 함께 신앙심에 대한 강경하고도 독선적인 주장이 쏟아지면서 격렬한 논쟁이 벌어졌다.

소수의 그리스도교도들이 문제를 야기하기 시작하자, 로마 당국은 이들을 익히 알려져 있는 혐의에 따라 익히 알려진 방식으로 사형에 처했다. 집정관들은 이들을 검투사들이 싸우는 투기장으로 보내기도 하고, 일반적으로 노예나 다른 하층민들에게 내리던 십자가형에 처하기도 했다. 더 해괴한 형벌도 있었다. 로마인들은 진기한 고문들을 고안해내는 데 탁월했다.

이들 희생자들은 순교자로 추대되었다. 순교자는 말 그대로 '증인' 으로, 그의 죽음은 초기 그리스도교에 필요한 신앙의 모범을 위해 예비된 것이었다. 그는 죽음으로써 그리스도 품안의 신앙을 증거한 것으로서, 대의가 그(순교자)를 필요로 했던 것이다.

서기 270년대 이후 이집트에서 은수자隱修者 무리들이 로마 사회를 떠나 사막에 은거했다. 이들 '사막의 신부들' 은 수도원 운동의 창설자이다. 270년 사막으로 은거한 성 안토니우스는 이들의 시조이자 이들을 이끄는 빛이었다. 대의는 또한 영웅과 성인을 필요로 한다.

그리스도교는 3, 4세기를 거치면서 단계적으로 점점 더 공식적인 분명한 형태의 종교가 되어갔다. 교인 수가 늘어나면서, 이들은 자신들을 좀 더 조직화했다. 이것이 결정적인 전환점이었다. 지역 당국자들에게, 불안감과 혼란을 불러일으키는 그리스도교도들은 점점 골칫거리가 되었다.

2세기에 그리스도교가 받아들여진 것은 로마제국에서도 극히 일부 지역에서일 뿐이었다. 그것은 당국이 주목할 만한 가치도 없을 만큼 미미한 정도였다.

하지만 3세기 말에는 로마 정부가 강력하게 대처(그리스도교도들은 이를 '박해'라고 부른다)할 만큼 수가 불어났다. 초기 순교자들이 그랬던 것처럼, 박해를 통해 전투적이고 영웅적인 행위에 대해 점점 의식하게 된 교회는 하나의 집단으로서 정체성을 강화했다. 서기 303년 가장 대규모의 박해('대박해')가 시작되었다. 로마 황제는 교회를 파괴하고, 성서들을 불태우며, 그리스도교도들의 지위와 특권을 박탈하도록 명했다.

하지만 312년 무렵 놀라운 사태 변화가 일어난다. 콘스탄티누스 황제가 그리스도교도로 개종하고, 로마제국은 공식적으로 그리스도교 국가가 된 것이다. 바울로가 그랬던 것과 유사하게, 원래 바리사이파로 새로 등장한 그리스도교 운동을 박해하던 바울로는 그리스도교도들을 체포하러 다마스쿠스로 가던 길에 하느님의 빛을 보고 그리스도교로 개종한다-옮긴이 콘스탄티누스 황제도 다마스쿠스로 가는 길에 빛을 보았던 것이다. 콘스탄티누스는 전투 전에 "이 표시(표상) 아래 너는 승리할 것이니라"in hoc signo vincas라는 문구와 함께, 하늘을 가로지르는 빛을 보고서 바로 그 자리에서 개종했다. 하지만 그가 개종한 실제 이유는 좀더 복합적이고 실용적인 것이었다.

로마의 상류층 사람들 가운데 이미 많은 수가 그리스도교도였다. 로마제국의 방대한 조직이 유지된다는 것은, 전통적인 로마인으로서 살아왔던 많은 관리들이 이제는 그리스도교로서 살아갈 수 있음을 의미했다. 그렇기는 해도, 로마 최고수장의 개종은 그리스도교 제국의 발전에 결정적이었다. 로마의 군사적, 정치적 권력이 이제 새로운 종교를 지지하게 되었으며, 황제의 개종은 로마제국 내에서나 바깥에서나 그리스도교도들에게 강력한 상징적 권위를 부여해주었다.

황제가 로마는 그리스도교 제국임을 공표했으나, 오랫동안 그에 대한 반동이 있었다. 배교자 율리아누스는 361년 단독 황제가 되자, 이교로 개종하여 많은 숭배 제식들을 다시 제정했다. 많은 로마인들이 콘스탄티누스 황제처럼 그리 서둘러 개종하지는 않은 까닭에, 여전히 이교도로 남아 있었다. 정통 그리스도교의 신앙과 관습이 어떤 것이어야 하는지에 대해 여전히 대규모 논쟁들이 격렬히 벌어졌다.

그리스도교도들은 서로 다른 교리 때문에 서로를 죽였으며, 펠리기아누스파, 그노시스파, 아리아누스파, 몬타누스주의자들, 마르키온주의자들 등, 정통성 싸움에서 진 많은 이론異論들이 이단으로 배척되었다. 4세기 말 이후, 로마제국은 완전히 그리스도교 제국이 되었으며, 행정조직은 그리스도교도들로 채워졌다. 사막의 고독한 은수자들이 로마제국의 방대한 조직을 운영하는 행정관들이 된 것이었다. 이때부터 교회라는 거대한 권력기관 내부에서, 그리스도교도의 정체성에 관한 논쟁들이 지겹도록 이어진다.

초기 그리스도교의 역사는 언제나 논쟁의 역사였으며, 때로는 살상의 역사이기도 했다. 그리고 좀더 상세한 설명을 위해서는 이보다 훨씬 더 많은 이야기들이 덧붙어야 할 것이다. 하지만 한 가지 분명한 점은, 이렇게 복잡하고 굴곡 많은 이야기들 속에서 그리스도교가 고전 문화를 수용하거나 그에 대항하면서 발전했다는 사실이다. 그리스도교는 우선 자신이 태어난 고전 문화를 의도적으로 전복시키는 데서 자신의 원동력을 찾았다. 초기 그리스도교가 보였던 급진성과 공격성은 이러한 틀 안에서만이 올바르게 평가될 수 있다.

초기 그리스도교는 스스로 반反고전적인 종교로서 받아들여지고자 했다. 하지만 그리스도교가 널리 퍼져나감에 따라 그것은 로마의 권력구조 및 사고체계와 점점 더 혼융되었다. 로마제국이 그리스도교화되는 동시에 그리스도교가 로마화된 것이었다. 이것이 바로 신성로마제국의 기원을 이룬다.

현대 문화는 그리스도교의 뿌리였던 낯설고 과격한 요소들을 가벼이 여기거나 망각해왔다. 특히 오늘날 그리스도교의 자아상은 초기 그리스도교의 완고성과 공격성을 거부한다. 하지만 그리스도교도든 아니든(즉 비그리스도교도이든, 무신론자이든, 불가지론자이든), 서구 주요 종교의 전통이 고전 세계 내에서 어떻게 형성되었는지를 아는 것은 중요한 일이다. 그것은 곧 서구 문화가 어떻게 형성되어왔는지를 이해하는 일이기 때문이다.

그리스도교가 고대 그리스와 로마의 언어 및 사회와 오랫동안 긴밀한 관계를 맺어왔다는 사실, 또는 그리스도교가 고대 문화에서 탄생했다는 사실을 망각한다면, 우리는 서구 문화를 그저 피상적으로 훑어보고 지나가는 관광객에 지나지 않을 것이다. 그리고 한 개인으로서 나는 그런 관광객이기보다는 서구 문화 속에서 살아가는 거주자이고 싶다.

02 육욕을 물리친 슈퍼스타들

Superstars of the Flesh

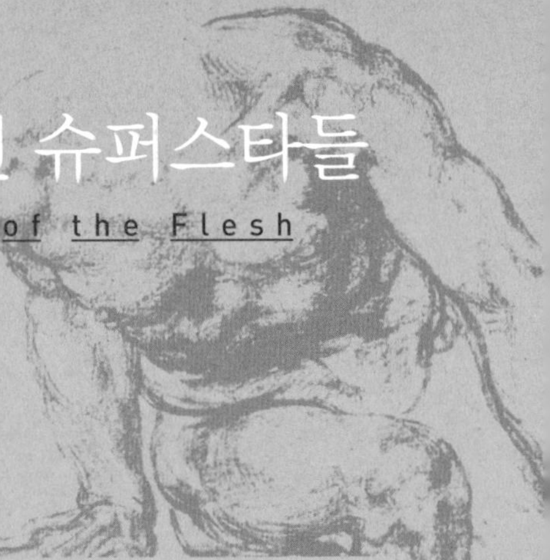

주상고행자 기둥 꼭대기에 서서 고행했던 그리스도교 고행자를 이름-옮긴이

시메온은 기둥 위에 서 있었다. 그 기둥은 안티오크 북쪽, 시리아 텔라니소스 산의 등성이에 있었다. 그는 30년 동안 약 18.3미터 높이의 그 기둥 위에서 밤낮으로 끊임없이 불침번을 섰다. 그의 모습은 마치 십자가에 못 박힌 그리스도와 같았다. 하느님을 위한 그의 고행은 이것이 처음은 아니었다.

시메온의 전기를 쓴 작가에 따르면, 그는 "굶주림과 갈증, 추위와 더위 속에서, 지속적으로, 끊임없이, 중단 없는 기원 속에 서 있으면서, 56년 동안 밤낮으로 잠을 자지도 몸을 누이지도 않았다." 그는 "놀라운 극기심과 혹독한 고행 속에서" 단식하며 수도원에서 9년을 보냈다. 그리고 텔라니소스 산 근처 작은 수도원의 한구석에, 때로는 작은 방에 선 채 10년을 보냈다. 그러고는 마침내 약 18.3미터 높이의 기둥으로 옮겨가, 459년 죽을 때까지 그 위에서 살았다.

그의 전기 작가는 시메온의 고행을 이렇게 묘사한다. "그는 신비롭게 거룩한 힘이 감도는 기둥에 자기 발을 묶었다. 속된 육체인 그의 발은 벌어졌으나, 그의 온 마음은 주主를 향해 타올랐다. 그칠 줄 모르는 기원 속에 그의 척주 관절은 탈골되었으나, 그는 구세주 그리스도에 대한 사랑으로 마음을 굳건히 했다." 순교자와 마찬가지로, 그의 고행은 하느님에 대한 그의 사랑을 공개적으로 표명하는 것이었다.

그의 속된 육체는 황폐해지고 망가졌다. 발은 벌어지고 척추는 탈골되었다. 하지만 그의 정신적인 사랑은 불타오르고 마음은 종교적인 희열로 가득하다. 그의 전기는 이렇게 설명한다. "그는 육체적 고통을 두려워하지 않았으며, 단 한 시간도 자신의 육체에 즐거움을 주려 하지 않았다." 선량한 그리스도교도라면 하느님을 섬기는 것을 두려워하지 않아야 하고, 즐거움이나 쾌락은 악마의 무기이며 타락의 징후이자 죄악으로 이끄는 두려운 유혹이다.

전기 작가는 계속해서 시메온의 고통을 장황하게 조목조목 열거한다. 그는 기둥에 선 채로 앙상하게 뼈가 드러나고, 탈진했으며, 40일 동안에 시력을 잃었고, 악취를 풍기는 썩은 왼발에는 구더기가 버글거렸다. 그 냄새가 하도 지독해서 제자들은 그에게 다가가기 위해 놓아둔 사다리를 타고 올라갈 수가 없었다. 그 나라의 통치자까지 그에게 내려오라고 간청을 했다. 하지만 40일 밤낮 동안 완전히 뼈와 가죽만 남은 그는 악마와 싸웠다. 모든 사람이 그가 죽었다고 생각했으나 그는 당당히 승리를 거두었으며, 치료를 받고서 고행을 계속했다. 시메온은 고행의 영웅이자 성인이었다. (그리스인들의 영웅인 운동선수가 올림픽 경기의 경쟁에서 승리한 것이라면) 그리스도교의 영웅인 성인은 고통의 경쟁에서 승리한 것이다.

그의 충실한 전기 작가도, 왜 시메온이 이렇게 고행을 했는지에 답하고자 했다. 그에 대한 답은 통상의 신학적인 것이다. "주께서 당신의 종의 고통으로써 세상을 혼수상태의 무기력으로부터 깨우도록 하기 위하여, 그리고 그를 믿는 자를 도구 삼아 증명될 그의 신성하고 영광스런 이름을 위하여." 시메온은 신앙의 힘을 몸소 보여줌으로써 모든 이들로 하여금 신의 전언에 눈뜨게 하고자 했다.

하지만 이 성인은 다른 면에서도 중요한 인물이었다. 그는 지중해 동부의 마을 공동체에서 '성자' 역할을 했다. 시메온이 서 있는 기둥 부근에서 사도들의 수도원이 번성했고, 그 지역의 공적인 모임이 이루어졌으며, 순례자들이 이곳을 방문했다. 시메온은 고통스럽거나 탈진한 상태가 아닐 때면, 분쟁을 해결하는 일종의 특별 집정관로마 공화정 시대의 최고 행정관-옮긴이 역할을 했다. 그가 '성자'로서 위상을 갖게 된 것은, 그의 주변에 마을 사람들이 모여들었기 때문이다. 그의 시선은 사람들을 꿰뚫는 듯했다. 이렇게 특별한 고결함을 지닌 그는 쟁의의 해결사로 이용되었다. 이 성자는 유력한 (그러나 사람들을 들볶거나 자금 착복을 하거나 하는 일이 없고 흉포하지 않은) 지주처럼 마을에서 중재자 역할을 했다.

시메온은 공동체 의식의 중심이었다. 그는 종교 제식에 대해 충고하고, 판결을 내리며, 물의 배급을 인가했다. 그리고 성직자들과 지역 유지들로 하여금 부채를 탕감해주도록 하고, 합리적인 이자로 돈을 빌려주며, 이웃들간의 경계 표시를 준수하도록 지시할 수 있었다. 혼란스러운 일상생활의 위쪽, 하느님과 가까이 높은 기둥 위에 선 주상고행자 시메온은 인간세계와 신 사이의 접속을 구현했다. 그는 이러한 권위를 이용하여, 공동체에 유익한 존재가 되었다.

주상고행자 시메온은 459년에 죽었다. 그는 성자나 모든 위대한 고행자들 가운데 슈퍼스타였다. 시메온 덕분에 시리아는 특히 유명했다. 이 고행성인은 몸에 대한 그리스도교의 새로운 태도고대 그리스인들의 몸에 대한 태도와는 다른-옮긴이를 결정적으로 보여주었다. 알려진 대로, 금욕주의자들은 육체적 고행('아스케시스'라고 한다)에 온힘을 기울였다. 이들은 단식, 불면, 기도, 금욕을 통해 육체의 온기와 물기와 활력을 파괴함으로써 육체를 '억제'하고 죽이기를 바랐다. 여성의 경우는 마찬가지의 방식으로, (다공성을 지니는 해면질에다 습한) 몸을 단단히 하기 위해 물기를 말리고, 월경을 멈추게 하며, 임신을 거부하여 난소를 제거할 수 있었다. (수녀는 하느님하고만 결혼할 수 있다.)

3세기 초의 가장 위대한 신학자인 오리게네스(혹은 오리겐이라고도 함)는 극단적인 답을 구했다. 그는 독신을 유지하고 육체의 욕망을 정복하고자 거세를 했다. 발기는 욕망을 통제하고 육욕을 정복하는 문제에서의 인간의 무능함이 몸에 드러나는 흔적으로, 이를 억제하는 유일한 방법은 거세였다. 주상고행자 시메온처럼, 오리게네스는 자기 신학의 결론을 자신의 몸으로 지지한 것이었다.

주상고행자 시메온이 구현하는 그리스도교는 고전 문화의 이상에 대해 공격적이었다. 그리스에서 체육관, 시장, 목욕탕, 군대, 극장 같은 사회 공간에서 주목받는 미인은 특정한 나이의 자유시민턱수염이 나기 시작하기 직전, 그렇지만 사춘기가 지난 소년-옮긴이이었다. 그는 언제나 공적 영역에서 충실히 활동하는 성인 남성 숭배자들에 둘러싸여 있었다. 하지만 이 소년도 앞으로 성인으로 성장하게 될 것이므로, 이를 염두에 두고 언제나 행동을 통제해야 했다. 그래서 소크라테스는 '공무에 관여하는 사람에게 적절한 몸'이 아니라는 이유로, 친구인 에피게네스를 비판했던 것이다. 고대 시민의 몸은 군인, 웅변가 같은 선량한 시민으로서 공적 의무를 어떻게 충실히 수행하는지를 보여주어야 했다. 이렇게 남성은 공적 영역에서 행위하며 자신의 몸을 드러내었다.

높은 기둥 위에 선 주상고행자 시메온은 자기 몸을 확실히 드러내고 있다. 기진맥진해서 늘어진 그의 몸은 기둥 아래의 제자들에게 신성함의 가시적인 표지였으나, 한편으로 그리스도교가 몸을 드러내 보이는 새로운 방식을 보여주었다.

사탄과 그 유혹에 대항해 싸우는 시메온과 그의 몸에 결정적으로 신성함을 부여하는 것은 '이탈'의 행위이다. 사막의 수도사는 홀로 되기를 희구한다. '수도원' monastery이라는 영어 단어는 '홀로', '단독으로', '독립하여'를 뜻하는 그리스어 '모노스' monos에서 나왔다. 수도원은 역설적이게도 '홀로인' 남성들의 '공동체'이다. 그리스도교도들은 인간사회에서 벗어나 완전히 독립하여 방이나 동굴에서 세상을 등지고 살아가는 '은둔자'

를 존경했다. 금육, 침묵 서약, 천상을 향한 시선, 일정한 기도 방식, 금식 수행은 모두 인간들 사이의 사회적 유대관계에는 파괴적인 것이다. 지극히 자제심이 강했던 그리스의 철학자 소크라테스도 체육관을 출입하고, 주연에서 술을 마시고, 알키비아데스와 잠자리를 했다. 하지만 그리스도교의 성자는 이러한 사회적 결속, 함께 나누는 즐거움을 거부함으로써 새로운 모범을 제시한다.

그리스도교 성인의 이러한 이탈의 몸짓은 모든 차원에서 명백했다. 그리스 및 로마의 종교행위의 가장 기본적인 형태는 제물을 바치는 것이었다. 함께 제물을 바치고 그것을 함께 나누어 먹었다. 이 희생제식이 사회집단을 규정지었다. 희생제식에서 제외되는 외부자인 '그들' 로부터 희생제식에 참여하는 내부자인 '우리' 가 구별되었다. 희생제식은 가족 행사 또는 국가 의식 또는 장인들의 길드나 군대의 의식일 수도 있다. 하지만 그 집단은 서로 공유하고 함께 참여하는 관습에 의해 결속되었다. 살인이나 다른 신성모독죄를 저지르는 경우, 처벌은 흔히 '희생제식에서 제외되는 것' 이었다. 그 결과 범죄자는 사회적 부랑자가 되었다.

초기 그리스도교가 자신이 고전 고대와 다름을 공식적으로 표명한 한 가지 방법은 희생제식에의 참여를 거절한 것이었다. 그들은 기꺼이 (타의에 의한 강제적 배제가 아닌 자의로) 공동체로부터 배제되고자 했다. 순교자에 관한 많은 이야기들이 희생제식 참여를 거부한 데서 시작된다. 그것은 단지 그리스나 로마의 종교에 반대하는 신학적인 몸짓만은 아니었으며, 공동체적인 모든 것으로부터의 근본적인 이탈을 공공연하고 충격적이도록 공격적으로 진술하는 것이었다.

물론 그러고서 그리스도교도들은 자신들만의 공동체를 이루었다. 기초조직과 일파를 구성하고, 기도를 올리는 예배당을 만들었으며, 함께 잔치를 베풀고 함께 금식을 했다. '형제애' 를 칭송하고, 다른 무리들이나 지식인들 사이에 오간 편지나 글바울로의 〈고린토인들에게 보낸 편지〉 등과 같은-옮긴이을 돌려봄으로써 공동의식을 형성했다. 이러한 교회제도는 여러 세기에 걸쳐서 유럽의 주요 사회구조를 구성하였다. 하지만 또한 그리스도교도들은 처음부터 신과 남다른 관계를 맺기를 열망하여 인간사회와의 결속을 거부하는 남녀들을 성인으로 추대했다. 강한 영성靈性을 바탕으로 한 신성한 '이탈'은 그리스도교 신학에 없어서는 안 될 요소이다. 그리스도교는 근본적으로 그리스 로마 문화의 특징적인 표지들을 뒤집어놓고 있다.

그리스도교도들은 또한 '박탈'로써 자신들을 구별지었다. 사순절이 시작될 때, 주상고행자 시메온의 제자들은 사다리를 통해 렌즈콩이 담긴 항아리를 올려 보냈다. 그리고 사순절이 끝나면 항아리를 회수해서는 열어보지 않았다. 주상고행자 시메온은 40일 동안 아무것도 먹지 않았다. 이 수행자가 기꺼이 금식의 고통을 받아들인 것은, 고대 세계의 상황을 미루어볼 때 아마도 그가 스스로 택한 많은 박탈 가운데 특히 비상한 것이었다.

고대 세계는 대부분 사람들이 지속적으로 기아의 위협을 느끼며 살아가던 생계형 사회였다. 잘 먹을 수 있다는 것은 농부의 노고와 신의 축복이 결합된 문명의 승리였다. 부족한 자원을 독점하는 대식가는 혐오스럽고 탐욕스럽다는 엄한 비난을 받았다. 대식가를 살찌우려면 그 외의 사람들이 고통을 받아야 했기 때문이다. 고대 세계에서 농업과 문화의 관계는 뿌리가 깊었다. 농사를 짓는 땅은 인간다운 생활을 위한 바탕이었다.

사막으로 은거한 그리스도교도들은 이러한 사고방식, 이러한 문명의 필연성에 대해 비상하고도 힘겨운 도전을 제기했다. 그들이 은거한 사막은 농토와는 정반대되는 것이다. 그것은 아무것도 생산해내지 못한다. 고행자들은 인간이 살지 않는 그런 지역으로 피해서, 경쟁적이고 강박적으로 금식을 하며 자신의 굶주림과 싸웠다. 평범한 그리스도교도들의 달력에는 금식과 축제, 사순절서방교회에서는 재의 수요일에 시작해 부활절 전까지 6주간 반 계속되며, 예수 그리스도가 광야에서 금식한 것을 본떠서 일요일을 제외한 40일을 금식기간으로 정하고 있다-옮긴이과 부활절이 번갈아가며 있다. 하지만 고행자들에게는 끊임없이 '박탈'이 이어졌다. 정신을 위해 싸우고 금식할 때, 몸은 육욕을 물리치고 '정화되었다.' 성 안토니우스의 말에 따르면, 금식을 함으로써 그는 "그리스도의 부활에 나타나는 저 성령체를 나누어받을 수 있기를" 바랐다.

적어도 천년 동안 그리스도교도들은 살이 찔 수 없었고 쪄서는 안 되었다. 비만은 고대 아테네인들에게는 정치적인 문제였을지 모르지만, 그리스도교도에게는 불멸의 영혼을 위태롭게 하는 종교적인 문제였다. 오늘날 우리가 사순절에 초콜릿을 먹지 않고, 금요일에 물고기를 먹으며, 먹는 것을 좋아하고 배腹가 큰 《로빈 후드》에 나오는 탁발수도사 턱Tuck을 두고 농담을 하는 것은, 아주 오래되었으나 알게 모르게 우리에게 여전히 기본적인 모범이 되고 있는 고행 성인을 아주 희미하게 따라 하고 있는 셈이다.

20세기의 한 신학자는 놀라운 약효를 떠들어대는 장사꾼처럼, 금식의 좋은 점을 이렇게 요약했다. "금식은……병을 낫게 하고, 체액을 건조시키며, 악마가 빠져나가게 하고, 불순한 생각을 제거하며, 정신을 더 깨끗하게 마음을 더 순수하게 만들고, 몸을 정화해 사람을 하느님의 권좌로 끌어올린다." 금식이 갖는 이점을 이렇게 과장하는 것과 더불어, '맛'은 '모든 죄악들의 어머니'라는 니사의 그레고리우스4세기의 주교이자 교부신학자의 말은 어쩌면 그리 놀랄 일이 아니다. 고전 세계와 그리스도교의 차이가 이보다 더 생생하게 드러날 수는 없을 것이다.

그리스인들과 로마인들은 생선, 오이절임, 치즈, 뱀장어, 올리브유, 잘 숙성된 포도주를 좋아했다. 로마의 희극작가 테렌티우스는 "음식과 포도주가 없으면 섹스는 냉담해진다"sine Cerere et Liberto friget Venus고 썼다. 그는 푸짐한 저녁과 몇 잔의 술이 유혹과 성적 즐거움에 도움이 된다고 충고했다. 그리스도교도인 히에로니무스전통적으로 라틴 교부들 가운데 가장 학식이 높은 인물로 평가받는 그는 4세기에 당시 사용되던 여러 번역본들을 바탕으로 라틴어 번역성서인 불가타 성서를 펴냈는데, 이것이 바로 로마 가톨릭 교회가 사용하고 있는 성서이다-옮긴이는 이 말을 인용하며 멋쩍게 동의하는데, 하지만 그것은 왜 금식이 성적 충동을 가라앉히는 데 도움이 되는지 보여주기 위함이었다.

섹슈얼리티는 고행자가 육욕을 구속하기 위해 박탈하는, 또 다른 주요한 투쟁의 장이었다. 마음의 순결을 위한 사막에서의 투쟁은 유혹이나 의지에 관한 색다른 이야기들을 만들어낸다. 그리스 철학자들은 자제심을 칭송했다. 그래서 소크라테스는 침대에서 알키비아데스에게 손가락 하나

대지 않았다. 하지만 그리스인들이 보기에 금욕, 다시 말해 쾌락을 전적으로 거부하는 것은 (중용과는 거리가 먼) 위태롭고 불쾌한 극단적인 상태였다. 《일리아스》에서 테티스 여신은 아들 아킬레우스에게 이렇게 말한다. "여자와 자는 것은 좋은 일이다." 하지만 그리스도교의 고행자들은 성적 충동을 전적으로 거부했다.

••
테티스 여신 바다의 신 네레우스와 지구를 둘러싸고 있는 물의 신 폰토스의 딸 도리스 사이에 태어난 50명 또는 100명에 달하는 딸들 가운데 하나로, 하늘의 지배자인 제우스와 바다의 지배자인 포세이돈이 그녀를 사랑했으나, 정의의 여신 테미스가 테티스가 낳은 아들이 아버지보다 더 강한 존재가 되리라고 하자 두 신은 그녀를 펠레우스에게 넘겨주었으며, 테티스와 펠레우스 두 사람 사이에서 아킬레우스가 태어난다–옮긴이

문제는 환상이나 꿈, 또는 (발기와 같은) 몸의 반응도 통제하지 못하는 인간의 어쩔 수 없는 무능력이었다. 발기, 흉건한 꿈, 절로 떠오르는 기억은 경건한 사람들에게 수치스러운 것이었다. 해서 점점 더 큰 경계심과 노력이 요구되었다. 하지만 그러고도 이들 독실한 사람들의 수치심은 여전했다. 이러한 꿈이나 유혹적인 환상들은 순결함의 가장 밑바닥을 폭로했다. 하지만 극도로 수척해진 몸과 성스러워 보이는 용모는 순결함을 의미했으며, 섹슈얼리티는 죄악 및 타락과 벌이는 가장 내밀하고 은밀하며 치열한 싸움의 지표였다. 비록 성적 행위를 억제하고 성적 욕망들을 누그러뜨릴 수 있다 하더라도, 밤에 떠오르는 것은 여전히 계속되는 싸움을 끊임없이 상기시켰다.

한 고행자는 이렇게 쓴다. "섹스를 생각하지 않는다니, 딱하군. 왜냐하면 당신은 틀림없이 그걸 생각하고 있기 때문이지." 여기에 정신적 평온이나 숭고함이 들어설 자리는 많지 않다. 몽정과 좀체 떨칠 수 없는 꿈에서부터 여자에게 아이를 갖게 해 유산시키거나 수련 수도사들을 성적으로 괴롭히는 것에 이르기까지, 성적 욕망을 통제하는 데 실패한 이야기들은 많다.

'마음의 순결'이 유혹에 대한 두려움이 되고, 그러한 두려움이 여자에 대한 혐오감이 되기 쉽다. 그리하여 이런 혐오감이 물리적인 형태로 나타나는 수가 있다. 한 수도사는 죽은 여자의 썩은 몸에 자기 옷을 대었다고 한

다. 여자 생각이 날 때면 그 악취와 죽음을 떠올리지 않을 수 없도록 하려 함이었다. 수도사의 순결은 모든 면에서, 무엇보다도 자신의 내부로부터 위협받는 허약한 일이었다. 사탄을 물리치는 일은 쉼이 없는 노역이었다.

그리스 로마 문화 입장에서 보면, 이렇게 섹슈얼리티를 억압하는 것은 아주 극단적인 것임이 분명하다. 이러한 차이를 이색적으로 병치시켜 보여주는 것이 있다. 플라톤의 《향연》은 지적인 남성들이 모여서 철학이 허용하는 한에서 가볍고 재미있는 방식으로 섹스와 욕망에 대해 이야기한다. 2세기의 시리아 사람으로 그리스도교도인 메토디우스도 《향연》을 썼다. 하지만 이것은 처녀들이 식탁에 둘러앉아 영원한 처녀성의 가치를 칭송하는 이야기이다. 이 처녀들은 신랄하면서도 얌전하게 이야기를 나누며, 이따금씩 순결을 찬미해가며 육체를 부정한다. 메토디우스가 쓴 《향연》의 무대는 더 이상 아테네가 아닌 것이다.

고통에 대한 그리스도교도들의 태도 또한 고전 고대와의 차이를 분명하게 보여준다. 뜨거움과 차가움, 고역과 위험을 견디는 능력은 그리스 시민군고대 아테네에서는 남성들만이 공직에 참여하는 자유시민이었으며, 이들은 모두 동시에 전쟁 시에 군인으로서 나가 싸우는 의무를 졌다-옮긴이들이 내세우는 이상적인 자질 가운데 하나였다. 로마의 군인도 적 앞에서 기꺼이 가혹한 일을 겪기도 했다. 하지만 그것이 자신의 의지로 선택한 고통이라거나, 의도적으로 자기 몸이 고통당하는 것을 즐겼다고 말할 수는 없다. 하지만 십자가에 못 박힌 예수를 모방하는 그리스도교도는 박탈에 의해 몸을 정화하고자 할 뿐만 아니라 고통을 원하고 요구한다. 주상고행자 시메온이 고통을 받는 것은 그의 운명이었다. 하느님이 만민을 위한 모범을 보여주고자 그에게 고통을 겪게 한 것이었다. 그래서 순교자들은 그러한 고통을 받아들여 초월하는 모습을 보여주었다. 순교자에게 '모진 형벌은 즐거움이다.' 고통 속에서도 웃는 것은 속된 육체를 넘어선 내적 영혼의 승리를 나타내는 것이기 때문이었다.

이렇게 득의에 찬 순교자의 고통은 고행자의 고통의 극기로 이어져서, 완전히 그리스도교의 언어가 된다. 모든 이상들이 그런 것처럼, 이탈과 박탈과 고통이라는 초기 그리스도교의 논리는 복잡하고 다양한 방식으로 수용되었다. 어떤 이들에게, 순교자와 고행자는 그리스도 군대의 정예병들이었다. 이들은 모든 이들이 열렬히 좇아 도달해야 할 모범이었다. 또 어떤 이들은 그러한 과중한 목표는 순교자나 고행자에게 맡기고 자신의 삶을 살아갈 수 있었다. 그리고 또 다른 이들에게 순교자나 고행자는 여전히 매혹 또는 혐오감, 호기심 또는 비탄을 불러일으키는 존재들이었다.

실제로 많은 사람들이 그러한 이탈과 박탈과 고통을 수용하는 문제에서 실망감, 좌절감, 죄의식을 느끼거나 그러한 문제를 그냥 회피했다. 언제나 그렇듯이, 이렇게 복잡하고 변하기 쉽고 사적인 종교 감정들에 관한 기록을 추적하여 확인하기란 어려운 일이지만 말이다. 순교자와 고행자는 완전히 그리스도교 역사의 한 부분을 이루며, 그리스도교도들은 이들을 통해 자신들의 주장을 펼쳤다. 그런 한편으로는 또한 그리스도교 제도와 공동체가 발전했다. 모든 역사는 영웅을 필요로 하고, 초기 그리스도교에서 그것은 순교자와 고행자였다.

주상고행자 시메온 같은 고행 성인들은 자의에 따라 극단으로 나아간다. 하지만 그리스도교 제국에서 가장 일반적이고 정상적이며 이상적인 처신법 또한 고전 세계의 그것과는 달라진다. 그리스도교는 그리스와 로마에서 가장 중요하게 여겨지던 자기과시(자기연출)라는 생각을 뒤집음으로써 그리스도교적인 인간상을 창안해내었다. 그리스도교는 고대 그리스에서 자유시민이 아닌 자에게 내려지던 치욕적이고 고통스러운 형벌인 십자가형을 의도적으로 받아들여, 그것을 새로운 질서의 승리의 상징으로 만들었다.

고대 아테네와 로마에서 시민의 몸은 모독되어서는 안 되는 것이었다. 시민의 몸을 찔러서는 안 되고 또 시민은 고문을 받지 않도록 법으로 정해져 있었다. 반면 노예의 몸은 찌르고 고문할 수 있었다. 시민은 채찍질을 당하면 안 되었지만, 노예는 일상적으로 채찍질로 처벌을 받았다. 노예와 자유시민의 구분은 이렇게 육체적으로 생생하게 구체화되었다. 그리스도교도는 순교자의 고문을 찬미했다. 그리고 순교자는 고문자에게 거듭 몸을 찔리면서 이제 자신은 '하느님을 찬양하기 위한 구멍을 더 많이' 갖게 되었으므로, 그에게 고마워하며 자기 몸이 모독당하는 것을 즐겼다. 노예에게나 행해질 채찍질을 피하기는커녕, 어떤 그리스도교도들은 자신이 하느님의 노예라는 표시로서 스스로 채찍질을 요구했다.

고대의 웅변가는 자신의 위엄, 영광, 지위, 신분을 과시할 준비와 태세가 되어 있었다. 그러나 그리스도교도는 겸손하도록 주문받는다. 이는 불쾌한 오만함을 삼가라는 것만을 의미하지 않으며, 자기굴욕과 육체적 복종을 의미한다. 그리스도교도에게는 순교자의 성골함 앞에서 바닥을 기며 눈물을 흘리고 기도를 올리도록 권장된다. 반면 고대의 시민은 공적 영역에서의 화려한 성공을 목표로 동료 시민들 눈앞에서 자신을 과시하며 활보한다.

아킬레스는 큰 소리로 말한다. "나를 보라, 이렇게 훌륭하고 아름다운 내가 보이지 않는가!" 하지만 그리스도교도는 이렇게 주문받는다. "어떤 사람의 몸도, 가능하다면 네 자신의 몸도 보지 않도록 길들여라." 그리스와 로마 사람들에게 체육관에서 벌거벗은 채 운동을 하고, 목욕탕에서 몸의 긴장을 풀고, 몸을 드러내 보이는 것은 일반적이고 특권적인 일이었으나, 그리스도교 사회에서는 이 모든 것이 불가능했다.

그리스도교도는 활보하며 자신을 알리는 그리스의 영웅들과는 정반대로 처신해야 한다. 이러한 새로운 몸의 언어(겸손함의 중시, 위엄 넘치는 고통, 육체에 대한 수치심)는 서구에 오래도록 상속되었으며, 지금도 여전히 영향을 미치고 있다. 한 찬송가는 여전히 이렇게 요구한다. "모든 그리스도교도 어린이들은 순해야 한다네."

그리스도교의 성인이 된 문화영웅들은 고대의 몸의 이미지를 가져다가 가장 충격적인 방식으로 새롭게 만들었다. '하느님을 섬긴다'는 성서의 생각은 하느님의 노예라는 개념 속에 구체화되는데, 이러한 개념을 통해 노예의 굴욕, 고통은 그리스도교도의 긍정적인 자질이 되었다. 그리스도교는 단순히 예수나 바울로에게서 나온 것이 아니다. 그것의 근본적인 새로움은 전통적이고 고전적인 가치관들을 완전히 역전시킨 데서 유래한다.

이것이 그리스도교가 그리스 및 로마와 오랫동안 맺어온 불온한 관계의 시작이다. 초기 그리스도교는 이탈과 박탈과 고통이라는 반反고전적인 논리로써 경이로운 세계에 대한 신의 사랑을 증명하고자 한다.

03 섹스와 사회

Sex and the City

육욕과 결혼 | 수척하고 고뇌와 갈망으로 가득 찬 성인의 육체는 가장 영향력이 큰 그리스도교의 이미지였다. 하지만 로마제국이 그리스도교화 되어감에 따라, 그리하여 고독한 박탈이라는 성인의 이상이 사회의 유지와 재생이라는 현실적 요구를 수용해야 할 필요가 있게 됨에 따라, 성적 육체에 대한 태도와 결혼의 영역에서 특히 충돌이 일어났다. 이러한 역사는 현대 생활에 긴 그림자를 드리우고 있다. 현대의 결혼제도가 여기서 출발하고 있기 때문이다.

그리스도교도들은 가족생활에 관한 고대의 규범을 재해석했고, 그것이 현대 사회에서 그리스도교도든 그리스도교도가 아니든 누구에게나 '요구되는' '전통적'이고 '관습적'인 가치관이 되었다. 이러한 가치관들이 어떻게 발전해왔는지 이해하게 되면, 현대 사회에서 발생하는 많은 긴장관계들과 가족 문제들이 규명될 수 있다. 로마제국에서부터 시작되는 이러한 역사가 현대인의 선택과 현대 삶의 역학관계를 여전히 지배하고 있는 것이다.

그리스도교의 결혼제도보다 서구의 사회생활에 더 큰 영향을 미친 제도를 상상하기는 어렵다. 세기에 걸쳐 대부분 사람들이 이 제도에 의해 형성된 가족관계 속에서 살아왔다. 하여 이 결혼제도를 통해, 섹슈얼리티가 사회에서 어떻게 기능하는지, 그리고 개인들이 어떻게 상호관계를 맺게 되는지를 알 수 있다. 결혼은 사회의 초석이다. 결혼이 빈번히도 '오늘날의 사회 상황'의 지표로써 이용되는 것은 이런 이유 때문이다.

오늘날 높은 이혼율, 그리고 대안적인 생활방식이나 자아를 실현하는 다른 방식들로 해서 결혼제도가 위협을 받고 있다고들 한다. 우리가 결혼에 대해 갖고 있는 생각은, 우리가 사회 속에서 살아가는 우리의 본분을 무엇으로 보고 있는지를 말해준다. 특히 지금과 같은 시기에는, 어떻게 해서 이런 식의 결혼제도가 발달하게 되었는지, 그리고 결혼제도가 형성되는 데 무엇이 연관되어 있는지를 이해할 필요가 있다.

그리스도교식의 결혼은, 오늘날에는 가장 전통적인 선택으로 여겨지지만, 그것이 처음 등장했을 때는 급진적이고 대안적인 생활방식이었다. 당시 이것은 삶을 어떻게 살아야 하는지, 자아실현이란 무엇을 의미하는지에 대한 기존의 생각을 위협하는 낯선 사고방식이었다. 결혼제도는 그리스 로마 문화의 테두리 안에서, 그리고 동시에 그리스 로마 문화에 대항하면서, 로마제국의 정치조직 내에서 형성되었다. 그리스도교적인 결혼의 발명은 당시 고전 역사 시기의 첫 4세기 동안에 이루어졌으나, 그 영향은 현대 역사에까지 미치고 있다.

영국 국교회의 결혼 전례典禮는 묻혀 있는 이러한 역사를 생생히 드러내 보여준다. 그것은 현실에서만큼이나 소설과 영화에서도 익히 볼 수 있는 눈물나는 의식儀式이다. 결혼 전례에 참석한 회중은 "인간이 순결하던 시대에 하느님이 세운 고결한 사유지이자, 그리스도와 그의 교회의 신비스러운 결합을 의미하는 신성한 결혼에 이 남자와 이 여자와 함께 참여"하도록 환영받는다. 그리고 곧이어 결혼이 "성 바울로에 의해 모든 사람들에게 고결한 것으로 권장"되었음을 상기하게 된다. 하지만 원래의 1662년판 전례서를 20세기 전례서에서는 '바울로'를 '성서'로 바꾸어놓고, '인간이 순결하던' 이라는 말을 빠뜨리고 있다.

이 특별한 순간에는 보통 축하하거나 또는 걱정할 일이 많아서, 회중이나 신랑신부는 이 말을 거의 귀담아 듣지 않는다. (소설과 영화에서는 결정적인 순간에 결혼식을 멈추게 하는 것을 좋아하므로, 아무리 일사천리로 진행되는 결혼식이라도 어떤 불행을 예상하지 않기란 어렵지만 말이다.) 하지만 결혼식에 쓰이는 저 전례사가 실은 다루기 까다롭고 의견이 분분한 역사를 드러낸다. 현대의 결혼식 자체가 고전 고대에 있었던 급진적인 사회 혁명에 관한 이야기를 잘 전해주는 것이다.

결혼을 '모든 사람들에게 고결한' 것으로서 권장하는 성서의 출처는 바울로이다. 그는 실제로 결혼을 권장한다. 〈고린토인들에게 보낸 편지〉에서 바울로는 이렇게 말한다. "남자는 각각 자기 아내를 가지고 여자는 각각 자기 남편을 가지도록 하십시오." 이 말의 뜻은 분명해 보인다. 모든 이들이 결혼해야 하며 일부일처이어야 한다는 것이다. 그리고 바울로는 자신의 저작들을 통해서 그리스인이나 로마인, 그리고 유대인이 받아들일 수 있을 만한 방식으로 가부장적 결혼을 유지할 수 있는 일련의 법들을 발전시킨다. 여자는 결혼생활에서뿐만 아니라 사회 전반적으로 남편에게 복종해야 한다.

"여자는 남자의 영광을 지니고 있을 뿐입니다. 여자에게서 남자가 창조된 것이 아니라 남자에게서 여자가 창조되었기 때문입니다." 이러한 가부장적 지배는 복장과 직결된다. 바울로는 여자에게 머리를 가리고 다닐 것을 요구한다. 반면 남자는 모자 없이 다닐 수 있다. 적어도 한 가지 중요한 차원(즉, 그가 여성에 대해 갖고 있는 부정적인 생각)에서, 그리스도교의 새로운 결혼과 관련된 이 종교적 변혁은 가장 보수적인 사회적 의제를 따르고 있다.

하지만 그는 앞서와 마찬가지로 명확하면서도 좀더 염려스러운 어조로 결혼에 대해 다음과 같이 충고한다(그의 이 말은 대대로 격렬한 논의와 상당한 물리적 폭력을 야기했다). "남자는 여자와 관계를 맺지 않는 것이 좋습니다." 그는 "모든 사람이 다 나처럼 살기를" 바라면서, 확고한 독신주의에 대해 언급한다. "남편이 없는 여자나 처녀는 어떻게 하면 몸과 마음을 거룩하게 할 수 있을까 하고 주님의 일에 마음을 쓰지만 남편이 있는 여자는 어떻게 하면 자기 남편을 기쁘게 할 수 있을까 하고 세상일에 마음을 씁니나."

여기에서 분명한 대비가 드러나는데, 결혼은 (최선책인) 독신과 큰 차 없는 차선책인 것이다. 아버지는 딸을 결혼시킬 수 있으나, 딸이 순결을 지키도록 하는 것이 더 좋다. 바울로는 딸의 선택에 이르러, 아버지의 권위에 대해 말한다. 아버지는 딸에게 처분을 내려주어야 한다. 남자는 자신의 욕망을 조절할 수 있다면 스스로 결혼할 수 있다. 하지만 바울로의 말에 따르면, 결혼하지 않고 혼자 남아 그의 '몸을 성전으로' 만드는 것이 더 바람직하다.

성 바울로의 말과 결혼 전례사에서 언급되는 그가 쓴 성서 구절을 들으면서, 결혼의 고결한 가치에 대한 그의 지지가 얼마나 선택적인 것인지를 깨달은 사람은 그리 많을 것 같지 않다. 바울로는 결혼을 권장한다. 하지만 독신을 견딜 수 없는 사람들이 간음의 죄악으로 지옥에서 불타는 것을 피할 수 있도록 하기 위함일 뿐이다. 결혼이 '고결한' 것은 그 때문이다.

〈바울로와 테클라 행전〉에서 성 테클라의 이야기는 여자들이 바울로의 충고를 들었을 때 어떤 일이 일어나는지 보여준다. 주상고행자 성 시메온의 생애와 달리 소설일지 모르는 테클라의 생애는 그리스도교가 그리스와 갖는 관계를 아주 재미있는 방식으로 보여준다. 이것은 바울로가 죽고 오랜 세월이 지난 뒤인 2세기와 4세기 사이에 그리스어를 사용하는 지중해 동부를 배경으로 씌어진 이야기이다(지중해 동부에서는 실제로 그리스어로 된 소설들이 씌어졌다). 테클라는 주상고행자 시메온의 기둥이 서 있던 안티오크 부근의 같은 지역을 돌아다니지만, 이 이야기에서는 아주 다른 시간과 장소 같다.

테클라는 타미리스라는 남자와 약혼한 젊고 아름다운 양가의 규수이다. 바울로는 테클라의 이웃인 오네시포로스의 저택에서 설교를 한다. 창가에 앉아 있던 그녀는 바울로의 설교를 듣게 된다. 그녀는 경건과 순결에 관한 그의 이야기에 사로잡혀서 3일 밤낮 동안 창가에 꼼짝을 않고 앉아 있는다. 가족들은 '그렇게 얌전한 처녀'였던 그녀가 '새로운 욕망과 열정에 지배되고' 있음을 알고서 화를 내기 시작한다.

테클라가 못 박힌 듯 앉아 있는 동안 모두가 비탄에 빠진다. 그녀의 어머니는 애원을 하고, 노예는 한탄을 하며, 약혼자 타미리스는 신부를 잃은 데 절망한다. 타미리스는 집정관들과 곤봉을 든 시민들을 동행하여 오네시포로스의 집으로 몰려가 들여보내줄 것을 요구한다. "당신이 이코니아인들의 도시를, 거기다 내 약혼녀를 타락시켜서 그녀가 나를 거절하고 있소." 그리고 군중이 일제히 외친다. "마법사를 몰아내라! 그는 우리 아내들을 타락시켰다!" 여기서 바울로는, 그 도시 전체 가족들의 남편들의 더 없는 즐거움을 방해하고 여자들을 타락케 하는 수상쩍고 성적인 숭배제식을 이끄는 사람디오니소스를 떠올리게 한다-옮긴이처럼 보인다. 이것만으로도 지방 총독 앞으로 끌려 나가 감옥에 처넣어지기에 충분했다.

여기서 이야기는 더욱 선정적으로 흐른다. 테클라는 파수병을 매수해서 바울로가 있는 감방으로 들어가 개인적으로 설교를 듣고자 한다. "그의……차꼬에 입을 맞추면서 그녀의 믿음은 더해졌다." 저 말줄임표는 밤에 남자가 있는 감방에 홀로 들어간, 특히 남자가 차고 있는 차꼬에 입을 맞춘 여자가 간신히 억누른 성적 흥분과도 같은 것을 전하고 있다. 고대 그리스나 현대의 소설, 또는 현대의 오페라는 일반적으로 관객이 최악의 상황을 생각하도록 복선을 깐다. 다음날 아침 테클라의 성난 가족들이 감옥에서 "마치 그와 사랑으로 묶인 듯한" 그녀를 발견했을 때 사람들의 질책이 전면적으로 터져 나온 것은 그리 놀랄 일이 아니다. 앞의 문장에서 '마치'는 부정할 수 없는 지극히 방어적인 어법이다.사실상 그러한 것을 '마치'로 표현함으로써 그것을 정면으로 언급하는 것을 피하고 있다는 말-옮긴이 이는 이 이야기에 잠재해 있는 성적 가능성을 보여준다. 그러면서도 그것은 이 이야기를 읽는 독자가 그러한 암시를, 실은 테클라의 성난 가족들처럼 그릇되고 어리석은 사람들이나 할 만한 유의 오해인 것으로 여기기를 바란다.

테클라는 총독으로부터 심문을 받는다. 하지만 그녀는 대답조차 거부한다. 그리고 침묵 속에서 바울로를 강렬히 응시한다. 여기서부터 기적과 순교자 이야기가 시작된다. 법정은 그녀에게 사형을 선고한다. 하지만 그녀는 매번 거룩한 기적에 의해 살아난다. 그녀를 태우기 위해 준비한 불은 비와 싸락눈이 쏟아지면서 꺼지고, 사자와 곰은 그녀의 발을 핥는다, 등등. 바울로는 추방당하고 그녀는 '마치' 애인을 잃은 여자처럼 탈출해서 그를 따라간다.

그녀는 결혼을 거부했다는 이유로 안티오크에서 다시 사형선고를 받는다. 이번에는 바다사자가 우글거리는 웅덩이에 던져지지만, 번쩍거리는 초자연적인 빛이 그녀를 구한다. 그녀는 소아시아를 건너 바울로를 따라간다. 그가 그녀로 인해 마음이 전혀 움직일 것 같지 않다가, 이야기는 용두사미식으로 마무리 짓는다. 마침내 바울로가 테클라에게 복음 전파를 허락한다. 그녀는 복음을 전하다가 은거한 산에서 아흔한 살의 나이로 죽는다. 바울로가 여성에 대해 갖고 있는 극히 부정적인 견해에 비추어볼 때, 이는 주목할 만한 사건으로 여겨질 수도 있다. 하지만 이 이야기는 테클라의 전도활동을 다룸으로써 적당히 점잖게 결말을 내고 있다. 그러나 사실 이 이야기가 동요를 불러일으키는 이유는 다른 데 있다. 즉, 그녀는 결혼을 거부하고 있는데, 이는 극히 격론을 불러일으킬 만한 일이었다.

테클라는 소설의 여주인공처럼 연인을 따라 모험과 도전을 경험하면서 두루 여행한다. 그리고 여주인공들이 흔히 그렇듯이 그 모든 것을 이겨낸다. 하지만 테클라는 '순교자의 왕관'을 쓰지도, 자기 남자를 얻지도 못한다. (그리스의 소설이든 제인 오스틴의 소설이든) 소설의 마지막 페이지는 언제나 남주인공과 여주인공의 결혼을 위해 남겨진다. 이는 뻔한 줄거리이지만, 또한 소설의 배경이 되고 있는 사회의 가장 중심적인 이데올로기이기도 하다.

고대 그리스의 가족은 제인 오스틴의 소설 속 가족과 마찬가지로, 결혼을 바탕으로 이루어진다. 이것이 테클라가 그렇게 충격적으로 여겨지는 이유이다. 테클라는 말하자면 소설 주인공이지만, 이 그리스도교 이야기에서 그녀는 바로 소설의 기초가 되는 원리를 거부하고 있다. 그리스인들이 보기에, 결혼 거부는 사형에 처해질 만한 사안이었다. 테클라는 가족, 어린아이, 상속, 재산과 같이 사회의 전반적인 기초를 이루는 것들을 위협하고 있기 때문이다.

그리스인들의 관점에서 보면, 테클라는 매우 반사회적이다. 그리고 바로 그 때문에 그리스도교도에게는 성인이 될 만하다. 바울로의 〈고린토인들에게 보내는 편지〉의 말을 빌리면, 테클라는 타미리스를 염려하는 아내가 아니라 주를 섬기는 처녀이고자 한다. 감옥 장면에서의 성적 도발성은 잘못된 인상일 수 있으나, 이것이 '여자가 남자를 만난다'는 이야기를 그리스도교식으로 다시 쓴 것임은 분명하다.

테클라는 그리스도교도들에게 인기 있는 성인이자, 결혼을 피하려는 처녀들의 모범이 되었다. 그녀는 저 많은 '여자의 일생' 이야기들의 여주인공이자 영감의 원천인 것 같다.

하지만 만약 그리스도교도 여성이 순결한 빛을 보았을 때 이미 결혼을 한 상태라면 어떻게 해야 할까? 〈바울로와 테클라 행전〉과 대략 같은 시기에 쓰인 〈안드레아 행전〉은 이 물음에 대한 주목할 만한 답을 제시한다. 요즘에는 성서의 정전正典으로 받아들여지지 않지만, 이 두 행전은 오랫동안 큰 인기를 끌었다. 이 두 이야기는 모두 삶이 바뀌는 이야기이다.

로마 총독 아이기아테스는 아내가 병들자 성 안드레아를 부른다. 안드레아는 치료사로서 이름이 높았다. 아이기아테스는 참으로 아내를 사랑한다. 그는 "아내가 죽자마자 자결할 수 있도록 손에 칼을 쥐고서 눈물을 흘리며 침대 옆에 서 있다." 그는 좋은 남편으로서 사랑을 위해 죽을 준비가 되어 있다. 막시밀리아는 안드레아로부터 적절히 치료를 받은 후 대가를 지불한다. 하지만 그는 돈을 거절하고 대신 이렇게 말한다. "만약 그럴 수 있다면, 당신 자신을 주께 바치시오." 이 말이 막시밀리아의 삶을 바꾸어 놓는다. 아이기아테스가 공무로 인해 로마로 호출되어 간 뒤, 안드레아는 막시밀리아와, 그리고 그녀의 남자형제로서 철학자라 할 수 있는 스트라토클레스와 점점 가까워진다. 그러면서 안드레아는 이들을 그리스도교도이자 독신주의자로 바꾸어놓는다.

여기서 이 이야기는 코미디 같아진다. 집으로 돌아온 아이기아테스는 막시밀리아가 기도를 하면서 자기 이름을 입에 올리는 것을 듣는다. 그는 아내가 자신을 위해 기도하는 것이리라고 짐작하고서 사랑하는 아내의 헌신적인 사랑을 아낌없이 칭찬한다. 하지만 실은 막시밀리아의 기도 내용은 이러했다. "마침내 아이기아테스와의 불결한 성교로부터 저를 구해주시고, 저를 고결하고 순결하게 지켜주시어 당신만을 섬기도록 하소서, 주여."

독자들은 이렇게 남편을 놀림감 삼은 농담에 초대된다. 그리고 농담과 익살은 더해간다. 처음에, 막시밀리아는 남편의 입맞춤을 거부한다. 왜냐하면 "기도하는 여자의 입은 결코 남자의 입에 닿아서는 안 되기 때문이다." 그러고서(여기서 이 이야기는 성애소설의 야릇한 부절제不節制의 색채를 띠게 된다) 그녀는 바람둥이 노예로 하여금 자기 대역을 맡도록 훈련시킨다. 8개월 동안 남편은 자신이 노예와 '부정한 성교'를 하고 있음을 알아차리지 못하고, 그 노예는 아주 즐거워 보인다.

물론, 마침내 사실을 알게 된 그는 자신이 '언제나 여신으로 숭배하던' 여자가 자신을 속인 데 대해 망연자실한다. 그녀는 고백한다. "저는 사랑에 빠졌어요, 사랑에 빠졌다고요. 그리고 내 사랑의 대상은 이 세상 것이 아니랍니다……그것은 사랑에 빠진 저를 밤낮 불붙게 하고 흥분케 한답니다……저 홀로 그것과 더불어 교통하며 편히 쉬게 해주세요." 결혼이 신앙심의 격전지가 되어감에 따라, 다시 하느님에 대한 사랑이 극도로 성적인 언어로 표현되고 있다. 흔히 그렇듯 안드레아는 총독에 의해 감옥에 갇힌다. 그리고 결국 막시밀리아는 신앙생활을 위해 남편을 떠난다.

테클라의 경우와 마찬가지로, 이 이야기는 가족의 파괴로 끝을 맺는다. 그리스도교는 '이 세상 것이 아닌' 것의 이름으로, 사회의 붕괴를 조장한다. 재산의 포기는 가족의 보장된 경제생활을 위협한다. 그리고 성적 순결은 세대에 걸친 가족의 지속이라는 목표를 가로막는다. 가족이 미래에 대해 져야 할 책임은 아이들과 재산을 통한 자기 지속에 있다. 방종한 노예를 이용해 남편을 속인 막시밀리아의 이야기는 재미있게 여겨질 수도 있지만, 그리스와 로마 사회에는 아주 위험한 일이다.

막시밀리아는 12년 동안 결혼생활을 하다가 순결하고자 하는 욕망으로 인해 그로부터 이탈하게 되었다. 그녀는 안정되고 유복한 로마 가정을 떠났다. 막시밀리아와 테클라의 이야기는 기적을 일으키는 이야기로 보일 수 있지만, 실제 여성들에게 효과적인 모범을 제시했다. 이들은 삶을 어떻게 살아가야 할지를 시사하는 이야기이다. 결혼한 남성들이 수도사가 되기 위해 집을 떠나는 것과 마찬가지로, 결혼한 여성이 수녀가 되려면 (때로 가족에게 혼란을 안겨주고서) 집을 떠나야 했다. 이 여성들은 독신을 택한 것이었다.

막시밀리아의 남편은 단호히 거부했으나, 남성과 여성이 성적 행위를 하지 않는 정신적인 결혼생활을 하며 함께 사는 데 동의하는 경우도 있었다. 또 다른 이들은 결혼생활을 유지하거나 아이들을 낳으면서도 신앙심을 찾고자 애썼다. 이런 식으로 신앙생활을 하는 방식은, 처녀로 남는 것이 최선이나 그럴 수 없을 경우에는 결혼을 하라는 바울로의 이중적인 전언을 수용한 결과로 볼 수 있다. 모든 그리스도교도들뿐 아니라, 종전대로 그럭저럭 살아가려는 사람들 혹은 주변의 극단주의나 종교적 열정에 대해 무심한 사람들도 이들 선택지 가운데 하나를 택해야 했다. 막시밀리아와 테클라는 이야기 속 여주인공들이다. 이야기 속에서 이들은 승리를 거두지만, 실제 삶은 그보다 더 혼란스럽고, 때로는 더 격렬하고 폭력적이었다.

| 순결, 독신 또는 결혼? |

그리스도교도 여성에게, 앞서의 선택지들 가운데 하나를 택하는 것은 아주 중대한 결정이었다. (결혼하지 않는) 영구적으로 순결한 삶에는, '주의 동정녀' 또는 '주의 신부' 라는 이름이 의례적인 의미로 주어졌다. 그리스의 의사들이 결혼을 처녀성을 '치료' 하는 것으로 보았다면, 그리스도교도들은 욕망과 섹슈얼리티를 '질병' 으로 공격하면서 영구적인 처녀성만이 (정신적, 육체적으로) 근본적으로 좋은 건강 상태라고 주장하는 수많은 논문들을 썼다.

육체는 순결로 '소금절인' '날고기'이다. 고기를 소금에 절이는 것은 피를 제거하기 위한 하나의 과정이다. 피는 언제나 여성의 타락을 나타낸다. 처녀 몸의 순결이 하느님에게 기쁨을 주고 그녀의 코가 하느님의 향내를 맡게 될 때, 비록 그녀가 처녀성이라는 이상으로부터 전락했더라도 그녀의 옷에서 그 향내를 맡을 수 있게 된다. 친척의 손길, 시선, 정숙한 입맞춤이 뱀의 감촉처럼 그 사람을 통해 울려퍼져 전율을 일으킬 수도 있었다.

그래서 은둔은 필수적이었다. 금식과 지속적인 기도는 나약함을 떠받치는 버팀대였다. 처녀는 커다란 검은색 옷으로 몸 전체를 두르지 않고서는 목욕을 하지 않았다. 4세기경 처녀들의 찬송 합창단은 통상적으로 주교의 당당한 위풍을 과시하는 일부분이었다. 여성은 교회나 개인의 집에서 독신생활에 헌신함으로써 자신의 신앙심과 경건한 마음을 증명할 수 있었다. 이 처녀들은 그리스도교 공동체에 영광과 종교적 열정을 가져다주었다. 이러한 전통은 수녀의 형태로 남아 있는데, 이는 현대 서구에서 가장 익숙한 그리스도교적 금욕주의의 전형을 보여준다. 이렇게 여성이 처녀로 신에게 헌신하는 것은 고전 고대 사회의 전통적인 생활양식과는 어긋나는 것이었다. 하지만 교회는 그 길을 선택한 여성에게 영광을 부여했다.

마크리나는 바실리우스의 누이로, 327년경 태어났다. 바실리우스는 동방에서 수도원, 즉 말해서 공동의 규칙과 확립된 권위에 따라 금욕생활을 하는 남성 공동체를 창설했다. 마크리나와 바실리우스는 그 지역의 아주 부유한 가문 출신으로, 그리스어를 사용했으며, 로마제국의 시민으로 살아가던 인물들이다. 이들은 당시 그 지역에서 가장 중요한 그리스도교도 인사들과 절친한 관계를 맺고 있었다.

고전 문학에 대한 상당한 소양을 갖춘 마크리나는 당시 여성으로서는 좋은 교육을 받았다. 그리스도교도가 보기에, 고전 문학인 그리스 비극만큼 혼란스럽고 호메로스의 신화만큼 수상쩍어 보이는 것도 없었겠지만 말이다. 열두 살의 나이에, 그녀는 정혼한 젊은이와 약혼을 했다. 하지만 합법적인 결혼 연령이 되기를 기다리는 사이, 그녀의 약혼자가 (열네 살의 나이로) 사망했다. 당시 사람들은 마크리나가 그녀와 같은 계급 출신의 부유한 이들이 그럴 법한 행로를 밟으리라고 생각했으나, 그녀는 예상과 달리 '홀로' 살 것을 결심한다.

마크리나는 자신을 정화된 처녀로서 신에게 봉헌하고, '과부' 라는 사회적, 법적 신분을 받아들인다. 이러한 새롭고 유다른 역할(말하자면 처녀 과부)을 맡은 그녀는 점점 더 기도의 수위를 높여갔으며, 보통 노예들이나 할 법한 천한 일들을 하기도 했다. 그리고 마침내 안네시에 있는 가족 사유지에 은거하게 되었다.

이곳은 사막은 아니었다. 작은 마을의 강 건너편, 아름다운 시골의 드넓은 사유지에 지어진 훌륭한 주택이었다. 가족의 돈과 유산이 있었으므로, 이곳 생활은 꽤 안락했다. 여기서 마크리나는 어머니 및 자신의 자매와 더불어, 기도하며 은둔하는 만족스러운 삶을 함께 할 여성들을 모으기 시작했다. 그녀의 친구 베티아나와 막시밀라가 함께 했다. 막시밀라는 로마제국 군당국의 최고위층과 결혼한 계급과 배경을 가진 여성이었다. (과부였던) 막시밀라 또한 물론 육체적으로는 처녀가 아니었으나 '(하느님에게) 봉헌된 처녀' 로서 공동체에 들어왔다. 마크리나가 '보호자이자 교사' 역할을 하는 이 금욕적인 공동체에 많은 처녀들과 과부들이 함께 참여했다. 전기 작가들은 마크리나를 그리스도교도 여성의 이상으로 여겼다. 그리고 그녀의 공동체는 여성 수도생활의 모범이 되었다.

'봉헌된 처녀들' 은 (한때 결혼을 했던 여성들도) 남편이 아니라 하느님을 생각하라는 바울로의 명을 따랐다. 하지만 여전히 결혼의 필요성을 인정하는 그리스도교도들도 많았다(그 가운데는 교회의 최고위층도 있었다). 410년 북아프리카에 있는 키레네라는 주요 도시의 주교가 된 시네시우스의 입장은 아주 분명했다. 그는 주교가 되면서 공개서한을 썼다. "하느님, 율법, 그리고 테오필로스의 신성한 손이 저에게 아내를 주었습니다. 저는 결코 아내와 헤어지지도, 간부姦夫처럼 몰래 아내를 찾아가지도 않을 것을, 모든 사람들 앞에서 선언하고 증언합니다. 하나는 불경스럽고, 다른 하나는 완전히 율법에 어긋나는 일이기 때문입니다. 저는 우량한 아이들을 많이 갖기를 바라며 기도할 것입니다." 이보다 더 솔직할 수는 없다.

시네우스는 신성한 방식에 따라 결혼했고, 그것은 정신적으로 고결한 것이었다. 따라서 그는 자신의 결혼의 증인인 하느님에게 호소한다. 또한 그의 결혼은 교회법 내에서 이루어졌으므로, 율법을 언급한다. 그와 그의 아내를 결혼시킨 사람은 테오필루스였다. 그는 아프리카 교회에서 사실상의 실력자로, 가장 불과 유황을 떠올리게 하는 주교 가운데 하나였다(시네시우스는 자신의 결혼에 대해 정치적으로도 지지를 얻었던 것이다).

하지만 그는 자신이 율법에 어긋나는 일이라고 말한 이혼을 하지 않겠다고 선언하면서, 다른 사람들이 선택할 수 있을 법한 해결책을 한 가지 언급한다. 공식적으로는 아내와 이혼한 뒤 계속해서 아내를 '방문' 하는 것이다. 하지만 그는 소설에 나오는 은밀한 간부나 정부情夫가 하는 것과 같은 그런 행동을 '불경한' 것으로서 물리친다. 대신 그는 모든 선량한 그리스 남성들이 하는 일을 할 것이라고 말한다. 그리고 대를 이을 우량한 아이들을 갖기를 기원한다.

시네시우스가 결혼에 대해 솔직하게 털어놓고 있는 말의 상징적인 무게를 충분히 알려면, 당시 라틴 그리스도교의 가장 위대한 작가이자 사상가였던 아우구스티누스와 비교해볼 만하다. 아우구스티누스는 순결하기를 간절히 바랐던 인물로 유명하나, 처음부터 그런 것은 아니었다. 정통 그리스도교로 회심하기 전, 그는 30년 동안 정부情婦와 살았다. 그는 그 여자를 사랑하여 그 사이에 아들을 하나 두었다. 하지만 스스로 교회로 들어가 거기서 자신의 갈 길을 찾고서, 여자와 아들을 다시 보지 않으려고 멀리 떠나보낸다. 그러고도 그는 육체의 유혹 때문에 여전히 또 다른 정부가 필요함을 깨달았다.

사실 시네시우스는 가정이 행복했던 사람이라고는 할 수 없다. 바라던 아이들이 어려서 죽자, 그는 자신이 느낀 절망감에 대해 감동적으로 쓰고 있다. 하지만 그가 전통적인 가족을 유지하고자 하는 의향을 공식적으로 언급한 점은, 오랜 세월 동안의 고뇌를 거친 후에야 늦은 나이로 경건한 삶으로 나아가는 길에 이른 성 아우구스티누스가 동요와 고초를 겪었던 것과 두드러지게 대조된다.

일단 가톨릭교회의 사제가 된 아우구스티누스는 자신과 다른 성직자들에게 성적 금욕에 관한 엄격한 규범을 부과했다. 그는 더 이상 어떤 경우라도 보호자를 동반하지 않은 여성을 방문하지 않았고, 자신의 여성 친척들조차 주교 공관에 들어오지 못하도록 금했다. 아우구스티누스는 결혼과 독신생활을 모두 조직화된 교회의 종교생활 안으로 가져오기 위한 주장을 담은 아주 세밀하고도 인상적인 글을 썼다. 그리고 훌륭한 저작인 《고백록》을 통해 성적 욕망에 노출된 인간의 나약함을 심오하게 탐사하고 있다.

하지만 아우구스티누스는 결혼한 남성이 갑자기 성직을 받게 되면 하느님이 그에게 아내와 잠자는 것을 포기하는 영광을 부여하리라고 쓰고 있다. 이는 시네시우스를 떠올리지 않을 수 없게 한다. 왜냐하면 그가 바로 결혼하고 나서 갑자기 성직을 받는 사람이었기 때문이다. 하지만 시네시우스는 성적 금욕의 이름으로 자신의 결혼을 파기하도록 하는 이러한 요구에 대해 아무런 언급도 하지 않았다. 그렇지만 시네시우스 또한 여전히 교회의 명예로운 교부로 남아 있다.

섹스와 경건함, 독신생활과 결혼에 대한 이러한 논쟁은 항상 폭발할 수 있는 잠재력을 가지고 있었다. 그리스도교 신앙이 출현하면서 그리스와 로마 사회에서 가장 확실하고 소중하게 여겨지던 가치들이 위협받게 되었다. 그리고 그리스도교의 성장 과정에 대한 이야기는 호전적인 투쟁, 다시 말해 격렬한 박해와 수난에 관한 이야기에 다름이 아니다. 이 논쟁은 그리스도교도들 간에도 폭력적이면서 격하게 벌어졌으며, 4세기 로마제국에서 섹스와 몸을 둘러싼 내분은 특히 더 격심했다.

결혼이란 어떤 것이어야 할까? 선량한 그리스도교도는 결혼할 수 있을까? 그것은 언제나 차선책일 뿐일까? 독신생활만이 진정한 선택일까? 순결한 생활은 어떻게 해야 할까? 성 히에로니무스가 다소 흥분해서 쓴 글에서 선언한 것처럼, 순결성은 '생각만으로도' 상실할 수 있는 것일까? 신부 또는 주교는 아내를 가질 수 있을까? 신부 또는 주교는 진정으로 경건해지기 위해서 순결, 다시 말해 독신생활 또는 동정을 유지해야 할까? 이러한 의문들은 신학적인 문제일 뿐만 아니라 삶을 바꾸어놓는 문제이기도 했다. 그리고 이 문제들은 수백 년 동안, 어떻게 살아가야 할지 자신의 삶을 선택해야 하는 그리스도교도들을 난감하고 고민스럽게 만들었다.

이 문제들은 지금도 그대로 남아 있다. 성직자의 독신에 대한 문제, 결혼에서 섹스의 역할, 성직자와 신자들의 진밀한 관계, 진정한 그리스도교도의 성적 순결 같은 문제는 오늘날의 우리에게도 여전하다. 이혼과 재혼을 사회적으로 죄악시하는 것, 여성뿐만 아니라 남성도 결혼한 후에야 배우자하고만 섹스를 해야 한다는 것, 섹스가 죄악이자 부정한 것이라는 생각은 그리스도교에서 내세운 급진적인 공약들로서, 일반적인 로마인의 행동이나 기대에는 완전히 반하는 것이었다. 이러한 공약은 교회와 국가, 시민생활과 도덕적 권위를 가진 당국의 판결 사이의 관계가 혼란해질수록 지켜지기가 더 어려워진다. 현대 성생활에 나타나는 많은 불확실성은, 전통 가치에 대한 공약이 자신의 역사를 올바르게 인식하지 못할 때의 이러한 혼란으로부터 발생하는 것이다.

현대의 그리스도교도가 박탈, 은둔, 고통에 대해 보이는 태도와 마찬가지로, 현대 그리스도교의 결혼 모델 또한 다양한 방식으로 세속적이고 부르주아적인 이상에 훨씬 더 가까워졌다. 오늘날, 수세기에 걸쳐 그렇게 많은 그리스도교도들에게 감화를 준 기념비적인 존재였던 히에로니무스나 테클라를 찾는 사람은 거의 없다. 현대의 회중이나 신랑신부에게, 영국 국교회의 결혼 전례사는 그다지 충실하고 위엄 있는 도덕 기준의 진술로 들리지 않는다. 이는 결혼에 대한 현대인의 이해 방식이 바뀌었다는 사실과 더불어, 현대의 그리스도교가 초기의 그리스도교에 대해 의도적으로 침묵하고 있기 때문이다.

그리스도교 신학이 전개되는 1500년 동안 어떤 이야기들과 생각들이 있었는지, 그리스도교의 교부와 교모들에게 동기가 된 이상이 어떤 것이었는지, 그리고 그리스도교의 성인들이 얼마나 극단적으로 육체적 순결을 찬양했는지 하는 것과 무관하게, 우리는 그저 결혼이 고결한 상태임을 증명하는 회중으로서 거기에 서게 된다. 그리고 성 바울로의 성서를 그러한 주장(결혼이 고결한 상태라는)을 확증하는 것으로서 읽어야만 한다. 영국 국교회의 결혼식은 결혼에 대해 강경한 입장을 보이며 큰소리로 말하고 있다. 결혼이 그리스도교의 교부들이 생각하던 그런 것이 아니라 현대적인 제도가 되어야 한다고 요구하고 있는 것이다.

이는 결혼 전례사의 첫 문장 이 외의 부분들에 대해서도 마찬가지이다. 전례서의 1662년 판본은 마치 아담과 이브가 결혼을 했다는 것처럼, "인간이 아직 순결하던 때에" 하느님이 결혼제도를 만들었다고 선언한다.하지만 과연 그랬을까? 그리스도교도들에게, 아담과 이브의 이야기는 두려운 욕망의 표출이 결국 인간의 타락을 불러온 이야기이다. 그런 욕망을 품게 되기 전에 결혼이 필요했을까? 금욕과 금식은 인간의 순결성을 되찾기 위한 절박한 시도이며, 결혼은 기껏해야 간음을 억제하기 위한 차선책이었다.

오늘날 결혼식 전례사에서는 논쟁의 여지가 있는 이런 말들을 쏙 빼어버린다. 그러고서 결혼이 "그리스도와 그의 교회 사이의 신비로운 결합"을 의미한다고 주장한다. '그리스도의 신부新婦들' 에게 이 신비로운 결합은 처녀와 하느님 사이의 결합이다(이야말로 진정 천생연분이며, 이때 이 신부는 진짜 처녀이다). 결혼이 이러한 결합 또한 의미할 수 있으나, 실제 결혼식에서는 이를 언급하지 않는다. 바울로와 히에로니무스가 결혼은 독신생활의 차선책이라고 강력하게 말했으나, 오늘날 결혼은 교회의 절대적인 상징이 되고 있다.

결혼식에 참석한 대부분 사람들이 결혼식 전례사를 귀담아 듣지 않는 데는 그만한 이유가 있는 것이다. 우리가 가장 좋은 옷을 차려입고 결혼식 회중으로 참석하여 결혼이 고결한 상태라는 데 정중히 동의하면서, 그 전례사에서 교회가 침묵하거나 애써 잊으려 하는 것을 들으려 한다면 반사회적이거나 혼란을 불러일으키는 인물로 여겨질지 모른다. 결국, 순백해 보이는 결혼에는 전통과 관례가 요약되어 담겨 있는 것이다. 그럴 때 그리스도교의 근본을 이루었던 급진적인 가족 정치학은 너무 노골적으로 제기될 수 있을 만한 이야기는 아니다.

오늘날 그리스도교는 현대 사회의 섹슈얼리티에 대해 분명 양가적인 감정을 가지고 있다. 해서 교회가 성에 대해 계도해야 하는 경우 공공연하게 난감함을 표하곤 한다. 혼인, 즉 교회에서의 순결한 결혼식은 그 어떤 불순함이 끼어들 여지없이 명확한 것으로 보일지 모른다. 하지만 결혼 전례는 교회가 섹슈얼리티에 대해 가지고 있는 생각(정확히 말해, 초기 그리스도교가 고전 문화와 차별성을 갖기 위해 고전 문화가 가지고 있던 섹슈얼리티에 대한 생각을 완전히 뒤집은 데서 유래한)이 오랜 시간에 걸쳐 위기를 맞고 있음을 증언한다. 고전 고대로부터 벗어나고자 했던 그리스도교의 노력을 살펴보면, 현대인의 삶에서 해법을 찾을 수 없는 이러한 위기(결혼제도의 붕괴 위협)가 어디서 유래한 것인지를 알 수 있다.

이러한 위기는 일부의 문제가 아니라 광범위한 사람들에게 공통된 문제이다. 그리스도교 교회에서 결혼하는 사람들만의 문제가 아닌 것이다. 오늘날 모든 사회 구성원들이 결혼이란 어떤 것이어야 하는지, 영원히 지속되어야 하는 것인지, 혼외정사가 범죄가 되어야 하는지, 많은 상대와의 섹스를 어떻게 보아야 하는지, 정절이란 무엇을 의미하는지, 심지어 사회가 권장하는 모범적인 성적 관계가 있어야 하는지 하는 의문들을 갖게 된다. 이런 문제들의 답을 구하기란 쉬운 일이 아니다. 하나의 통합체로서 한 가지 답을 공식화해야 하는 사회로서는 특히 그러하다.

하지만 현대 사회에서 어째서 이런 문제들이 불거질 수밖에 없었는지에 대한 역사적인 이해 없이는, 그 어떤 답도 피상적인 것이 될 수밖에 없다. 현대의 결혼제도와 관련해서 발생하는 긴장관계들을 제대로 이해하려면, '전통'이란 하루아침에 만들어지는 것이 아니라 오랜 시간에 걸쳐 대변혁과 대립과 변화를 거치면서 형성되는 것이며, 이러한 과정에서 많은 긴장관계들이 발생한다는 점을 이해할 필요가 있다.

04 아테네가 예루살렘과 무슨 상관이란 말인가

What's Athens to Jerusalem?

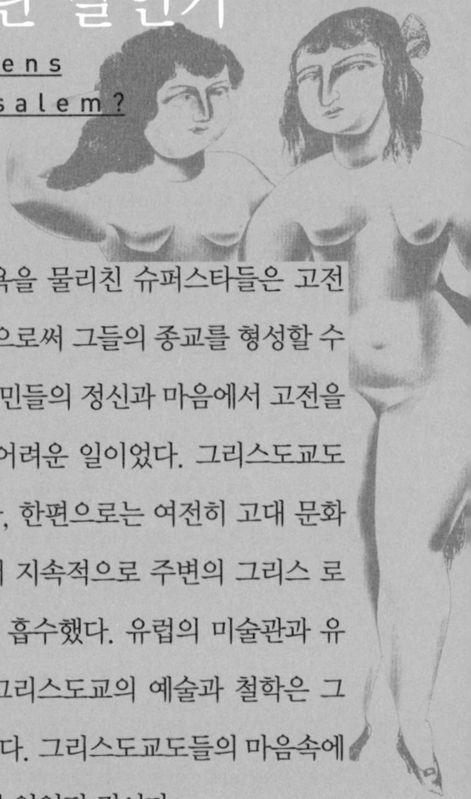

천사들이 태어난 곳 | 육욕을 물리친 슈퍼스타들은 고전적 가치를 근본적으로 뒤집어엎음으로써 그들의 종교를 형성할 수 있었는지는 모르지만, 로마제국 시민들의 정신과 마음에서 고전을 몰아내는 것은 생각보다 훨씬 더 어려운 일이었다. 그리스도교도들은 고대 문화에 대항해 싸웠으나, 한편으로는 여전히 고대 문화 안에서 살아가고 있었다. 그러면서 지속적으로 주변의 그리스 로마 세계로부터 사상들과 이론들을 흡수했다. 유럽의 미술관과 유럽인들의 정신을 지배하고 있는 그리스도교의 예술과 철학은 그 기원을 로마제국에 크게 빚지고 있다. 그리스도교도들의 마음속에도 고전 고대의 자취가 여전히 남아 있었던 것이다.

어느 날 밤 히에로니무스는 악몽을 꾸었다. 그는 천상의 법정 앞에 서 있었다. 엄한 모습의 심판자 그리스도가 그에게 누구인지 밝힐 것을 요구했다. "저는 그리스도교도입니다." 그가 겸손하게 말했다. "너는 거짓말을 하고 있다." 심판자가 천둥처럼 소리를 쳤다. "너는 그리스도교도가 아니라 키케로 숭배자이다." 그리하여 히에로니무스는 채찍질을 당하였고, 그러는 동안 그의 양심이 뿜어내는 화염이 그를 고통스럽게 했다. 결국, 그는 눈물을 흘리며 실토했다. "주여, 다시는 당신을 부정하여 속인의 책들을 소유하거나 읽는 일이 없도록 하겠나이다."

히에로니무스는 그리스와 로마의 고전 전통을 깊이 연구한 뛰어난 학자였다. 그는 오랫동안 채찍질로나고대 그리스나 로마에서 채찍질은 노예에게나 내려지는 형벌이었다-옮긴이 속죄될 수 있을 그런 유의 연구를 해온 데 대해 몹시 수치스러워한다(또는 수치스럽다고 말하고 있다). 히에로니무스가 쓴 글들은, 그가 얼마나 위대한 라틴 작가들에 대해 애정이 깊으며, 얼마나 충실히 그들의 저작들을 흡수했는지를 보여준다. 그럼에도 그는 그러한 애정을 애써 부정하려 한다. 특히 히에로니무스가 보기에는, 단일하고 순수하며 독자적인 그리스도교란 없었다.

그리스와 로마의 문화에 대한 이러한 모순된 관계그 문화를 충실히 흡수하면서도 부인하는-옮긴이가 초기 그리스도교의 저변을 이룬다. 사회의 초석인 결혼에 대한 거부, 그리스 운동선수의 탄탄한 몸에 비해 야위고 창백하며 혹사당한 몸에 대한 선호, 30년 동안 기둥 위에 서 있던 인물이 문화영웅이 될 수 있는 반사회적인 세계 지향을 위한 노력 등, 초기 그리스도교가 보여주는 극단성은 그리스와 로마 사회의 규범들을 뒤집어엎어 바꾸고자 한 데서 유래한다. 그리스도교의 이러한 낯선 급진성이 충격적이고 영감을 자극하면서도 다루기 까다로운 이미지들을 제공했으며, 이 종교는 이러한 이미지들을 바탕으로 성장하고 융성하게 된다.

하지만 그리스도교는 또 다른 이야기 방식도 가지고 있었다. 특히 도시의 그리스도교도들은 그들 주위에서 함께 살아가는 그리스인 및 로마인들과 지속적으로 대화해 나가는 것이 필요했다. 그리고 비록 그리스도교도들은 거부하고자 했으나, 그들이 주변 문화로부터 영향을 받는 것은 피할 수 없는 일이었다. 결국 그리스도교도들도 여전히, 로마제국의 시민인 그리스인 또는 로마인이었던 것이다. 그리스도교의 사상과 관습은 그리스 및 로마 사회와 서서히 뿌리 깊은 관계를 맺게 되었다. 로마 시민들은 그리스도교도가 되어도, 자신이 받은 교육을 잊지 않았으며, 기존에 맺고 있던 관계들을 무시하거나 모두 잊어버리거나 하지도 않았다.

로마제국을 통치하게 된 그리스도교도들은(또는 그리스도교도가 된 로마 통치자들은) 여전히 전임자들과 같은 제복을 입었다. 그리고 강력했던 로마제국의 이전 세대 관료들이 거쳤던 것과 아주 비슷한 과정(정치적 내분, 세속적인 야망, 현세적 즐거움의 추구)을 따랐다. 그들은 관료로서 책상 앞에 앉아 있었지, 고행을 위해 기둥 위에 서 있지는 않았다. 모든 사람들이 지속적으로 안락한 만족감을 포기할 수는 없는 법이다. 최근의 종교가 다루기에 좀 덜 까다로운 것은 이렇게 로마제국으로부터 물려받은 그리스도교의 전통이다.

그리스도교는 모든 수준의 문화 활동에서 로마제국의 것을 수용했다. 그리스도교도들은 고대 도시들이 조각상들로 꾸며져 있는 데 경악했다. 헤브라이 성서는 '어떤 우상도 만들지 말라' 고 했으며, 유대 전통은 일반적으로 이 율법을 문자 그대로 따랐다. 1932년 시리아에서 발굴된 두라유로포스시리아 동부 유프라테스 강 오른쪽 연안에 있는 고대도시 유적지-옮긴이의 시나고그에서는 바닥에 깔린 모자이크화가 발견되었는데, 여기에는 12궁도 및 여러 이미지의 흔적들이 남아 있었다. 하지만 이는 아주 희귀한 경우인 듯하다.

이스라엘인들이 '뚜껑에 날개를 접은 케루빔《구약성서》에 나오는, 사람의 얼굴 또는 짐승의 얼굴에 날개를 가진 초인적 존재-옮긴이이 있는' '계약의 궤' 하느님이 모세에게 준 십계가 새겨진 석판이 담겨 있었다는 상자-옮긴이를 만들라는 명령을 받았던 것도, 마찬가지로 희귀한 경우이다. 하지만 여기에 묘사된 것은 오늘날의 우리나, 아주 난처한 그 성서 구절을 알고 있던 고대 유대교의 주석자들이나, 그리고 고대 이스라엘의 백성들이나 마찬가지로 실제로 본 적이 없는 물건이다.

초기 그리스도교도들은 그리스와 로마의 예술작품이 심히 마음에 거슬렸다. 초기 신학자들은 그것들을 비방하여 그리스도교도들이 보지 못하게 하고자 했다. 알렉산드리아의 클레멘스2세기의 저명한 학자로, 지식인들에게 복음을 전하려는 목적에서 그리스 철학에 대해 긍정적이고 적극적인 입장을 취했다-옮긴이조차 아프로디테의 그림을 벽에 거는 것은 성적으로 무시무시한 죄악을 저지르는 것만큼이나 죄스러운 일이라고 염려했다. "그런 것들은 보지 못하도록 금지되어야 한다고 우리는 단언하는 바이다……그대의 눈은 우상에 빠졌고, 그대의 시선은 부정을 저질렀다." 이후 그리스도교 역사의 여러 시기에 나타났던 엄격한 청교도 운동들은 사람을 현혹시키고 타락케 하는 교회의 이미지들을 파괴할 것을 요구했다. 엄격히 성서에 따라서 예술을 금지시켜야 한다는 것이다.

하지만 적어도 4세기의 그리스도교도들은 청교도 운동을 일으킨 그리스도교도들과 동일한 성서를 사용했음에도, 그들 스스로 이른바 이교 세계로부터 이미지를 빌려와 재사용하여 예술작품을 만들기 시작했다. 예를 들어 키가 크고 품위 있게 옷을 차려입고 날개를 가진 모습의 천사 이미지는, 케루빔의 날개가 언급되어 있는 〈출애굽〉의 한 구절에서 나온 것만은 아니었다. 역시 키가 크고 품위 있게 차려입고 날개를 가진 모습으로 표현되는 '승리의 여신' 니케 상들로부터 영향을 받은 것이었다. 이 상은 그리스 도시들의 기념물에서 아주 일반적으로 볼 수 있었다. 그림 27에서 분명하게 볼 수 있는 것처럼, 예를 들어 그리스도교도들이 수태고지를 그리고자 한다면 이미 가까운 곳에 그 모델이 준

● 그림 27 〈승리의 여신 니케〉

비되어 있었다. 로마 미술에서 소년으로 표현되는 욕망의 신인 푸티(큐피드) 역시 쉽게 그리스도교의 표현양식 안으로 들어왔다.

이러한 흡수 과정에는 아무런 반대도, 아무런 충돌도 없었음이 확실하다(초기에 아주 약간 있었을 뿐이다). 로마제국이 공식적으로 그리스도교 국가가 되어 있던 382년에, 로마의 원로원에 있는 (승리의 여신상이 있는) 승리의 제단 처리 문제를 놓고 주요 논쟁이 있었다. 그라티아누스 황제 367-383년 재위가 그 제단을 치울 것을 명령하자, 전통적인 생각을 가진 원로원 의원들이 격분하여 밀라노에 있는 황제에게 교황복, 황제가 최고 사제로서 입던 전통 복장인 제의祭衣와 함께 대표단을 보내어 이의를 제기했다. 로마인의 전통의식을 바꾸는 데는 콘스탄티누스 황제가 개종하는 것보다 더 많은 시간이 걸렸던 것이다.

하지만 4, 5세기의 이교와 그리스도교 예술 사이에는 놀라울 정도의 공모관계가 있었다. 4세기의 라틴(서로마) 그리스도교도 시인인 프루덴티우스는 그러한 공모관계의 본질을 주목할 만한 방식으로 요약하고 있다. 그는 선한 그리스도교도인 테오도시우스 황제에게 다음과 같이 말한다.

> 썩은 내 나는 것이 튀어 더럽혀진 대리석을 씻어내소서,
> 오, 고귀한 황제이시여. 조각상들을, 위대한 예술가들의 작품들을
> 정결히 하소서. 이들은 가장 온당한 장식들일 것입니다,
> 우리 조국에.

이교 예술(그리스 예술)은 정화되어 그리스도교의 기념비가 될 수 있었다. 여기서 테오도시우스는 이교 예술을 무조건 거부하는 대신, 이교 예술과의 화해를 기꺼이 환영하는 모습을 보여준다.

그리스도교 예술품을 찾아보기란 쉬운 일이 아니다. 그림 28의 아름다운 은제 상자는 여성의 화장용품을 담는 용기로, 4세기 로마에서 만들어졌다. 이는 아주 값비싸고 사치스러운 고급품이다. 이 상자의 윗부분에 이것을 선물 받은 신부와 신랑이 함께 묘사되어 있다. 이들은 발가벗은 두 큐피

● 그림 28
프로제크타의 화장용품 상자

드가 들고 있는 월계수 화환으로 된 틀 안에 들어 있다.

그 앞에는 베누스가 바다로부터 떠오르는 조개 위에 앉아 있다. 이런 유형의 이미지는 곧바로 산드로 보티첼리의 〈베누스의 탄생〉으로 이어진다. 베누스가 흔히 그런 것처럼, 그녀는 거울을 들여다보고 있다. 그녀는 자신을 찬양하는 바다생물인 네레이스그리스 신화에서 바다의 신 네레우스와 물의 신 오케아노스의 딸 도리스 사이에 태어난 50명 또는 100명에 달하는 딸들로, 예술품에서 모든 물에 살면서 사람들에게 상냥한 요정으로 묘사되며 그리스 문학 작품에 흔히 등장한다–옮긴이들의 합창에 둘러싸여 있다. 네레이스들의 등에는 작은 큐피드가 올라타고 있다. 베누스는 몸단장을 한다. 호메로스 이후, 이 섹스와 욕망의 여신은 특히 화장, 연고, 기름, 미용을 위한 목욕과 관련된다. 그림 29는 이 화장용구 상자를 다른 각도에서 보여준다.

아래쪽 프리즈에 머릿결이 우아하고 장신구들로 치장한 잘 차려입은 여성이 앉아 있다. 아마도 신부(아내)일 것이다. 그 왼쪽과 오른쪽에서, 이

● 그림 29
프로제크타의
화장용품 상자

화장용품 상자와 비슷한 상자와, 베누스가 치장을 위해 들고 있는 것과 같은 거울을 가져오고 있다. 아름다운 아내는 바로 그녀 위쪽에 앉은 사랑의 여신과 은근히 비교되면서 추켜 세워진다. 이 상자 위에는 라틴어로 다음과 같이 새겨져 있다. "세쿤두스와 프로제크타, 그대들은 그리스도 안에서 살지니." 이는 이 상자의 임자인 아내 프로제크타와 그녀의 남편 세쿤두스가 그리스도교도임을 말해준다.

이것은 분명 고행자의 유품이 아니다. 세쿤두스와 프로제크타는 아주 부유한 로마인이며, 이런 사치스러운 물품이나 화장으로 자신을 단장하는 데 시간과 돈을 들이는 것에 대해서 그리스도교적인 고민을 거의 하고 있지 않음이 분명하다. 그렇기는 해도, 여기서 이교의 섹스의 여신인 베누스의 이미지를 어떻게 보아야 하는지 정확히 알기는 어렵다.

신부와 여신이 주제나 취하고 있는 자세에서 강한 연관성을 가지고 있음에도, 이것을 그저 장식물로만 보아 넘겨야 할까? 이는 새로운 종교적 열정이교를 물리치려는 그리스도교-옮긴이에 반하는 이미지의 연속성이교의 이미지를 그대로 받아들이는 그리스도교-옮긴이을 보여준다. 이교 예술이 완전히 그대로는 아니지만 기꺼이 재사용되고 있는 것이다. 또는 (좀더 창조적인 방식으로) 앞서의 문구("세쿤두스와 프로제크타, 그대들은 그리스도 안에서 살지니")가 암시하는 것처럼, 그리스도교적인 결혼에서의 사랑을 상징하는 것으로서 이 이미지를 볼 수 있을까? 어쨌거나 이 두 가지 해석에서 두드러지는 사실은, 그리스도교와 이교의 예술 이미지가 아주 활발히 뒤얽히고 있다는 점이다. 벌거벗은 베누스는, 그리스도교적인 결혼을 찬미하기 위한 상징이라기보다는, 저 사막의 수도사가 꾸는 (육체를 유혹하는) 아주 위험한 꿈속에 등장하는 것이라는 게 더 그럴 법해 보인다.

토가를 입고 손에는 은제 화장용품 상자를 든 모습은 좋은 그리스도교도로 보기 어렵다. 그리고 그리스도교도가, 매력적인 고대 미술을 적절히 평가하는 것도 쉬운 일은 아니다. 화려하게 장식된 고대 도시에서, 그리스도교도다워 보이려면 꾸준한 주의가 필요했다.

그리스도교와 그리스 로마 문화 사이의 이러한 두 가지 방향의 대화는 모든 사회관계에서 찾아볼 수 있다. 그리스인들과 로마인들이 그리스도교의 성인과 전도사를 이해하는 한 가지 방법은, 그들 문화의 성자와 문화영웅이라는 렌즈를 통해 보는 것이었다. 예를 들어, 순교자로 치면, 언제나 두려움 없이 진리를 추구하다가 분란을 일으킨다는 이유로 아테네인들에 의해 사형에 처해진 철학자 소크라테스만한 인물이 있을까? 그는 감옥에서 탈출할 기회를 얻었으나, 목숨보다 더 소중한 도덕 기준이 있다는 이유로 살 수 있는 길을 거절했다. 게다가 소크라테스는 임종의 자리에서 영혼의 불멸성에 관한 아주 감동적인 토론을 이끌었다.

소크라테스는 자신의 영혼이 몸의 족쇄로부터 자유로워져 불멸하는 삶을 위해 더 좋은 곳에 이르게 될 것이므로 죽음 앞에서 두렵지 않다고 주장한다. 그리스도교도가 보기에, 이런 말을 한 소크라테스는 그리스도교 순교자의 선구자라 할 만했다. 2세기의 그리스도교도 변증론자인 순교자 유스티누스는 이러한 이미지의 연관성을 다음과 같이 요약한다. "그리스인들 가운데서도 소크라테스와 같이……사리에 맞게 살았던 사람들은 그리스도교도인 것이다." 실로, "소크라테스도 부분적으로 그리스도를 알았다." 유스티누스에게 자신의 신념을 위해 죽은 소크라테스는 그리스도교도다운 그리스도교도를 보여주는 아주 중요한 모범이었다.

견유학파 철학자인 디오게네스는 통 안에서 살았다. 그는 모든 필요 이상의 물질을 버리고, 허리에 두르는 간단한 옷과 물 사발 하나만 남겨두었다. 그리고 한 소년 목동이 손으로 강에서 물을 마시는 것을 보고는 물 사발마저 버렸다.

'견유犬儒' 는 말 그대로 '개 같은' 이라는 뜻

●●

순교자 유스티누스

유대교가 지배하는 환경에서 이교도로 자란 그는 스토아 철학과 플라톤 철학 및 그 외 철학들을 공부한 뒤 132년 그리스도교도가 된다. 135년부터는 이곳저곳을 떠돌아다니며 이교도 지식인들을 개종시키고자 자신이 새로 발견한 그리스도교 철학을 전파하기 시작했다. 몇 년 뒤 로마에서 견유학파의 크레센스와 변론을 벌인 뒤 로마 장관에게 파괴분자로 고소당해 사형판결을 받았다-옮긴이을 갖는다. 그것은 (사회규범과 무관하게 쓰레기통을 뒤지며 살아가는) 견유학파의 삶의 한 방식을 언급한다. 그리고 또 다른 의미에서 그것은 그들이 보여주는 '신랄한' 기지를 언급한다. 견유학파는 일반적으로 신분고하를 막론하고 날카롭게 혹평하기로 유명했다. 그리스도교의 동굴 속 은둔자는 필시 그리스인들에게 저 통 속의 견유학파들을 떠올리게 했을 것이다. 그래서 그런지, 고문자에 맞서 기지를 보여주는 그리스도교 순교자에 관한 많은 이야기들은 견유학파의 그것과 놀랍도록 유사하다.

디오네게스는 고행과 반물질주의에도 불구하고, 섹스 면에서는 영혼이 강인한 그리스도교의 '운동선수'가 아니었다. 그리스인들에게 몸이 강인한 운동선수가 이상이었다면, 그리스도교도들에게는 고행자, 즉 영혼이 강인한 '운동선수'가 이상이었다-옮긴이 그는 장터에서 자위행위를 하다가 들킨 적이 있었다. 그때 그는 단지 이렇게 말했다. "배고픔이 이렇게 간단히 해소될 수 있었으면 싶네."

견유학파 철학자와 그리스도교도의 연관성은 그리스 작가들에 의해 분명해졌다. 2세기의 풍자작가 루키아노스의 저작은 그리스도교도들을 경멸하는 한 마디 말 때문에 가톨릭교회의 금서 목록에 올랐다. 그는 이류 견유학파 철학자이자 협잡꾼인 페레그리노스를 자신들의 '선지자, 신앙의 지도자, 교구 위원', 다시 말해 '새로운 소크라테스'로 생각하는 그리스도교도들이 속고 있다고 조소했다. 루키아노스는 그리스도교도들을 철학의 영향을 받은 또 다른 수상쩍은 숭배자 집단으로 여겼다.

하지만 그리스도교의 근본이 되는 유일무이한 존재인 예수도 그리스와 로마 사회의 관례에 동화되었다. 지중해 동부에는 많은 성자와 현자들이 살았다. 소아시아의 티아나 출신인 아폴로니오스는 가장 명성을 얻은 인물들 가운데 하나로, 그리스의 지식인인 필로스트라토스가 그의 전기를 썼다(필로스트라토스는 이 전기에 대해, 이 현자에게 마음을 빼앗긴 로마 황제의 아내 줄리아 돔나의 간청에 못 이겨서 쓴 것이라고 말한다).

아폴로니오스는 초자연적인 능력을 가진 사람이었다. 그는 사람들을 치료하는 것을 포함해서 기적을 행했다. 그는 심오한 지혜를 심오한 말로 드러내곤 했다. 아폴로니오스는 제자를 하나 거느리고서 인도와 페르시아를 여행했다. 거기서 그는 동방의 전설적인 현자들, 인도의 벌거벗은 고행자들, 그리고 브라만들을 만났다. 그들과 더불어 지혜를 나누고 그들로부터 예언 능력을 익혔다. 사람들은 아폴로니오스를 필멸하는 인간 이상의 존재로서 존경하게 되었다. 그의 사당들이 세워졌으며, 그의 조각상은 지금도 남아 있다.

이들 성자들은 그리스도교의 성인들을 이해하는 데 이야기적인 배경을 제공했다. 그런 마법사와 예언자들이 등장하는, 대개는 기묘한 민간전승의 이야기들이 성인에 관한 이야기들로 흘러들었던 것이다. 해서 성인 이야기들은 〈바울로와 테클라 행전〉에서 볼 수 있는 풍격과 마술 같은 기적으로 구성되었다. 그리스의 소설들은 흔히 강탈자나 호색적인 지주나 관리에 의해 성적 순결을 위협받는, 테클라 같은 젊은 여주인공을 내세운다. 이 여성들은 순결을 지키기 위해 싸운다. 그런 강탈자와 마주친 한 여성은 이렇게 외친다. "바퀴를 가져와서 고문을 시작하세요! 내 손을 보세요. 쭉 펴세요! 채찍도 가져오세요. 내 등을 보세요. 치세요! 불을 가져오세요. 내 몸을 보세요. 불로 태우세요. 칼도 가져오세요. 내 목을 보세요……" 등등.

이는 그리스도교 순교자가 할 법도 한 말이지만, 한 익살스럽고 외설적인 소설의 인물이 한 말이다. 그녀는 이미 너무 황홀해져서 연인과 침대까지 갈 수가 없었던 것이다(그녀가 순결을 지킨 것은 순결을 향한 열정 때문이 아니라 그녀 어머니의 방해 때문이었다). 그리스도교도들과 비그리스도교도들은 서로의 견지에서 이러한 소설과 여성 순교자의 이야기를 읽을 수도 있다. 고전 문화의 이야기 기법이 그리스도교 문헌 안으로 흘러들어온 것이다.

하지만 그리스도교가 고전 문화를 흡수하면서 가장 힘들면서도 아마도 가장 생산적인 싸움을 벌였던 가장 중요한 영역은 그리스 철학이었다. 기원전 4세기에 플라톤과 더불어 시작된 철학은 기원전 2세기 무렵 완전히 제도화된 직업분야가 되었다. 각 분과들이 확립되어 각각 해당 교사들이 있었고 많은 전문적인 저작들이 나왔다. 철학은 무엇보다도 교육제도와 완전히 통합되어 있는 분야였다. 특정 계급에 특정 배경을 가진 모든 그리스인들과 로마인들이 철학을 공부했으며, 철학은 적절히 교육받은 사람들의 지성을 말해주는 것이었다.

키케로는 젊은 시절에 철학의 고향인 아테네에서 2년을 보낸 대표적인 인물이었다. 거기서 그는 그리스 사상에 대한 깊은 경의와, 그리스인들을 내려다보는 오만한 마음을 동시에 품게 되었다. 철학을 진지하게 공부하지 않았더라도, 적어도 저녁식사 자리에서 철학이 대화의 주제로 떠오르면 알아듣고서 고개를 끄덕일 수 있어야 했다. 교양 있는 그리스도교도들은 그리스 철학을 무시할 수가 없었다. 그리스도교는 내적인 삶에 집착했다. 그리고 철학은 여러 세대에 걸쳐 그리스인들과 로마인들을 정신성과 자기반성으로 이끄는 권위 있는 안내자 역할을 했다.

철학은 고대 시민들에게 지적 원천인 것만큼이나 정신적 원천이었다. 민첩한 고대 철학자들은 임종시의 소크라테스에게서 단서를 얻어서, 철학이 두려움 없는 죽음을 예비하게 해준다고 말한다. 죽음을 두려워하는 것이 얼마나 어리석은 일인지 알 필요가 있었다. 그리고 그 과정에서 중요한 것은 어떤 삶이 정말로 가치 있는 것인가 하는 점이었다. 통상 알려져 있는 소크라테스의 이미지에 따르면, 그는 세속적인 관심을 사소하고도 피상적인 것으로서 물리칠 수 있는 인물이다.

견유학파는 돈, 신분, 훌륭한 소유물, 권력을 쥘 수 있는 지위에 관심을 두는 사람들을 비웃고 경멸하며 조롱했다. 스토아 철학자들은 그런 일시적이고 사소한 쾌락에 마음을 움직이지 않고 극기하는 방법을 가르쳤다. 좋은 스토아 철학자는 타락한 삶을 받아들이기보다는 죽음을 택하며, 그것도 즐거운 마음으로 죽음을 맞이한다. 그래서 철학자이자 네로 황제의 교사였던 세네카는 욕조에 앉아 스스로 정맥을 끊어 피를 흘리며 죽는 것이다.

역사가 타키투스1세기경의 공직자이자 산문작가이자 역사가에 따르면, 세네카는 그렇게 피를 흘리며 욕조에 누워 있다가 편지를 한 통 쓴다는 것을 잊었음을 깨닫는다. 그래서 그는 정맥을 동여매고 욕조에서 나와 편지를 쓰고는 다시 조용히 욕조로 돌아가서 붕대를 풀어 피를 흘리며 죽는다. 그러면서 그는 자신이 철학자란 어떻게 죽음을 맞이해야 하는지를 보여주는 이미지를 훌륭하게 구성하고 있음을 완전히 의식하고 있었으니, 가히 자기연출의 대가라 할 만하다. 그는 자신이 죽음을 맞이한 방식이 후세에 증언되고 기록될 것임을 확실히 알고 있었다.

이 고대 철학자가 구성한 이미지철학자는 어떻게 죽음을 맞이해야 하는지를 보여주는-옮긴이가 가지고 있는 힘은 오늘날에도 생생하게 느낄 수 있다. 야심과 욕망과 탐욕이 불러일으키는 혼란을 차분히 헤아려 거부하는 이러한 이미지는 오늘날 신문, 영화, 텔레비전이 제공하는 현대 사회의 음화陰畵와도 같다. 이러한 삶의 방식은, 더 나은 존재로서 지상의 제국에 반대되는 삶을 욕망하는 그리스도교도에게 쉽게 스며들었다. 이것이 그리스도교도들이 그렇게 철학에 매력을 느끼고 마음을 쏟았던 근본적인 이유이다. 철학은 이교문화의 극치를 보여주는 것임에도 오히려 그리스도교의 이상과 너무나 비슷했다.

게다가 이 이교의 철학자는 '정념의 치료법'으로써 철학을 활성화시켰다. 철학은 영혼을 몸부림치게 하고 왜곡하는 화, 욕망, 탐욕을 다스릴 수 있는 방법을 가르쳐주었다. 평온한 감정상태에 이르기 위한 논거와 내적 강인함을 주었던 것이다. 에피쿠로스의 철학은 이러한 평온의 상태(아타락시아)를 최고 목표로 삼았다. 스토아 철학자들은 무엇보다도 삶의 불행을 이기는 법을 배웠다. 견유학파 철학자들은 물질주의의 유혹을 경멸하여 비웃었다. 이들 각 철학파들은 '자기 관리', 즉 자기반성과 숙고와 자제심을 추구하면서 냉철하게 실행에 옮길 것을 장려했다. 진정한 행복은 쾌락의 욕구를 충족시키는 데서 오는 것이 아니라 욕구의 결여에서 온다.

철학은 복잡하고 기대에 어긋나기 일쑤이며 냉엄하고 혼란스러운 세계에 대처하는 내적 원천을 제공한다. 그리스와 로마의 문학은 철학자와 통치자의 만남을 즐겨 그렸다. 통치자는 전제적인 권력 행사, 야심에 찬 욕망, 세속적 성공의 추구를 구현하며, 철학자는 통제된 평온한 마음, 내적 권위의 힘을 나타낸다. 그리하여 알렉산드로스 대왕이 통 속에 들어가 있는 견유학파 철학자인 디오게네스를 방문하게 된다. "그대는 뭘 원하오?"

전 세계를 지배하고자 하는 알렉산드로스 대왕이 묻는다. "비켜주시면 되오. 당신이 해를 가리고 있으니." 철학자는 평온하게 답한다.

네로 황제가 철학자 무소니우스를 외진 섬으로 추방하자, 무소니우스는 디오게네스보다 박력이 없기는 하지만 정신의 자율성을 보여준다. 이 세계의 진정한 시민에게는 추방이 전혀 아무런 의미도 갖지 못한다는 내용의 논문을 써서 그에 답한 것이다. 세네카는 제자였던 네로 황제가 자신에게 사형선고를 내리자, 피로 가득 찬 욕조에서 평온히 죽음을 맞는 장엄한 모습으로서 답하고 있다. 네로는 그런 처벌로는 철학자에게 굴욕감을 안겨줄 수 없음을, 스승으로부터 배우지 못한 것이었다.

마르쿠스 아우렐리우스의 《명상록》을 여전히 베스트셀러 목록에 올려놓고 있는 것은, 감정이라는 내면 생활을 탐사하고 자제심을 가르치는 철학의 힘이다. 네로와 달리 마르쿠스 아우렐리우스는 그리스 철학의 가르침을 충분히 익혀 받아들였다. 그는 어째서 절대권력의 지위도 진정한 철학과 함께 하는 우리의 내적 존재를 타락케 할 수 없는지를 설명함으로써 교양 있는 자화상을 그려 보여주고 있다. 마르쿠스 아우렐리우스의 《명상록》은 진정한 철학적 자아를 살찌우고 훈련함으로써 황제라는 지위를 초월하고자 하는 그의 투쟁을 그리고 있다.

또한 철학은 곧바로 종교적인 영혼을 찾도록 이끌었다. 그리스 철학에는 내적 강인함, 감정의 통제, 사회적인 야망이 불러오는 위험과 물질주의를 초월할 수 있는 힘을 구하는 그리스도교도의 많은 이상들이 반영되어 있었다. 그리고 실제로 그리스도교도들은 그리스 철학에서 자신들의 관심사가 고도로 지적이고 생산적인 방식으로 논의되고 있으며, 그리스 문화에서는 그러한 것을 연구하는 철학파들과 이들에 대한 사회적 지지가 있었음을 알게 되었다.

그리스도교도는 교양 있는 그리스인과 진정하고 의미 깊은 대화를 나눌 수 있었다. 양자는 몸과 마음을 단련하여 감정에 호소하는 사회의 집요한 유혹을 다스리려는 공통된 관심사를 가지고 있었기 때문이다. 하지만 또한 바로 이런 이유들로 해서, 초기 그리스도교는 철학을 깊이 의심하기도 했다. 그리스 철학이 강한 내적 삶을 제시해주기는 했지만, 그리스도교 신에게 예배하지 않고 비난을 보냈던 것이다.

그리스도교도가 그리스 철학과 나누는 이러한 대화를 가장 잘 보여주는 인물이 알렉산드리아의 클레멘스이다. 2세기에 살았던 그는 알렉산드리아 교회의 권위자였다. 클레멘스는 플라톤과 다른 철학자들의 메아리로 가득한 우아하고 세련된 그리스어를 썼다. 그는 호메로스와 그리스의 비극에 정통했다. 클레멘스는 그리스도교도들만이 아니라 교양 있는 그리스인들을 대상으로 글을 썼다. 그런 그리스인들 가운데 일부는 헌신적인 그리스도교도임에 틀림없었고, 또 일부는 그보다 덜했을 것이다. 하지만 이들 모두 공통적으로 그리스도교를 자신들의 생활양식에 통합시키는 것이 필요했다.

그리하여 클레멘스는 다음과 같이 플라톤을 인용한다. “신을 보았더라도, 모든 사람들에게 신을 묘사해 보이기는 불가능하다.” 그는 그 이유가 ‘신은 묘사될 수 없기 때문’이라고 하는 플라톤의 설명에 동의한다. 그러고서 자신의 말을 덧붙인다. “장하도다, 플라톤이여, 그대는 진실을 알았으니! 하지만 포기하지 말라…….” 그러고서 그는 플라톤을 완전히 그리스도교도로 만들고자 한다. 클레멘스 같은 지식인에게 철학은 알렉산드리아의 그리스도교도들과 이들의 이웃 사이에 가교를 놓아주는 것이었다.

철학의 흡인력에 대해 아주 달리 반응한 그리스도교도들도 있었다. 테르툴리아누스는 성마른 분리주의자였다. 그는 클레멘스보다 몇 년 뒤에 카르타고에서도 좀더 아프리카 해안에 가까운 곳에 살았다. 주교였던 그는 결국 이단자로 파문되었다. 그는 전형적인 극단주의자로, 모든 여성들이 베일을 쓰고 다니기를 바랐다. 이는 여성이 남성에게 섹시하게 보이거나 또는 남성을 섹시하게 봄으로 해서 타락할 수 있다는 이중의 위험성 때문이었다. (그리스도교에서도 이슬람교의 부르카 같은 것이 있었던 것이다.)

테르툴리아누스는 로마식의 수사학 교육을 받았을지 모르나, 그리스와 로마의 지적 문화와는 전혀 상종하고 싶어하지 않았다. “아테네가 예루살렘과 무슨 상관이란 말인가?" 그는 호통을 친다. "그리스도교를 스토아 철학, 플라톤 철학, 변증법으로 얼룩지게 하는 노력은 모두 치워버려라!" 그의 호통은 마치 음흉한 클레멘스 같은 지식인들에게 향한 것인 듯하다. "그리스도교도와 철학자에게 어떤 유사성이 있는가?" 하지만 테르툴리아누스에게는 불행하게도, 대부분 사람들에게 철학자와 그리스도교도 사이의 유사성은 너무나 분명하면서 너무나 매혹적이었다(그리고 테르툴리아누스의 격앙된 웅변은 그 자신도 이미 그것을 알고 있음을 암시한다). 테르툴리아누스의 분노는 클레멘스의 음흉함과 마찬가지로, 내적 삶을 지배하는 그리스 철학의 권위에 대응하려는 그리스도교의 투쟁을 보여준다.

그리스도교가 로마제국의 공식 종교가 되어서도 철학은 권위를 계속해서 유지했다. 그리스도교가 왕왕 그랬던 것처럼, 이교의 철학과 그 철학파들에게서 나온 이교의 수사학을 금지할 수 있었는데도 말이다. 그러면서 또한 그리스 철학을 그리스도교화하는 바탕을 마련할 수 있었다. 4세기 후반에 역시 아프리카 출신인 시네시우스가 키레네의 주교가 되었다. 그는 이전에 여러 해 동안 철학을 공부했으며, 사냥을 좋아하고, 주교가 되었다고 해서 아내를 포기하거나 독신자가 되는 것을 거부했다. 자기 삶에는 '책과 사냥' 뿐이라고, 그는 거침없이 말했다.

그는 철학자로서 그리스도교의 기본 교의에 강한 회의를 가지고 있었다. 예를 들어, 그는 세상의 종말을 받아들일 수 없었다. 철학 원리에 따르면, 물질은 파괴되지 않고 변형될 뿐이기 때문이다. 그리고 그로서는, 문자적인 의미의 그리스도의 부활을 짐작하기란 어려운 일이었다. 하지만 그는 주교로서 차분히 말한다. "저는 집에서는 철학을 하고, 공식적으로는 신화를 합니다." 그러고는 재빨리 덧붙인다. "저의 교의가 다른 사람들이 관례적으로 생각하는 가정假定을 바꿔놓지는 '않을' 것입니다." 주교가 과감히 자신의 공식적인 교의를 '신화'로 부를 수 있었던 것은 아주 놀라운 일로 여겨진다. 시네시우스는, 세속의 철학에 따라 그리스도교의 교리를 어느 정도로 받아들일지 판단하는 듯하다!

세속의 학문이 종교의 교리와 사상에 어느 정도로 영향을 줄 수 있는지에 대한 논의는 처음부터 교회 내에 항상 있어왔다. 1980년대에 영국 드럼의 주교가 문자적인 의미에서의 그리스도의 부활은 자신의 신학에서 중요한 부분이 아니라고 선언하자, 언론은 이를 최신유행의 현대 사상으로 둔갑시켰다. 그들은 이런 주장이 이미 4세기 교회의 한 교부에 의해 제기되었다는 사실을 무시한 채 날조하며 격분했다.

하지만 철학은 최고 수준의 신학에 가장 중대한 도전을 제기하면서 영향을 미쳤다. 대大신학자들(오리게네스, 히에로니무스, 아우구스티누스)은 모두 철학을 연구하면서 철학과 철저한 싸움을 벌였다. 아우구스티누스의 《신국》은 철학서의 걸작으로 남아 있다. 이 저작은 그리스도교 신학이라는 범위를 훨씬 넘어서 큰 영향을 미쳤다. 극히 복합적이고 중층적인 이 저작은 우주와 그 안에서의 인간의 위치에 대해 쓰고 있다. 이것은 이상주의적 정치철학의 기본 저서인 플라톤의 《공화국》에 대한 그리스도교의 응답인 셈이다.

이런 식으로, 아우구스티누스는 그리스도교와 이교 또는 세속의 철학 사이의 역동적인 긴장관계를 극히 전형적으로 보여준다. 그는 《고백록》에서 이교 철학, 특히 키케로에 대한 자신의 열정을 언급한다. 키케로는 그를 처음으로 진지한 지적 활동의 길로 이끈 철학자였다. 그 점에서, 그는 "키케로의 품위와 비교할 때 성서는 하찮은 정도"임을 알았다. 아우구스티누스가 정통 그리스도교에 이르기 위해서는 여러 단계를 거쳐야만 했다. 그는 정신적, 지적 만족을 위한 자신의 탐구 과정에서 다른 사상 체계들을 충분히 시험하고자 했던 것이다.

《신국》은 플라톤의 《공화국》의 새로운 판본을 쓰고자 의도한 것이었다. 그 의도가 성공하지는 못했으나, 여기에는 아우구스티누스가 극복하고자 한 이교 사상 전통과의 지속적인 싸움이 반영되었다. 아우구스티누스는, 테르툴리아누스처럼 철학을 떠나서 그리스도교를 지키고자 하는 것이 얼마나 가망 없는 일인지를 너무도 분명하게 보여준다. 로마제국 사람들이 자신들의 복잡한 내적 삶을 위한 믿을 만한 길잡이를 찾을 때, 철학과 종교는 감정적, 정신적 충만을 약속한다는 점에서 공통분모를 가지고 있었던 것이다.

아우구스티누스는 지적, 철학적으로 그리스도교의 최고 절정을 이룬다. 하지만 간단해 보이는 복음서들의 이야기 세계에서도 이미 철학적 전거典據를 찾아볼 수 있다. 킹 제임스 영역 성서1611년 잉글랜드 왕 제임스 1세의 후원으로 출판된 영역 성서–옮긴이의 〈요한의 복음서〉는 "한 처음, 천지가 창조되기 전부터 말씀이 계셨다. 말씀은 하느님과 함께 계셨고 하느님과 똑같은 분이셨다"이하 성서 번역은 공동번역성서를 따름–옮긴이로 시작된다. 이 말은 지금은 아주 익숙해서, 그것이 얼마나 이상하고 당혹스러운 것인지 제대로 알아차리기가 어렵다.

'한 처음, 천지가 창조되기 전부터 말씀이 계셨다'는 것은 무슨 의미일까? 복음서들은 그리스어로 쓰였는데, 이 말의 그리스어 표현은 훨씬 더 평범하다. '말씀'word으로 번역된 말은 '로고스'logos이다. 그리스어에서 로고스는 이 말의 어떤 통상적인 의미에서도 '말씀'을 의미하지 않는다. 그것은 '이성의 명령,' '논증,' '논리,' '체계,' '이성'을 포함하는 폭넓은 의미를 갖는다. '이성의 명령'은 만물의 첫 번째 원리이고, 신은 '이성'을 가지며, 그것이 신을 규정한다고 하는 것은 신학적으로 일관되고 문법적으로 이해될 만하다. 이것은 그리스의 철학의 세기에 신성화된 일반적인 표현형식이다.

〈요한의 복음서〉는 "한 처음에 하느님께서 하늘과 땅을 지어내셨다"로 시작되는 〈창세기〉를 새로 쓰고 있는 것일 수 있다. 하지만 요한은 그리스어의 철학 용어('말씀', 즉 '로고스')를 사용하고 있다. 이는 요한이 예상한 청중이 누구인지를 암시한다. 〈요한의 복음서〉가 가난하고 열등하며 무지한 사람들을 상대로 한 것일 수도 있으나, 요한은 철학적 어휘를 사용하여 교양 있는 그리스 독자와 접촉하려 하고 있다.

그리스도교는 초기부터 스스로를 이교 문화라고 불리는 것으로부터 확고하게 구분지었으며, 그를 위해 온갖 조처를 다 취했다. 주상고행자 시메온을 기둥 위에 세웠으며, 로마제국의 통치권을 넘겨받았다. 세계를 새롭게 이해하겠다는 뜻을 선언했으며, 동시에 그리스 철학과의 오랜 대화에 착수했다. 그리스도교를 이해하려면 실제적으로 차이와 유사성, 극단성과 조화가 있는 이 복잡한 대화를 이해하는 것이 필수적이다. 그리스도교는 고전 고대에 발전한 것으로서 고대 세계의 일부이다. 그리고 그리스와 로마 문화를 기부하기도 하고 또 협상하기도 하면서 발전한다.

현대 서구 문화는 이러한 전통의 도가니 속에서 형성되고 있다. 누드와 섹슈얼리티든 철학과 예술이든, 그리스도교는 고전과 고전의 이상을 다루는 것이 언제나 까다로운 문제임을 알았다. 거리낌 없이 몸을 드러내는 고전 조각들에 근엄하게 덧붙여진 저 무화과 잎들은, 끊임없이 뒤섞이는 욕망과 수치심을 훌륭하게 포착하고 있다.

하지만 유럽 역사에서 고전을 향한 열정이 그리스도교 내에 걷잡을 수 없는 내분을 불러일으킨 때가 있었다. 르네상스 시대에 개신교가 확립되던 순간이 바로 그러했다. 종교개혁과 반종교개혁은 현대 그리스도교의 지도를 형성했다. 이 지도는 지금도 여전히 가톨릭교도와 신교도가 싸우고 있는 아일랜드와 다른 여러 나라들에 고통을 안겨주고 있다. 이는 고대 세계가 아닌 16세기의 그리스도교에 고전이 얼마나 중요했는지를 보여주는 또 다른 이야기이다.

05 그리스어는 이단이다!

Greek is Heresy!

르네상스는 고대 그리스와 로마 문화의 재생을 의미한다. 예술적, 지적, 종교적, 사회적으로 혼란스러웠던 이 시대는 고전을 되찾으려는 열정에 사로잡혔다. 르네상스는 많은 기록들에서 수없이 이야기되어왔다. 고전 예술로의 회귀, 고전 과학과 의학의 새로운 발견에 대한 흥분, 영감을 자극하는 고전 작가들의 힘, 이 모두가 세계를 보고 이해하고 표현하는 방식을 변화시켰다.

하지만 르네상스가 중세의 그림자들을 의기양양하게 걷어치우는 새로운 새벽의 빛인 것만은 아니었다. 그것은 그 문화의 가장 심층에 있는 가치를 놓고 벌이는 격전이었다. 이 전쟁의 역사에서 가장 이상하지만 가장 중요한 전환점 가운데 하나가 〈요한의 복음서〉의 첫 문장 번역을 물고 늘어진 사건이었다.

"한 처음, 천지가 창조되기 전부터 말씀이 계셨다." 신교의 탄생은, 그리스어를 이해하는 정도와, 그리스 철학이 고대 또는 당대의 그리스도교에서 어떤 위상을 가져야 하는지 하는 문제와 복잡하게 연관되어 있다. 이 중대한 시기에, 고전 연구가 전체 서구 역사를 일신하는 데 중요한 것임이 드러나게 된다.

모든 전쟁 이야기에는 영웅이 필요하다. 그리고 여기서 영웅은 에라스무스이다. 에라스무스는 서유럽 역사에서 가장 영향력 있는 인물 가운데 한 사람이다. 그런 만큼 오늘날 문화에서 그의 생애나 작품들이 충분히 다뤄지지 않는 점은 놀라운 일이다. 에라스무스는 (르네상스의 세 거장으로 여겨지는) 셰익스피어, 레오나르도 다 빈치, 미켈란젤로 이상으로 인간의 삶을 바꾸어놓고, 인간 정신에 영향을 주었으며, 그리스도교가 시작된 이래 가장 큰 변화로 일컬어질 수 있는 사건, 다시 말해 신교의 창시와 가톨릭교회로부터의 분리에 촉매 역할을 한 가장 중요한 인물 가운데 하나였다.

사실 그대로의 에라스무스의 생애는 이러한 감동적인 주장을 뒷받침해주는 것 이상이다. 에라스무스는 영국의 교육제도가 완전히 정비되도록 동기를 제공했으며, 2세기 이상 동안 모든 학생들이 사용했던 성서 교본을 썼다. 그것은 복음서들에 설명을 달아 구성한 것이었다. 교회법은 그 나라의 신학박사 이하의 모든 독신 성직자들에게 에라스무스의 이 교본을 소지하도록 했으며, 모든 교구의 교회에서 이 의역 교본을 성서와 나란히 두도록 했다. 에라스무스는 (토머스 모어와 함께 번역한 루키아노스의 저작을 포함해서) 많은 그리스어 문헌들을 번역했고, 르네상스 시대 사람들의 그리스에 대한 애호가 확산되면서, 이 번역서들은 대단한 베스트셀러가 되었다.

에라스무스는 자신이 쓴 수많은 편지들을 출간하기도 했다. 그리하여 그는 자신의 저작들 사이에 앉아 있는 인문학자라는 전형을 만들어냈다. 이 편지들에서 르네상스 스타들 간의 교류에 대해 엿볼 수 있다. 지식인을 자처하는 이들은 "그래서 에라스무스한테서 받은 편지는 어디 있나?"라는

● 그림 30
쿠엔틴 메치스가 그린 에라스무스

말로 조롱을 당하기도 할 만큼, 그의 생전에도 그 편지들은 아주 유명했다. 하지만 무엇보다도 에라스무스를 유럽에서 가장 유명한 인물로 만든 것은 그의 성서학이었다.

에라스무스는 서간문 작가이자 신앙심 깊은 학자이면서 성서 번역자인 성 히에로니무스에게 매혹되었다. 에라스무스는 1516년 히에로니무스가 쓴 편지들을 편집해서 출간했다. 그것은 그가 여러 해 동안 계획한 일이었다. "저는 히에로니무스를 되살려내려고 죽도록 작업했습니다." 그는 교황 레오 10세에게 편지를 썼다. "히에로니무스가 편지를 쓰느라 겪은 고통이, 제가 그것들을 복원하고 설명하는 데 들인 고통보다 덜했을 것입니다."

에라스무스에게 히에로니무스는 (인문학자에게) 성인이란 어떤 인물이어야 하는지를 요약해서 보여주는 인물이었다. 에라스무스가 추구하고자 하는 것은, 고약한 냄새를 풍기며 고통스러워하는 고독한 주상고행자 시메온의 고행이 아니었다. 그는 다음과 같은 말로 교황에게 히에로니무스를 칭송했다. "능숙한 언어능력, 고대와 역사에 대한 지식, 뛰어난 기억력, 비전秘傳 문헌에 대한 정통함, 그리고 무엇보다도 열정, 신의 숨결이 불어넣은 놀라운 영감." 에라스무스는 히에로니무스가 사막그는 팔레스타인에 수도원 공동체를 세워 그곳으로 가서 살았다-옮긴이으로 자신의 장서를 가져간 것을 기뻐했으며, 자신도 그렇게 했다.

특히 놀라운 사실은, 에라스무스가 중세 때부터 내려온 히에로니무스의 이미지를 새롭게 바꾸어놓고 있다는 점이다. 중세에 히에로니무스는 아흔여섯 살에 죽을 때까지 동정남으로 남았던 아주 독실한 인물이었다. 그는 포도주를 마시지 않았고 생선이나 고기도 입에 대지 않았다. 심지어 '고기' 라는 말을 거의 입 밖에 내지 않을 정도였다. 거친 옷을 입고 땅바닥에서 잤으며, 피가 흐를 때까지 하루에 세 번씩 자신을 채찍질했다. 심지어 히에로니무스의 이름을 딴 히에로니무스파라는 종파도 있었다. 그들은 특히 채찍질과 금식에 집중하여 고행하는 은둔자들이었다.

하지만 에라스무스는 이와는 다른 이미지의 모델을 마음에 품고 있었다. "누구라서 역사, 지리, 고대에 그렇게 정통할 수 있을까? 누구라서 그렇게 성서와 세속의 문헌 모두에 그만큼 완전하게 정통할 수 있을까? 그의 기억력을 본다면, 그가 곧바로 알지 못할 고대나 현대 작가는 없을 것이다." 에라스무스가 자신이 영웅으로 여기는 히에로니무스의 초상화를 좀 더 정확히 그리고자 할수록 그의 영웅은 점점 그 자신을 닮아간다. 성인들은 이제 르네상스 시대의 박학한 신사를 닮아 있다. 왜냐하면 르네상스의 박학한 신사들은 성인이 되고 싶었기 때문이다. 히에로니무스의 기억력과 언어능력은 주상고행자 시메온에게서는 찾아볼 수 없는 것이었다.

그림 30은 에라스무스의 가장 유명한 초상화이다. 이 초상화는 에라스무스의 친구인 쿠엔틴 메치스15세기 플랑드르 화가가 그려서, 두 사람의 친구인 토머스 모어에게 보낸 것이다. 자신의 서재에 있는 이 신앙심 깊은 학자는 야윈 얼굴에 희미한 미소를 머금고 있다. 자신의 저작들에 둘러싸여서 글쓰기에 몰두해 있는 것이다. 이것이 오늘날 가장 익숙한 에라스무스의 이미지이다. 그의 옷차림은 어떤 겉치레도 없이 단정하다. 무릎 위에는 주머니가 하나 있다. 이는 적어도 히에로니무스에게는 아주 낯선 경제적 관심과, 어쩌면 기동성 있는 상인의 모습, 곧 사업의 세계를 보여준다.

관람자를 향해 있고 색이 밝아서 제목을 쉽게 알아볼 수 있는 책은 《히에로니무스》이다. 에라스무스가 히에로니무스의 편지들을 편집한 책이다. 물론 이것은 관람자에게 에라스무스의 유명한 저작을 떠올리게 하지만, 또 다른 유의 시각적 단서를 제공하고 있다. 이 초상화는 여기에서 또 다른 이미지, 즉 자신의 서재에 있는 성 히에로니무스를 떠올리도록 세심하게 구성되어 있다. 15세기의 플랑드르 화가 얀 반 에이크는 자신의 서재에 있는 이 성인을 그의 몸을 중심으로 충실히 묘사하고 있다. 성인은 자신의 책들 사이에 편안히 앉아 있다. 북해 연안 저지대 국가들 출신의 화가들은 특히 얀 반 에이크의 이 그림을 모방했던 것 같다.그림 31

••

안드로클레스

티베리우스 황제 또는 칼리굴라 황제 시대에 살았다고 전해지는 인물로 아울루스 겔리우스가 지은 영웅담의 주인공이다. 이 야기에 따르면 안드로클레스가 잔인한 주인을 피해 아프리카의 한 동굴에 몸을 숨기고 있을 때 사자 한 마리가 들어와 퉁퉁 부은 앞발을 들어 보여, 그는 커다란 가시를 뽑아주었다. 훗날 안드로클레스는 체포되어 원형극장 속의 맹수들에게 내던져졌는데, 은혜를 입었던 사자가 그를 알아보고 공격하는 대신 핥아주자 이에 놀란 관중들은 노예 신분에서 그를 풀어주었다–옮긴이

히에로니무스는 에라스무스와 마찬가지로 책에 몰두해 있다. 그는 선홍빛 옷을 입고 가톨릭교회의 권위자임을 나타내는 모자를 썼다. 책상 옆에 얌전히 엎드린 사자는 인간의 흉포한 마음이 길들여진 상태를 상징한다. 안드로클레스처럼, 히에로니무스가 사자의 발에서 가시를 뽑아주자 사자가 고마워하며 그를 위해 봉사했다는 이야기도 있다. 사막의 회개자 또는 고행자가 아니라 자신의 서재에 앉아 있는 학자로서의 히에로니무스의 이미지는 르네상스인들이 발명한 것이었다.

이렇게 구성된 에라스무스의 이미지는 한 가지 메시지를 강하게 전하고 있다. 여기에 있는 것은 그 자신이 영웅으로 여기는 성인과 똑같은 자세를 취하고 있는 신앙심 깊은 학자, 즉 히에로니무스로 분한 에라스무스이다.

에라스무스는 처음에 히에로니무스를 구하기 위해 그리스어를 배웠다. "자네처럼 오합지졸인 많은 현대의 신학자들을 좋아하느니 나는 차라리 히에로니무스에게 미칠 것이네." 그는 1501년 한 친구의 편지에 대한 답장에 이렇게 썼다.

● 그림 31
반 에이크가 그린 〈성 히에로니무스〉

당시의 그리스도교도 학자들은 그리스어를 모르거나 고대를 연구하지 않았기 때문에, 히에로니무스나 그리스도교의 기초를 놓은 다른 교부들의 저작들을 완전히 엉망으로 만들었다. 에라스무스는 그리스도교와 그리스도교의 기초가 놓이던 시기에 대해 적절히 이해하려면 고전 연구에 정통하는 것이 절대적으로 필요한 일임을 알았다.

얄궂게도 이것이 에라스무스로 하여금 히에로니무스를 이단으로 공격한다는 비방을 듣게 만든 여정을 시작하게 했다. 왜냐하면 히에로니무스가 그리스어 《신약성서》와 《구약성서》의 라틴어 번역판인 '불가타 성서'를 썼다고 여겨졌기 때문이다. 불가타 성서는 수백 년 동안 유럽의 모든 교회에서 사용되었다. 사람들이 알고 있고, 믿고 있는 것은 이 성서에서 나온 것이었다. 불가타 성서는 이렇게 사용되는 것뿐만 아니라 교회의 선명한 승인 날인에 의해서도 권위를 부여받았다. 당시에도, 실제로는 그 성서의 저자가 히에로니무스일 수 없다는 점, 확실히 그가 그 성서 전부를 쓴 것은 아니라는 점이 어느 학자에게나 분명했다. 하지만 그는 그 전통의 근원이 되는 성인이었다. 이것이 '성서'라는 것이었다. 에라스무스가 주의를 기울이게 된 것은 바로 이 점이었다. 그리고 여기서부터 모든 문제가 시작되었다.

에라스무스의 그리스어 연구, 히에로니무스의 편지글을 편집해서 출간하는 작업, 그리고 깊은 신앙심이 어쩔 수 없이 그로 하여금 그리스어로 쓰인 복음서들로 되돌아가게 만들었다. 그는 적어도 이용 가능한 고전의 모범들과 비교할 때, 복음서들에 쓰인 그리스어가 세련되지 못하고 어수룩하며 문장과 문법이 조악함을 알았다. 또한 성서의 다른 판본들이 있다는 사실도 알았다. 그것은 서로 다른 판본들 가운데 진본이 어느 것인지 결정해야 하는 미묘한 선택의 문제를 제기했다.

그래서 에라스무스는 올바른 그리스어본과 라틴어본을 얻기 위해서, 라틴어 대역본對譯本을 가지고 그리스어본의 '원문 비평 연구판'을 만들기로 결심했다. 그 결과 나온 것은 불가타 성서와는 아주 다른 라틴어본과, 사회적 위기를 유발할 우려가 있는 구석이 곳곳에 엿보이는 그리스어본이었다. 초판은 1516년에 인쇄되었다. 그것은 오식과 오류가 많았으며, 그가 붙인 주註는 다소 형식적이었다. 1519년 그는 바젤로 가서 직접 재판본이 인쇄되는 것을 지켜보았다. 재판본의 에라스무스는 가차 없었다. 그것은 새롭고 급진적인 암시들로 가득했다. 그는 자신의 학식으로써 불쾌하리만큼 공격적으로 그것들을 옹호했다. 에라스무스는 마치 그것으로 세상을 바꾸어놓으려는 듯했다.

에라스무스의 이 번역 성서가 르네상스 세계를 얼마나 위태롭게 만들었는지는 아무리 강조해도 지나치지 않다. 로마에 근거를 둔 가톨릭교는 유럽에서 지배적인 종교적, 사회적 권력이면서, 유일한 종교적 구심점이었다. 중세 동안 법과 관습을 만들어낸 모든 신학 논쟁은 라틴어로 행해졌으며, 라틴어 성서인 불가타 성서에 기초했다. 모든 종교 전례도 라틴어로 행해졌다. 그 어떤 의도나 목적에도 라틴어 성서가 쓰였다. 중세 세계에서 사회 질서와 교회의 권위는 이 불가타 성서의 위상에 달려 있었다.

에라스무스는 바로 이러한 불가타 성서를 바꾸고자 한 것이었다. 만약 이 모든 것의 기초가 되는 성구聖句가 바뀔 수 있는 것이라면 교회의 권위를 어떻게 보아야 할까? 만약 성서가 바뀔 수 있는 것이라면, '신의 말씀'에 무슨 일이 일어난 걸까? 에라스무스가 야기한 사회적, 도덕적 분노는 비단 번역이나 용어의 문제만은 아니었다. 그것은 사회 질서 자체를 위태롭게 했던 것이다.

에라스무스의 반대자들은 불가타 성서 내용이 바뀜으로 해서 교회 제도 자체가 위협받게 될 것을 두려워했다. 하지만 에라스무스는 평생 헌신적인 가톨릭교도로 남아 있었다. 17세기의 역사를 보면, 에라스무스의 반대자들의 염려는 옳았던 것으로 보인다. 백년 간격을 두고 영국이 로마를 부정하는 다른 교회를 가진 신교도 국가가 되었다. 독일도 마르틴 루터가 새롭게 해석한 신교를 따랐다. 스위스와 저지대 국가들 대부분은 신교도들로 가득했다. 실제로 교회는 이 새로운 지적인 움직임으로 인해 극렬히 분열되었다.

한 일화가 에라스무스의 학문이 가진 충격적인 위력을 예증한다. 에라스무스는 불가타 성서의 〈요한의 편지〉에 있는 한 문장을 고대 사본들에서는 그 어디서도 찾을 수 없자, 그것이 편지가 씌어지고 훨씬 후에 알 수 없는 다른 누군가에 의해 덧붙여진 것이 틀림없다고 판단했다. 그래서 그는 자신의 판본에서는 그 문장을 뺐다. 그 문장은 요한의 첫번 째 편지(요한 1서)에 나온다. "하늘에서 증거하시는 이가 세 분이시니, 아버지와 말씀과 성령이시요, 이 세 분은 하나이시라." 이 문장은 (항상 문제를 불러일으키는 개념인) 삼위일체가 어떻게 이해되어야 하는지를 언급하고 있다. 에라스무스의 믿을 만한 학식이 대혼란을 불러일으킨 것은 여기서였다. 많은 종교적 논의들이 기초로 삼아왔던 문장이 이제 갑자기 더 이상 하느님의 말씀이 아니게 되었으니 말이다.

에라스무스의 신약성서가 출간되고 50년 후인 1569년 6월, 헤르만 반 플레크비크라는 재세례파가 화형에 처해졌다. 종교재판관인 코르넬리우스 아드리안이라는 프란체스코 수도회의 탁발수도사는 이렇게 선언한다. "너는 에라스무스의 유독한 젖을 빨았다……하지만 성 요한은 이렇게 말한다. '하늘에서 증거하시는 이가 세 분이시니, 아버지와 말씀과 성령이시요, 이 세 분은 하나이시라.'" 이에 반 플레크비크가 답한다. "나는, 에라스무스가 《주해집》에서 그 성구가 그리스어 원본에는 없는 것임을 보여주었다고 들었소."

여기서 에라스무스의 학문은 문자 그대로 생사가 달린 문제를 제기한다. 그의 성서학을 신조로 삼은 이 순교자는 그것을 지키기 위해 산 채로 화형을 당한 것이다. 종교개혁과 반종교개혁에서 수백 명의 사람들이 '하느님의 말씀'과 관련된 대립으로 인해 심문당하고 고문당하고 화형에 처해졌다. 내란으로 유럽에 대혼란이 일어났을 때 다시 그 '말씀'을 위해 죽는 것이 순교자의 신조가 되었다.

〈요한의 복음서〉 첫 문장에 대한 에라스무스의 번역은 온갖 노여움과 적개심을 끌어들이는 피뢰침이었다. 수세기 동안 〈요한의 복음서〉는 "한 처음, 천지가 창조되기 전부터 말씀이 계셨다"In principio erat verbum로 시작되었다. 하지만 에라스무스는 대신 "한 처음, 천지가 창조되기 전부터 대화/강연이 있었다”In principio erat sermo로 번역했다. 이 서두는 가장 논쟁을 불러일으키기 쉽고 사람들의 이목을 끄는 것으로, 독자들에게 충격을 주어 주의를 끌도록 의도되었다. 당시 이에 대해 수많은 글들이 씌어지고 신랄하게 비판하는 글들이 줄을 이었다.

학문적인 용어로 말해서, 에라스무스는 이러한 번역을 뒷받침할 만한 좋은 논거를 갖고 있었다. 아우구스티누스나 다른 교부들은 대화/강연이라는 이 번역어를 알고 있었고, 어떤 이들은 오히려 이 용어를 좋아했다. 따라서 고대에서 그 전거를 찾을 수 있었다. 비록 두 용어 모두 그 의미를 완전히 포착하지는 못하지만, ‘대화/강연’Sermo은 격의 없거나 또는 좀더 철학적인 의미로, ‘로고스’logos의 번역으로서 ‘말씀’verbum보다 더 부합한다. 에라스무스는 주註에서 ‘라티오’ratio, ‘이성’reason, ‘질서’order가 좀더 적절할 수도 있다고 제안하고 있다.

‘로고스’와 ‘말씀’이 특히 복수형에서 의미상 일치하는 부분이 있기는 하지만, “한 처음, 천지가 창조되기 전부터 말씀이 계셨다”는 서기 1세기의 지적인 비그리스도교도 로마인 독자들에게는 아주 이상하게 들렸을 것이다. 하지만 아주 낯선 이 표현(‘말씀’)은, 만물의 질서를 새로 여는 이 서두에 두드러지게 초자연적이면서 모호한 효과를 주었다. 하지만 사람들이 당황한 것은 이러한 성서학 때문은 아니었다. 성서말 그대로 성스러운 하느님의 말씀-옮긴이가 바뀐다는 사실 자체만으로도 그러했던 것이다.

성 히에로니무스는 자신이 편집한 성서의 서문을 쓰면서, 모든 사람들이 “내가 감히 옛 원문을 가지고 덧붙이고, 바꾸고, 정정했다는 이유로 소리를 질러대고 나를 이단자에다 신성을 더럽히는 자라고 할 것”이라고 염려했다. 하지만 얄궂게도, 히에로니무스가 예상한 일을 그대로 겪은 것은 그의 제자라 할 만한 에라스무스였다.

이제 전선戰線이 형성되었다. 에라스무스는 유럽에서 가장 뛰어난 학자들과 유대 관계를 가진 스타 지식인이었다. 그는 20년 동안 그리스어 연구의 발전에 동기를 제공해왔다. 이제 그는 당시 쇠락해가던 교황에게 수없이 편지를 써서 그로부터 가능한 모든 지지를 이끌어내고자 애썼다. 에라스무스는 자신의 성서학을 옹호하는 책을 연이어 출간했다. 적어도 한 가지 기준에서 보면, 에라스무스가 승리했다고 말할 수 있다. 그를 계기로 대학교육에서 그리스어가 중요해지고 고전이 학문과 문화의 중추가 되었기 때문이다. 르네상스가 성공한 것이다.

하지만 그 모든 열광에도 불구하고, 종교적인 면에서 보면 에라스무스는 그로부터 25년이 안 돼서 그 중심에서 밀려나게 되었다. 1546년 가장 규모가 큰 추기경들의 논쟁 모임인 트리엔트 공의회는 불가타 성서가 진정한 성서라는, 혼란스러우나 구속력 있는 견해를 밝혔다. 가장 좋은 번역도 아니고, 교회가 사용하기에 정당하다고 인정되는 것도 아니지만, '진정한 성서'라는 것이었다. 원래의 진정한 '신의 말씀'이라 할 수 있는 번역이란 것은 참으로 큰 도박이었다. 추기경들은 또한 "그 누구도 어떤 구실 아래 감히 그것을 거부하거나 거부할 생각을 하지 말 것"을 요구했다. 그것이 번역상의 오류를 갖고 있음을 인정했음에도 말이다.

20세기 말이 될 때까지 가톨릭교회와 그 전례에서는 불가타 성서만을 써야 했다. 신교 국가들은 결국 성서의 언어를 평범한 사람들이 쓰는 언어인 자국어로 바꾸었다. 교회는 공식적으로 라틴어 성서를 사용했고, 이것이 라틴어를 모르는 일반 사람들이 성서에 직접 접근하는 것을 가로막고 있었다—옮긴이 그리하여 불가타 성서의 틴들 영어 번역본이 대부분 영국인들의 내적 생활에 규범을 제공하게 되었다. 그러면서 에라스무스의 번역본 성서에 대한 강박적인 소동은 잊혀져갔다.

에라스무스는 특히 종교심에 불타는 반대자들의 저항을 받았다. 케임브리지 대학교의 한 칼리지는 에라스무스의 책이 "말, 배, 짐마차, 또는 짐꾼에 의해" 대학 안으로 들여오지 못하도록 하는 정식 결의안을 통과시켰다. 에라스무스는 그 이야기를 듣고서 "웃어야 할지 울어야 할지" 몰랐다. 하지만 에라

●● **틴들 영어 번역본** 윌리엄 틴들은 오직 성서만이 교회 교리와 의식儀式을 결정하는 척도가 되며, 모든 신자들이 자기 나라말로 성서를 읽을 수 있어야 한다고 주장했다. 잉글랜드의 교회 당국자들이 잉글랜드에서 성서를 번역하는 것을 금지하자 1524년 런던의 부유한 상인들의 재정지원을 받아 독일로 갔다. 1525년 7월 그곳에서 《신약성서》 번역을 마치고 쾰른에서 출간했으며, 가톨릭 당국이 탄압하자 보름스에서 출간했다. 1526년 영어 번역 성서 초판이 잉글랜드에 보급되었다. 그 뒤 《구약성서》를 영어로 번역하기 시작했으나 다 마치기 전에 안트베르펜에서 체포되어 1536년 빌보르데에서 처형되었다—옮긴이

스무스에 더 크게 분노한 것은 존 스탠디시John Standish였다. 그는 런던에서 공개적으로 에라스무스에 반대하는 설교를 했다. 열변의 주제는 이러했다. "그리스어로부터 당신들의 아이들을 지키시오. 거기서 이단이 생겨나는 것이오."

에라스무스에 반대하는 설교를 한 상급 성직자가 스탠디시만은 아니었다. 전 유럽에서 종교의 권위자들이 그에 대항해서, 자신의 회중들에게 에라스무스를 가까이 하지 말도록 회유했다. 이러한 공격 가운데 특히 위협적인 것은 장차 요크의 대주교가 될 에드워드 리Edward Lee가 쓴 글이었다. 그는 주로 1516년의 번역 성서 초판본을 바탕으로 해서, 에라스무스의 작업방식과 의도에 대해 상세하고 학술적인 논박문을 썼다. 사실 초판본에는 오류가 많았다. 에라스무스는 리가 정정한 것들을 재판본에 많이 반영했으며, 또한 그의 논박문을 고약하게 반박하는 글을 써서 발표했다.

이 두 사람 간의 싸움은 예상 밖의 반응들을 불러왔다. 에라스무스의 지지자들이 에드워드 리와 그의 이름을 조롱하는 시들을 묶어 시집을 출간한 것이었다. 하지만 가장 기발한 반응은 한 도서관에서 나왔다. 그곳의 공공 열람실에 리의 책이 한 권 놓여 있었다. 이틀 후 책을 읽던 사람들이 도서관에서 지독한 냄새가 난다고 불평을 하기 시작했다. 그 근원지는 바로 리의 책이었다. 누군가 거기에 인분칠을 해놓은 것이었다. 이 이야기들을 들은 인문주의자들은 좋아하며, 곧바로 인분칠을 해놓은 사람을 칭송하는 시를 두 편 지었다.

몇 년 뒤에 토머스 모어는 그다지 거룩하지 못하게 마르틴 루터에 대해 이렇게 썼다. "루터는 자기 입에 오물, 똥밖에 담을 게 없다……오물과 똥을 내갈기면서 미쳐 날뛰는 미치광이 탁발수도사에 음흉한 악당." 독설로 가득 찬 이 냄새나는 언어들은 터져 나오는 격한 감정을 표현한 것이지만, 에라스무스의 지지자들 가운데 한 사람은 이를 지독한 신학적 혐오감을 나타내는 제스처로서, 글자 그대로 해석했던 것 같다.

에라스무스는 잉겔슈타트독일 바이에른의 도시에서 신학교수로 있던 존 메이어John Maier라는 동료 지식인과 더불어, 자신의 번역 성서를 검정하는 시간을 좀더 많이 가졌다. 메이어는 예의바르고 박학하며 아주 비판적인 인물이었다. 그는 교회가 정확한 성서를 얻기보다는 권위를 유지하는 데 얼마나 더 고심을 하는지 보여준다. 그는 이렇게 쓰고 있다. "보시오, 친애하는 에라스무스. 당신은 정말로 그리스도교도가 복음서 저자들이 실수를 했다는 말을 듣고도 인내심을 가지고 참으리라고 생각하는 겁니까? 만약 이 시점에서 성서의 권위가 흔들린다면, 성서의 다른 어떤 구절이 오류에 대한 의심으로부터 자유로울 수 있겠소?"

메이어는 그 문제를 가능한 한 명확히 하고자 한다. 만약 그리스어 성서에 어떤 잘못된 점이 있다면, 또 다른 점에서 다시 의혹이 일 수 있을 것이고, 그러면 모든 문제들이 근본적으로 뒤흔들리기 시작할 것이다. 어떻게 복음서 저자들이 실수를 할 수 있겠는가? 메이어는 자신의 견해에 신적인 권위를 부여하기 위해 사도들(복음서 저자들)이 방언성령을 받은 신자가 늘어놓는 뜻을 알 수 없는 말-옮긴이을 하는 것이라고 말한다. "그들은 그리스 사람들이 아니라 성령으로부터 그리스어를 배운 것이오." 그러한데 에라스무스 당신은 정말로 하느님으로부터 온 그리스어를 바로잡겠다는 것인가?

에라스무스는 이 주장을 정면으로 받아들였다. 그는 풍자와 자신의 주장을 뒷받침하는 정당한 근거를 총동원하며 이렇게 쓴다. "만약 우리가 사도 교부들이 쓰고 있는 그리스어를 하늘로부터 받은 선물이라고 주장한다면, 그 그리스어는 상말이라고는 할 수 없어도 조악한 편인데, 그러한 조악성도 모두 하늘로부터 온 것이 된다." 그렇다면 하느님은 어째서 조악한 그리스어를 가르쳐야 했을까?

에라스무스는 자신의 견해를 옹호하면서, 무심결인 것처럼 이렇게 쓰고 있다. "사도들이 그리스어를 쓰고 있지만, 그들의 그리스어가 그다지 정확하지 않다는 점은 익히 알려진 사실이다……." 그리고 그는 히에로니무스가 "그리스어를 제대로 알지 못한다는 이유로 서슴없이 바울로를 책망"했음을 상기시킨다. 교회의 권위자들부터가 그리스어에 능통한 정도를 문제 삼으면서, 자신의 그리스어 능력이 부족함을 고백하곤 했던 것이다.

에라스무스의 논의는 근본적으로 역사적인 것이었다. "당시 모든 철학과 신학은 그리스인들의 것이었다." 그리스어를 배우는 것이 교회의 기초를 뒤흔드는 도전이 될 수는 없는 일이었다. 왜냐하면 교회의 기초가 그리스어이기 때문이다. 진실과 학문에 호소하는 에라스무스와, 전통과 권위의 가치에 호소하는 메이어는 개혁과 보수 사이의 전형적인 대립을 보여준다.

그리고 이 문제를 떠맡은 것은 에라스무스의 반대자들 가운데서도 존 메이어보다 그리 세련되지 못한 이들이었다. 옥스퍼드 대학에서 '트로이인들' 이라 불리는 이색적인 모임을 이루고 있던 이들이 바로 그들이었다. '트로이인들' 보다 '그리스인들' 과 더 잘 싸울 이들이 누구이겠는가? 다음은 당시에 씌어진 글이다.

> 현자인 체하는 그들('트로이인들' 이라는 모임의 사람들)의 선배가 직접 프리아모스그리스 신화에서 트로이의 마지막 왕-옮긴이에게 세례를 주고, 다른 이들은 스스로를 헥토르, 파리스 등으로 불렀다. 이것이 농담이든 반反그리스 논쟁의 일부이든, 이들은 그리스어 연구에 헌신하는 사람들에게 조소를 퍼붓고 있는 것이다. 그리고 공적으로든 사적으로든 그리스어를 즐기는 사람들은 그 누구도 저 우스꽝스러운 '트로이인들'의 조롱을 피할 수 없는 지경에 이르렀다고 한다. 이 '트로이인들' 은 그리스어를 우습게 여긴다. 때문에 그들은 좋은 문학이 어떤 것인지 모른다…….

여기서 목소리가 높아지기 쉬운 대학사회에서 부분적으로 옥신각신 했던 싸움의 재미있는 한 단면을 엿볼 수 있다. 여기서 특기할 만한 것이 있다면, 이 글을 쓴 사람이 헨리 8세 궁정에서 가장 영향력 있는 정치가였던 토머스 모어라는 점뿐이다. 토머스 모어는 옥스퍼드 대학에 보내는 공개서한으로서 이 글을 발표했다. 그는 이 '트로이인들' 이 그리스 철학자들을 '이교도' 라 부르며 고전 학문을 금지시키려 한다고 한탄한다. 그러면서 국왕의 위력으로써 적당히 그들을 위협하고 있다.

모어는 국왕 편에서 글을 쓰면서, 거의 위협적인 어조를 감추지 않는다. 만약 '이 어리석은 도당들'이 그들이 하고 있는 일을 그만두지 않는다면 국왕의 보호는 바랄 수 없음을 지적하고 있는 것이다. 헨리 8세는 수도원들을 해산하고 그 땅을 몰수함으로써 수백 년 된 제도를 붕괴시켰다. 대학도 똑같이 그렇게 될 수 있었다. 그리스어와 관련된 소동에 영국의 최고 권력까지 휘말려 들어갔던 것이다. 모어는 여기서 최고 권력을 이용하여 자신의 좋은 친구인 에라스무스의 주장을 지지하고 있다. 그야말로 그리스어는 국가적인 관심사였던 것이다.

그리스어와 관련된 소동은, 에라스무스로서는 결코 예견하지 못한 당황스러운 방식으로 국가적인 관심사가 되었다. 영국은 엘리자베스 1세 통치 하에서 종교적 결단을 내려 1559년 공식적으로 신교국가가 되었다. 엘리자베스 1세와 에드워드 6세는 존 체크John Cheke, 1514-57, 영국의 인문주의자, 종교개혁 지지자로, 그의 가르침을 통해 케임브리지 대학교는 '신학문'과 종교개혁 신앙의 중심지가 되었다. 헨리 8세는 그를 케임브리지 대학교 최초의 그리스어 흠정(欽定) 강좌 담당교수로 임명했고, 에드워드 6세는 1552년 그에게 기사 작위를 수여했다-옮긴이와 로저 애스컴의 가르침을 받았다. 케임브리지 대학의 교수인 두 사람은 에라스무스와 인문주의 운동에 크게 영향을 받았다. 그리고 이들은 둘 다 열성적인 개혁주의자였다.

애스컴은 그리스 학문에 사로잡혀 있었으며, 젊은 왕과 여왕은 모두 그리스어로 엄격한 교육을 받은 후에 개심한다. (에드워드 6세가 그리스어로 번역한 것이 그가 남긴 기록 가운데 지금도 남아 있다). 이들 첫 개신교도 군주들이 자신의 견해와 태도를 형성하는 데는 이들 왕가의 두 교사가 결정적인 역할을 했다. 신교국가가 되기 위한 종교적 결정에 이르는 과정에서 정치적 협상을 맡은 것은, 전적으로 케임브리지 대학에서 교육받은 사람들, 즉 상호 결속된 소규모 정치가 집단이었다. 그리스어 연

●●
로저 애스컴
Roger Ascham, 1515-68, 그가 1545년 출간한 《궁술론》은 영국 최초의 궁술 입문서이다. 그는 이 책의 서문에서 자신이 "영국인을 대상으로 영국의 문체를 영어로" 쓴다는 점을 밝힘으로써 점점 높아져가는 인문주의자들의 애국심에 찬 열정을 보여주었다. 1548-50년에는 엘리자베스 공주에게 그리스어와 라틴어를 가르쳤고, 줄곧 에드워드 6세의 라틴어 담당비서를 지냈다. 말년에 엘리자베스 여왕이 각국 국왕에게 보내는 공식서한을 작성해주고 여왕의 그리스어 공부를 도왔다-옮긴이

구와 신교 교의에 대한 열정이 이 정치가들을 서로 묶어주었다. 영국을 신교로 이끈 것은, 서로 생각이 같은 사람들로 이루어진 한 당파였다. 이들은 새로운 최신유행의 그리스 학문을 교육받고 그 연구에 열렬했다.

토머스 모어는 영국이 종교적 결단을 내리기 오래전에 사형에 처해졌다. 아마도 그는 에라스무스처럼 영국이 가톨릭교회로부터 분리되는 데 반대했을 것이다. 그는 성서를 영어로 번역하는 시도를 꺾기 위한 운동을 활발히 벌였다. 이것은 경솔한 보수주의 때문이 아니었다. 토머스 모어는 번역의 문제와, 영어 번역 성서가 얼마나 오도될 것인가 하는 점을 심히 염려했고, 그의 이런 걱정은 쓸데없는 일이 아니었다.

예를 들어, 라틴어 단어 '카리타스' caritas는 '자선' 보다는 틴들의 영어 번역 성서에서처럼 '사랑' 으로 번역된다. 이러한 용어의 선택에는 커다란 뜻이 함축되어 있다. '사랑' 은 '선행' 보다는 '신앙' 에 더 큰 뜻을 둔다. 그것은 형식('자선')을 넘어선 신앙('사랑')을 높이 평가한다. 즉 말해서, 이는 바로 신교 사상을 언급하고 있는 것이다. '사랑' 과 '자선' 중에 어느 것이 더 적절한 번역인가 하는 문제 때문에, 사람들이 죽고 책들이 불살라진 것은 달갑잖은 얄궂은 일이다. 영어 번역 성서는 막연하고 난해한 외국어(라틴어)로부터 성서를 구해내어 보통 사람들에게 돌려준 것으로 찬미되곤 한다. 하지만 영어 번역 성서의 사용은, 사실 종교개혁에 대한 급진적이고 공격적인 지지의 뜻으로서 시작되었다.

종교개혁과 반종교개혁이 진행됨에 따라 신교의 탄생은 유혈사태를 불러왔다. 이러한 격렬한 논쟁은 오늘날에도 여전히 일어나고 있다. 종교개혁과 반종교개혁이 진행되는 과정에서 고전 고대의 문제는 주요한 역할을 했다. 그리스도교는 고대로부터 유래했다. 하지만 그리스도교도는 그리스어를 어느 정도로 알아야 할까? 만약 그리스어와 라틴어로 씌어진 성서를 비판적으로 살펴본다면, 교회의 권위에는 어떤 일이 일어날 것인가(또는 어떤 일이 일어났는가)?

전통을 어떻게 평가하는가는 신교와 가톨릭교의 차이를 논의하는 데 중요한 문제이다. 이러한 전통의 의미를 탐사하려면, 복음서들과 거기에 쓰인 그리스어, 그리고 교부들과 그들이 사용하고 있는 라틴어로 돌아가 그 자취를 밟아가야 한다. T. S. 엘리엇이 "그리스도교 문명이 살아남는 것을 보고 싶어하는" 사람들에게 그리스와 로마에 대한 연구는 필수적이라고 말했을 때 의미한 바는 적어도 부분적으로는 바로 이런 것이었다. 그는 서구의 전통을 이해하는 데 고전이 얼마나 중요한지를 잘 알았다.

06 예수가 비유로 이야기하는 이유는?

Knowing the Answer

내 친구의 열여섯 살 난 딸인 새러는 종교 과목 시험을 준비하고 있었다. 새러는 '왜 예수는 비유로 이야기할까'라는 질문을 과제로 받았다. 그 아이의 아버지는 새러에게 대충 〈마르코의 복음서〉, 그 중에서도 특히 4장 12-14절을 읽어보도록 했다. 거기서 예수는 자신이 가르침을 주는 방법에 대해 설명하고 있다.

그것을 충실히 읽은 새러는 〈마르코의 복음서〉를 인용해 답을 했다. "내가 비유로 이야기하는 것은 외부인이 이해하지 못하게 하기 위함이다." 선생님은 새러의 답을 고쳐주면서 말했다. "아니, 예수는 자신의 메시지가 모든 사람들에게 쓰일 수 있게 하기 위해서 비유로 이야기한단다. 비유는 보통 사람들, 즉 예수가 사랑한 단순한 민중들을 이해시키는 좋은 방법이지." 새러는 〈마르코의 복음서〉에서는 정확히 그 반대로 이야기하고 있다고 지적했다. 비유는 다른 사람들을 배제하고 알아듣지 못하게 하려는 것이라고.

새러의 선생님은 "정답은 '모든 이들이 그 메시지를 알아듣도록 하기 위해서' 란다"라고 분명히 말해주었다. 〈마르코의 복음서〉와 학교의 일반적인 시험 답안이 비교되는 점은 무엇인가?

비유담은 꾸며낸 이야기여야 하고, 보통 재미는 없다. 하지만 실제 있었던 이야기에다 재미가 있음에도, 새러의 이야기는 비유담과 아주 비슷하다. 이 비유가 전하는 첫 번째 메시지는, 아버지, 특히 대충대충인 아버지를 항상 믿어서는 안 된다는 점이다. 어쨌든 좋은 목자라면 자신의 어린 양에게, 〈마르코의 복음서〉만이 아니라 〈마태오의 복음서〉 13장 또한 안내했을 것이다. 마태오는 이 13장에서 〈마르코의 복음서〉에 나오는 같은 내용을 새로 쓰고 있다.

네 복음서 가운데 가장 먼저 기록된 〈마르코의 복음서〉는 직설적이다. 거기서 사도들이 예수에게 왜 비유를 이용하는지 묻는다. 그러자 예수는 화를 내며 대답한다. "너희에게는 하느님 나라의 신비를 알게 해주었지만 다른 사람들에게는 모든 것을 비유로 들려준다. 그것은 그들이 보고 또 보아도 알아보지 못하고 듣고 또 들어도 알아듣지 못하게 하려는 것이다. 그들이 알아보고 알아듣기만 한다면 나에게 돌아와 용서를 받게 될 것이다." (〈마르코의 복음서〉 4장 11-12절) 알베르트 슈바이처는 이에 대해 '혐오스럽다' 고 했는데, 왜 그런지는 쉽게 알 수 있다. 예수는 외부인들을 천국의 비밀로부터 배제하기 위해서뿐만 아니라, 사람들이 회개해서 용서받기를 원치 않기 때문에 비유로 이야기하는 것이다. 이 가혹한 교의는 대부분 사람들이 생각하는 이상적인 그리스도교나 예수와는 어긋난다.

마태오는 좀 덜 삭막하다. 그도 비슷한 식으로 이야기하지만, 중대한 차이가 있다. 여기서 다시 예수는 왜 비유를 사용하는지 질문을 받는다. 그러자 그는 사도에게는 천국의 비밀이 허락되었으나 외부인들은 허락되지 않았기 때문이라고 설명한다. 하지만 그는 이어서 이렇게 말한다. "내가 그들에게 비유로 말하는 이유는 그들이 보아도 보지 못하고 들어도 듣지 못하고 깨닫지도 못하기 때문이다."(〈마태오의 복음서〉 13장 13절)

이는 어쨌든 새러의 선생님이 원했던 답에 좀더 가깝다. 대중은 그 비밀을 이해할 수 없기 때문에 비유로 이야기하는 것이 필요하다. 그들이 이해하지는 못하지만, 적어도 가능성은 있는 것이다. 마태오는 계속해서 비유를 사용하는 것은 또한 〈이사야〉에서 한 예언을 완수하는 것이라고 설명한다. 그리고 이 부분에서 예수는 그 비밀로 이끄는 좀더 은밀한 가르침을 위해 제자들을 집 안으로 데려간다. 때문에, 독자인 우리는 잠재적인 비밀 계승자가 된다. 〈마르코의 복음서〉와 달리, 〈마태오의 복음서〉에서는 앞서 비난받은 것이 그다지 비난받을 만한 일로 여겨지지 않는다.

성서학자들은 이렇게 다른 판본들을 앞에 두고 어려운 선택을 해야 했다. 〈마르코의 복음서〉가 더 이른 시기에 나온 것임에도, 안도의 한숨과 함께 〈마태오의 복음서〉가 정통 판본으로 받아들여지곤 한다. 그것이 혐오감을 덜 주기 때문이다. 마르코는 잘못 이해했거나 오해를 했던 것으로 추정되고 있다. 하지만 만약 (에라스무스가 보여준 것처럼) 복음서에 오류가 있다는 논의가 불가피해지게 되면, 문제가 커지는 것이다.

비유에 관한 이러한 '신의 말씀'을 어떻게 보아야 할까? 마태오가 설득력을 갖기 위해 마르코의 단호한 메시지를 누그러뜨렸다는 주장이 제기되는 것은 당연하다. 마르코를 옹호하는 것이나 마태오를 옹호하는 것이나 성가신 결과를 가져오기는 마찬가지이다. 수세기에 걸쳐 학자들은 제3의 절충안을 찾았으나, 이 이야기들을 적절히 한데 융화시키는 데 실패했다.

하지만 나는 새러와 그 아이의 선생님과 아버지가 등장하는 비유담을 통해, 현대 교육제도나 현대 사회에서 가능한 그리스도교에 대한 해석이 얼마나 빈약해지고 색이 바래졌는가를 이야기하고 싶다. 그리스도교가 고전으로부터 물려받은 뿌리와 고전에 맞섰던 투쟁을 쏙 빼놓고서 이 종교를 본다면, 피상적인 것에 머물 수밖에 없다. 그렇게 되면 그리스도교는 그것이 갖는 진지함, 급진적인 도발성, 열정을 상실한 채 김빠진 것이 되어버리고 만다. 종교의 역사는 말할 것도 없이, 문화의 역사는 어째서 그런 진부하고 피상적인 것에 만족하는 걸까? 왜 그리스도교는 자신이 어디서 왔는지를, 그리고 자신의 탄생과 성장이 얼마나 힘든 과정이었는지를 잊고 싶어하는가?

그리스도교는 고대에 성립했다. 그리하여 초기 그리스도교는 로마제국에서 권위 있는 언어이던 그리스어와 라틴어에 의해 체계화되었다. 복음서들은 그리스어로 씌어진 다음 라틴어로 번역되었다. 교회의 기초를 놓은 교부들은 라틴어와 그리스어로 글을 쓰고 생각했다. 예수는 적어도 일부 복음서 저자들이 그랬던 것처럼, 처음에는 아람어를 썼을 수도 있다.아람어는 히브리어 대신 유대인의 언어가 되었고, 일부 성서와 《탈무드》도 아람어로 씌어졌다. 그리고 예수와 그 제자들도 아람어를 사용한 것으로 여겨지고 있다-옮긴이 하지만 그리스도교가 로마제국의 종교가 된 것은 그리스어와 라틴어를 통해서였다. 그리스도교는 고대에 공식화되어서 로마와 그리스 문화에 대해 과격하고도 적의에 찬 거부반응을 보이는 한편으로, 은밀한 화해와 가치관의 타협을 모색하는 길을 걸어왔다.

초기 그리스도교는 극단적이고도 고집스럽게 충동을 일으키며 고전 고대와 차례로 싸움을 벌여 나갔다. 그리스도교는 그 기초가 놓이던 초기로부터 자신의 뿌리를 찾아야 하겠지만, 오늘날에는 아주 먼 옛날의 일들이 극히 소원해 보일 수 있다. (서구 문화가 유래한) 그리스도교의 역사를 올바르게 인식하기 위한 그림을 그리는 데는 많은 어려움이 따를 것이다. 우리는 고대 문화 없이 그리스도교가 어떻게 생겨났는지 이해할 수 없다. 그리고 그러한 이해 없이는, 우리가 갖고 있는 가장 기본적인 가치관들(오늘날 우리 모두가 그에 따르는 한편으로 동시에 그로 인해 고심하게 되는)의 기원을 올바르게 인식할 수 없다.

제3부 | 선량한 시민

What do you think should happen?

01 정치에 역사가 필요한가

Does Politics Need History?

모든 사람들이 민주주의가 고대 그리스에서 시작되었음을 안다. 1990년대에 민주주의 탄생 2500주년 기념제가 거행되었다. 많은 정치가들과 편집자들은 역사와 우리의 가치관에 대해 상투적인 이야기들을 늘어놓았고, 그리스는 다른 유럽 국가들보다 좀더 국가적인 차원에서 축제를 열었다(그리고 재차 엘긴의 대리석상들*의 반환을 요청했다). 미국은 새 천 년이 시작될 때 그랬던 것처럼, 민주주의 이름 하의 전쟁으로 1990년대를 열었다.

* 런던의 대영박물관에 소장되어 있는 고대 그리스의 조각품이나 건축 조각을 말한다. 이들은 아테네의 파르테논 신전을 비롯한 고대의 건축물에서 옮겨온 것으로, 1799-1803년 오스만 제국의 영국 대사를 지낸 토머스 부르스 7세 엘긴 경이 영국으로 가져온 것이다-옮긴이

이렇게 병치되는 축전의 즐거움과 걸프전의 무시무시한 충돌이 이 장에서 다룰 문제들을 준엄하게 제기한다. 민주주의는 그리스에서 시작되었다. (가장 이기적인 수사법을 제외하면) 민주주의가 그 시대 그 장소에서 창안되었다는 점이 중요할까? 아주 오래전 작은 사회에서 생겨난 정치학이, 다국적 기업, 세계적인 미디어망, 대량살상 무기들이 존재하는 오늘날에도 여전히 적합할 수 있을까? 일주일이 정치에서 긴 시간이라면, 2500년은 어떻게 보아야 할까?

정치란 냉혹하고 추잡한 일일 수 있다. 그리고 아리스토텔레스 없이도 권력과 다른 사람에 대한 지배력을 추구할 수 있다는 것은 아쉽지만 너무도 명백하다. 승리를 거두어 권력을 쥐고자 하는 정치가라면, 추측컨대 마키아벨리로부터(또는 스탈린의 생애로부터) 한두 가지 책략을 배울 수 있을지도 모른다. 하지만 이기심으로 칼로 베거나 찌르는 데는 탐욕과 야심, 그리고 지배의지 이상의 동기가 필요치 않다.

모든 수준의 정치 활동에서 이러한 동기가 갖는 위력을 가벼이 여기는 것은 우둔한 일일 것이다. 권력은 자신을 숨기기 좋아한다. 하지만 노골적이고 추악한 권력 추구의 욕망은 실제 정치의 표피 아래 그다지 깊숙이에 있지 않다. 플라톤과 비열한 경제적, 군사적, 그리고 합법적인 폭력 사이의 거리는 아주 멀어 보일 것이다. 지난 백년간 정치적 폭력을 겪어온 희생자들에게는 당장의 문제들을 코앞에 두고 아득히 먼 과거로 눈을 돌리는 것이, 냉소적이거나 모욕적으로 여겨질지 모른다.

하지만 나는 정치를 역사로부터 떼어놓는 것, 그리고 민주정치를 민주주의의 역사에서 분리하는 것은 중대한 실수라고 생각한다. 정치에는 권력을 행사하는 것 외에도 더 많은 것들이 있다. 많은 사람들이 사회를 변화시키기 위해 싸우거나 사회적 가치들을 지키기 위해 고투를 벌이는 데는 개인적인 야망을 훨씬 넘어서는 동기들이 있다. 역사와 이론(사상의 힘)이 정치를 형성하는 역할을 하는 것은 바로 이런 점에서이다. 니체가 예언한 것처럼, 현대 세계에서 발생하는 대부분의 폭력과 파괴적인 대립은 다름 아닌 '사상들 간의 전쟁'이다. 이 장에서 중요한 것은 민주주의 사상이 가지고 있는 힘이다.

250년 전 '민주주의' 또는 '민주주의자'라는 말은 주로 모욕적인 뜻으로 사용되었다. 민주주의자를 자처했다가는 신중한 사죄 또는 해명을 하거나 자신을 부정하는 일을 피하기 어려웠다. 시인 워즈워스는 1794년 친구에게 사적으로 "나는 '민주주의자'라고 불리는 증오할 부류의 사람들과는 거리가 머네"라고 썼다. 프랑스혁명에 자극받은 도전적인 젊은이였던 그에게도 '민주주의자'는 쓰고 싶지 않은 말이었다. 프랑스혁명 전 프랑스의 지식인들도 '민주주의'라는 말을 호의적으로 사용하지 않았다.

미국 독립전쟁과 프랑스혁명이 고취한 생각(그리고 야기한 공포)은 정치 언어를 근본적으로 바꾸어놓는 논쟁을 일으켰다. 미국 건국의 기초를 놓은 이들이나, 프랑스혁명 지도자들이나 모두 공화정에 대한 이상을 가지고 있었다. 그리고 지금은 대중적인 정치 논의에서 '민주주의'는 더 이상 의심할 여지가 없는 용어가 되었다. 서구의 모든 부유한 사회는 그들 스스로를 즐겨 민주주의 국가로 부른다. 민주주의의 우수성에 대한 이들의 생각은 거의 만장일치에 가깝다. 현대의 정치인이나 정치평론가가 민주주의를 해체하자고 하거나 헐뜯는 것은 그리 간단히 선택할 수 있는 일이 아니다. 중국의 공산당, 아랍 국가의 독재자들, 남미의 군사정권은 절실히 민주화가 요구되는 '다른' 세계의 부패한 통치자로 묘사된다. 서구인들은 민주주의의 이상이라는 기치 아래에서 살아가고 싸운다.

'민주주의'를 과시하는 듯한 찬사는 어디서나 들을 수 있고 종종 그것은 무분별하게 사용된다. 때문에 이 말이 어떤 의미를 가질 수 있고, 또 어떤 의미를 가져야 하는지에 대한 비판적 반성이 더욱 필요해진다. 그러한 비판적 반성은, '민주주의를 위한 싸움'이란 것이 공인된 표어가 되고 있는 오늘날에 특히 절실하다. 그리고 가장 위대한 민주주의 사상가와 정치가들은 언제나 민주주의의 정치원리를 자기비판적인 눈으로 바라보았다.

"다른 모든 제도들을 제외하면, 민주주의는 최악의 정부 형태이다"민주주의는 현존하는 또는 존재했던 제도들 가운데 최선이지, 그 자체가 최선은 아니라는 의미–옮긴이라고 윈스턴 처칠은 말했다. 이는 일부러 역설적으로 한 말처럼 들릴지 모르지만, 입에 발린 말이 아니다. 처칠은 가장 강한 압력(말하자면 전쟁) 하에서 민주정체가 어떻게 되는지를 잘 알았다. 그는 민주주의가 파시즘과 싸웠던 제2차 세계대전 동안 영국 보수당 정부의 수상으로서, 영국에서 어떻게 민주주의의 전형적인 많은 관습들이 중지되는지 그 과정을 목격했던 것이다.

우선 총선거가 실시되지 않았다. 의회 의원이 한 사람 사망하더라도, 민주주의의 전통적인 대립 정치가 이루어지지 않았다. 보수당원이 죽으면, 그에 따른 보궐선거에서 노동당은 경선에 나서지 않았다. 마찬가지로 보수당은 노동당이 점유한 선거구에서 후보자를 내지 않았다. 언론의 자유, 거주이전의 자유, 그리고 시민의 다른 많은 기본권이 중지되었다. 민주주의는 전쟁에서 이기기 위해 참정권을 과감히 축소했다. 마치 민주주의를 위해 싸울 때는, 민주주의의 원리들을 중지시킬 수 있는 것으로 보였다. 전쟁이 끝난 후 전승국의 지도자인 처칠은 소탈하게 투표에 의해 공직에서 물러났다. 이런 동기로 해서 처칠은 민주주의 제도의 장점과 약점(지키기 위해 싸울 만한 것과 그 한계)을 충분히 이해할 수 있었다.

하지만 앞서 언급한 처질의 날카로운 논평은 자신이 경험한 바를 삐딱하게 회고한 것만은 아니다. 오히려 그것은 민주주의의 본질적인 측면을, 그리고 왜 민주주의의 역사가 중요한지를 압축적으로 포착하고 있다. 처칠은 다른 많은 정치가들과 달리 이상주의나 유토피아 사상에 빠지지 않는다. 그는 '민주주의는 완전하다,' '민주주의는 도덕적으로 옳다' 또는 '민주주의는 가장 좋은 정부 형태이다' 라고도 말하지 않는다. 그는 두 가지 타당한 이유를 드는 방식으로 자신의 견해를 피력한다.

우선, '대립' 이라는 말을 빼면 정부 형태로서의 민주주의를 생각하기란 불가능해진다. 대립은 민주주의에 필수적이다. 민주주의는 사회 내에서 그리고 사회에 대해서 맞서는 서로 다른 의견을 가진 사람들에 의해 운영된다. 해서 주장과 의견 차이와 타협이 요구되는 것이다. 민주주의는 적어도 두 가지 서로 다른 관점이 있다는 점을 당연시한다. 그래서 토론과 투표가 필요하다. 그리고 만약 논쟁이나 공동의 의견에 따른 결정을 하지 않을 경우 중요한 것을 놓치게 되리라고 생각한다. 어쨌든 (일부 종교나 전체주의 국가에서 그렇게 생각할 법한 것처럼) 만일 유일한 단 하나의 올바르고 확실한 길이 있다면, 어느 누가 민주주의를 필요로 하겠는가? '민주주의를 위해서' 라고 주장한다면, 그에 맞서는 다른 의견이 있을 수 있음을 인정해야 한다. 이것이, 처칠이 앞서와 같은 말로 민주주의를 표현한 한 가지 이유이다. 그는 자신과는 다른 의견이 제기될 수 있음을 알고 있는 것이다.

두 번째, 민주주의가 처음 시작된 고대 아테네에서도 민주주의에 대한 비판 없이 민주주의는 존재할 수 없었다. 민주주의는 반드시 다른 제도와 비교해서 자신을 본다. 비교대상이 고대 아테네의 전통적인 적수였던 스파르타든, 냉전시대 미국에 대항했던 구소련의 공산주의이든, 또는 처칠이 싸웠던 파시즘이든 말이다. 하지만 민주주의는 또한 항상 자기 자신에 대한 비판을 허용해왔다(그리고 그러한 비판을 자극해왔다). 민주주의는 비판의 자유가 있음을 자랑한다("여기서는 적어도 자신의 의견이 다르다는 것을 말할 수 있다……"). 그리고 흔히 이러한 비판의 자유는, (자신이 표를 던진 쪽의 반대편 의견이 다수결로 결정될 경우) 투표에 의해 일부 시민이 불만을 품은 패자로 남아 있을 수 있는 민주주의 제도에서 어쩔 수 없이 생겨나는 좌절감과 괴로움에 대한 보상으로 여겨지곤 한다.

민주주의에 대한 지속적인 비판(민주주의에 대해 확고한 신념을 가진 이들도 이러한 비판에서 빠지지 않는다)은, 민주주의가 항상 유토피아적인 제도로서 장려될 수 있는 것은 아님을 의미한다. 처칠이 알고 있었던 것처럼, 민주주의는 다른 제도들보다 불행한 결과를 덜 불러오는 정부 형태로서 가장 성공하고 있다. E. M. 포스터는 나치 독일에 대비되는 영국의 제도를, "둘이면 민주주의에 환호한다"(하지만 셋이 되면 달라진다)는 식으로 찬미했다. 처칠은 올바른 민주주의자는 민주주의를 선택하더라도 그것이 가지고 있는 문제점 또한 인정해야 함을 이해했다. 그는 자신이 민주주의에 대해 평한 것만큼 민주적이다.

사상의 힘이 정치활동을 자극한다. 그리고 비판적 논쟁은 민주주의의 원리와 실천에서 기본이다. 민주주의에 대한 토론은 결과적으로 역사와 이론의 문제로 향함을 알게 될 것이다. 민주주의자들은 정부 형태가 어떤 것이어야 하는지, 그리고 그것을 현재나 과거의 다른 권력 형태와 어떻게 비교할지 질문해볼 필요가 있다. 민주주의는 시민 혹은 시민 대표들을 정치, 법률, 제도를 실행하기 위한 토론으로 끌어들여야 한다(어떤 사회에서는 시민들 스스로가 그러기를 바란다). '만일?' 이라는 질문을 불러일으킬 수 있는, 이런 가능성을 인식하게 될 때 역사와 이론이 정치 안으로 들어오게 된다. '어떻게 되어야 할까?', '이렇게 되어야만 할까?' 하는 의문 역시 역사적, 이론적 논의의 출발점이 된다. 이런 논쟁에서 고전은 중요한 역할을 한다.

민주주의는 고대 아테네에서 시작되어 지금까지 지속되고 있다. 여전히 개량되고 시험되고 있는 하나의 실험인 것이다. 우리가 민주주의에 대해 갖고 있는 의문과 민주주의의 역사는 아테네에서부터 시작된다. 이런 의문을 지속적으로 가져보는 것이, 현대 정치를 명쾌하게(이러한 명쾌함은 아주 필요한 것이다) 들여다볼 수 있는 렌즈를 제공한다. 고대의 민주주의는 여전히 현대 정치사상이 던지는 '만일?' 이라는 의문에 바탕을 제공한다.

02 아테네의 민주주의 – 지도 바꾸기

Athenian Democracy - Changing the Map

기원전 508년경 클레이스테네스는 새로운 정치제도를 채택하도록 동료 아테네인들을 설득했다. 이것이 이후 오래도록 발전해온 서구 민주주의의 출발점이었다. 아테네 사회 역사의 초기에 민주주의가 출현, 성립한 것인데, 그 발생 배경에 따른 특성을 보여준다.

아테네는 묘한 도시국가였다. 거기에는 사람들이 북적거리는 중심지, 다시 말해 요새화된 아크로폴리스(여기에 파르테논 신전이 들어서게 된다) 주변에 발달한 도심지구가 있었다. 하지만 피레우스 항구는 도심지구로부터 다소 떨어져 있었다. 아티카 전체, 즉 그 도시로부터 약 40킬로미터 떨어져 망상조직처럼 분포해 있는 마을들과 작은 공동체들이 또한 '아테네'였다. 이 복합적인 도시국가에는 대부분 외지고 고립된 농장들과, 모든 그리스인들이 신비의식을 치르기 위해 모여드는 엘레우시스 같은 중요한 종교적 중심지들이 있었다.그림 32

아테네는 농경 사회여서 많은 도심 거주자들 또한 농토를 가지고 있었고 거기에서 일했다. 아테네인들은 이 묘하고 불규칙하게 뻗은 마을들과 공동체들이, 최초의 왕인 테세우스가 세운 아테네라는 도시국가에 통합되어 단일화되어 있다고 생각했다. 테세우스는 파르테논 신전에 묘사되어 있는 것처럼 아마존족과 싸우고 미노타우로스를 죽였으며, 그의 아버지는 바다의 신 포세이돈이었다. 아테네인들은 자기네 도시의 정치적 기초에 관한 이런 이야기를 즐겨 하곤 했다.

클레이스테네스는 사회적, 경제적 변화가 급속히 일어나던 세기의 말무렵에 살았다. 기원전 6세기는 아테네에 내부적인 위기가 거듭되던 시기였다. 경제적, 정치적 불평등이 사회 불안을 두드러지게 야기했으며 시민들의 충돌이 거듭되었다. 특출한 두 인물이 이 세기의 역사를 지배하는데, 이들은 이후의 민주주의 이데올로기에 기초가 된다. 한 사람은 민주주의의 우상으로서, 또 다른 한 사람은 민주주의에 대한 저주로서.

전자는 기원전 590년대에 활동했던 솔론이다. 솔론은 아테네가 상류층 가문들 간의 경쟁과 중앙집권적인 통제의 부재로 분열된 시기에 등장하여 지도자가 되었다. 솔론은 자신의 정치활동에 대해 쓴 시에서, 지역의 주요 인물에 의한 권력 남용을 통제하고, 토지소유권에 따라 사회를 '계급화' 하여 조직하며, 좀더 강하고 좀더 중앙집권화된 법제도를 수립함으로써 공동체의 의미를 강화하도록 논의하는 교섭자로서 자신을 묘사한다.

뒤에 고대의 정치 작가들은 이와 비슷한 관점에서 솔론을 보았다. 아리스토텔레스학파의 저작인 《아테네의 제도》는 솔론이 제정한 세 가지 가장 중요한 법령을 조명한다. 그것이 클레이스테네스의 민주주의를 위한 길을 닦았다. 우선, 그는 몸을 담보로 한 대출을 법적으로 무효화했다. 이는 가난한 사람이 부자의 노예가 될 수 없음을 의미했다. 둘째, 희생자를 대신하여 제3자가 소송을 제기할 수 있게 했다. 이를 통해 가문 간의 다툼과, 강자가 약자에 대해 가하는 피할 수 없는 압력을 법적으로 무효화했다. 셋째, 모든 시민들에게 법정에 항의할 권리를 주었다. 이는 시민들로 이루어진 배심원 제도의 창설을 암시한다. 이것은 이미 유력한 가문들의 손에 들

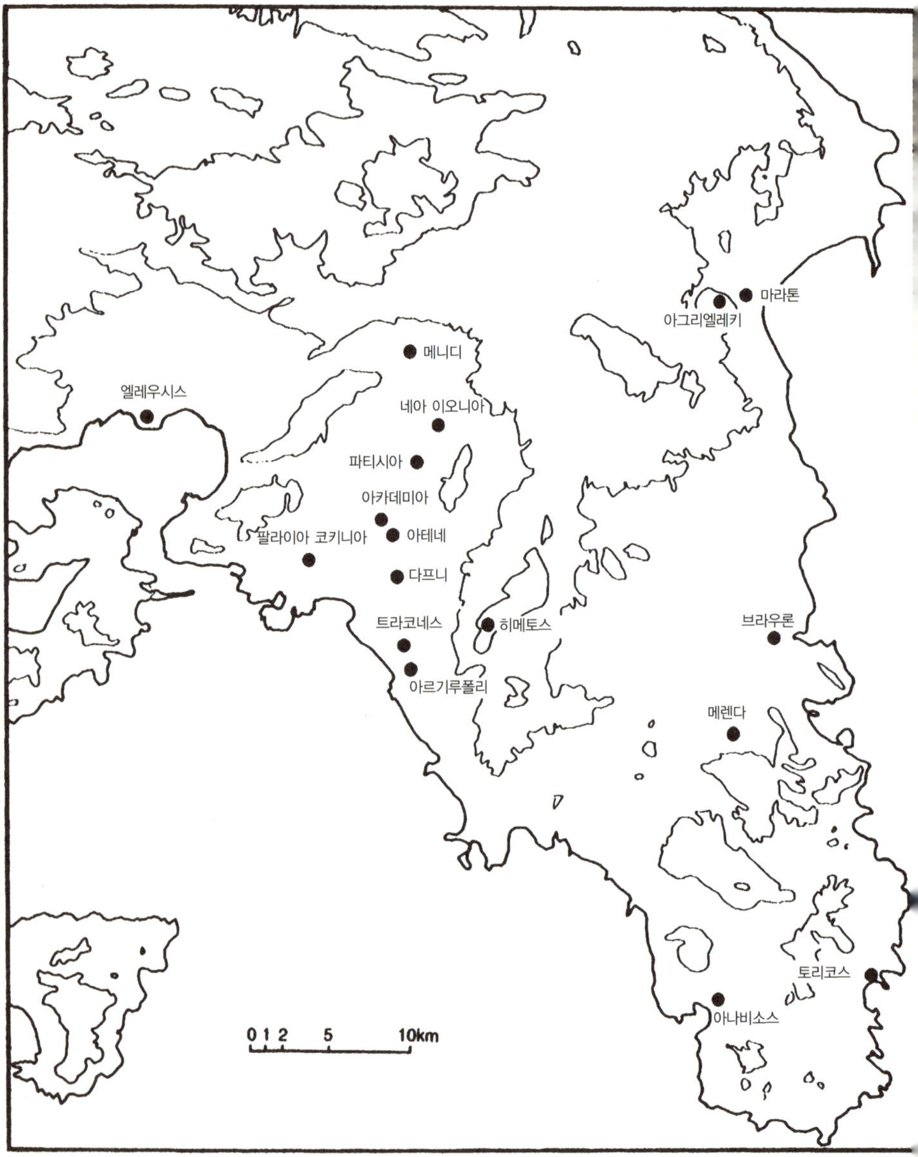
마라톤
아그리엘레키
메니디
엘레우시스
네아 이오니아
파티시아
아카데미아
팔라이아 코키니아
아테네
다프니
트라코네스
히메토스
브라우론
아르기루폴리
메렌다
토리코스
아나비소스
0 1 2 5 10km

● 그림 32 아티카의 지도

어간 직위인 집정관이 가진 극도의 권세에 맞서는 것이었다.

솔론은 아테네를 안정시키기 위해 노력했다. 그가 권력의 역학관계에 의미 있는 변화를 일으켰는지 어땠는지 판단하기는 어려운 일이다. 하지만 어시럽던 시기인 기원전 4세기에 그는 민주주의의 기초를 놓은 대부로 여겨진다. 그가 제정한 법률이 상류층의 압력을 넘어 시민들을 존중한 것으로 여겨지기 때문이다.

후자의 인물은 페이시스트라토스로, 기원전 6세기에 아테네를 지배했다. 그는 거의 모든 면에서 솔론과 대조된다. 기원전 560년경 그는 아테네의 참주가 되었다. 참주란 단독의 통치자 또는 독재자를 말하는데, 아들인 히파르쿠스와 히피아스가 그의 뒤를 이었다. 솔론의 경우에는 분명 권력과 지위를 유지하기 위해 끊임없이 상류층 가문들과 경쟁해야 했으며, 아테네의 안정된 정체政體를 창출하는 데 성공하지도 못했다.

고대의 자료에 따르면, 아테네에는 평원파, 해안파, 산악파의 세 개 주요 집단이 있었는데, 페이시스트라토스가 산악파를 이끌었다. 참주정치는 산악파가 승리한 결과였다(하지만 이런 집단 분류 근거가 단지 토지와 가족에 의한 것인지, 또는 좀더 폭넓은 정치적 관계와 연관되어 있는 것인지는 알 수 없다). 정권을 장악한 페이시스트라토스는 거대한 신전을 세우고, 주요 건축 계획에 착수했으며, (아마도 비극과 희극이 공연되는 디오니소스 대축제를 포함해서) 새로운 축제를 발전시켰다. 그리고 아테네의 주요 축제인 판아테나이아를 올림피아 경기에 필적하는 범그리스적인 행사로 확대시켰다. 하지만 이후의 민주주의자들에게, 이 참주는 민주주의에 내려진 혐오스럽고 두려운 저주였을 뿐이었다.

아테네의 참주들은 살해되면서 축출되었는데, 이러한 참주 살해가 민주적인 영웅 행위의 전형적인 이미지가 되었다. 히파르쿠스를 암살한 명예로운 두 남자의 조각상그림 33과 더불어 폭군 살해를 숭배하는 의식儀式도 있었다. 아테네인들이 가장 좋아하던 주연 노래들 가운데는 이들 살해자들을 찬미하는 것이 있었다. 그 하나는 이러하다. "은매화 작은 가지에 내 칼을 지녀 가져가리. 아리스토게이톤과 하르모디우스가 참주를 죽여 아테네인들에게 법 앞의 평등을 가져다주었던 때처럼." 〈라 마르세예즈〉나 〈성조기여 영원하라〉처럼, 이런 노래들에서 중요한 것은 서정시의 발랄함보다는 그 노래에 담긴 정치적 이상이 주는 감동적인 힘이었다.

클레이스테네스의 정치적 의제는 솔론과 페이시스트라토스의 민주주의 진행 과정에서 나타난 위기들에 대한 반응으로 나온 것이었다. 참주들이 실각한 후, 상류층 가문들이 권력의 공백을 메우기 위해 다툼을 벌였으리라고 생각할지 모른다. 하지만 클레이스테네스는 놀랍고도 중대한 방책으로, 우선 '시민들'을 자기편으로 끌어들였다(기록이 이를 말해준다). 비록 그 자신은 아테네의 귀족가문 출신이었으나, 다음 두 세기에 걸쳐 대부분 민주주의 정치가들이 그랬던 것처럼, 그는 농부 집단(소작농과 도시의 노동자들)의 지도자로서 자리 잡았다.

더욱 주목할 만한 것은, 그가 이러한 대중의 지지를 이용한 것이 단지 자신의 권력 기반을 만들기 위해서가 아니라는 점이다. 그는 대중의 지지를 이용하여 또한 의사결정과 관련된 일련의 법령과 제도를 마련했다. 이에 따라 '시민들' 스스로 자신들을 통치하게 됨으로써 아테네를(그리고 서구 정치의 가능성을) 근본적으로 일변시켰다.

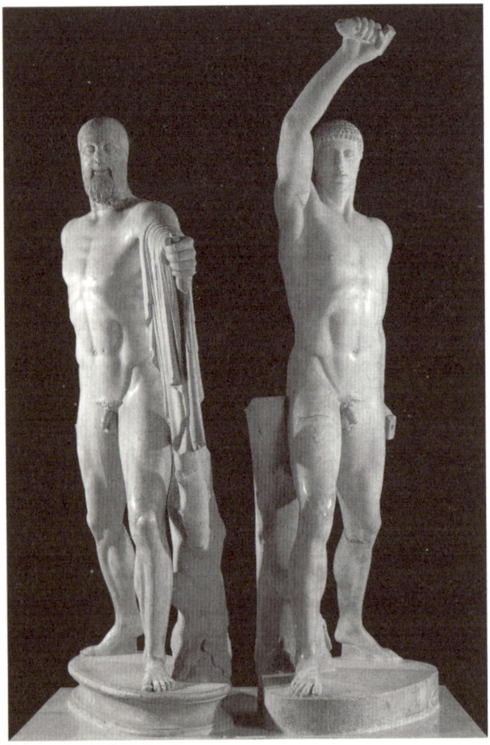

● 그림 33 〈폭군 살해자들〉

클레이스테네스의 급진적인 조처들 가운데 첫 번째는, 아테네의 공간 정책을 재정비함으로써 시민의 소속감을 재편성한 것이었다. 그는 시민 모두(열여덟 살 이상의 참정권을 가진 남성들)에게 '구' deme에 등록하도록 했다. 139개 구는 사람들이 우연히 살게 된 행정구나 선거구만은 아니었다. 그것은 하나의 공동체로, 그 구성원들은 '구민' 으로서 일체감을 가지고 있었다. 이들은 씨족 관계에 있었기 때문에, 이들에게 구는 마음편한 곳이었다. (행정구나 선거구를 옮기는 것처럼) '구' 를 옮길 수는 없었으며, 말할 것도 없이 아들은 아버지의 '구' 에 소속되었다.

클레이스테네스 시대부터 줄곧 아테네인은 자기 이름, 아버지의 이름, 속한 '구' 로써 자신을 확인하곤 했다. 이 구는 사회적, 정치적 정체성의 중요한 표지였다. 각 구는 종교적 숭배 제식을 위한 자체의 중심지, 극장이나 묘지 조합 같은 자체의 단체를 갖추고 있었으며, 구의 지도자인 '호민관' demarch을 지명했다. 도시국가의 많은 관료들이 구를 통해 활동했다. 이것이 정치에 미친 중요한 영향은, 각 지역사회에 자치결정기구를 확립하고, 그 공동체로 하여금 그곳으로 들어오는 모든 이들에 대해 책임을 지도록 했다는 점이다. 이는 진정한 지방자치였다.

두 번째 차원의 사회조직은 부족이었다. 아테네 전체는 이제 10개의 부족으로 나뉘었다. 각 부족에는 영웅과 더불어 그 이름을 딴 제식이 있었다. 하지만 가장 중요한 것은, 각 부족들에 모든 주요 정치기관, 집정관들의 위원회, 그리고 다른 관료들을 선출하기 위한 선거 체제가 갖추어졌다는 점이다. 군대는 부족 당 하나씩 해서 10개의 연대로 조직되었다. 이 도시국가의 전사자들은 각 부족에 할당된 짐마차에 실려 무덤으로 운반되었다.

주요 축제에서의 경쟁은 부족 단위로 이루어지곤 했다. 판아테나이아 축제에는 부족 간 보트경주와 미모 경연대회(남자만)가 포함되어 있었다. 각 부족은 여러 구들로 구성되었다. 이를 구성할 때는 시민의 수가 대략 같도록, 그리고 종교적, 정치적 관계들이 균형을 이루도록 고려되었다. 그리하여 각 부족은 '트리티에스' trittyes, 즉 '3개 지역' 으로 구성되었다. 각 '트리티스' trittys는 도심, 내륙, 해안 지역의 구들로 구성되었다(그래서 '3개 지역' 이다). 이런 방식으로 부족들은 새로운 공동체 관계로써 옛 파벌들을 약화시켰다. 도시국가 아테네는 3개 지역, 139개 구, 10개 부족으로 구성되었다.

이러한 새로운 공간 조직은 놀랄 만한 정치적 대변혁이었다. 이로써 성공적으로 지역적, 국가적 유대와 책임으로 결합된 공동체를 만들 수 있었던 것이다. 시민과 지역단체는 현대 민주주의에서도 여전히 기본구성 단위가 되고 있다.

이 공간 조직은 새로운 제도와 조화되었다. 일종의 의회 같은 것이 기존에도 이미 있었으나, 새로운 민회(에클레시아)는 1인 1표 원칙에 따르는, 주권을 가진 시민집단이었다. 이는 이후의 역사에서 다시 찾아보기 어려운, 근본적으로 낯선 것이었다. 이후의 대부분 세기 동안 유럽 대부분 지역에서 그랬던 것처럼, 고대 세계를 지배한 일반적인 권력기구는 왕, 황제, 성직자, 소수 사람들로 이루어진 평의회였다. 국가정책이나 자원 분배를 결정하는 데서 각 개인이 동등한 결정권을 갖는다는 것은 급진적이고도 충격적인 혁신이었다. 이것이 함축하는 바는 지금까지도 탐구되고 있다.

500인회는 민회의 의안을 준비하고, 민회의 결정사항을 집행하고, 일상행정 업무를 담당하기 위해 설립되었다. 이 500인회는 50명의 10개 집단으로 구성되었다. 이들은 모두 30세가 넘었으며, 10개 부족이 각각 제비뽑기를 통해 선출했다. 이들은 해당 구 출신으로 구에 의해 선출되었으므로, 각 구는 도시국가의 중앙행정과 직접적으로 연결되었다. 임기는 1년이었으며, 아무도 연임해서 또는 평생 두 번 이상 의원이 될 수 없었다. 이는 30세에 이른 모든 시민이 생애의 한 시기에 공직에 나서는 기회를 가졌음을 의미했다. 일상적인 일을 위해 1년은 10개의 시기로 나뉘었다. 그리고 각 부족의 500인회 의원들은 누구나 그 중 한 시기 동안 일의 감독을 맡았다. 의장은 매일 지명되었다. 이런 조직에서 요구되는 정치 참여의 정도는 놀라우리만치 높았다. 500인회는 시민들의 정치 학교였던 셈이다.

솔론이 기초를 놓고 클레이스테네스가 확대시킨 대중 법정은 민주적 통치의 상징이 되었다. 클레이스테네스가 새로운 법정을 설립했으며, 그 이후 계속해서 법정의 수와 직무가 확대되었다. 여기에는 501명에 이르는 시민들로 구성된 대규모 배심원이 있었다. 이들은 배심원이 될 수 있는 30세 이상의 시민 후보 6천 명이 등재된 등록부에서 제비뽑기로 선출된 사람들이었다. 배심원들은 법정에 참여하는 데 따른 대가를 지불받았다. 그래서 가난한 시민도 의무에 충실할 수 있었다.

현대의 법정과 달리 전문적인 변호사나 판사는 없었다(하지만 일이 어긋나지 않고 진행되도록 하거나 공식 기록을 읽는 관리들은 있었다). 각 기소인과 변호인은 스스로 변론을 해야 했으며, 그들과 동등한 사람들이 판결을 내렸다. 왕이나 성직자가 판결을 좌우하는 것과 달리, 이 법정에서는 모든 것이 열려 있었다. 공개적으로 논의되고 기록되었으며 성문법의 조항에 의해 규제되었다.

분쟁 해결의 실무를 익힌 정선되고 전문성을 갖춘 직업 법률가가 없는 만큼, 뇌물과 선입견에 의한 정치적 결정을 방지하기 위해 배심원을 무작위로 선출했다. 이에 따라 수사학 전문 교사와 전문 연설 원고 작성자들이 성장했다. 말하자면 최초의 미디어 전문가와 보도담당 보좌관이 등장한 것이다. 법정은 사회적 대립을 극적으로 드러내어 보여주었으나, 그것은 시민의 정치권한이라는 틀에서 이루어졌다.

특정 영역의 나랏일은 집정관 또는 '아르콘'의 권한에 속했다. 예를 들어, 비극과 희극 경연대회에서 극 공연 후원을 받을 극작가를 선택하는 것은 아르콘의 일이었다. 종교 축제를 감독하는 것도 그러했다. 클레이스테네스의 개혁 이래 집정관은 최고의 귀족가문에서 선출되었다. 집정관으로서 봉사한 후에는 자동적으로, 예를 들어 일급살인 재판을 다루는 도시국가 최고의 법정인 아레오파고스로 옮겨갔다. 이 법정은 최고의 권위를 가졌으며, 아르콘들은 각자의 세력범위 내에서 무시 못할 영향력을 가졌다. 전통적으로 상류층이 권력을 쥐고 있던 영역에서 여전히 상류층이 활동하고 있는 것은 이런 정도였다.

하지만 아르콘은 엄밀하게는 민회의 권한 아래에 놓여 있었으며, 민회나 500인회에 명령하거나 지시할 수 없었다. 게다가 각 집정관의 임기를 단 1년으로 못박아둠으로써 특정 영역에서 권력을 키울 수 있는 가능성을 줄였다(하지만 장군직은 달랐다). 상류층 가문들이 공직을 통해 권력을 손에 넣을 수 있는 가능성도, (클레이스테네스의 최초 개혁 이후 20년쯤 뒤인) 기원전 486년에는 완전히 바뀌게 되었다. 이 시기에 이르러 아테네인들은 이제 앞으로 아르콘도 선출하기보다는 후보자 명단에서 제비뽑기로 선택하기로 결정했던 것이다. 이렇게 해서, 아테네에서 귀족이 적극적으로 권력을 얻을 수 있는 유일한 직위는 장군직밖에 남지 않았는데, 이는 정치적, 군사적 위험부담이 큰 직위였다.

귀족의 권력을 제한하는 이런 움직임은 기원전 5세기 내내 계속되었다. 기원전 462년 개혁적인 정치가 에피알테스는 아레오파고스 법정의 역할을 제한하는 법안을 통과시켰다. '기본원리로 돌아가자'는 표어 아래, 에피알테스는 신성모독죄와 일급살인죄 사건을 제외하고 아레오파고스가 맡았던 모든 직무를 없앴다. 지난 20년 이상 동안 아르콘들이 제비뽑기로 임명되어왔으나, 아레오파고스의 다른 직무를 대중 법정으로 되돌린 것이야말로 '민주적인' 안案으로 여겨졌다.

에피알테스는 그 후 곧 암살당했다. 민주주의란 '시민들에 의한 통치'를 의미하는 것이었다. 전제정치나 반민주주의의 쿠데타에 대한 두려움이 한 개인이나, 특히 귀족 상류층의 권력을 신중히 제한하게 했던 것이다. 거듭 말하거니와, 아테네의 제도를 입안하고 운영하는 책임 있는 시민들에 의한 세습 상류층의 권력 제한이 이후 모든 민주주의 제도의 중추였다.

개인의 권력을 제한하는 가장 새롭고 더할 나위 없이 민주주의적인 제도장치는 '오스트라키스모스'(도편추방)였다. 민회는 특정 개인이 10년 동안 아티카의 영토를 떠나 있도록 투표하는 권한을 가졌다. 이 투표에 필요한 정족수는 실로 아주 많은 수인 6천 명이었다. 대부분의 투표와 달리 이것은 비밀선거로 치러졌다. 각 시민은 깨어진 도기 조각(그리스어로 '오스트라콘', 여기서 이 제도의 이름 '오스트라키스모스'가 유래했다)에 추방되기를 바라는 시민의 이름을 써야 했다.

'공명정대한' 아리스티데스에 관한 이야기는 아주 유명하다. 아리스티데스는 그를 알아보지 못한 문맹의 농부로부터 질그릇에 그의 이름을 써

● 그림 34 오스트라콘

달라는 부탁을 받는다. 그는 그렇게 해주면서, 그 농부에게 왜 아리스티데스를 도편추방하고 싶어하는지 묻는다. 농부는 "왜냐하면 그가 '공명정대' 하다는 소리를 듣는 게 넌더리가 나기 때문"이라고 대답한다.

고고학자들은 고대 우물 속에서 191개의 오스트라콘이 무더기로 들어 있는 것을 발견했다. 그것들 위에는 14개의 다른 필적으로 테미스토클레스라는 이름이 씌어져 있었다(이는 부정선거가 있었음을 암시한다). 사실, 오스트라키스모스는 기원전 487/6년 이전에는 이용되지 않았고(그래서 어떤 역사가들은 이것이 실은 클레이스테네스의 개혁에 이용되었던 것이 아닌가 한다), 기원전 417년 이후 다시 이용되지 않았다. 하지만 정치적 혼란과 불신이 만연하던 페르시아 전쟁 무렵에는 빈번히 이용되었다.

그림 34에 보이는 오스트라콘의 한 면에는 '크라티오스의 아들 칼리아스' Kallias Kratio[u]라고 분명하게 새겨져 있다. 그리고 반대 면에는 페르시아 궁수 그림이 그려져 있다. 칼리아스는 아테네인들의 적이자 페르시아의 친구로 여겨지고 있는 듯하다. 여기서 시민들이 두려워하고 있는 것은 한 사람의 권력만이 아니라, 그 한 사람이 모든 아테네인들을 외국 왕의 노예로 만들 수도 있다는 점이다.

새로운 도시국가의 주요 직위인 장군직은 임기가 제한되거나 제비뽑기를 통해 임명되지 않았다. 매년 10명의 장군들이 임명되었고, 기원전 470

년대 무렵에는 그들 가운데 군대의 지휘관이 포함되었다. 페리클레스는 여러 해 동안 연이어 장군으로 임명되었다. 그리고 역사가 투키디데스가 지극히 냉소적으로 "민주주의라고 일컬어지지만 사실상 한 사람에 의한 통치"라고 묘사한 권력을 유지했다. 하지만 이들 장군들도 곧 민회의 권위에 종속되었다. 기원전 406년 아르기노사에 전투 후, 패배한 아테네가 전사자들의 시체를 회수하지 못하게 되자, 장군들은 민회로부터 사형선고를 받았다.

페리클레스가 아테네의 최상층 귀족가문 출신이라는 것이 우연은 아니다. 장군직은 상류층이 민주주의라는 새로운 정치제도 내에서 여전히 명성과 권력의 정점에 오를 수 있는 정치적인 직위였던 것이다.

다음 세기 남짓까지 이런 새로운 정체政體의 제도들, 축제들, 제식들의 발전이 이어졌다. 하지만 그 근본 구조는 클레이스테네스가 틀 지운 그대로였다. 이것은 정치조직에 관한 미증유의 비상한 실험이자, 이상적인 정치에 대한 의지와 상상력이 놀랍도록 실행된 사례였다. 처음으로 한 나라의 시민들이 자결권, 즉 (나랏일에 대한) 의사를 결정하는 자치권과 책임을 맡게 되었던 것이다.

클레이스테네스는 오늘날에도 여전히 민주주의를 움직이는 정치조직의 원리들을 수립했다. 시민권은 지역 및 국가와의 결연에 기초하고, 제도는 시민들을 위해 시민들에 의해 운영되며, 협정에 따라 책임을 갖는 권력기구는 감시를 받으며 힘의 균형을 유지한다. 현대의 냉소적이고 부패한 정치 환경 속에서도, 이것은 현대인들을 놀라게 하고 영감을 자극하는 힘을 갖는 하나의 이념과 이상으로 남아 있다.

03 선량한 시민

The Good Citizen

이러한 제도적인 편제에 따라 통치기구가 조직되는 것만으로 모든 일이 해결된 것은 아니었다. 그것을 운영하기 위한 원리와 사람들의 사고방식이 또한 개발되어야 했던 것이다. 아테네인들이 스스로를 민주시민으로 생각하도록 해야 했다. 민주주의 안에서 살아가는 실험은 서로 다른 사람들과 서로 다른 이해관계들이 하나의 공동체로서 결속하는 계약을 맺고 유지함을 의미했다. 아테네의 정치학은 현대 시민들에게, 고대의 정치적 동기와, 현대 민주주의를 이끌어가는 동력이 되고 있는 정신 사이의 유사성뿐만 아니라 차이점 또한 통찰하게 한다.

아테네인들을 결합시키는 가장 기본적인 첫 번째 생각은 시민권에 대한 개념이었다. 민주주의에서 인간은 왕이나 군주의 지배를 받는 백성이 아니라 그 국가의 시민이다. 시민권은 기념 축제들, 급속히 지중해를 선도하게 된 도시국가의 시민이라는 위신, 아테네 제국 정치의 재정 수익 등 많은 이익을 가져다주었다. 법률은 시민 자격을 제한했으며, 아테네인들은 그러한 시민의 정의定義에 대해 끊임없이 고민했다. (특히 아테네가 번영하고 인구가 늘어날수록) 시민권과 관련된 사건을 두고 열띤 공방이 오가는 재판은 시민권을 둘러싼 아테네인들의 열망과 대립을 보여준다.

하지만 이들 아테네 시민과 현대 민주주의 국가들의 시민이 가장 현저한 대조를 보이는 것은, 시민이라는 것에 대해 어떻게 생각하는지가 투영된 자아의식이다. '참여'는 민주주의의 표어이다. 아테네 시민은 민회에 참여하고, 일정 시기에 500인회에서 봉사하며, 사건 재판의 배심원으로 활동하고, 투표를 하며, 구의 일을 맡아하고, 축제에 참여하며, 국가의 육군 또는 해군으로 전쟁에 참여하도록 요구받았다. 반면 현대 민주주의자들은 시민의 권리에 집착한다. 이와 달리 고대 민주주의에서는 시민권이 의무 및 사회활동과 좀더 관련되는 문제로 여겨졌다.

페리클레스가 운집한 시민들에게 한 연설에 대한 투키디데스의 이야기는 유명하다. 여기서 이 도시국가의 지도자는 선언한다. "우리는 정치에 흥미를 갖지 않는 자를 두고 자기 일에나 신경 쓰는 사람이라고 말하지 않는다. 우리는 그를 정치적 권리가 전혀 없는 사람이라고 말한다." 민주주의에서, 정치에 참여하지 않는 것은 '무능함'을 의미한다. 그리스어에서 공직을 갖지 않은 시민을 가리키는 일반적인 단어인 'idiotes'에서, 자신만의 세계에 빠져 사는 멍청이를 뜻하는 영어 단어 'idiot'가 나왔다.

여가시간이 부족하거나 외진 마을에 사는 가난한 시민은 도심에 사는 사람들보다 도심에서 열리는 정기모임에 참석하기가 더 어려울 수밖에 없음은 분명하다. 민회는 1년에 40회 열렸다. 그리고 분명, 성가시고 시간이 많이 걸리는 정치적 과정에 참여하는 것을 의식적으로 줄이려고 하는 시민들도 있었다. 그럼에도, 모든 시민들이 생애의 5분의 1에서 10분의 1 정도를 500인회에서 봉사했다는 것은 놀라운 일이다.

대규모 배심원단이 필요한 많은 법정들에서는 법적 소송들이 잦았다. 그리고 아테네는 그리스의 다른 어떤 도시국가보다도 축제가 많았다. 민회의 주된 일은 전쟁(이 전쟁을 수행하는 것도 민회를 구성하는 이들 시민 남성이었다)에 대해 논의하는 것이었을 수도 있다. 각 시민은 법안을 통과시키고, 예산을 할당하고, 국가정책을 결정하고, 선전포고를 하는 데 직접적으로, 그리고 개인적으로 관여했다.

이 마지막 요소가 특히 중요하다. 기원전 5세기 내내 아테네인들은 전쟁에 휩쓸렸다. 페르시아 전쟁은 마라톤, 살라미스, 그리고 플라타에타의 대전투에서 최고조에 달했다. 그 전투들을 통해 아테네인들은 페르시아 침략자들을 물리쳤다. 다음 30년 동안 이어진 전투에서, 아테네는 이집트 같은 먼 곳에서 벌어지는 전쟁에 참가했다. 또한 펠로폰네소스 전쟁에서 25년 이상 동안 스파르타와 맞붙어 전투를 벌였다. 이 시기에, 아테네는 (때로 함대의 노를 젓는 사람들을 고용하기는 했으나) 용병을 거의 갖고 있지 않았고, 그래서 시민이 육군과 해군에 동원되었다. 실로 시민이 된다는 것은 국가를 위해 싸우고, 국가를 위해 죽을 준비가 되어 있음을 의미했다.

'민주주의를 위한 싸움' 은 모든 시민들에게 부과되는 개인적인 책임이었다. 노동자계급이나 직업군인으로 이루어진 상비군 같은 것은 없었다. 그리고 연장자들의 모임인 500인회가 못마땅해하는 젊은 사람들을 일방적으로 징병해서 해외로 내보내 싸우도록 하는 일도 없었다. 투키디데스의 이야기 속에 등장하는 페리클레스는 다시 이렇게 말한다. "우리들 각자는 기꺼이 싸우고 죽을 것이다."

아테네인들이 민회에서 전쟁을 결정하는 투표를 할 때, 그 전쟁에 나가 싸워야 할 당사자는 바로 그들 자신과 그 자녀들이었다. 그래서 기원전 5세기 동안 아테네인들이 거의 매년 전쟁에 뛰어들도록 투표했다는 점은 상당히 인상적이다(2년 연속해서 전쟁이 없었던 적이 없었다). 전쟁 수행은 아테네인들이 시민임을 확인하는 하나의 기준이었다. 시민들은 이렇게 혹독한 참여를 통해 시민으로 평가받았다. 플라톤이, 소크라테스가 얼마나 뛰어나고 용감한 군인이었는지 강조한 것은 이러한 군사적 이상에 부응한 것이었다. 현대 정치가 그러는 것처럼, 국민이 전쟁을 원하든 원하지 않든 보병 및 싱병하는 것은 아테네 민주주의와 상관없는 일이었다. 모든 아테네 시민들은 공통적이고 필수적으로 전쟁에 참가해야 했으며, 바로 그런 시민들이 전쟁 결정에 대해 표결했다.

아테네에서 직접 민주주의는 참여와 더불어, 의사결정자가 직접 실행자가 될 것을 요구한다. 이는 유럽과 미국에서 생겨난 대의 민주주의 체제와는 아주 거리가 먼 것이다. 국가가 아닌 지역 차원(말하자면 구)에서도 현대의 선거민은 지역의 일에 대해 의사결정을 할 정부를 임명한다. 그리고 이것이 많은(대부분) 시민들이 할 수 있는 정치 참여의 최대 한계선이다. 의사결정이 그 결정에 의해 영향을 받는 대부분 사람들과는 무관하게 이루어지는 것이다.

(고대 민주주의에서는 볼 수 없었던) 정당 정치 때문에 선거는 종종 정책들을 놓고 싸우거나, 국내외적으로 설정된 의제에 관한 견해를 가지고서 싸우는 것이 된다. 투표자가 정당 정책의 한 측면만 지지하고 다른 측면은 거부하는 식으로 표를 이용하기는 지극히 어렵다. 개별적인 법안이나 제안이 드물게 국민투표에 붙여질 수도 있다. 하지만 그렇더라도 여러 견해들이 널리 알려질 기회는 많은 반면, 함께 참여하는 공개 토론은 거의 없다. 실로 대중 참여라는 망령만큼 현대의 민주주의를 위협하는 것은 없다고 할 것이다.

고대 아테네와 현대 민주주의 국가 사이의 이러한 놀라운 차이는, 현대의 인구 규모에서부터 민주주의 발전의 역사에 이르기까지 민주주의란 것이 여러 가지 많은 요인들에 의해 설명될 수 있다는 데서 나온다. 현대 사회가 아테네 식의 제도로 되돌아갈 수는 없는 일이다. 하지만 이와 같은 차이는 또한 '민주주의의 주체'를 어떻게 이해하는가에 대한 근본적인 입장 차이에 기인한다. '민주주의의 주체'란 민주주의 제도에 대해 이해하는 사람, 또는 민주주의 제도가 전제로 삼고 있는 사람을 의미한다.

투키디데스가 이상주의적인 민주주의에 대해 쓴 유명한 글에서, 페리클레스는 이렇게 선언한다. "우리 아테네인들은 우리들 각자 개인 자격으로서 우리 자신의 결정을 내린다." 아리스토텔레스는 시민에 대해 기본적으로 "의사결정과 권한에 참여하는 자격을 가진" 사람으로 정의한다. 아테네 민주주의에서는 의사결정이 집단 내에서 이루어지는 것이 가장 좋으며, 이 개인들의 합이 단지 구속력만을 갖는 것이 아니라 가장 좋은 결정을 의미하기도 한다. 배심원이 법정에서 서로 맞서는 기소인과 피고인의 주장을 판단하는 것처럼, 민회의 구성원들은 대외정책이나 경제문제에 대해 직접적으로 결정을 내린다.

현대의 대의 민주주의에서 시민은 자신들을 대신해서 의사결정을 할 사람들을 선출하도록 요구받는다. 정부(상원의원, 하원의원, 국회의원 등)가 선출되고, 이 정부는 근거를 바탕으로 판단해서 의사결정을 한다. 고대 민주주의는 누구에게나 동등한 시민권이라는 가정에서 출발한다. 반면 현대 민주주의는 어떤 사람들은 다른 대다수보다 정치적 추론능력에서 더 뛰어나며, 정치적 과정은 이러한 의사결정자들을 대중으로부터 분리해서 그들에게 권위를 부여해야 한다는 가정에서 출발한다. 현대 민주주의의 선량한 시민은 의사결정이나 정책의 공식화에 관여하지 '말아야' 한다. 국민과 '국민의 공복' 사이의 연대는 구조적으로 제한된다. 이는 현대 사회가 정치에서의 시민의 역할을 어떻게 생각하는지를 명백하게 말해준다.

아테네 시민들은 지극히 평등하게 각자 책임을 분담했다. 현대 사회로서는 이런 방식이 아주 당혹스러워 보일 수 있다. 기원전 4세기 무렵 장군직을 제외한 모든 주요 공직들은 제비뽑기를 통해 선출되었다. 여기에는 모든 시민이 각자 민주적 권한에 필수적인(올바른 판단을 해야 하는) 의무를 수행할 만한 능력을 가지고 있다는 가정이 전제되어 있다. 모든 시민들이 올바르게 판단할 만한 능력을 가지고 있기 때문에 무작위 선택은 가장 공정한 절차였던 것이다.

어떤 직위의 선발을 위해서는 (일정하게 제한된) 적절한 자격을 갖춘 후보자 명단이 준비되었다(예를 들어 기원전 486년 이후 아르콘을 임명하기 위해서 각 구는 500명의 명단을 준비했다). 그리고 500인회 의원 같은 직위에는 나이 제한이 있었다. 또한 가장 중요한 군사적, 정치적 직위인 장군을 선임하는 경우에는, 전쟁 시 군대 통솔과 같은 특정한 임무를 수행해야 했으므로, 몇몇 신중하게 선택된 사람들에게 권한을 부여하는 것이 필요하다고 여겨졌다. 그럼에도 현대 사회에서 행정당국의 직위를 맡을 사람을 제비뽑기로 선택한다면 사람들은 기겁할 것이다.

고대 아테네에서는 생활의 모든 영역에서 제비뽑기가 당당히 이용되었다. 이 제비뽑기는 현대 세계에서는 거의 볼 수 없는 가장 유명한 민주주의 제도 가운데 하나인 비극 경연대회에서 유별난 영광을 누린다. 이 경연대회에는 상징 자본부르디외가 구분한 자본의 한 개념으로, 권위와 명예의 재생산에 투입되는 의례나 전략을 포함해서 학벌, 명예, 위신, 신망, 명성 등을 뜻한다–옮긴이이 상당히 투자되었다. 각 공연의 후원자는 돈을 댈 뿐만 아니라 자신의 지위도 내걸었다. 극작가들과 배우들 또한 경쟁했고, 이기는 것이 중요했다. 또한 전체의 경쟁이 하나의 경쟁으로서 관객들 사이에 상당한 흥분을 불러일으킬 수 있었다. 이 모든 것이 올바른 '판단'에 상당한 초점을 두었다.

축제에 앞서 500인회는 10개의 부족 각각에서 선발된 시민들의 명단을 작성했다. 거기에 특별한 자격요건이 있었는지는 알 수 없다. 이들 명단은 10개의 항아리에 넣어 봉해져, 이 도시국가에서 가장 안전한 장소인 아크로폴리스의 금고에 보관되었다. 경연이 시작되면, 그 항아리들을 개봉하여 아르콘이 각 항아리에서 무작위로 이름을 하나씩 뽑아 10명의 심판위원회를 구성했다. 경연의 마지막에 각 심판은 서판書板에 자신이 좋아하는 비극을 썼다. 그리고 각 서판을 다시 항아리에 넣고서, 아르콘이 무작위로 이들 서판 가운데 5개를 택했다. 이들에 의해 우승자가 결정되었다.

이런 경우 현대인들이라면 비판적 판단, 즉 심판관이 결정을 내리는 데 적절한 기준이 될 지적이거나 예술적인 통찰 또는 극적인 경험을 기대하게 된다. 하지만 고대 아테네의 비극 경연대회는 무작위 추출에 의해 진행된다. 이는 페리클레스 식의 민주주의에서는 모든 아테네인들이 올바른 판단을 내릴 만한 능력을 가지고 있다고 전제하고 있음을 보여준다.

그림 35의 '피나키온' pinakion은 배심원을 뽑을 때 쓰던 표이다. 여기에는 '리사니아스' 라는 이름이 씌어져 있다. 그리고 그가 소속된 구인 '에우푸리' ('에우푸리다에')가 명기되어 있다. 네 가지 상징적인 그림은 아마도 그가 배심원의 직위를 포함한 몇 가지 직책에 적임자임을 표시한 것이다. 이 작은 표(11×2cm)는 무작위 선발기구(클레로테리온)에 넣어졌을 것이다. 이는 10개씩의 수직 홈을 가진 2개의 기둥으로 된 것이었다. 이 수직 홈은 검은색과 흰색 공들의 복잡한 체계로 이루어져 있었다. 이 기구를 이용해서 작은 서판들 가운데 무작위 선택을 할 수 있었다. 그림 36은 모든 시민이 법정에서 판단할 수 있고 판단해야 한다는 원리에 기초한, 최고 수준의 민주적 투표술을 재현한 기구이다. 이 기구에 의해 무작위 선발된 시민들이 법정에 참여했다.

고대 민주주의에서, 민주주의의 주체는 놀라울 정도의 책임을 부여받았으며 또한 놀라울 정도의 참여를 요구받았다. 민주주의에서는 오직다른 사람들과 차등적인 왕이나 귀족이 아닌 모두가 평등한–옮긴이 시민이 될 수 있었을 뿐이며, 시민의 삶은 도시국가의 공무에 참여하는 것에 따라 규정되고 평가되었다. 시민생활 가운데 도시국가의 정치와 관련되지 않은 측면은 없었다. 그리고 도시국가는 시민의 삶의 모든 측면에 관여했다. 따라서 '정치' 는 범위가 한정된 전문적인 국가 활동 영역이 아니라, 시민 생활과 관련된 일에 관여함을 의미했다.

'시민' 을 뜻하는 그리스어는 '폴리테스' polites이며, '도시국가' 를 뜻하는 그리스어는 '폴리스' polis이다. '정치' 를 뜻하는 영어 단어 '폴리틱스' politics는 '폴리테스' (시민)가 '폴리스' (도시국가)에서 하는 것이다. 그리스어에서 '정치' 의 의미는 '나의 사

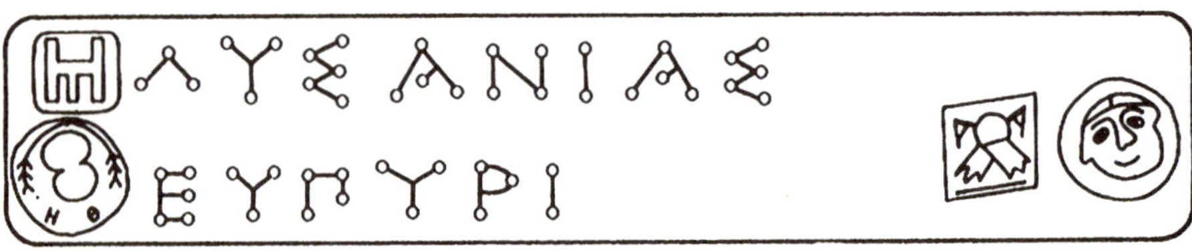

● 그림 35 피나키온

생활은 나 자신의 것이고 국가와는 무관하다' 라고 말하는 것과는 거리가 멀다. 시민이 (무엇보다도 법정, 의회, 시장, 체육관 같은 활동무대들에서) 공공의 눈앞에 나설 때, 그의 삶 전체, 그가 참여하는 공무와 관련된 모든 것이 감시에 열려 있었다. 법정에서 서로의 성생활에 대해 충분한 근거 없이 주장하거나 그들 친척들의 생활양식을 조롱하는 데 거리낌이 없었다. 체육관에 가는 것, 걷는 법, 옷 입는 법, 머리모양, 먹고 마시는 것, 이 모두가 그가 어떤 부류의 아테네인인지를 드러내 보이는 표지였다. 민주주의는 모든 시민들을 공적인 인물로 만들었다.

따라서 (법정, 극장, 의회, 체육관에서) 청중이 된다는 것은 수동적인 구경꾼이 되는 것이 아니라 시민을 판단하고 평가하는 역할을 맡는 것이다. 국가는 많지 않지만 일당을 지불해서, 가난한 시민들도 시민의 의무를 수행할 수 있게 했다. 이는 경제적인 어려움 때문에 참여하지 못하는 시민이 없도록 한다는 이상에 따른 것이었다. 이렇게 고대 아테네인들은 판단의 중요성에 대한 인식이 아주 강했다. 그래서 뛰어난 웅변가인 데모스테네스는 다음과 같이 조목조목 자신이 얼마나 선량한 시민이고 아이스키네스는 얼마나 나쁜 시민인지를 강조하여 모욕을 퍼부음으로써 자신의 정적을 조롱할 수 있었던 것이다. "당신은 입문식을 진행했으나, 나는 입문을 했소. 당신은 서기였지만, 나는 민회에서 연설을 했소. 당신은 제3배우아이스킬로스는 원래 1명이던 배우의 수를 2명으로 늘려 배우들 사이에 대화가 가능토록 했으며, 소포클레스는 배우 수를 하나 더 늘려, 즉 제3배우를 추가하여 갈등과 대립을 일으키고 갈등구조를 고조시키거나 중재하는 인물을 설정할 수 있게 했다-옮긴이였지만, 나는 청중 속에 있었

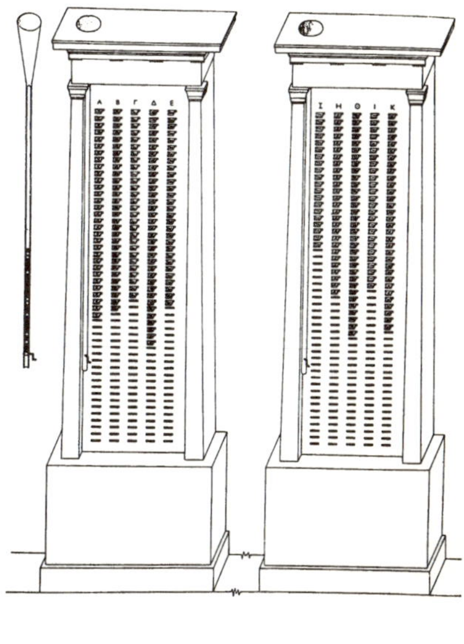

● 그림 36 무작위 선발기구인 클레로테리온

211

선량한 시민

소."

데모스테네스는 각각의 경우에서 아이스키네스의 중요도가 낮은 것으로 묘사하고 있는데, 실제로 서기, 종교제식의 조수, 그리고 배우는 진정한 남성이 할 만한 행위는 아니었다. 데모스테네스에게, 시민의 역할은 무대 위에서 연기를 하는 것이 아니라 극장의 청중 속에 있는 것이다.

아리스토텔레스는 대개 신중히 유기적으로 연관되고, 일반적으로 폭넓은 지지를 받는 생각을 자신의 출발점으로 삼는다. 그는 《정치학》에서 시민 생활이 전반적으로 정치적인 삶이 되고 있는 이 도시국가에서 시민이 어떻게 규정되고 있는지 포착하고 있다. 정치제도에 관한 이론적 연구로서 막대한 영향력을 갖는 《정치학》에서, 아리스토텔레스는 첫눈에 보기에 완전히 직관에 반하는 것으로 보이는 한 가지 주장을 기본 원리로서 제시한다. "도시국가는 사실상 가정과 우리 개인 각자에 우선한다." 아리스토텔레스는 도시국가의 발전에 관한 통상의 역사적인 설명이, 가족 안의 개인들로부터 시작되어서 마침내 하나의 도시국가를 이루는 가족들의 집합체로 나아간다는 사실을 잘 알았다. 하지만 아리스토텔레스는 다른 유의 설명을 의도하고 있다.

그에게는 모든 것이 잠재태를 갖는다. 그 잠재태가 실현될 때 그것의 목적이 성취된다. 어떤 대상은 그 잠재태가 실현될 때라야 목적인telos 또는 완성된 최종적인 형상에 이른다. 그래서 도토리는 떡갈나무로 자라날 잠재태를 갖고 있다. 떡갈나무는 도토리의 최종적이고 완성된 형상이다. 그것이 도토리의 목적이다. 아직 도토리인 동안에는, 또는 아직 도토리로 남아 있다면, 잠재태를 실현하지 못한 것이다. 완성되고 최종적인 형상이 전통적으로 대상(객체)으로서 이해되는 것이며, 이것이 항상 논리적으로 잠재태에 우선한다. 도토리가 무엇이며 그 잠재태가 무엇인지 이해하려면 떡갈나무가 필요하다. 그러므로 아리스토텔레스에게 논리적으로 닭은 달걀 앞에 온다.

같은 방식으로 도시국가는 가족 및 개인에 앞선다. 인간이 완성되고 실현된 형상에 이르는 것은 도시국가에서 시민으로 함께 살아갈 때뿐이다.

아리스토텔레스는 "인간은 정치적 동물이다"라는 유명한 말로 자신의 이상을 요약한다. 이는, 인간은 선천적으로 마땅히 '도시국가' polis 안에서 살아가는 동물이며 따라서 '정치적' political임을 뜻한다. 가장 위대한 민주주의 이론가들 가운데 한 사람인 아리스토텔레스에게, 인간은 정치적 삶 없이는 자기를 실현할 수 없다.

이는 현대 서구 민주주의 국가들에서의 정치적 삶과 아주 명백히 대조된다. '국민에 의한, 국민을 위한, 국민의 정부' 라는 주문呪文, 또는 국왕과 국가을 섬기는 영국의 전통, 사생활을 신성시하는 현대의 이데올로기는 왕왕 정부 당국과 시민 사이에 공격적인 긴장관계를 조성한다. "영국인의 집은 그의 성城이다."개인의 사생활은 그 무엇도 침범할 수 없는, 성벽으로 둘러싸인 배타적 영역이라는 뜻-옮긴이 티머시 맥베이1995년 오클라호마 시의 연방정부 건물을 폭파하여 168명을 숨지게 한 백인 우월주의자-옮긴이가 개인의 사생활에 끼어드는 통제에 항의해서 오클라호마의 연방정부 건물을 폭파한 일은, 이런 생각이 가장 극단적이고 광기에 찬 형태로 나타난 것이었다.

이러한 저항은 시민의 정치(그리고 투표) 참여 부족에 따른 것이다. 많은 미국인들이 선거인 명부 등록이나 투표를 하지 않는다. 그리고 영국에서는 특히 지방선거 투표율이 낮아서 선거민 50퍼센트의 지지를 받는 지방정부나 중앙정부가 거의 없다. 시위운동자들이 거리에서 '우리는 하나다' 라고 외쳤던 베를린 장벽의 붕괴와 같은, 놀랍고 예기치 못했던 혁명적인 움직임을 제외하면, 집단적인 정치활동은 주로 노조, 농민, 학생 같은 압력단체의 형태로 가시화된다. 현대와 고대의 민주주의가 가지고 있는 선량한 시민에 대한 생각이 서로 근본적으로 다른 것 같다.

이러한 차이에도 불구하고, 현대와 고대 민주주의의 선량한 시민 개념을 서로 결속시키는 근본 원리들이 있다. 거기에는 차이보다는 공통점이 더 많아 보인다. 그 첫 번째는, 발언의 자유이다. 이는 두 가지로 볼 수 있다. 그리스어가 영어보다 이를 더 명확하게 보여준다. 하나는 '발언의 자유' 또는 '터놓고 말하기' 를 의미하는 파르헤시아parhesia이다. 이는 소통과 강제적 금지가 없는 개방성을 중시한다. 시민은 다른 시민들에게 자신의 생각을 말할 수 있다.

또 하나는 '공식적인 발언에서의 평등'을 의미하는 이세고리아isegoria이다. 각 시민은 민주적인 토론의 광장에서 발언할 평등한 권리를 갖는다. 시민은 정치 행사에서 발언할 수 있다. 아테네의 민회는 항상 '누가 발언하기를 원합니까?' 라는 아주 상징적인 전령의 공표에 의해 시작되었다. 민회에 고정된 순서나 계급제는 없었다. 원칙적으로 어떤 시민이든 의견을 낼 수 있었다(하지만 실제로는 제한되었을 수도 있다). 이세고리아는 좀더 좁게 정치적 차원에서 중요하게 여겨지는 반면, 파르헤시아는 좀더 폭넓게 사회의 모든 형태의 의견교환으로 확대된다.

이렇게 발언의 자유가 보장되는 민주주의 체제에 대립되는 것은 전제군주체제이다. 여기서는 아랫사람들이 비위를 맞추도록 강요되고, 개방적이지 못하고 심한 불신에 의해 소통이 비밀주의와 음모로 왜곡된다. 에우리피데스의 극 〈페니키아 여인들〉에서, 국외 추방된 오이디푸스의 아들 폴리네이케스는 망명자가 되어서 가장 힘든 점을 "자유롭게 말할(파르헤시아) 수 없"는 것이라고 한다. 그의 어머니가 이에 동의하며 말한다. "노예나 그렇지." 시민은 자유롭게 말할 수 있다는 점에 의해 규정된다. 그렇지 않고서는 노예나 마찬가지이다. 헤로도토스는 이렇게 설명한다. 자유롭게 말할 수 있는 자유(이세고리아)는 민주주의의 군인들을 독재체제의 군인들보다 더 강하게 만든다. 그래서 그리스인들은 페르시아인들을 물리치고 노예가 아닌 자유인으로 남을 수 있었다.

민주주의의 확고부동한 원리로 두 번째는, '법 앞에서의 평등'(이소노미아 isonomia)이다. 법은 공개되고 공표되어야 한다. 각 시민은 법 앞에서 동등한 지위를 갖는다. 다시 말해 공정한 재판을 받을 권리를 갖는다. 시민은 법률에 의해, 그리고 법률에 따라서 재판을 받아야 한다. 아테네인들이 주연에서 부르는 폭군 살해자들에 대한 노래에서 자랑하고 있는 것이 바로 이 원리이다. 폭군 살해자들은 "아테네인들에게 법 앞에서의 평등을 가져다 주었"기 때문에 영웅이다. 폭군이 위험한 것은 법이 아니라 자신의 변덕과 의지에 따라 통치하기 때문이다.

아테네 어디서든 법률에 대한 이러한 애호를 볼 수 있다. 아리스토파네스는 자신의 희극 〈말벌들〉에서, 법정의 배심원이 되고 싶어하고, 동료 시민들을 괴롭히기 좋아하는 아테네 시민들을 풍자했다. 아테네인들은 미국인들처럼 끊임없이 법정 안팎의 자신을 즐거이 풍자했다. 하지만 이러한 법의 위력에 대한 대부분의 감동적인 선언은, 아테네인이 아닌 다른 종족들에 대한 이야기를 쓰고 있는 비 아테네 출신의 헤로도토스한테서 나왔다. 페르시아의 왕 크세르크세스가 그리스를 침입한다. 그리하여 테르모필라이에서 스파르타군과 막 조우할 참이다. 크세르크세스 왕은 아주 적은 수의 스파르타군이 자신의 거대한 군대에 맞서 싸우리라고는 믿지 않는다.

크세르크세스 왕은 자신과 함께 원정을 온 스파르타인 데마라토스클레오메네스 1세와 함께 스파르타를 다스렸다. 클레오메네스가 아테네와 아이기나에서 꾀한 음모를 좌절시킨 뒤, 합법적인 왕이 아니라는 거짓 혐의를 뒤집어쓰고 클레오메네스에게 왕위를 박탈당했다. 페르시아로 도망친 그는 크세르크세스 왕에게 소아시아 북서부에 있는 작은 도시들을 받아 다스렸다-옮긴이에게 묻는다. 만약 저들을 복종케 하는 최고의 왕이 있다면, 저들이 저렇게 필사적으로 싸울 수 있을 것이라고 본다. 하지만 (스파르타인들이 스스로 그렇다고 호언장담하는 대로) 자유민이라는 사람들이 어째서 저러는가? 이해할 수 없는 일이다.

이에 데마라토스는 신중히 답한다. 그는 왕에게 조심스럽게 불쾌하더라도 사실대로 말해도 좋은지, 사실대로 말해도 왕의 분노를 사지 않을지 묻는다. 이는 법률이 보장하는 자유로운 발언이라기보다는 절대권력 앞에서 어쩔 수 없이 소심해진 상태에서 하는 발언이다. 데마라토스가 페르시아 왕에게 답을 하기 위해 입을 여는 도입부의 말은 의미심장하다. 다음은 그의 답변에서 가장 의표를 찌르는 부분이다. "함께 싸우는 스파르타군은 세상에서 가장 뛰어난 군인들입니다. 그들은 자유롭습니다. 예, 하지만 전적으로 자유롭지는 않지요. 그들에게는 지배자가 있습니다. 그 지배자는 법이지요. 그들은 폐하의 백성들이 폐하를 두려워하는 것보다 훨씬 더 법을 두려워합니다. 그들은 이 지배자가 명령하는 것이면 무엇이든 합니다. 그리고 그의 명령은 결코 변덕스럽게 바뀌지 않습니다."

스파르타인들은 그리스에서 엄격한 사회체제와 확고부동한 법에 대한 절대적인 충성으로 유명했다. 끊임없이 '만약에?' 라는 의문에 대한 최선의 답을 찾으려는 아테네인들은 좀더 쉽게 법을 바꾸었고 기꺼이 새로운 법을 제안하기도 했다. 하지만 헤로도토스는 법에 대한 복종이 그리스적인 것과 (그의 그리스 독자들이 행진의 기치로 내거는) 시민권의 본질임을 안다. 소크라테스가 감옥에서 죽음을 앞두고 탈출하지 않겠다고 한 것은 바로 이러한 법에 대한 복종 때문이었다. 그는 법에 의해 유죄선고를 받았을 때도 "법은 (시민의) 어머니이자 아버지이다"라고 말한다. 법에 대항하는 것은 전적으로 그릇된 일이다.

헤로도토스는 멋진 솜씨로, 데마라토스가 그리스인의 법에 대한 복종을 칭송하는 데 대해 페르시아 왕이 가볍게 웃어넘기는 모습을 그리고 있다. 이는 페르시아 왕이 자신의 군대에게 진격을 명령하여 용맹한 스파르타군과 맞붙어 패배하는 불행을 당하기 전의 일이다. 크세르크세스의 어리석은 웃음은 야만적인 왕의 몰이해, 즉 그가 법에 의한 통치를 부정하고 있음을 상징적으로 잘 드러내 보여준다.

크세르크세스는 살라미스에서 패배한 후 페르시아 제국의 수도인 수사로 돌아갔다. 아이스킬로스는 자신의 비극 〈페르시아인들〉에서 이 쓰라린 귀국을 묘사했다. 그러면서 군대의 승리를 칭송하는 것만큼이나, 야만적인 동방의 가치를 능가하는 아테네의 민주주의적 가치의 승리를 찬양한다. 크세르크세스의 모친인 아토사는 아들의 귀환을 기다리며 흥미로운 말을 한다.

> 만약 내 아들이 이긴다면, 경외의 대상이 될 것이다.
> 하지만 패하더라도 책임이 없다.
> 내 아들이 살아오면, 패했더라도 이 나라를 지배하게 될 것이다.

이 대사는 (아테네의 연극 무대에서 묘사된) 크세르크세스의 패배가 민주주의 이념의 틀에 맞춰 보여지고 있음을 말해준다. 청중은 이 대사에서, 어째서 크세르크세스 왕이 '책임이 없'는지 생각하게 되는 것이다.

책임은 민주주의 통치의 세 번째 중요한 원리이다. 모두가 공직에 몸담고 있는 남성들은 시민들의 공동체인 도시국가를 책임져야 한다. 이는 각 남성이 투표와 행위의 책임이 있으며, 이들에게 책임이 지워질 것을 의미한다. 하지만 이것이 가장 분명하게 의미하는 바는, 권한을 가진 각 개인은 사회에 의해 책임을 부여받으며 사회에 대해 책임을 져야 한다는 것이다. 누구에 대해서도 책임지지 않는 크세르크세스 대왕과 달리, 아테네에서는 임기 말의 모든 공직자가 '보고'(에우투나이euthunai)를 하도록 요구받았다. 공직자의 실적에 대한 기록이 감시가 가능하도록 열려 있었던 것이다. 아테네의 민주주의자들에게, 책임을 지우는 것은 권한을 통제하는 가장 중요한 방식이었다.

아테네 민주주의의 선량한 시민은 책임이 있고, 책임을 다하며, 자유로이 발언하고, 법을 지키는 사람이다. 시민권이라는 특권에는 또한 엄격한 배제가 따른다. 여성과 노예(아이들 또한 마찬가지)는 투표가 허용되지 않았을 뿐만 아니라 민회, 500인회, 그리고 무엇보다 놀랍게도 법정에 참여하는 것이 허용되지 않았다. 여성은 기소인인 경우에도 법정에서 사람들 앞에 나설 수 없었으며, 노예는 고문을 받은 후에야 작성된 증거를 제시할 수 있었다. 가혹한 고통을 주는 고문으로 조사하지 않으면, 노예는 주인의 명령에 따르거나 믿을 수 없다고 여겨졌다. 아리스토텔레스는 아무런 거리낌 없이, 어떤 종족은 노예로 타고난다고 선언하고 여성은 남성의 변종 아리스토텔레스는 "여성을 남성이 되지 못한 불완전하고 결핍된 존재로 생각했다-옮긴이이라고 규정했다.

아테네에서 여성은 시민이 될 수 없었다. 남성들이 당당하게 '아테네의 시민'으로 불린 반면, 여성들은 일반적으로 '아티카의 여성'으로 불렸다. 여성들은 '아테네인'으로 불리지도 못했던 것이다. 시민권에서 제외된 것은 외국인들만이 아니었으며, 성인 인구의 대다수가 그러했다. 시민권이 이런 식으로 비교적 균질적이고 선택된 집단에만 한정되면, 시민권의 평등을 촉진하기가 훨씬 더 쉬워진다.

현대의 민주주의 국가들은 사회 참정권의 극적인 확대와 노예제의 폐지를 이룬 데 대해 스스로 자랑스러워한다. 물론 '보통선거'로 나아가는 과정에는 지난하고도 격렬한 논쟁이 이어졌다. 1867년 영국의 선거법 개정안은 남성 가장들에게 처음으로 투표를 허용했다(이후 선거민이 대규모로 증가하고 그 성격이 급격히 변화하였다). 현대인들에게는 충격적으로 들리겠지만, 당시 이 일을 두고 많은 사람들이 미국 문화가 통제되지 않는 야만성으로 나아가는 아주 위험한 발걸음으로 여겼다.

더비 백작부인은 이렇게 쓰고 있다. "영국인들이 민주주의를 향해 한걸음 내딛었다는 것이, 내게는 남성이 발의한 것 가운데 가장 이상하고 가장 야만적인 제안으로 보인다." 교육장관이던 로버트 로Robert Lowe, 1811-92, 영국의 자유당 정치가로 민주주의를 불신한 그는 지식 정도, 즉 실질적으로는 교육성취도에 따라 선거권을 제한해야 한다고 생각했다-옮긴이는 이 선거법 개정안에 반대해서 열렬히 싸웠다. 그가 의회에서 한 유명한 연설은 다음과 같이 끝을 맺는다. "그렇게 오랜 세월 동안의 영웅적 업적, 그렇게 많은 현명한 두뇌와 강인한 손들이 이루어낸 비할 데 없는 성취들은 분명, 혁명적인 열정의 전당이나 감상적인 인간애에 대한 열광에 의해 희생되는 것보다 더 고귀하게 완성될 만한 가치가 있습니다……후일 역사가 재앙이었음에 분명했노라고 이야기하게 될 법안들 가운데 이보다 더 방종하고 수치스러운 것은 없을 것입니다." 여기서 로는 민주주의에 대한 투쟁을 고귀한 영웅적 과업으로 여기고 있는데, 이 과업은 결국 실패하고 말 운명이었다. 민주주의는 현대의 정치 언어에서 의심할 여지없는 용어가 되었다.

하지만 로버트 로와 더비 백작부인도 여성이 참정권을 얻게 되리라고는 상상하지 못했을 것이다. 팽크허스트 부인 같은 여성 참정권론자들의 유명한 항의에도 불구하고, 여성은 일반 남성들이 투표권을 얻은 지 50년 이상이 지난 1922년까지 영국에서 투표권을 얻지 못했다. 헤겔이 주장한 것처럼, 만약 여성이 도덕적 판단을 제대로 할 수 없다면, 또는 좀 덜 철학적인 논평가들이 말하는 것처럼, 자기 남편이 시키는 대로 투표를 하게 될 것이라면, 어째서 여성에게 투표권을 주어야 한단 말인가? 지적이고 교양 있는 여성의 판단보다 술주정뱅이와 난봉꾼의 의견을 더 선호하는 것은 우스꽝스러운 일이라는 주장이, 작은 얼음장 하나를 잘라낸 것이었다.

현대의 정치 분석가가 빌 클린턴의 매력적인 외모 때문에 '여성의 표'가 그의 당선을 좌우했다고 이야기하는 것은, 여성을 선거에서 배제하자는 여성혐오적인 주장을 반복하는 것과 그리 다르지 않다. 여성들을 간단히 정치적으로 완전히 신뢰할 수 없는 유권자로 만들어버리는 것은, 여성의 참정권에 대한 냉소를 보여준다.

하지만 현대 사회의 시민권에 대한 논의에서 주를 이루는 것은 국가적 또는 문화적 정체성이다. 영국인(또는 미국인, 프랑스인 등등)이라는 건 어떤 의미일까? 요컨대, 오늘날 시민권이 쟁점화될 때면, 보통 한편으로는 '인식', 다른 한편으로는 '충성심'에 대한 논쟁이 이끌려 들어오게 된다. 자신이 영국 시민임을 인식하기 위해 필요한 것은 무엇인가? 영어를 사용해야 하는가? 영국 역사를 알아야 하는가? 영국인이라면 필히 지니고 있어야 할 사회적 또는 도덕적 가치관들이 있다. 시민권을 주기 위해 한 개인의 영국인다움을 시험하는 질문 목록을 만들 수 있을까? 또는 다른 문화 출신의 영국 시민인 경우, 시민권이나 '소속감'에 문제가 생기는가? '국제 스포츠경기에서 누구를 응원하는가?' 라는 유명한 질문은 영국의 한 원로 정치가가 제안한 것이다. 아프가니스탄에서 이슬람 과격주의 세력과 싸우는 미국 시민을 보면, 이 까다로운 문제는 더욱 첨예해진다.

국가적 그리고 문화적 정체성에 대한 뚜렷한 주장이나 공식적인 논쟁이 부재하는 것은, 현대인의 정치적 이해에서 드러나는 단층선을 두드러지게 보여준다. 이러한 단층선은 현대 민주주의에서 강한 불신과 긴장관계의 원천으로 남게 될 것으로 보인다. 이것은 또한 시민권에 대한 현대인과 고대 아테네인의 생각 사이에 나 있는 가장 큰 균열을 보여주는 부분이기도 하다. 고대 아테네인들에게, 그 나라의 언어를 사용하지도 않고, 그 나라의 신을 숭배하지도 않으며, 다른 나라에 대해 정치적 충성심을 갖고 있는 여성이 자동적으로 그 나라의 투표권을 갖는 시민이 된다는 생각은, 아주 얼토당토않은 희극이거나 비극적인 공상일 것이다.

현대 서구의 정부 형태로서의 민주주의는 고대 그리스의 모델과는 아주 다르다. 역사적 조망이 드러내 보여주는 것은, 표면상의 차이나 덩치가 커진 현대 사회의 규모 또는 기술 진보에서 유래하는 차이만이 아니다. 그것은 시민을 어떻게 정의하는가에서 근본적인 차이를 드러낸다. 현대 국가가 보통선거권과 문화적 관용으로 나아가는 추진력이 되었던 노예제 철폐를 자랑스럽게 여기는 것은 당연하다(하지만 국가적 정체성과 관련해서 현재 벌어지고 있는 논쟁은, 다문화주의와 세계화가 점점 더 심화되어가는 시대에, 소속감을 구성하는 중심 범주에 대한 좀더 진지한 논의가 얼마나 필요한지를 보여준다). 이러한 자긍심은 고대의 정치학은 갖고 있지 못했던 인간에 대한 인식에 그 뿌리를 두고 있다. 노예와 여성은 천성적으로 타고나기를 민주시민의 역할을 다할 수 없게 되어 있다고 보았던 아리스토텔레스는 고대의 정치학을 전형적으로 보여준다.

하지만 오늘날에도 여전히 발언의 자유, 법 앞에서의 평등, 공무원의 책임과 같은 원리가 명백히 지속되고 있음에도, 현대 시민은 정치 과정에 충분히 참여하고 있지 못하고 정부의 의사결정으로부터 철저히 분리되었다. 페리클레스가 찬미했던 판단의 자치권은 의사결정자를 선택하는 선거 과정으로 대체되었다. 아테네인들이 미국 민주주의의 실제를 본다면, '국민에 의한, 국민을 위한, 국민의 정부'는 겉치레의 수사학으로 보일 것이다. 영국에서와 같은, 거부권이라는 권력을 갖는 군주는 말할 것도 없고, 선출되지도 않고 책임을 지지도 않는 하원은 이론상으로나 실제상으로나 더욱 만족하기 어렵다.

이렇게 국민의 영향력을 배제하게 된 것은 어째서일까? 이것을 어떻게 이해해야 할까? 이러한 의문은 민주주의를 비판하는 이들에게로 눈을 돌려보아야만 답을 얻을 수 있다. 지금까지 이 장은 주로 민주주의가 자신을 어떻게 묘사하고 있는가를 살펴보았다. 해서 불가피하게 민주주의의 이론과 실제에서의 모순이나 역설, 난처한 문제들은 덮어놓았다.

대부분 정치가들처럼, 민주주의자들은 그들 자신의 좋은 면만을 보기 쉽다. 하지만 초기부터, 그러한 문제점들을 아주 날카롭게 폭로하는 비판가들도 있었다. 현대 민주주의는 역설적으로 그 무엇보다도 민주주의를 반대하는 이들에게서 나온 가장 맹렬한 비판을 흡수하여 형성된 것으로 설명될 수 있다. 현행 서구 정치가 불만스러운 원인은 이렇게 이상하게 역사가 뒤범벅된 데 기인한다.

04 민주주의 비판가들 – 전문가와 교육

The Critics of Democracy - Experts and Education

플라톤은 서구 역사에서 민주주의를 비판한 이들 가운데 가장 영향력을 갖는 독보적인 인물이다. 그는 민주주의가 번성하던 기원전 4세기에 아테네에서 살았다. 어렸을 때 그는 단명한 과두정치의 유혈 쿠데타를 목격했다. 그때 그의 삼촌은 30인 참주 기원전 405년에 아테네를 지배한 집정관-옮긴이라 불리는, 잠시 권력을 탈취했던 이들 가운데 지도적인 인물이었다. 플라톤은 스승이자 우상인 소크라테스가 민주 법정에 의해 사형에 처해지는 것을 목격했다. 그의 저작들 가운데 많은 것들이, 이 사건이 그에게 불러일으켰던 깊은 분노와 절망에 대한 반응으로 볼 수 있다.

플라톤의 《공화국》은 정치철학 개설서이다. 여기에 실린 많은 대화가 소크라테스와 그의 친구들이 그리고 있는 완전한 사회를 위한 청사진을 보여준다. 이것과 다른 대화들에서 플라톤이 소크라테스의 입을 통해 비판하고 있는 것이, 그 이래 서구의 민주주의 사상을 지배해왔다. 플라톤의 시각은 현대 민주주의의 형성에 영향을 미쳤다. 하지만 플라톤의 시각은 또한 히틀러의 파시스트 국가와 소비에트 공화국의 공산주의를 형성하는 데도 동기를 제공했다. 플라톤의 책임이 크다.

플라톤이 처음으로 제기하고 가장 오래도록 지속되어온 비판은 시시할 정도로 간단하면서도, 현대 민주주의에 대한 영향력에서는 압도적이다. 이 주장은 소크라테스와 그가 만난 시민들 사이에 오가는 일련의 대화들에서 가장 눈길을 끈다. 소크라테스가 묻는다. "만약 자네가 신발을 만드는 방법에 관한 충고를 원한다면, 누구에게 가겠는가?" '신발제조공' 이라는 답이 나온다. 이런 물음이 단계적으로 더해진다. 소크라테스가 계속한다. "만약 자네가 누가 음악 연주를 잘하는지에 관해 충고를 원한다면 악기 연주 전문가에게 묻겠는가?" 대화 상대자가 동의한다. "물론입니다." "만약 자네가 수학을 잘하는 사람을 알고 싶다면, 수학자에게 묻겠는가?" "그렇고말고요." 이렇게 결정적인 질문에 이를 때까지 계속된다.

"만약 자네가 정치에 대해 충고를 얻고자 한다면, 신발제조공이나 음악가에게 물어보겠는가, 아니면 정치학 전문가에게 묻겠는가?" 주저와 반대 사례와 한층 더한 설득을 통해 이럭저럭 이 지점에 이르러서, 그는 각 전문 영역에는 문제에 가장 잘 답할 수 있는 전문가가 있다는 사실에 대한 동의를 이끌어낸다. 그러면 정치학에서의 전문가는 누구인가? 분명 신발제조공이나 다른 누군가가 아니다.

민주주의에 대한 이러한 논의의 의미가 《공화국》에서 거침없이 탐구된다. 이상국가에서 통치계급은 정치를 맡기 위해 특별히 선별되고, 특별히 훈련받고, 비할 데 없이 훌륭하게 준비된 사람들인 '철학자-왕' 들이 될 것이다. 아주 세밀한 교육 프로그램에 의해 가장 잘 준비된 통치자들이 길러질 것이다. 그리고 그들에게 통치가 위임된다. (적어도 이론적으로는) 여성들이 이러한 선별된 계급에 포함될 수도 있다. 군사계급은 국가를 보호하기에 가장 적합하고 잘 훈련된 사람들이 될 것이다. 다른 이들(노동자, 생산자, 그리고 평범한 남성들과 여성들)은, '철학자-왕' 들이 그 국가의 정당성을 제시하기 위해 고의로 퍼뜨린 신화, 즉 말해 '고귀한 거짓말' 에 매혹되어서, 완전하고 안정된 도시국가에서 행복하게 살아갈 것이다.

그런 다음, 플라톤은 민주주의에 대한 첫 번째 비판으로써, 전문가들이 그들의 전문 영역에서 판단해야 한다고 주장한다. 통치와 관련해서 교육받지 않은 사람들에게 견문 넓은 판단을 기대할 수 없으며, 복잡한 논의들에 대한 합리적 평가를 요구할 수 없다는 것이다. 민주주의가 일반 사람들에게 의사결정권을 주는 것은, 신발제조공에게 음악에 관한 충고를 요구하거나 음악가에게 승마에 관한 충고를 요구함과 같다.

이러한 논의는 19세기에 있었던 민주주의에 관한 논쟁에서 아주 부당하게 이용되었다. 로버트 로는 1867년의 영국 선거법 개정안 반대를 위한 모토를 제시했다. "우리의 미래의 지배자들에게 글을 배우도록 하는 게 절대적으로 필요하게 될 것이다." 이후 거듭 인용된 이 모토가 이채로운 것은 그 공격이 다층적이라는 데 있다. 옥스퍼드 대학교에서 교육받은 이 교육장관이 한 앞서의 말은, 그냥 교육정책의 문제를 논의하고 있는 것처럼 보인다. 하지만 이 교육정책은 그가 냉소적이고 신랄하게 '우리의 미래의 지배자들' 이라고 부르는 사람들을 대상으로 한다. 투표권을 가진 보통 사람이 정부의 교육받은 사람들의 지배자가 되는 것이다.

그는 (물론) 강제 없이는 교육이 이루어지지 않을 것이므로 강제가 필요할 것이라고 말한다. 보통 사람의 수준이 '지배' 를 하는 데 요구되는 것에 못 미치는 만큼, 그들도 '글은 배워야', 즉 기본적으로 읽고 쓸 줄 알아야 할 것이다. 다시 말해 지금 엘리트층의 지배자가 되기에 전혀 부적절한 무식자들에게 참정권을 주려 하고 있다는 것이다. 로는 고상하면서도 냉소적이고 역설적인 말로써, 민주주의가 미친 짓을 하고 있다는 자신의 생각을 요약하고 있다.

로는 일반 민중에 대한 자신의 생각을 너무도 명확히 밝혔다. 그는 그들을 그저 '무지'하고 '술주정'에 '협박질'이나 해대는 '충동적이고 무분별하며 거친 사람들'로 여겼다. 그것은 선거민들로부터 사랑받을 만한 생각은 아니었다. 하지만 현대 민주주의는 똑같은 주장을 좀더 점잖게 표현해서 상투적으로 이용하고 있다. 경제, 대외정책, 교육정책, 무역정책 등은 훈련된 전문가들이 감독해야 하는 복잡하고 대처하기 어려운 분야이다. 전문성을 가진 이들이 정보에 근거한 의사결정을 할 수 있도록 권한을 위임받아야 한다. 또는 좀더 일반적으로, 정치가들은 의사결정하는 데 이들 전문가의 조언을 들어야 한다. (이 주장에 따르면) 일반 국민에게는 적절한 결정을 할 만한 능력이 없기 때문에, 현대 민주주의에서는 일반 국민이 적어도 부분적으로 정부의 의사결정으로부터 배제된다. 민주주의에 대한 플라톤의 비판이 현대 민주주의 체제를 일부 구성하고 있는 것이다.

플라톤이 이렇게 자신의 비판을 표면적으로 받아들이는 이들의 이야기를 듣는다면, 별 어려움 없이 그 논리가 박약함을 지적할 수 있을 것이다. 전문성은 획득하기 어렵고 절대적으로 필요한 반면, 전문성 자체는 통치하는 사람들에 의해 평가된다. 전문가들 사이에서 의사를 결정하고 정책을 결정하는 것은 정치가들이다. 하지만 정치가는 어떤 훈련을 받았고 어떤 전문성을 가졌단 말인가? 정치가는 무엇을 알아야 하는가? 선거민들은 그러한 전문성을 어떻게 이해하고 평가하는가, 그리고 그것에 대해 어떻게 책임을 지울 수 있는가? 풍자적인 플라톤이나 냉소적인 아리스토파네스는 현대 정치가가 받아야 할 '훈련'을 상세히 분석하면서, 특히 정치윤리 문제에 이르면 즐거워할 것이다.

플라톤은 《공화국》에서 특히 인상적인 비유를 들어가며, 민주정체의 정치가들이 의사결정자로서 실제 어떻게 교육받는가에 대한 일반적이고 이론적인 비판을 제시한다. 그에 따르면, 정치가가 되는 것은 흉포하고 이성이 없는 야수를 책임지는 사람이 되는 것과 같다고 소크라테스는 말한다. 그는 야수에게 먹이를 주고, 그 야수의 기분상태를 살피며, 야수의 기분을 누그러뜨리거나 화를 돋울 때 어떤 목소리를 사용해야 하는지 배운다. 그는 그 야수의 욕망이 어디에 유익하고 어디에 나쁜지 말할 수 없으며, 비록 경험을 통해 야수에 대해 정통해지기는 해도, 야수가 무엇을 하고 있는지 합리적인 설명을 할 수가 없다. 소크라테스는 고개를 저으며 결론짓는다. "그는 아주 이상한 유의 교육가일 것이네."

플라톤의 비유는 민주주의에서 정치가는 진리나 정의를 위임받는 것만이 아니라, 변하기 쉽고 제마음대로인 시민들의 변덕을 따라야만 하거나, 또는 그들을 현혹시키려 애써야 함을 생생히 말해준다. 교육받은 이들의 판단보다 '대중의 의견'이 규칙이 된다. 올바른 일을 할 수 있는 능력을 가진 교육받은 이들은, 시민들, 다시 말해 길들이지 않은 야수를 기쁘게 하기 위해 지속적으로 절충하여 타협하게 된다. 플라톤의 두 번째 결정적인 비판은, 민주주의에서 정치가들은 (지식이 부족한) 국민의 만족을 이끄는 것이 아니라 따라간다는 것이다.

현대 정치, 특히 미국과 영국의 민주주의는 표현의 문제로 고민하게 되었다. 이를 두고 사람들은 좀더 순수하고 좋았던 과거와는 거리가 먼 현대 정치의 붕괴로서 애석히 여기곤 한다. 하지만 플라톤이 너무도 분명히 보여주는 것처럼, 이는 이미 고대 아테네에서도 많이 논의되던 문제였다. 이 문제는 포괄적인 철학적 차원과 정치적 음모라는 실제적 차원 모두에서 토의되었다. '소피스트'나 '수사학 교사'로 불리며 높은 수업료를 받는 전문가들이 '이야기하기'와 '자기표현'의 전략을 돈을 받고 가르치는 기술적인 훈련도 있었다.

민주주의는 서로 경쟁하는 주장들, 즉 어떤 사안에 대해 서로 다른 의견을 가지고 경쟁하면서 자신의 의견을 어떻게 표현하느냐에 달려 있다. 민주주의의 모든 화자들은 청중을 설득하려고 한다. 설득의 방법은 가르치고 평가될 수 있다. 투표권을 잃거나 법정에서 패소한 사람들은 자신이 상대의 설득술에 희생된 것으로 느꼈음직도 하다. '말하기'는 민주주의에서 특유한 것이다. 민주주의는 설득 가능성에 대한 인식 없이는 상상할 수 없으며, 한 사람의 논중이 아무리 훌륭하더라도 언제나 다른 사람에게는 믿을 수 없는 거짓말이 될 수 있다. 말하기는 현대의 문제이기는커녕, 애당초 민주주의의 기본적인 관심사였다.

플라톤은 부득이하게 거짓 없는 진실보다는 표현에 강조점을 두어야 하는 민주주의의 정치가들에게 절망했다. 하지만 플라톤이 민주정치에 대해 냉소적이고 호되게 비판했던 것이, 현대 사회에서는 정치적 과정에 필수적이고 정식화된 부분이 되었다. 모든 정당이 홍보부서와 대중매체 전문가를 두고 선거 캠페인을 한다. 모든 것이 '대중의 의견' 이라는 유일한 기준에 의해 판단된다. 다시 한번, 플라톤이 비판하고 있는 바가 현대 민주주의 체제에서는 완전히 제도화되고 있는 것이다.

《공화국》에서 플라톤은 신랄한 기지로써 '민주주의의 주체' 를 상세히 분석해간다. 그는 "여자들이나 아이들에게 화려하게 칠된 물건이 그런 것처럼" 민주주의의 자유와 개방성이 매력적임을 인정한다. 하지만 민주주의자는 좋은 즐거움과 나쁜 즐거움이 있음을 알지 못한다고 플라톤은 주장한다. "그(민주주의자)는 고개를 저으며 모든 즐거움은 똑같으며 똑같은 권리를 가져야 한다고 말한다." 그래서 어느 날에는 그것이 포도주, 여자, 그리고 노래가 되고, 그 다음에는 유행을 좇는 다이어트가 된다. 그리고 어느 날에는 학문이 되고, 그 다음에는 운동이 된다. "그의 삶에는 질서나 금지가 없으며, 그는 자기 삶의 방식이 즐겁고 자유로우며 행복하다고 생각한다." 민주주의의 자유는 사회적, 정신적 통제의 부재를 의미한다. '뭐든지 괜찮다' 가 되면, 적절히 질서를 유지할 수가 없다.

민주주의에서 이론적으로 그리고 실제적으로 시민의 즐거움을 통제하기는 어렵다. 하지만 플라톤의 정치이론을 지배하는 것은 이와 유사한 '질서와 금지' 에 대한 열정이다. 플라톤에게, 사회 질서가 유익함을 보여주는 것은 당시 그리스 도시국가들 가운데 스파르타였다. 그는 거듭 스파르타를 칭송하고 있으며, 《공화국》 전편에 걸쳐 스파르타의 사회 체제가 미친 영향이 분명하게 드러난다. 플라톤과 다른 많은 보수적인 귀족들에게 스파르타는, 혼란에 가까운 민주정체인 아테네의 무질서한 자유주의와 비교되었다.

스파르타는 고도로 중앙집권화된 군사국가였다. 두 명의 왕과 이 왕들에게 조언을 하고 이들을 감독하는 원로들의 평의회가 있었다. '스파르티아테스'라는 상류계급은 가장 엄격한 육체적, 정신적 훈련에 의해 양성되었다. 태어나면서부터 부적당하다고 여겨지는 아이들은 국가의 명령에 따라 죽도록 방치되었다. 반복되는 훈련과 공동의 통제 속에서 성장한 스파르타 젊은이들은 오지로 보내져 그들 자신의 수완으로 살아남아야 했다. 성인이 되면, 함께 먹고, 생활하며, 훈련을 받는 '집단생활' mess에 합류했다. 사유재산과 개인소유의 집은 엄격하게 통제되었다. 스파르타인들은 혹독한 억압에 의해 관리되는 엄청난 규모의 (원래는 이웃나라 사람들이었으나 정복당해 노예가 된) '헬로트' 스파르타의 국가 소유 농노를 이르는 말-옮긴이를 유지했다.

스파르타인들은, 자신들의 체제는 자신들의 입법자인 리쿠르고스에 의해 설립되어서 그대로 유지되어왔다고 주장했다. 그들은 그 체제 하에서, 펠로폰네소스 전쟁에서 아테네인들을 물리치고 지중해 연안에서 가장 유명하고 위협적인 전투부대가 되었다. 그들에게서는 아테네인들에게 특징적인, 그리고 플라톤이 《공화국》에서 금지시키고 싶어한 새로운 예술, 문학, 음악의 싹은 전혀 볼 수 없었다. 스파르타 사회는 단순히 보수적인 것만이 아니었다. 그들은 모든 차원에서 개인을 공동체의 선善에 종속시키고자 했다. 각 시민의 삶은 그 도시국가(즉 공동체 전체)의 이익을 위해 조직되었으며, 국가의 이름으로 개인의 사치, 여유, 안락, 변화를 억제했다.

플라톤이 남긴 정치 비판 가운데 현대 정치를 오래도록 가장 혼란스럽게 한 것은, 그가 자신이 《공화국》에서 수립하고자 했던 질서를 구현하고 있는 국가로서 스파르타를 칭송한 것이었다. 아테네의 민주주의와 스파르타의 질서 사이의 다툼은 18세기와 특히 19세기에 와서 당시 대변혁의 정치적 혼란 속에 휩쓸렸던 유럽의 지식인들에 의해 재개되었다. 철학자이자 정치가인 존 스튜어트 밀은 그리스의 이미지가 어떻게 현재를 논의하는 한 방편이 되었는지에 대해 주목할 만한 설명을 하고 있다.

그는 서슴없이 이렇게 말했다. "마라톤 전투는 영국 역사의 일대 사건이다. 이것은 헤이스팅스 전투1066년 잉글랜드의 해럴드 2세가 노르망디 공작 윌리엄(기욤)에게 패배한 전투로, 이 결과 노르만족이 잉글랜드의 통치자로서 자리를 굳혔다-옮긴이보다 더 중요하다." 밀에게는, 과거와 현재 사이에 연속성이 있으며, 때문에 당대의 성지를 위해 과거에 대한 논쟁을 벌일 만한 가치가 있었다. 혁명의 시대이던 밀의 당대에, 스파르타는 안정성을 보여주는 모범으로 제시되었다. 루소조차, 아테네(확대하면, 근대 유럽)의 정치생활에 나타났던 정치적 불안, 파벌, 혼란을 겪지 않았다는 이유로 스파르타를 칭송했다.

하지만 스파르타에 대한 열광은 그러한 질서의 약속이 최악의 형태로 실현된 20세기의 독일에서 절정에 이른다. 스파르타인들은 북쪽에서 내려온 가장 우수한 도리스족이었다. 독일 국가사회주의자들의 신화에서, 독일인들은 자신들을 새로운 도리스족으로 생각했으며, 해서 스파르타는 아리아인의 매력적인 이상을 구현하고 있는 것으로 여겨졌다. 1930년대와 1940년대에, 독일 역사가들은 거듭 스파르타로 눈을 돌렸다. 지적, 정치적으로 스파르타인들에게 맞설 수 있는 사람들은 없었다. 즉 말하자면, 그들은 타락한 동방의 영향으로부터 자유로웠다.

스파르타의 정체政體는 군사귀족에 의존했다. 그들은 토지에 의존하고, 진리, 정직, 올바름이라는 가치에 따라 생활하면서, 강도 높은 육체적 훈련으로써 이를 뒷받침했다. 허약한 아이들을 도태시키는 것은 종족의 순수성이라는 강력한 이상에 기초한 계몽된 우생학이었다. 스파르타인들은 문학이나 음악의 해로운 퇴폐성을 허용하지 않았다. 스파르타는 새로운 독일의 모범이었다.

히틀러는 거듭 스파르타인들을 칭송했다. 소수의 상류계급 사람들이 대다수의 헬로트들을 지배할 수 있었다. 그리고 지중해의 다른 열등한 종족들은 종족의 순수성과 군인사회에 기초한 스타르타인들의 비상한 강인함을 증명해주었다. 스파르타인들이 테르모필라이에서 보여준 정신테르모필라이에서 페르시아 군과 맞서게 된 스파르타인들은 비록 패배하기는 했으나 최대한 페르시아 군대의 진격을 지체시키다가 모두 전사했다-옮긴이은, 독일인들이 제1차 세계대전과 그 후에 스탈린그라드오늘날 볼고그라드에서 보여준 것과 같은 것이었다.

스파르타는 최초의 '국가주의적인' volkisch 나라였다. 복종과 군사훈련에 의해 강인해진 사람들, 즉 '민중' Volk의 순수함에 의해 완전한 사회질서에 이르렀던 것이다. 히틀러는 아주 이상야릇한 방식으로, 슐레스비히 홀슈타인독일에서 가장 북서쪽에 있는 지역-옮긴이의 농부들이 먹는 죽을, 강인한 스파르타인들이 사치를 두려워하며 일반적으로 먹던 유일한 음식인 묽은 죽과 연관시켰다. 음식에서부터 우생학에 이르기까지 나치는 스파르타의 이미지에서 부지런히 고전적 전거를 찾았다.

나치에 반대하는 지식인들은 동일하게 플라톤의 정치사상을 근거로 나치와 싸웠다. 한 미국인 교육자는 이렇게 주장했다. 《공화국》은 "파시즘, (그리고) 서구 세계의 교육에서 가장 위험한 항목검열을 말함-옮긴이에 관해 언급한 첫 철학적 선언서이다." 전후 영국 정부에서 선도적인 정치가가 된 리처드 크로스먼Richard Crossman, 1940년대 중반 영국 노동당 소속의 의원으로, 마르크스 레닌주의, 특히 스탈린주의를 비판한 《실패한 신》으로 유명하다-옮긴이은 1937년 그의 유명한 저작인 《현대의 플라톤》을 썼다. 이 책에서 그는 플라톤이 나치 독일을(뿐만 아니라 소비에트 러시아와 다른 정치체제들도) 방문하는 상상을 한다. 플라톤은 제3제국독일 나치 정권의 공식 명칭-옮긴이의 많은 것에 감탄하지만, 자신의 사상을 부적절하게 오용한 플라톤주의를 배우는 놀라운 독일 대학들을 공격한다.

하지만 이러한 모든 지적 기획들 가운데 가장 영향력이 있는 것은 카를 포퍼의 《열린 사회와 그 적들》 1권이다. 이 책은 플라톤의 전체주의 사상에 대해 가장 신랄하게 공격한다. 포퍼는 자신이 태어난 오스트리아에서 추방되어 1938년 뉴질랜드에서 이 뛰어난 저작을 쓰기 시작해서 1943년에 완성했다. 책 전체가 '현 세계 상황의 암울함' 에 대한 열정적이고 수심에 가득 찬 인식이 우러난다. 이 책은 두 사람의 말을 인용하여 설득력 있게 병치시키면서 시작된다.

첫 번째 인용문은 페리클레스의 것이다. "소수만이 정책을 만들어낼 수 있으나, 우리 모두가 그것을 판단할 수 있다." 두 번째 인용의 출처는 플라톤이다. 그것은 이렇게 시작된다. "그 무엇보다도 중요한 원리는, 남자든 여자든 누구도 지도자가 없어서는 안 된다는 것이다. 또한 누구도 자진해서, 또는 열의에 의해서나, 심지어는 즐거움을 위한 것일지라도 자신이 주도하여 무슨 일을 하는 데 익숙해지지 않도록 해야 한다." 그는 이렇게 결론짓는다. "요컨대, 그는 자신의 영혼에게 오랜 습관을 가르쳐, 결코 독립적으로 행동하는 것을 꿈꾸지 않도록 하고, 전혀 그러지 못하도록 해야 한다." '법과 질서' 라는 모토를 내건 정치가들 가운데 '어느 정도의' 법과 질서가 필요한지, 또는 '법과 질서' 가 민주주의가 요구하는 개인의 자유와 충돌할 때 어째야 하는지에 대해 플라톤만큼 명확한 사람은 없다. 플라톤 이후, 이것은 민주주의와 정치이론에서 중요한 쟁점으로 남아 있다.

민주주의에 대한 플라톤의 비판은 오늘날 이상하고 자기모순적인 형태로 발전한 민주주의 제도 속에 완전히 흡수되었다. 그리고 그가 법과 질서의 이름으로 민주주의에 반대한 것은 전체주의 국가에(그리고 불안한 민주주의 국가에) 지속적으로 주요한 지적 전거를 제공하고 있다. 플라톤의 문제는 우리의 문제로 남아 있다. 그의 논의는 오늘날 계속해서 논쟁을 불러일으키고 있으며 의미 있는 방식으로 현대의 체제들을 설명해준다. 플라톤과의 싸움, 그리고 플라톤에 대한, 플라톤을 통한 싸움은 민주주의 사상에(그리고 그와 대립하는 정치사상에) 활기를 불어넣는다.

05 플라톤, 소크라테스를 배신하다

A Question of Betrayal

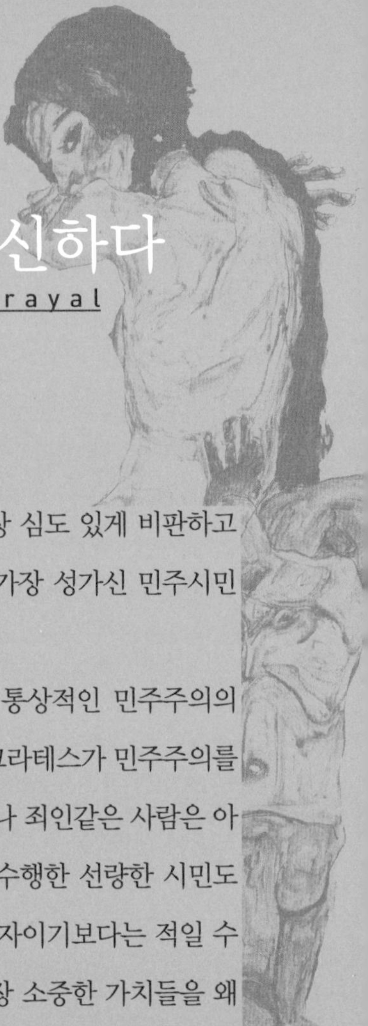

플라톤이 민주주의에 대해 가장 심도 있게 비판하고 있는 반면, 플라톤의 스승인 소크라테스는 가장 성가신 민주시민이었다.

걸핏하면 이의를 제기하는 이 지식인은 통상적인 민주주의의 영웅이나 악당에는 잘 들어맞지 않는다. 소크라테스가 민주주의를 위협하여 제거되어야 하는 전형적인 폭군이나 죄인같은 사람은 아니다. 그렇다고 단순히 민주주의의 과업을 수행한 선량한 시민도 아니다. 우려할 만한 것은 그가 사회의 수호자이기보다는 적일 수 있다는 점이다. 그의 사상이 민주주의의 가장 소중한 가치들을 왜곡하거나 파괴할 수도 있었다. 소크라테스는 아테네인들의 이러한 염려를 충분히 구체적으로 보여주었다.

소크라테스는 자신의 신념 때문에 민주정체의 아테네에서 사형에 처해졌다. 그가 젊은이들에게 가르치는 내용과 방법이 사회를 유지하려는 아테네인들에게는 너무 위험해 보였던 것이다. 하지만 오늘날 소크라테스는 그 누구보다도 민주주의 자유사상의 영웅으로 여겨지고 있다. 그는 발언의 자유와 사회질서에 대한 요구 사이의 위험한 균형에 대해 대단히 인상적으로 의문을 제기한다. 오늘날, 소크라테스는 2천 년 동안 이어져온 정치적 논의의 무게를 상징적으로 지탱하고 있다.

소크라테스의 이미지를 통해서, 만나는 사람들과 논쟁을 벌이며 기원전 5세기 아테네의 거리를 돌아다녔던 실제 인물을 더듬어보기란 불가능한 일이다. 소크라테스는 아무런 저작도 남기지 않았다. 우리는 (다수의 단편적이고 간접적인 기록들뿐 아니라) 플라톤과 역사가이자 비평가인 크세노폰의 저작, 아리스토파네스의 희극을 통해서도 그를 알 수 있다. 플라톤의 저작에서 보이는 (반어적인 언어를 구사하는 복합적이면서 철학적으로 치밀한 교사로서의) 소크라테스의 이미지는, 크세노폰이 묘사하고 있는 좀더 직설적이고 '실용적인' 인물과는 다르며, 아리스토파네스가 풍자하고 있는 허풍선이 소피스트도 아니다. 하지만 동시에, 적어도 소크라테스가 자신을 공격하는 이들에 대해 소급적인 논법으로 변론하면서 일목요연하지 못하다고 쓴 경우는, 플라톤이나 크세노폰이나 거의 없다. 소크라테스는 변증론적 논법의 장막을 두르고 있다.

저작을 남긴 제자와 아무런 기록을 남기지 않은 스승, 즉 플라톤과 소크라테스의 관계는 특히 감잡기가 어렵다. 소크라테스는 플라톤의 《공화국》에 등장하는 주요 인물이다. 하지만 거기에서 소크라테스가 말하는 것이, 역사적인 실제 인물로서의 소크라테스의 관점만을 그리고 있다고 생각할 수는 없다. 또는, 플라톤이 역사적인 실제 인물로서의 소크라테스의 관점이라고 여긴 것만을 그리고 있다고 생각할 수도 없다.

《공화국》은 소크라테스가 이끄는 극 형식의 대화이다. 여기에서 자기 의견을 표명하는 다른 인물들 가운데 플라톤은 없거나, 또는 단순히 일관

되게 플라톤을 대변하는 이는 아무도 없다. 그 결과, 어떤 정치적 쟁점에 관한 플라톤 자신의 주의가 정확히 무엇인지는 항상 논쟁거리이다. 플라톤의 독자들은, 반어적으로 자신이 무언가를 안다는 것을 부인하는 교사 소크라테스가 주연을 맡은 대화 형식에 특히 부추김을 받아 말려들었다가 의표를 찔리곤 했다. 플라톤과 소크라테스가 규명하고자 하는 문제에 대해 의문을 제기할 때, 그것이 어느 정도로 플라톤의 생각인지 또는 어느 정도로 소크라테스의 생각인지 (그리고 어느 정도로 반어적인 것인지) 말하기는 어렵다.

고발당한 소크라테스에게 주어진 혐의는 분명했다. 그는 "젊은 사람을 타락케 하고"(이는 성적인 의미만은 아니었다), "새로운 신을 도입"한 이유로 기소되었다. 하지만 재판이 진행되면서, 곧 이 사건은 더 폭넓은 의미를 갖는 정치적 사건으로 인식되었다. 소크라테스는 근본적으로 아테네의 적으로 간주되어 기소된 것이었다. 이런 식으로 누명을 쓴 다른 많은 인물들처럼 소크라테스는 곧 공정하고 바람직한 사회의 진정한 가치를 지지하는 고독한 개인으로서 우상화되었다.

수많은 고대와 현대의 작가들에게, 소크라테스는 영웅이자 순교자이다. 그가 물러서지 않고 까다로운 문제들을 제기하는 영웅적 행위를 보여주었기 때문이다. 소크라테스는 극히 반체제적인 인물이었다. 그는 진리의 이름으로, 당국자들(그리고 점잔 빼는 사람들, 자신을 과신하는 사람들, 무분별한 사람들)로서는 당황스럽게도 끊임없이 그들이 스스로 말하는 것에 대해 진정으로 알지 못함을 어쩔 수 없이 인정하게 만들었다. 소크라테스는 음미되지 않은 삶은 살 가치가 없다고 주장했다. 따라서 진리, 정의, 덕, 선이 무엇인지 알 것을 요구했다(그러면서 그에 대한 답, 특히 독선적이거나 자기만족적인 딱 떨어지는 답은 제시하지 않은 채로 남겨두었다).

영웅 소크라테스는 탐구와 견실한 사색이라는 지적 가치를 제시하는, 공평무사한 최고의 도덕적 투사였다. 매튜 아널드Matthew Arnold, 1822-88, 영국 빅토리아 여왕 시대의 시인이자 문학 및 사회 비평가가 번역한 플라톤 저작에 따르면,

그는 자신이 만나는 사람들로 하여금 진정한 의미의 시민생활과 의무로 나아가도록 도왔기 때문에 "살아 있는 이들 가운데 유일하게 진정한 정치가"였다.

소크라테스의 처형은 순교로 보여진다. 법정에서 사형선고를 받았을 때, 자신의 도덕 기준에 따라 사형집행에 맞서기 위해 감옥에서 탈출하지 않았기 때문이다. 그는 자신의 신념을 위해 죽었을 뿐만 아니라, 그의 신념은 그로 하여금 태연히 죽음을 맞이하게 했다. 플라톤이 가장 성공적으로 소크라테스를 변호하고 있는 것은, 임종시의 소크라테스를 그린 장면에서이다. 소크라테스는 임종의 자리에서도 조용히 영혼의 불멸에 대해 논의하며 비탄에 빠진 친구들을 격려한다.

이 이미지는 종교적이고 정치적인 의미를 담은 뛰어난 예술작품들에 영감을 주었다. 이 장면을 묘사한 가장 유명한 그림그림 37을 그린 화가가, 고전의 모범들에 열광한 프랑스혁명의 한복판에 있던 자크 루이 다비드Jacques-Louis

● 그림 37
자크 루이 다비드가 그린 〈소크라테스의 죽음〉

David, 1748-1825인 것이 우연은 아니다. 이 그림에서 당혹해하는 친구들과 평온한 소크라테스 사이의 대조가 감명적이다. 소크라테스는 두려움 없이 죽음에 임함으로써 철학이 주는 이점을 '몸소 보여준다.'

이렇게 영웅이자 순교자인 소크라테스는 자유사상을 찬양하고 다수의 횡포에 저항하는 정치사상가들의 총아가 되었다. 그것은 낭만주의적 천재, 인간 대중에 맞서는 영웅적인 개인, 경박한 사회에서 굳어진 관습에 진정한 의문을 제기하는 외로운 예언자의 시대에, 특히 호소력을 갖는 이미지였다. 이런 자유주의의 전통에서, 이의 제기는 정치와 사회의 발전에 필수적인 것으로 여겨진다. 그래서 소크라테스는 그의 제자인 플라톤과는 정반대되는 입장에 놓여지곤 한다.

리처드 크로스먼은 1930년대 정치에 답해서 "우리가 필요로 하는 것은 플라톤이 아니라 소크라테스이다"라고 썼다. 19세기의 가장 뛰어난 정치사가의 한 사람인 조지 그로트George Grote, 1794-1871, 고대 그리스 연구로 유명한 영국의 역사가가 도발적으로 "자신의 관점을 갖는 자유사상가들은 불편하고 위험스러워진다"고 결론내린 것과 같이, "플라톤의 공화국에서는" 소크라테스 같은 존재가 "허용되지" 않을 것이다. 그로트와 더불어 많은 역사가, 정치가, 철학자들이 보기에는, 플라톤이 자신의 스승을 배신한 것이었다. 그리고 소크라테스를 죽인 것은 민주주의의 영원한 수치이다.

하지만 이와는 다르게 생각하는, 마찬가지로 오래된 또 다른 전통이 있다. 그것은 소크라테스와 그의 이의 제기에 대해 좀더 냉담하다. 소크라테스가 유죄 판결을 받고 50년쯤 뒤, 웅변가 아이스키네스는 같은 법정에서 이렇게 확신했다. "아테네의 신사분들이시여, 당신들은 궤변가인 소크라테스가 민주주의를 파괴한 30인 참주 가운데 한 사람인 크리티아스의 교육에 분명한 책임이 있기 때문에 그를 처형했습니다." (30인 참주는 스파르타의 후원을 받아 유혈 쿠데타를 일으켜 정체政體를 전복한 폭군들이었다.)

게다가 펠로폰네소스 전쟁에서 아테네를 재앙의 위기로 이끈 반역자인 알키비아데스 역시 소크라테스의 절친한 친구이자 학생이었다. 스승은 그의 제자들에 의해 판단된다. 아이스키네스에게는(그리고 이후의 다른 사람들에게는), 소크라테스의 이의 제기가 폭력적이고 이기적인 과두정치를 창출해낸 것으로 여겨졌다. 정부에 대항하는 개인 투사가 정부를 전복시키는 자들을 키워낸 것이었다.

누구보다도 보수적인 로마의 카토는 좀더 일반적이고 도덕적인 근거에서, 마찬가지로 소크라테스에 대한 혐오감을 드러내었다. 그는 비웃듯이 말했다. "소크라테스는 끊임없이 말이 많은 사람으로, 혈안이 되어 관례들을 폐지하도록 하고 동료 시민들이 법에 반대하는 의견을 갖도록 부추김으로써 자기 조국의 폭군이 되려 했다." 카토는 언제나처럼 그리스 문화에 대해 즐거이 그리고 공격적으로 경멸하는 투로 이야기하고 있다. 하지만 소크라테스가 전통적인 지혜에 반대했다는 그의 비웃음은 그저 판에 박은 보수주의인 것만은 아니다.

소크라테스는 전통적인 관점들에 이의를 제기했고, 이는 아버지와 아들, 시민과 시민이 서로 대립하게 했다. 이러한 사회 분열은 그('거머리' 같은 소크라테스)의 비딱하고 생산성 없으며 개인적이고 불협화음을 일으키는 태도에서 유래한 것이다. 이는 모든 사람이 받아들일 수 있는 태도가 아니다. 따라서 소크라테스는 우리 모두에게 모범이 될 수 없다. 소크라테스가 주는 자극은 사회를 결속시키지 못했다. 민주주의가 소크라테스를 사형에 처한 것은, 위험스럽도록 파괴적인 힘으로부터 자신을 정치적, 도덕적으로 방어하기 위함이었다.

소크라테스에 대한 이렇게 서로 다른 두 가지 평가의 전통은, 그에 대한 재판을 둘러싼 최초의 열띤 논쟁에서 비롯되어 계속해서 이어졌다. 소크라테스의 의미지는 우리에게 가장 강력한 불후의 이미지들 가운데 하나가 되었다. 사회 안정을 지향하는 집단적이고 전통적인 가치에 대한 그의 이의 제기가 여전히 정치사상의 경찰들을 자극하고 혁명들에 영감을 주고 있는 것처럼, 소크라테스라는 인물은 여러 세기에 걸쳐 전유專有되고, 찬미되고, 조작되고, 거부되었다. 대부분 현대 작가들은 도전적인 지식인이 사형에 처해졌다는 데서, 그리고 진리와 정의를 위한 그의 투쟁 때문에, 소크라테스에게서 영웅 이야기를 찾는다. 그것은 감동적인 이야기로, 이런 이야기는 소비에트 공화국, 체코슬로바키아, 남아프리카 등의 반체제인사들에게 아주 중요했다.

하지만 스승 소크라테스와 제자 플라톤이 제기하는 가장 절실한 문제는 좀더 혼란스러우면서, 언제나 적절히 답하기 어려운 것이다. 민주주의 사회는 어느 정도로 의견 차이를 부담할 수 있으며, 어느 정도로 포용해야 할까? 소크라테스에 대한 평가는, 개인의 자유와 공동체의 규정 사이의 불가능한 경계에 대해 고심하게 한다.

소크라테스의 운명과 플라톤의 비판은 서로 따로 떼어놓을 수 없다. 스승 소크라테스와 제자 플라톤은, 민주주의 체제에서 피할 수 없는 개인의 자유와 공동체 규정 사이의 역동적인 긴장관계를 보여준다. 현대 민주주의 국가들은 이들 고전적인 쟁점들을 놓고 거듭해서, 그리고 딱히 결론에 이르지 못한 채 싸움을 계속해오고 있다. 매카시의 반미활동 조사위원회는 민주주의 정부의 의견 차이에 대한 통제 시도가 결국 그러한 통제에 대한 혐오감을 불러오게 되는 극단적인 예를 보여준다.

하지만 징병카드를 불태우는 개인의 양심적인 행위의 이론적 토대는, 미국의 가장 위대한 민주주의 정치철학자의 한 사람인 존 롤스John Rawls, 그가 1971년에 출간한 《사회정의론》은 격찬을 받았다-옮긴이에게서 나왔다. 그는 법이 민주주의의 본질을 위협할 때 시민 불복종은 시민의 의무라고 주장했다. 소크라테스조차 법의 처벌을 조용히 기다리며 고분고분 감옥에 앉아 있었다. 국가의 시민 감시와 국가 내 시민의 권리에 관한 교섭은 이제 그 어느 때보다도 더 일상적인 것이 되고 있다. 민주주의가 어떻게 그 자유를 단속하고 어떻게 반대 의견들을 민주적인 방식으로 통제하는지에 따라, 그 사회는 자신을 규정하고 파악하게 된다.

소크라테스를 다루거나 플라톤에게 답하는 것은 언제나 어려운 일일 것이다. 이런 이유로, 민주주의는 성가실 수밖에 없다. 지속적으로 "만일?"이라는 의문을 던져 보아야 하기 때문이다. 이것이 위험하기는 해도, 민주주의자들에게는 양자택일보다 더 바람직하다. 왜냐하면, 민주주의가 유토피아일 수는 없기 때문인데, 그러한 의문을 계속해서 던져봄으로써만이 민주주의가 완전하다는 환상에서 나오는 폭력적인 통제와 억압을 피할 수 있는 것이다. 민주주의 성지에서 항상 개인의 책임이 중심이 되어야 하는 것은 이러한 위험성 때문이다.

06 국민의 의지

The Will of the People

우리가 '민주주의'라는 말로써 의미하는 바와, 민주정치로부터 기대하는 하는 바가 무엇인지에 대해 생각하는 것은 더 이상 불필요한 일이다. 현대 민주주의는 몇 가지 의미에서 자신이 고대 그리스 민주주의로부터 비롯되었다고 주장하지만, 고대 그리스 민주주의는 현대의 정부조직과 이데올로기적인 공약과는 놀라울 정도로 두드러지고 분명한 대조를 보여준다. 이러한 사실이 우리의 비판적 자기분석의 기초가 된다.

고대와 현대의 민주주의 원리 사이에는 중요한 연속성이 있다. 특히 공무원의 책임, 법 앞에서의 평등, 그리고 발언의 자유가 그러하다(하지만 이들 기본 원리들은 실제에서는 다르게 나타난다). 예를 들어 중동 아랍 국가들의 독재자들 아래서는 얻을 수 없는 이러한 원리들이, 서구가 민주주의를 찬양하면서 높이 평가하는 사회 형식들의 기본원칙이다.

하지만 현대 체제와 고대 체제의 차이가 마찬가지로 중요하며, 이는 좀 더 까다로운 문제들을 제기한다. 어떤 시대에서나 민주주의에서 가장 다루기 어려운 문제들 가운데 하나는 '국민이 원하는 것'에 대한 견해이다. 민주주의는 국민의 의지를 규정하는 것이라고들 한다. 하지만 국민의 의지가 무엇인지, 또는 그것은 어떻게 규정되어야 하는지를 결정하는 것은 아주 어려운 일이다.

아테네 의회의 법령들은 공표되어 돌기둥에 새겨졌다. 그것은 전형적으로 "……하는 것은 아테네 사람들에게 유익한 것 같다"라는 상투적인 문구로 시작된다. 직접 민주주의에서, 이렇게 새겨진 글은 적어도 집단 토론 후 주권을 가진 민회(모여든 사람들)의 다수결에 의한 결정을 기록한 것이다. 하지만 그것이 그 집단에 이로운 것이 무엇인지를 결정하는 투표에서 이긴 특정 사회집단의 의사를 반영하는지, 또는 전체 공동체에 무엇이 유익한지에 관한 전체 공동체의 좀더 고결한 결정이었는지, 또는 그 투표가 실은 사람들이 정말로 원하는 언급되지 않은 다른 어떤 의제를 따르기 위한 것인지, 또는 이 모든 동기들이(그리고 그 이외의 다른 동기들이) 결합된 것인지에 대해서, 이 기록이 알려주는 바는 없다. 한 사람이 정말로 무엇을 원하는지는 몹시 알기 어렵다. 한 사람이 개인들의 집합체가 원하는 것을 쉽게 결정할 수 있다고 생각하는 것은, 기껏해야 이상주의적인 환상이며, 가장 나쁘게는 이기적이고 수사적인 언사로 볼 수 있다.

직접 민주주의에서 투표는 하나의 쟁점에 관해 이루어지고 기록될 수 있다. 대의 민주주의에서 특정 안건에 관한 국민투표라는 극소수의 경우를 제외하면, 제도적 장벽들이 국민의 의지를 파악하기 어렵게 만든다. '무엇이 국민에게 유익한지' 알 수 없는 것이다. 대표를 뽑는 선거는, 선거민들이 명령할 수 없는 의사결정권자들을 뽑는 선거이다. 대부분의 경우에서, 대표란 또한 정당을 의미한다. 정당은 그 대표에게 충성을 요구할 것이다. 정당의 공동 정책 또한 투표로 정해진다. 하지만 그 정책들은 (미래의 선거에 대한 전망을 따로 친다면) 선거민들과는 무관하게, 그리고 선거민들에 대해 책임지는 일 없이 바뀔 수 있다. 정부는 심히 평판이 좋지 않은 의사결정, 국민의 바람에 명백히 반하는 의사결정을 할 수 있다.

이러한 현대의 체제를 정당화해주는 한 가지 전제는, 선거민이 직접 복잡한 쟁점에 관해 투표하기에는 전문기술이나 경험을 갖고 있지 못하다는 플라톤의 관점이 될 것 같다. 무지나 이기주의, 여러 가지 가변적인 요소들이 바람직한 의사결정을 위협하는 것은 사실이며, 장기간으로 볼 때 무엇이 가장 이익인지, 그리고 그것을 어떻게 달성해야 하는지에 대해 국민들이 명확히 알 수 있을지 그 능력을 의심하기 쉬운 것이다. 하지만 현대의 선거민들이 한 사람의 정치가에게서 어떤 자질이나 전문성을 보아야 하는지는 그다지 분명하지 않다. 그것은 경제, 군사, 법률, 사회 정책이라는 절대적으로 중요한 영역과 관련해서도 마찬가지이다. 투표자들이 그러한 자질과 전문성을 어떻게 평가하고 논의해야 하는지도 분명하지 않다. '국민'과 '그 공복'(또는 '국민의 대표') 사이의 제도적 공백은 메워질 수 없을 것으로 보인다.

이러한 체제에서 '정부' 또는 '정당'은 구속적이거나 달갑지 않은 권위로 여겨질 수 있다. 그들이 아무리 '국민에 의한, 국민을 위한, 국민의 정부'라는 이념을 주장하더라도 말이다. 시민의 이러한 권력 이양과 강력한 사생활 존중이 엮이면, 정부의 규제와 개인의 자유 혹은 불찬성 사이에 불가피하게 긴장관계가 생겨난다. 이러한 긴장관계는 지속적인 교섭을 필요로 하며, 현대 민주주의는 교섭을 통해 가장 잘 타협될 수 있다.

오늘날 '민주주의'라는 말은 너무나 자주 서구적 동의의 상징으로서 여겨지곤 한다. 하지만 민주주의의 역사와 이론에('만일?'이라는 질문에) 눈 돌리지 않고서 하나의 사상과 정부 형태로서의 민주주의의 궤도를 이해하기란 불가능한 일이다. 여기서, 아테네의 민주주의는 역사적 또는 수사적인 기원만이 아니라 특권적이고 계시적인 모범을 제시한다. 그리스라는 이론적 틀 없이, 그리고 그리스가 현대 세계를 형성한 혁명들에 미친 커다란 영향을 고려하지 않고서, 하나의 이념으로서의 민주주의의 역사에 대해 의미 있는 이야기를 할 수는 없다. 아테네는 여전히 우리의 정치적 이상과 제도들을 가장 예리하게 비춰주고 분석할 수 있게 해주는 거울을 제공한다. 소크라테스와 플라톤 없이 민주주의에 대해 생각하기는 어려운 일이다.

제4부 | 오락

What do you want to do?

01 오락!

That's Entertainment!

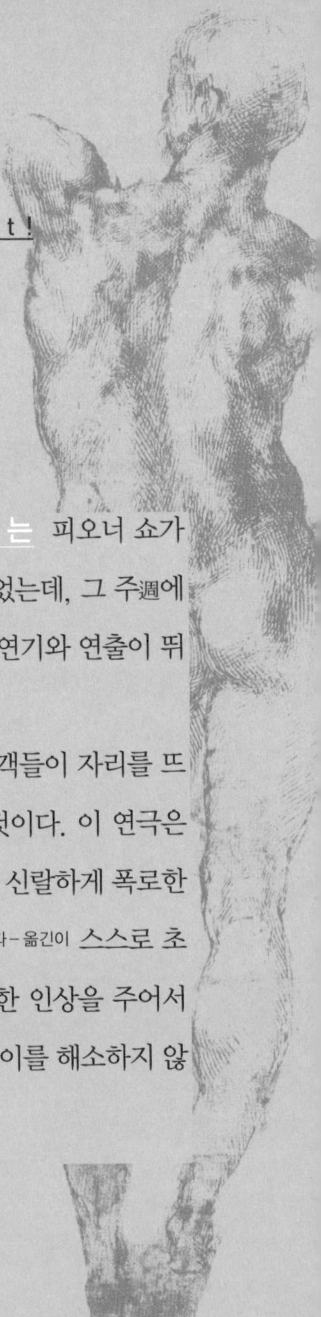

1990년 북아일랜드 데리 시에서는 피오너 쇼가 주연한 소포클레스의 〈엘렉트라〉 공연이 시작되었는데, 그 주週에 분리파의 테러로 여덟 명이 사망했다. 이 연극은 연기와 연출이 뛰어났다.

한데 공연이 끝나자 이상한 일이 벌어졌다. 관객들이 자리를 뜨지 않고 자신들이 본 연극에 대해 토론을 벌인 것이다. 이 연극은 불타는 복수심이 만들어낸 왜곡된 심리적 외상을 신랄하게 폭로한다. 엘렉트라는 아버지를 배신한 어머니와 어머니의 정부情夫에게 복수한다-옮긴이 스스로 초래한 고뇌에 대한 충격적인 해부가 너무나 강렬한 인상을 주어서 몹시 혼란스러워진 아일랜드 관객들은 논쟁으로 이를 해소하지 않고서는 극장을 떠날 수가 없었던 것이다.

* 북아일랜드 분쟁은 영국과, 독립을 주장하는 북아일랜드의 구교도 사이에 발생한 분쟁이다. 17세기에 아일랜드를 식민지화한 영국이 전통적으로 가톨릭 국가이던 아일랜드에 신교도들을 이주시키는 정책을 감행하여 많은 신교도들이 아일랜드에 정착하게 되었다. 끊임없는 독립운동과 저항으로 1920년 아일랜드가 영국으로부터 독립하지만 신교도들이 많은 북아일랜드 지역은 여전히 영국의 관할 아래 남았다. 그리하여 가톨릭교도를 중심으로 하는 북아일랜드 분리파들은 영국의 지배에 저항하는 반면, 신교도들은 계속해서 영국 잔류를 희망하여 양자간 갈등이 표출되었다-옮긴이

고대 그리스의 비극은 현대의 관객들에게도 여전히 강렬하게 다가온다. 특히 1960년대 이후 런던, 베를린, 파리, 뉴욕, 샌프란시스코 등 현대의 연극무대에서 그리스 비극의 공연이 활발하게 이루어졌다. 비극의 이야기와 극적劇的인 원천은 세대에 걸쳐서 공감을 얻고 있다. 독창성 없는 고전주의 극에서부터 사실주의 극에 이르기까지 그리스극을 받아들이고 있는 것이다. 고대극의 인물과 이야기가 애당초 당대의 관객들과 거리가 먼 것으로 보일 수 있으나, 실은 바로 이런 거리가 관객을 깊이 감동시키는 힘의 필수요소이다.

비극은 구체적인 것을 초월하는 신비한 능력을 가지고 있어서, 관객의 마음속 깊이 감정적인 연대를 형성하기에 이른다. 햄릿은 "그에게 헤카베에우리피데스가 쓴 〈헤카베〉의 주인공-옮긴이가 무엇이며 헤카베에게 그가 무엇이기에, 그는 그렇게 그녀를 위해 눈물을 흘린단 말인가?"라고 물으며, 시대를 초월하여 관객의 감정을 사로잡는 그리스 비극의 힘에 대해 놀라워한다.

현대 연극이 자신의 기원을 살필 때면 어쩔 수 없이 그리스극을 돌아보게 된다. 그리고 고대 비극이 불러일으키는 영감은, 서구 문화의 전통이 형성되던 초기부터 모든 문화 전통의 지류들을 관류하고 있다. 기원전 2세기에 에제키엘기원전 6세기에 활동한 고대 이스라엘의 예언자로, 구약성서의 〈에제키엘〉의 주인공이자 이 책의 일부를 쓴 저자이기도 하다-옮긴이이라는 유대인이 모세의 이야기를 바탕으로 해서 그리스어로 〈바코스의 무녀들〉이라는 비극을 썼다. 이로부터 훨씬 뒤에 익명의 한 그리스도교도가 이 비극을 예수에 관한 연극으로 바꾸었다. 16세기에 나온 최초의 오페라는 이탈리아의 〈오이디푸스 왕〉이었으며, 음악과 연극을 결합하여 고대 비극을 재현하고자 했던 클라우디오 몬테베르디Claudio Monteverdi, 1567-1643, 이탈리아의 작곡가는 17세기에 오페라를 고급한 예술형식으로 만들었다.

오페라 예술의 절정을 이루는 바그너의 바이로이트 음악축제바이로이트에 정착한 바그너가 1876년 〈니벨룽의 반지〉를 초연하면서 바이로이트 극장이 개관되었고, 바그너가 죽은 후에는 여기에서 음악축제가 치러졌다-옮긴이는 새로운 독일을 위해, 고대 아테네의 연극축제에 상응하는 축제를 창설하고자 한 것이었다. 코르네유, 몰리에르,

라신에게, 고대극의 틀에 대한 이론적 연구는 17세기 프랑스 문학을 지배한 '신고전주의 극'의 연출에 필수적이었다. 20세기 미국 연극의 두 대가인 유진 오닐과 T. S. 엘리엇은 그리스 연극을 새로 쓰면서 현대 세계를 탐구했다. 합창단, 가면, 고상한 시, 그리고 깊이 감동받은 시민 관객이 함께하는 고대 비극의 사건은 현대 연극의 상상력이 쌓아올린 건축물의 일부를 이룬다.

비극은 파르테논 신전과 마찬가지로, 언제나 고대 그리스 문화의 아이콘이었다. 그것은 '그리스의 경이'를 보여주는 영감 넘치는 하나의 완전한 상징이었다. 아테네인들은 처음부터 비극을 그들 도시국가의 가장 중요한 부분으로 여겼다. 비극은 후세 사람들이 고대 그리스의 가치를 어떻게 보느냐에 결정적인 영향을 미쳤다. 이는 놀라운 일이 아니다. 한 사회의 오락을 이해하는 것은, 그 사회가 스스로를 어떻게 생각하고, 또 우리는 그것을 어떻게 이해할 수 있는지에 대한 답의 핵심에 이르는 길이다.

플라톤은 자신의 이상국가로부터 연극과 시인들을 엄히 추방할 것을 주장하면서, 비극과 다른 오락들이 시민들에게 미치는 지적, 정신적 영향을 그 이유로 들고 있다. 플라톤에 따르면, 바람직한 시민은 연극을 관람해서는 안 된다. 개인이나 집단, 그리고 한 문화가 즐기는 오락은 근본적으로 그 개인, 집단, 문화를 규정하게 되는 하나의 활동이다.

오락은 사회의 이상과 밀접하게 연관되어 있으므로, 정치가, 철학자, 사회개혁가들에게는 실로 중요한 것이었다. 세기에 걸쳐 적절하고 온전한 사회질서를 위협하는 위험한 즐거움들이 문화의 경찰들을 심히 자극해왔다. 그 결과로 오락은 통제를 놓고 격전이 벌어지는 하나의 장場이 되었다. 플라톤으로부터 시작해서, 연극은 종종 특별히 강력하게 통제되었다. 청교도들은 연극과 그 모든 죄스러운 즐거움들을 금지시켰다. 그래서 새뮤얼 피프스Samuel Pepys, 영국의 해군행정가로 1660년 1월 1일부터 1669년 5월 31일까지 왕정복고시대(찰스 2세 왕)의 관료들과 상류사회의 생활을 섬세하게 묘사한 《일기》(1825년 초간)로 유명하다-옮긴이는 찰스 2세가 복위한 스물여덟 살 때까지 춤이 주는 강렬한 즐거움을 한 번도 경험하지 못했던 것이다.

스탈린주의자들은 음악, 미술, 문학과 함께 연극을 통제하고자 했다. 그들의 무자비한 검열은 악명이 높다. 오늘날 이슬람 국가들은 이와 유사하게 적극적인 검열정책을 시행하는 한편으로, 서구의 과학기술을 도입하고 있기도 하다. 이것이 검열을 더욱 필요로 하게 만드는 동시에, 통제를 더욱 불가능하게 한다. 오락이 위험한 것이라는 국가 또는 종교 당국의 인식은 현대 역사에 무서운 결과를 가져왔다.

현대 민주주의 국가들은 전체주의 국가보다 검열의 정도가 덜하다. 하지만 이들 국가 역시 공식적으로 용인할 수 있는 표현의 수위에 대해서 끊임없이 고민한다. 영국에서는 〈오이디푸스 왕〉을 시범 사례로 해서, 마침내 20세기에 와서야 국가의 연극 검열을 철폐했다. 그 내용이 궁내장관의 직책을 우스꽝스럽게 보이게 만드는 '근친상간에 관한' 것이라는 이유로, 수세대에 걸쳐 학생들이 읽어오던 그리스 고전을 금지할 수는 없었다.

하지만 현대의 포르노그래피 관련법은, 국가의 이미지 규제에 관한 여전히 심히 혼란스러운 생각들을 보여준다. 미국 헌법에서 보장하는 '표현의 자유'는 법정에서 거듭 시험받고 있다. 로큰롤, 랩 가사, '바보상자' 텔레비전, 할리우드 영화에 나타나는 섹스와 폭력 등에 대한 끊임없는 국가의 공식적인 관심의 표명은 현대 사회에서 오락이 하는 역할에 대한 혼란스러운 생각과 염려를 입증한다.

'단지 오락' 또는 '오락일 뿐'이라는 말은 그다지 솔직하지 않다. 이 말은 이러한 혼란스러운 생각을 보여주는 한 가지 흔적이다. 이것은 문화생활에 내재한 대립들을 심각하게 보이게 하지 않으려 한다. 예를 들어, 유난히 진부하거나 저속한 텔레비전 쇼가 방송되어 비판을 받으면, '오락일 뿐'이라는 말로 방어할 것이다. 이는 그 여흥거리가 갖는 사회적 함의를 거부하거나 제거하려는 상투적인 반응이다.

하지만 어떤 형태의 오락이든 항상 사회와 밀접한 관계를 갖는다. 사회가 다양한 유형의 오락으로 인해 속을 몹시 태우는 것은 바로 이런 이유 때문이다. 그래서 '오락일 뿐'이라는 변명은 단순하고 이기적인 것일 수밖에 없다. 이것은 입에 발린 말일 뿐이다. 왜냐하면, 자신의 즐거움, 휴식,

여가가 비판적 검토의 대상이 되는 것을 좋아할 사람은 아무도 없기 때문이다.

남성이 여성에게 귀찮게 굴었다가 퇴짜를 맞으면, '그냥 농담이었어' 라고 응수한다. 이는 이런 의미이다. "만약 내가 이 구애를 진지하게 여겼다면, 거절당하고서 굴욕감마저 느낄 것이다. 하지만 내가 그리 심각하지 않은 것으로 받아들여진다면, 두 사람이 공히 이 상황을 아슬아슬하고 자칫 우스꽝스러워질 가능성이 있는 유혹의 게임으로 여길 수 있다. 이런 상황에서 체면을 유지하려면 능청스럽게 코미디를 해야 한다는 것을 나는 안다. 하지만 거절에 따른 심리적, 사회적 불쾌감을 겪을 바엔 차라리 능청스럽더라도 그런 공모를 하는 편이 더 낫다. 그러니 내 구애가 진지하지 않다는 말을 받아들여주기 바란다."

'오락일 뿐' 이라는 말은 사회의 긴장관계를 어설프게 덮어두려 한다. 우리가 즐기는 오락이 우리 자신을 어떻게 드러내는지 너무 밀착해서 들여다보는 것이 그리 달가운 일은 아니다. 하지만 이것은 우리의 정체성과 아주 밀접한 관계가 있다.

다음 장에서, 고대 세계의 가장 유명한 두 가지 오락형태인 고대 그리스의 비극과 고대 로마의 검투경기에 대해 논의한다. 이 두 경우에서, 강한 상징성을 갖는 이들 두 행사는 해당 사회에 대한 중요한 통찰을 담고 있다. 그리고 이 둘은 고급문화 전통에서나 오늘날의 대중문화에서나 그리스와 로마를 대표하는 전형적인 이미지로서 자리잡고 있다. 하지만 좀더 중요하고도 놀라운 점은, 이 두 가지 오락이 현대를 비추는 효과적인 거울을 제시한다는 사실이다. 이들 고대의 오락을 통해, 우리 자신의 즐거움에 대해, 그리고 그 오락들이 드러내 보여주는 현대 사회에 대해 좀더 자각할 수 있다. 과거라는 거울을 들여다봄으로써, 우리 자신을 좀더 명확히 볼 수 있는 것이다.

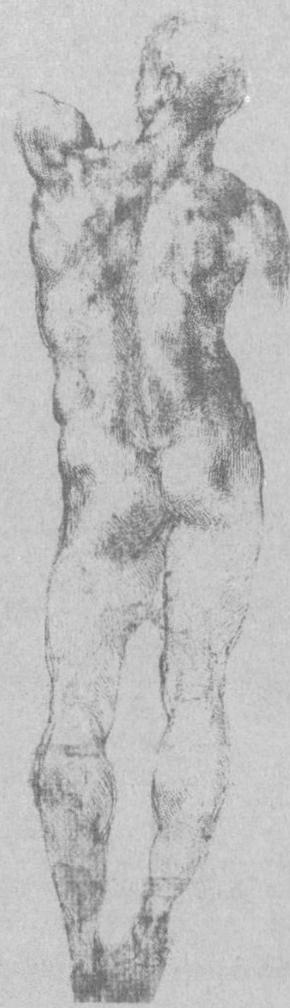

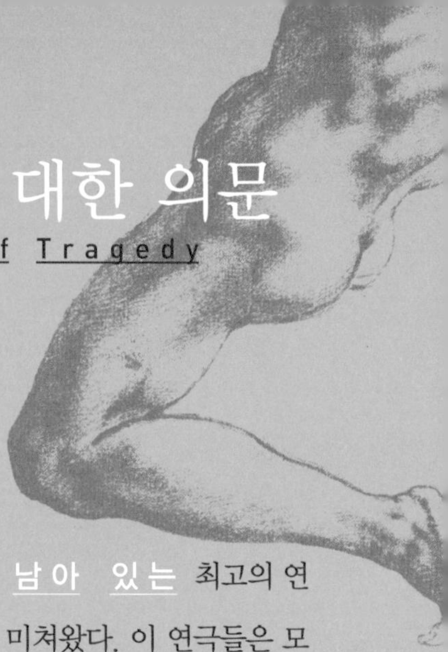

02 그리스 비극에 대한 의문

The Question of Tragedy

오늘날 '그리스 비극'으로 남아 있는 최고의 연극들은 서구 문화에 지속적으로 영향을 미쳐왔다. 이 연극들은 모두 기원전 5세기의 70년이라는 짧은 시기 동안, 그리스의 도시국가 아테네에서 생겨났다. 비극의 탄생이 얼마나 극적인 사건이었는지를 이해하기 위해서는 배경지식이 중요하다. 비극은 온전히 민주주의 혁명의 일부로서, 기원전 5세기를 경천동지의 세기로 만든 문화적 혁신이 폭발적으로 일어나면서 형성된 제도였다.

아이스킬로스, 소포클레스, 에우리피데스의 연극들은 대단한 칭송을 받았으며, 이미 기원전 4세기에 고전이 되었다. 이들은 아테네와 그리스의 다른 도시국가들에서 레퍼토리 극단에 의해 거듭 공연되었으며, 교육과정에 포함되었다. 사람들은 이 극들을 암기했다. 아리스토텔레스가 《시학》에서 그랬던 것처럼, 비평가와 철학자들은 이 극들을 읽고 연구했다.

하지만 이들 각 연극은 원래 아테네에서 매년 개최되던 디오니소스 대축제(디오니소스 신에 경의를 표하는 주요한 국가적 종교축제)의 주요 행사인 연극 경연대회에서 단 한 번 공연되기 위해 쓰여져 무대에 올려진 것이었다. 이는 〈리어 왕〉이나 〈맥베스〉가 단 한 번의 공연을 염두에 두었던 것과 같다. 아테네 시민들이 관람할 수 있는 이와 비견할 만한 다른 연극이 없기도 했다. 아테네인들에게, 극장에 가는 것은 일 년에 한 번 있는 축제행사를 의미했다. 고대 아테네에서 비극 관람은 현대인들이 연극을 보는 것과는 아주 다른 경험이었다.

매년 제비뽑기로 임명되는 주요 국가 관리인 아르콘(집정관)이 경연에 참가할 세 명의 극작가들을 선발했다. 그 기준이 무엇이었는지는 분명하지 않다. 하지만 아이스킬로스, 소포클레스, 에우리피데스가 자주 선발된 점(이들은 각각 적어도 스무 번은 선택되었다)은, 아마도 평판이 도움이 되었을 것이라는 사실을 말해준다. 각 극작가는 세 편의 비극과 한 편의 사티로스극을 써야 했으며, 한 극작가의 연극들은 하루에 모두 공연되었다. 이 종교축제의 주를 이루는 것은, 바로 세 극작가의 연극이 공연되는 3일이었다. 익살맞은 사티로스극은 항상 마지막 순서였다. 거기에는 술 취한 음탕한 인물로, 반은 염소이고 반은 사람인 사티로스들(이

● 그림 38
연극의 음악을 맡은 프로노모스라는 인물을 기념하기 위한 꽃병에 그려진 사티로스극의 의상

들은 디오니소스 신의 숭배자들이었다)로 이루어진 합창단이 등장했다.

연극의 음악을 맡은 프로노모스라는 인물을 기념하는 그림 38의 꽃병은 (디오니소스 신이 한 남성을 야수로 변신케 하는 과정의) 다양한 단계에 따라 무대의상을 입고 있는 사티로스극 배우들과 합창단을 보여준다. 디오니소스의 왕국은 연극뿐만 아니라 포도주와 해방의 기운으로 둘러싸여 있다. 거칠고 관습을 거스르는 이 사티로스들의 디오니소스적 해방이 언제나 격정적인 비극의 최후를 장식하고 있는 것이 우연은 아니다.

펠로폰네소스 전쟁 동안에는, 각 비극작가들의 경연 참가작 다음에 희극 한 편이 이어졌다. 이 다섯 번째 극은 다른 네 편의 연극과 같은 날에 공연되었다. 하지만 예년에는 희극의 편수가 세 편이 아니라 다섯 편이었고, 이들은 모두 비극경연이 끝난 후 네 번째 축제날에 차례로 공연되었다. 아리스토파네스의 연극들에서 알 수 있듯이, 아테네의 희극은 요란하고 음란하며 대단히 정치적이었다. 희극에 쓰이는 언어는 상상할 수 있는 한 거칠었으며, 무대 위 인물들은 줄거리에 따라 실명을 들먹여가며 청중을 유쾌하게 모욕했다. 이들 희극의 줄거리는 풍자적인 기발한 착상들을 대단히 정치적으로 다룬 것이었다.

배우들은 거대한 남근에, 기형적인 외모를 지녔으며, 의상은 기발했다. 그림 39는 희극이, 우리가 많은 그리스 예술작품에서 익히 볼 수 있는 아름다운 몸의 특징들을 거꾸로 뒤집어놓고 있음을 생생히 보여준다. 이는 기원전 400년경 이탈리아 남부에서 만들어진 것으로, 벌거벗었음이 분명한 기괴한 노인이 등장하는 (그리고 인물들의 입에서 나오는 대사가 표시되어 있는) 믿기 어려울 만큼 놀라운 희극 장면을 보여준다. 여기서는 이 노인 혹은 자기 맞은편의 위풍당당한 젊은이에게 손짓을 하는 노파와 죽어 있는 커다란 거위도 볼 수 있다. 이러한 희극들 역시 축제의 일부로서 완전히 국가의 후원을 받았다.

오늘날의 후원자와 달리, 이들 연극의 자금 조달은 국가의 통제와 감독을 받았다. 각 공연의 자금은 '전례세' liturgy라는 과세 형식으로, 전적으로 국가가 선택한 부유한 개인으로부터 조달되었다. 후원자는 '코레고스'

● 그림 39
희극배우들이 등장하는 '야유극'이 묘사된 항아리

chorêgos, 즉 말 그대로 '합창단 지휘자'로 불렸다. 그는 배우, 합창단, 의상 등 공연에 필요한 제작비용을 대야 했다. 디오니소스 대축제에서는 극작가나 배우들 사이의 경쟁만큼이나 후원자들 사이의 경쟁도 치열했다. 이들은 시민들 앞에서 위신을 세우고 성공을 거두기 위해 경쟁했다. 이 국가적 축제는 일을 분담하여 참여하는 민주주의 체제에서 시민들이 경쟁자로서 혹은 관객으로서 맡은 바를 수행하는 활동무대였다.

이 축제는 2월 말, 3월 초에 걸쳐 4일간 열렸는데, 매일 동틀 녘에 시작되었다. 극장의 낡은 목제 의자들이 석제 의자로 대체되었을 무렵에는, 정기적으로 1만 4천 명에서 1만 6천 명 사이의 사람들이 참여했다. 이들 관객 대다수는 시민들, 즉 가정의 가장으로 투표권을 가진 남성들이었다. 이에 반해 민주주의의 가장 중요한 정치기구인 민회에 정기적으로 참여하는 인원은 6천 명밖에 되지 않았으며, 법정의 참여 인원수는 더 적었다. 디오니소스 대축제는 규모에서 올림픽 경기에 더 가까웠다. 그렇게 많은 시민들이 한 장소에 모일 수 있는 또 다른 경우로는 중요한 전쟁이 벌어질 때가 유일했다. 이 연극축제는 실로 국가적인 행사였던 것이다.

연극 관람료는 은화 두 닢으로, 이는 대략 육체노동의 하루 품삯에 해당되었다. 각 시민은 아마도 자신이 속한 구區를 통해 입장권을 배부 받았다. 하지만 '관극기금'이라 불리는 기금이 있어서 원하는 시민에게는 누구나 은화 두 닢의 보조금을 주었다. 이 기금이 언제 처음 만들어졌는지는 분명하지 않으나, 민주시민에게 주어진 의무인 배심원 일과 해군에서 노젓는 일을 하는 시민들에게 비용을 지불했던 것과 동일한 이데올로기에서 나온 것이다.

관극기금은 실로 철저히 지켜졌다. 이 기금법을 바꾸자는 건의조차 법으로 금지되었다. 아테네는 마케도니아의 필리포스 2세에 맞서 전쟁(이 전쟁에서 패하면서 아테네는 자유를 잃었다)을 치르는 동안 필사적으로 군자금을 조달해야 했을 때도 이 연극 보조금을 유지했다. 현대의 연극행사와 달리, 아테네에서 연극 관람은 시민이 시민으로서 해야 하는 중요한 활동이었다.

극장에 들어가는 것은 이 도시국가의 축소된 사회 지형도 속으로 편입됨을 의미했다. 극장의 좌석(케르키데스kerkides)은 몇 구획으로 나뉘어져 있었으며, 각 구획은 해당 집단의 좌석으로 지정되어 있었던 것 같다. 아테네의 주요 사회정치적 구분 단위인 각 부족은 자신들에게 지정된 케르키스(케르키데스의 단수형)에 앉았던 것 같다. 500석으로 이루어진 한가운데의 구획은 정부 행정기구인 500인회용 좌석이었다. 그 앞줄 좌석은 아테네를 방문한 외교사절, 사제, 다른 여러 고위 인사들을 위한 것이었다.

'에페보스', 즉 바야흐로 군에 입대하는 시점에 이른 젊은이들의 좌석으로 이루어진 구획도 있었다. '메틱스' metics, 거류 외국인와 외국인을 위한 좌석도 있었다. 극장의 좌석은 시민들을 사회적 지위, 나이, 신분에 따라 구분했다. 극장은 말 그대로 도시국가 아테네 사회의 축소판이었다.

이렇게 모인 시민들을 위해 연극이 공연되

••
에페보스는 아테네에서 18-20세의 청년을 가리키는 의미로 쓰였다. 기원전 335년경부터 에페보스는 2년간 군사훈련을 받았다. 첫 1년의 훈련이 끝나면 이들은 각기 국가로부터 검과 방패를 받았다. 군사훈련 중에 에페보스는 공적 의무를 면제받았고 대부분의 공민권을 박탈당했다. 기원전 3세기에 에페보스의 훈련 복무는 강제적이 아닌 것으로 바뀌었고 기간도 1년으로 줄었다. 기원전 1세기에 이르러 외국인들도 받아들였으며, 군사적 성격이 완전히 없어진 것은 아니지만 교과과목도 확대되어 철학과 문학까지 포함했다. 이 제도는 3세기 말에 쇠퇴하기 시작했다–옮긴이기 전 네 가지 의식儀式이 거행되었다. 이 의식들은 극장을 정치색이 완연한 광경으로 바꾸어놓았다. 오늘날 극장에서는 그와 같은 것을 볼 수 없으니, 이런 의식은 지금 보면 이상해 보일 수 있다. 하지만 이런 것들은 모두 이 민주주의 국가가 온갖 극적인 방식으로 자신을 과시하기 위한 것이었다. 연극 공연이 이루어지는 공간은 이들 의식에 의해 정치화되었으며, 공연되는 연극들이 관객과 의사소통하는 방식은 이 의식들에 의해 틀 지워졌다.

우선 그리스의 대부분 축제들에서처럼, 축제는 제물과 제주祭酒를 올리는 것으로 막을 열었다. 새끼돼지를 도살해서 연극이 공연되는 곳 주변에 그 피를 뿌리고, 신들에게 제주인 포도주를 따라 올렸다. 하지만 이 의식을 거행한 이들이 누구인지 알면 더욱 놀랍다. 무대 위에 오르는 것은 열 명의 장군, 즉 아테네에서 가장 중요한 열 명의 군사적, 정치적 지도자였다. 이들은 보통 '평화'나 '아테네의 행운'을 기원하는 희생제식처럼 자신들의 역할과 좀더 분명하게 관련이 있다는 이유로 해서, 아테네의 달력에서 아주 드물게 보이는 의식들을 치르기 위해 함께 모였다. 그런 의식들은 특별한 상황에서만 열리는 비정기적인 행사였다. 하지만 연극축제의 경우는 장군들이 매년 열었다. 이 의식에 의해 전체 축제는, 이들 선출된 지도자들에 의해 구체화된 이 도시국가의 권위 아래에 놓이게 된다.

두 번째 의식은, 그해에 국가에 특별히 봉사한 시민 후원자들의 이름이 발표되고, 이들이 명예의 관冠을 받는 것이었다. 아테네는 경쟁이 항상 치열한 사회였다. 시민들은 지위와 명예를 위해 공개적으로 싸웠다. 남자다움이란 어떤 것인지를 결정적으로 보여주는 호메로스의 서사시 《일리아스》의 줄거리에 동기를 부여하는 원동력이 바로 명예의 수호와 상실이다. 시민은 모두 평등하다는 민주주의의 선언에도 불구하고, 많은 시민들이 다른 사람들보다 더욱 평등한 대우를 받고 싶어했음은 분명하다. 그래서 많은 시민들 앞에서 이름이 낭독되는 것은 그 시민이 개인적으로 무한한 영광을 얻는 순간(최고의 순간)이다.

하지만 무엇보다 흥미로운 것은 이 의식을 묘사하고 있는 사람들이 그것을 보는 시선이다. 데모스테네스와 아이스키네스는 둘 다 이 의식을, 국가가 시민에게 감사를 표하고 그럼으로써 모든 시민들이 그들의 의무를 다하도록 격려하는 행사로 보고 있다. 이는 일반적인 민주주의 이상을 담고 있다. 즉, 모든 사람은 도시국가 공동체에 이익이 되도록 행동해야 하며, 한 시민의 행위는 그것이 도시국가에 얼마나 기여하느냐에 따라 평가된다는 이상 말이다. 따라서 이 의식은 개인적인 영광의 순간이라기보다는 도시국가가 소중히 하는 집단적 가치의 표현이다.

이에 대해 논쟁을 벌이던 이 두 웅변가(데모스테네스와 아이스키네스)는 서로 이해관계를 가지고 있었다. 왜냐하면 특히 아이스키네스가 자신의 개인적, 정치적 적수인 데모스테네스에게 명예의 관이 주어지는 것을 공격하고 있기 때문이다. 그런데 이러한 분쟁에도 불구하고, 두 사람은 이 의식이 갖는 이데올로기적 중요성에 공감하고 있다. 이것은 도시국가에 중요한 가치들을 투영하여 활성화하는 한 방법인 것이다.

세 번째 의식은 한층 더 이상하다. 하인들이 순은純銀 막대기를 들고서 많은 청중 앞에서 극장 안을 행진했다. 이는 '공물 행렬'이었다. 현존하는 비극들은 모두 아테네 제국 시대에 쓰였다. 기원전 5세기에 페르시아군을 물리친 이후 아테네는 막강한 해군력 덕분에 지중해에서 제국주의적인 세력이 되었다. 그리하여 이제 아테네는 강제로 다른 도시국가들을 '동맹'으로 묶고는, 공물과 더불어 아테네의 군비확장을 위한 자금을 바칠 것을 요구했다. 동맹국들은 매년 2월, 아테네 시민들이 모인 앞에서 극장 안을 행진하도록 하기 위해 기부금을 보내야 했다. 이것이 외국대사들이 앞줄에 있었던 이유이다. 자신들이 낸 기부금이 열병식을 하는 것을 지켜보기 위함이었던 것이다. 그리고 그들이 그렇게 지켜보는 것을, 아테네 시민들이 볼 수 있었다.

이 의식이 지중해에서 군사적, 정치적으로 세력을 장악한 아테네의 지배력과 위세를 과시하기 위해 의도된 광경임은 그다지 깊이 분석하지 않아도 알 수 있다. 아테네는 이 국가적 행사를 이용해 자국을 찬미했던 것이다. 아테네가 펠로폰네소스 전쟁에서 패하고 그 결과 제국을 상실하게 되었을 때, 적어도 한 사람, 웅변가인 이소크라테스는 이 의식을 회고하면서 그것이 "모든 이들에게 반감을 품게 하는 확실한 방법"이었다고 여겼다. 그것은 분명 아테네 시민들과 그곳에 모인 외국인들에게 아테네의 위상을 아주 노골적이고 상징적으로 과시하는 방법이었다.

네 번째 의식은 아테네의 군생활과도 밀접한 관련이 있는 '전쟁고아들의 행진' 이었다. 아테네에서는 아버지가 국가를 위해 싸우다 전사한 소년을 국비로 양육하고 교육시켰다. 이렇게 어린시절 동안 부양을 받은 후에는 국가로부터 갑옷과 무기를 받아들고서 전투부대에 배치되었다. (통상적인 성차별로 인해, 아버지가 죽으면 어머니가 있더라도 고아로 여겨졌다.) 이들 '에페보스', 즉 '막 정식 남성이 될 참인 청소년' 들이 군장을 갖추고 행진했다.

전령이 소년들의 아버지들의 이름을 발표하면서, 그 아버지들이 어떻게 그들의 의무를 다했으며 이제 성인이 된 그 아들들이 또한 어떻게 국가에 대한 군사 의무를 충실히 이행할 것인지, 열정이 넘치는 언어로 감동적인 연설을 했다. 그러고서 소년들은 감동적으로 국가에 대한 충성을 맹세했다. 그들은 어떤 상황에 놓이더라도 전우들의 옆을 지키겠노라고 아테네의 많은 신들을 두고 맹세하고서, 이전에 그들의 아버지가 그랬던 것처럼 아테네를 위해 싸우고 죽을 준비가 되었음을 선언했다. 그런 다음 그들에게 지정된 특별석에 앉았다.

이 의식은 민주국가 아테네가 전쟁에 전념해왔음을 여실히 보여준다. 정책에 대해 투표를 하는 데서부터 전선에 나가 싸우는 것에 이르기까지, 모든 시민들은 아테네의 군사 활동에 참여했다. 아테네는 전사戰士들의 국가였으며, 모든 남성은 전투에서 자신의 역할을 해야 했다. 남성에게 전쟁은, 여성의 결혼과 같았다. 남성은 전쟁에 나가 싸우게 되었을 때에야 성인이 되는 것이었다. 여성의 경우, 아이를 가진 기혼녀만이 완전한 여성이라고 할 수 있었다.

남성은 아테네의 전사로서 싸울 때만이 완전한 남성이 되었다. 국가를 위해 개인생활을 포기할 태세를 갖추는 것과 전쟁에 나가 싸우는 것이, 이상적인 시민권을 규정하는 필수 요소였다. 갑옷을 입은 에페보스들은 극장에 모인 시민들 앞에서 행진하며 모든 군인 영웅들, 즉 아버지들의 죽음을 떠올리면서 입대했다. 이런 식으로 이 의식은 아테네의 군사적 이데올로기를 강하게 드러내었다. 그것은 하나의 선언식으로서, 이를 통해 남성들은 아테네 시민이 되었다.

이상이 연극축제를 여는 네 가지 의식이다. 각 의식은 아테네의 지배력과 민주시민의 가치들을 극적 형식으로 투영하여 활성화하고 있다. 연극축제는 이 도시국가를 찬미하기 위한 것이었다. 아테네 제국이 급속히 팽창하던 시기에, 이 웅장한 시민행사는 시민들로 하여금 함께 아테네를 찬양하게 했다.

그 다음 이어지는 행사는 좀 이상해 보인다. 이 의식 다음에는, 으레 국가가 주도하는 선전선동이나 온건하고 포괄적인 오락이 이어지리라는 예상을 깨고, 비극과 희극 공연이 찢겨진 세계를 보여주었다. 시민생활의 토대가 산산이 깨어지고 시민권이라는 고귀한 가치는 폭력과 혼란과 절망과 공포 속에서 스스로를 거역한다. 오늘날에도 디오니소스 대축제의 의식들과 비교될 수 있을 만한 국가행사는 많다. 하지만 그러한 의식이 치러진 다음에 비극 공연이 이어지는 경우는 없다.

비극에서는 아들이 아버지를 죽이고 어머니와 잠자리를 하며, 통치자가 디오니소스 신으로 인해 미쳐버린 자기 어머니에 의해 사지가 찢겨져 죽으며, 모든 제도적인 권위와 권력이 무너지는 사회를 묘사한다. 오늘날에는 진지한 의식에 이어 희극이 공연되는 경우가 없다. 하지만 고대 아테네에서는 의식에 뒤이어, 소송을 광적으로 좋아하는 성향, 결함 있는 부패한 지도자들, 그리고 남근이 이끄는 대로 따랐다가 어리석은 짓거리를 저지르고 창피를 당하는 시민들 등, 사정없이 아테네 자체를 조롱하는 희극이 공연되었다.

베를린 올림픽에서 입센이나 브레히트의 연극이 공연되는 일은 없었다. 유진 오닐이 재향군인의 날원래 제1차 세계대전이 끝난 것을 기념하여 미국 · 영국 · 프랑스에서 휴전 기념일로 지켰으며 제2차 세계대전 후 재향군인과 전사자를 기리는 날로 인정되었다-옮긴이 행진을 위한 연극을 써달라는 청탁을 받은 일도 없었다. 붉은 광장의 사열 행진에서 체호프의 연극이 공연되는 일도 없었다.

디오니소스 대축제는 아테네 사회가 자신의 정체성을 공개적으로 표명하는 특별한 행사이자 오락이다. 하지만 시민의 자긍심을 과시하는 의식과 갈갈이 찢겨진 도시국가를 보여주는 연극의 결합은, 이 오락이 사회에 미친 영향을 어떻게 이해해야 하는지 의문을 갖게 한다.

(연극과 의식이 함께 하는) 비극 축제는 바람직한 도시국가는 어떠해야 하는가 하는 메시지를 전하는 것으로 볼 수 있다. 거의 모든 현존하는 비극들은 아테네가 아닌 다른 도시국가들을 배경으로 한다(《바코스의 무녀들》과 《오이디푸스 왕》은 테베를, 《메데이아》는 코린트를 배경으로 한다). 그리고 이들 거의 모두가 당대보다는 다른 시대, 특히 트로이 전쟁 이전의 영웅시대를 자주 배경으로 삼는다(《바코스의 무녀들》, 《오이디푸스 왕》, 《메데이아》 역시 그러하다). 그리고 거의 모든 비극이 관객인 시민들보다는 외국인, 왕, 괴물, 여성과 같은 타자들과 관계가 있다. 비극은 다른 장소, 다른 시대, 다른 사람들 같은, 타자들을 배경으로 한다.

●●

메데이아

콜키스의 왕의 딸로, 이아손이 황금양털을 찾으러 콜키스에 왔을 때 그를 도와준 뒤, 두 사람은 결혼한다. 에우리피데스의 《메데이아》에서 이아손이 크레온 왕의 딸 때문에 자신을 버리자, 메데이아는 크레온 왕과 그의 딸, 심지어 자신의 두 아들까지 죽여 남편에게 복수한다

해서 디오니소스 대축제의 오락은 시민들에게 유일한 단 하나의 메시지를 제시하고 있다고 볼 수 있다. 우선, 앞서 행해지는 네 가지 의식에서는 도시국가 아테네의 긍정적인 이미지를 보여준다. 그런 다음, 비극은 다른 곳에서 다른 사람들에게 일어나는 일, 다시 말해 일이 어떻게 그르쳐질 수 있는지 부정적인 이미지를 보여주면서 엄중히 경고한다. 연극과 의식이 함께 시민에게 타당한 가치가 무엇인지를 가르치는 것이다.

이 축제는 이렇게 전형적인 이데올로기적 가치와 그것의 위반을 함께 표현한다. 이러한 모델에서, 희극은 결국 안전한 해방을 제시한다. 희극의

허용 하에 법, 관습, 그리고 사회적 기대라는 전형적인 규제가 느슨해지고, 진정한 디오니소스적인 정신에서 육체적 즐거움과 자기성취의 환상에 자유가 주어진다. 이렇게 디오니소스 대축제의 전체 행사는 충분한 볼거리와 연극을 이용하여 도시국가를 찬미하고 시민들을 교육하는 진정한 시민행사가 된다.

아리스토텔레스의 《시학》에서 나온 해석이 디오니소스 대축제를 이해하는 가장 설득력 있는 방법임은 의심의 여지가 없다. 아리스토텔레스는 비극이 시민에게 감정적, 지적 영향을 미침으로써 긍정적인 교육 경험을 준다고 보았다. 어떤 동기들이 비극의 영웅들을 재앙으로 이끄는지를 지켜봄으로써, 우리 삶을 좀더 잘 통제하는 것을 배울 수 있다는 말이다. 비극이 불러일으키는 '연민과 공포'는 시민이란 어떠해야 하는지에 대한 도덕적 인식으로 이끈다. 플라톤과 달리, 아리스토텔레스는 비극이 시민들을 더 나은 사람으로 만든다고 보았다.

하지만 비극의 메시지는 이렇게 '좋은 소식과 나쁜 소식' 하는 식으로 접근할 수 있는 것보다 훨씬 더 복잡하고 흥미진진하다. 비극이 불러일으키는 감정은 좀더 혼란스러우며, 고대와 현대의 관객에게 좀더 왜곡된 방식으로 영향을 미친다. 오이디푸스가 완벽한 예이다. 오이디푸스는 단순히 부정적인 모델인 것만은 아니다. 그는 메데이아, 펜테우스, 오레스테스 같은 다른 어떤 인물보다도 그러하다.

펜테우스
에우리피데스의 《바코스의 무녀들》에서 디오니소스 신을 능멸한 죄로, 디오니소스 신에 의해 미쳐버린 자신의 어머니와 누이들에 의해 몸이 찢겨져 죽는다

오레스테스
아이스킬로스의 3부작 비극인 《오레스테이아》의 주인공으로, 어머니 클리템네스트라가 아이기스토스와 함께, 트로이 전쟁에서 돌아온 아버지 아가멤논을 죽인 것을 알고 성인이 되어 두 사람을 죽여 아버지의 원수를 갚는다-옮긴이

오이디푸스는 아버지를 죽이고 어머니와 잠자리를 하여 자신이 다스리는 도시를 타락시켰음에도, 부정적인 '다른' 세계에 거주하는 '타자'인 것만은 아니다. 오이디푸스는 또한 지적이고 존경받는 성공한 인물로, 모든

관객들과 마찬가지로 자신의 삶을 통제하고자 한다. 신탁이 예언한 무시무시한 운명을 필사적으로 피하고자 하며, 자신이 정말로 누구인지 몹시도 알고 싶어한다. 이러한 정체성과 통제의 추구가 그로 하여금 우리 모두의 모범이 되게 한다.

프로이트가 알아보았던 것처럼, 우리 모두 안에 오이디푸스가 있다. 비극이 갖는 감정적, 지적 영향력은 바로 그 모범적인 인물들이 곤경에 처하게 되는 데서 유래한다. 비극의 인물들은 악인과 영웅으로 이분법적으로 나뉘지 않는다. 복합적인 인물들이 의혹과 욕망, 음모와 실패라는 이중의 속박에 갇힌다. 이 비극이 그토록 애통한 것은 오이디푸스가 우리와 다를 바 없는 인간임이 드러나는 방식 때문이다. 비극은 관객으로 하여금 다른 사람들의 고통을 보면서 자기성찰로 나아가게 한다.

이런 성찰은 아테네에 전해 내려온 전통적인 이야기,호메로스의 서사시를 말함-옮긴이 다시 말해 세상 속 길 찾기라는 주제를 다루고 있는 신화들에 강력하고도 불온한 영향을 주고 있다. 그것이 가장 명확하게 드러나는 것으로, 서구 문화의 가장 위대한 작품들 가운데 하나인 아이스킬로스의 비극 3부작 《오레스테이아》만한 것은 없다. 《오레스테이아》는 전형적인 호메로스의 이야기를 취해서 민주주의 도시국가인 아테네에 맞게 다시 쓰고 있다.

호메로스의 이야기에서, 오레스테스는 전형적인 영웅이다. 오디세우스의 아들 텔레마코스는 한 영웅네스토르를 말함-옮긴이을 만나서, '오레스테스를 본받으라'는 말을 듣는다. 오레스테스는 이 영웅의 영웅이다. 자신의 집안을 통제해야 했던 오레스테스는 부득이하게 아버지를 살해한 자에게 복수를 하게 된다. 그리하여 자기 어머니 클리템네스트라를 유혹하고 아버지의 왕위를 빼앗은 아이기스토스를 제거한다. 오레스테스에 대한 호메로스의 이야기에서는 결정적으로, 간통한 그의 어머니 클리템네스트라가 어떻게 죽었는지에 대한 언급이 없다.

클리템네스트라의 최후에 대해 어렴풋이나마 짐작할 수 있는 것은, 텔레마코스가 다시 한 번 네스토르《일리아스》에서 현명하고 신앙심이 두터운 칠순 노인으로 등장하여 병사들을 격려하여 용감히 싸우게 하고 자신의 과거 공로담을 들려주는 역할을 주로 한다. 《오디세이아》에서는 텔레마코스를 초대해 향연을 베푸는 인물로 나온다-옮긴이로부터 오레스테스에 관한 이야기를 들을 때이다. 네스토르는 이렇게 말한다. "오레스테스는 돌아와서 그(강탈자인 아이기스토스)를 죽였네. 그리고 증오하는 어머니와 겁쟁이 아이기스토스의 장례연葬禮宴에 아르기베스를 초대했지." '오레스테스는 아이기스토스를 죽이고' 두 사람의 장례식를 함께 치른다. 호메로스는 클리템네스트라의 죽음에 대해서는 거의 침묵하고 있다.

아이스킬로스는 호메로스가 이렇게 침묵한 틈을 이용하여, 자신의 비극에서 오레스테스로 하여금 절규하게 한다. 3부작 가운데 두 번째 극의 주요 국면에서, 오레스테스는 젖가슴을 드러낸 채 동정을 구걸하는 어머니와 마주치게 된다. 오레스테스는 주저하면서, 비극적인 회의를 드러내는 고전적인 어법으로 "저는 어찌해야 합니까?"라고 묻는다. 오레스테스는 어머니를 죽여야만 한다. 하지만 그것이 그릇된 일임을 안다. "어머니는 해서는 안 될 일을 하셨습니다. 이제 어머니는 있어서는 안 될 일을 당하시는군요." 오레스테스는 결국 이렇게 말하며 어머니를 죽음에 이르게 한다.

3부작의 마지막 편에서는 오레스테스의 행위를 이해하고자, 그를 재판하기 위해 열린 아테네의 법정으로 이야기가 옮겨간다. 법정에서는 아폴론 신이 변호를, 아테네 여신이 판결을, 복수의 여신이 기소를 맡는다. 그리고 배심원은 아테네 시민들로 구성된다. 진리의 신 아폴론이 오레스테스는 그럴 수밖에 없는 상황이었음을 설득하지만, 오레스테스는 배심원단의 표를 반밖에 얻지 못한다. 해서 도시국가 아테네의 여신인 아테네가 결론을 내리기 위한 투표를 하게 되고, 오레스테스는 무죄로 방면된다. 오레스테스는 명백하고 분명한 영웅적 행위가 아니라, 격렬하고 비극적인 복잡성을 지니며 서로 충돌하는 의무를 진 인간적 행위를 예시적으로 보여준다.

오레스테스의 이야기에서는 이제 문제를 해결하는 데 법정 제도와 아테네의 국가조직들이 필요하게 되었다. 호메로스의 신화가 민주주의 도시국가라는 새로운 세계에 맞게 새로 씌어진 것이다. 이제 호메로스의 인물들이 그렇게나 자주 입에 올리던 '오레스테스를 본받아라!' 라고 하는 말을 입에 담는 사람은 더 이상 아무도 없다. 오레스테스는 이제 딱 부러지게 판단하기 어렵고, 간단히 어떤 역할 모델로서 받아들이기 어려운 모친살해범이 되었다. 호메로스의 모범적인 영웅이, 이제 관객이나 그 자신에게나 하나의 문젯거리가 된 것이다.

비극은 아테네의 이데올로기를 받아들이면서 동시에 그 결함과 모순을 드러낸다. 가족에 대한 의무가 도시국가에 대한 의무와 충돌한다. 에페보스가 연극이 공연되기에 앞서 행진을 하며 '전우들 옆을 지킬 것' 을 약속할 수는 있겠지만, 비극은 그러한 행동 규범을 따르기가 얼마나 어려운 일인지를 거듭 보여준다. 연극이 공연되기 전의 의식들에서는 장군들이 무대에 오르지만, 그 후에 이어지는 비극은 그릇된 오만, 재앙을 불러들이는 지나친 과신, 그리고 권한을 가진 이들의 통제 실패를 보여준다. 연극 전의 의식들이 이 도시국가의 군사적 가치를 옹호할 수 있을지 모르지만, 전시戰時를 배경으로 하는 극들은 모든 주전론과 전쟁을 해야 하는 목적의 확실성을 손상시켜 놓는다.

비극의 주인공은 사람들이 따를 만한 훌륭한 본보기와는 거리가 멀다. 그는 관습에 대한 도전의 대가를 치르고서야 초월에 이르는, 간단히 판단하기 어렵고 자기강박적이며 위험한 인물이다. 늘 그렇듯이, 이를 표현하는 그리스어 단어가 있다. '에스 메손' es meson이 그것이다. 이것은 '공적 영역에서 논쟁됨' 을 의미한다. 민주주의는 이의 제기가 가능하도록 열려 있음을 스스로 자랑하는데, 비극은 가장 놀라운 방식으로 이러한 개방성을 극화한 제도이다.

희극 또한 나름의 방식으로 도발적이다. 희극들은 바로 그 축제를 주최한 장군들을 조롱한다. 희극의 주인공들은 민주주의의 집단성을 경멸하며, 그 어떤 정치적 이상보다도 섹스, 음식, 술을 우위에 두고 추구한다. 희극은 모든 민주주의 제도를 카니발적인 소동으로 뒤집어놓는다. 아리스토파네스의 연극 〈민회의 여자들〉에서는 여자들이 민회를 접수하고, 〈말벌들〉에서는 법정이 유쾌하게 놀림을 받으며, 〈테스모포리아의 여자들〉에서는 종교축제가, 그리고 〈리시스트라타〉에서는 그 도시국가의 군사적 목적이 표적이 되고 있다.

희극과 비극은 도시국가 아테네를 해방과 변신과 야만의 신(디오니소스)의 지배 아래에 놓는다. 웃고 있지만 위험한 디오니소스 신의 권능 아래에서, 국가가 자금을 대어 열리는 축전인 디오니소스 대축제가, 이 도시국가의 기초를 이루는 원리들과 가장 소중한 가치들을 위태롭게 만드는 것이다.

우리는 여기에 대해서는 곰곰이 생각을 해볼 필요가 있다.

고대 그리스의 비극들이 서구 문화에 영구적인 중요한 유산임은 분명하다. 하지만 그러면서도 디오니소스 대축제는 특히 인상적인 방식으로 현대 세계의 오락을 폭로하는 거울이 되고 있다. 디오니소스 대축제는 달력에 표시된 어떤 날보다 시민들이 가장 많이 모이는 가장 공적인 행사였다. 아테네인들은 이를 단지 웃고 울기 위한 행사로만 보지 않았으며, 삶의 감정적, 지적 복잡성을 탐사하는 기회로 삼았던 것이다. 그저 시민 축전에 참여하는 것만이 아니라, 이 도시국가가 유산으로 물려받은 이야기들에 대해 숙고하는 기회로 삼았던 것이다. 이를 통해, 시민들은 개인적, 가족적, 지적, 정치적 쟁점과 같은 일반적인 관심사를 공유하면서 자기반성을 해볼 수 있었다. 현대 사회의 어떤 공적 생활에서 이 같은 시민의 비판적 감정적 연대를 찾아볼 수 있을까?

디오니소스 대축제는, 현대 민주주의 제도에 진지한 공동 문화가 결여되어 있음을 강력하게 시사한다. 이는 현대 사회에 문화적 활력이 결핍되어 있음을 말해준다. 또한 현대 민주주의에서 공동의 시민 문화가 어떻게 제한되고 어째서 그에 대해 이의 제기가 되고 있지 않은지를 말해준다.

그러면서도 지성과 열정을 가진 대중 관객을 깨우치고자 하는 연극이나 영화, 그리고 텔레비전 프로그램은 거의 찾아볼 수 없다. 현대 정부의 의사결정 과정에서 시민의 역할이 극히 제한된 만큼, 공동의 문화를 누릴 기회 또한 극히 제한되고 있다. 오늘날에는 디오니소스 대축제 같은 것을 찾아볼 수가 없다.

우리가 무엇을 하는지는 우리의 정체성에서 큰 부분을 차지하며, (우리가 여가시간을 보내는 수단인) 오락이 우리 자신을 규정하는 데 필수적인 부분이라고 하는 것은 이러한 이유에서이다. 현대의 오락과, 아테네의 디오니소스 대축제에서 공연되던 비극 사이의 대조는 우리의 공동共同 문화 한가운데에 뻥 뚫려 있는 공동空洞을 드러낸다.

03 검투사와 몰아치는 군중 – '내 명령이 떨어지면 무차별 공격이다'

The Gladiator and the Baying Crowd-'At My Command, Unleash Hell'

트레인스포팅, 기차역에서 다음에 도착할 기차의 번호를 맞추는 내기로 아주 한심하고 쓸모없는 유희를 가리킨다-옮긴이 스모 또는 전신 문신 같은 여흥거리는 (해당 문화를 공유하지 않는) 국외자에게는 당혹스러운 것일지 모른다. 하지만 로마의 검투 경기만큼 '어떻게 그럴 수가 있지?' 라는 물음에 충격이 실리는 오락은 없을 것이다. 우리가 〈스파르타쿠스〉나 〈글래디에이터〉 같은 영화에서 전율을 느끼는 것은, 부분적으로 (현대 사회의) 관습에 거슬리는 그러한 치명적인 오락을 어떻게 보아야 하는가 하는 인식 때문이다.

유럽의 법률제도와 정치적 지형의 토대는 로마제국으로부터 유래했다. 하지만 콜로세움을 생각하면 로마제국과 현대 국가의 차이는 엄청나 보인다. 검투사는 로마 문명의 어두운 면이다. 로마의 전문기술과 관료정치, 수로, 도로, 제국 경영도, 야수가 생사람을 잡아먹는 모습을 즐기고 인간의 몸이 잘리는 것을 보면서 전율을 느끼던 로마 사회의 타자성을 감하지는 못한다.

검투사는 두 가지 묘한 전율을 불러일으킨다. 이는 한편으로 우리의 문화적 우월감현대인은 그런 야만스런 짓은 하지 않는다는-옮긴이에 확고히 바탕을 둔 공포 때문이며, 다른 한편으로는 몸이 갈가리 찢기는 것과 그것을 보며 열광하는 로마 군중의 관음증적인 매혹 때문이다. 현대 세계는 인간 신체를 훼손하는 구경거리에 충격과 도덕적 혐오감과 수치심을 표하겠지만, 현대 세계가 즐겨 재연하고 학교에서 자주 다뤄지는 로마의 이미지는 여전히 검투사이다. 로마의 검투사는 폭력, 인간의 몸, 권력의 과시와 관련해서 우리에게 자기반성을 요구한다.

게다가 검투 경기들은 권력을 펼쳐 보이는 쇼가 아니었던가! 그 규모는 압도적이었다. 예를 들어, 서기 80년 티투스 황제가 콜로세움의 개관을 기념해 연 경기는 100일 동안 계속되었다. 하루에 9천 마리 짐승들이 도살되었고, 특별히 훈련받은 여성 사냥꾼들이 짐승들을 죽이기도 했다. 슈퍼스타 검투사의 개인전이 있었고 검투사들의 단체전도 있었다. 혁신적인 뛰어난 기술을 이용하여 인공적으로 물을 채운 경기장에서 유인 갤리선이 벌이는 전투를 포함하는 총력전도 벌어졌다. 하루에 싸움을 벌이는 인원이 3천 명이었다. 황제는 흥미진진함을 유지하기 위해 군중을 향해 음식, 옷, 돈, 심지어 노예 같은 경품과 교환할 수 있는 나무 공을 던지기도 했다.

그 다음 세대에, 트라야누스 황제는 군대의 승리를 축하하기 위해 123일 동안 경기를 열었다. 1만 1천 마리의 동물이 도살되었고 1만 명의 검투사들이 싸움을 벌였다. 이는 오늘날 미국의 프로 미식축구 선수, 프로배구 선수, 프로야구 선수 모두가 한 경기에서 치명적인 무기를 가지고 싸우는 것과 같다. 이런 생각을 하면 망연자실해진다.

물론 이러한 광시곡은 가장 극단적인 경우였으나, 이들은 할리우드의 대하 서사영화마저 따분한 것으로 만들어버릴 정도이다. 황제들은 자신이 주최하는 검투 경기가 다른 어떤 검투 경기도 압도할 만한 기념비적인 것이 되도록 하고자 했다. 이런 검투 경기는 그 비용이 엄청났으며, 황제의 절대권력과 물질세계에 대한 지배력을 공식적이고 적극적으로 선언하는 것이 되도록 구성되었다. 로마 바깥에서는 검투 경기의 규모가 그 정도는 아니었다. 한 지역에서는 도서관의 개관을 축하하기 위해 12쌍의 검투사가 싸움을 벌였다. 폼페이의 한 상류가문은 자기 가문의 부와 지위를 기념하는 5일간의 축제에서 30쌍의 검투사들이 싸움을 벌이게 했다.

아우구스투스는 로마 내에서 열리는 정례적인 검투 경기 쇼를 1년에 2회 60쌍의 검투사로 제한하고자 했다(그러나 실패했다). 티투스와 트라야누스가 열었던 경기들은 일생에 단 한 번 있었던 경우이기는 해도, 그 유혈참사와 지출비용의 규모는 로마제국 내에서도 수세기에 걸쳐 아연해할 정도의 것이었다.

군중의 규모도 살육의 규모에 맞먹었다. 족히 5만 명(로마 사회의 모든 계급 출신의 남성과 소년들이 망라된)은 수용할 수 있는 로마의 콜로세움은 검투 경기를 위해 세워졌다. 여성들은 황제의 측근들만 경기장 출입이 허용되었다(하지만 콜로세움 바깥쪽 어두침침한 아치들 아래에는 창녀들이 떼를 지어 모여들었다. 이 경기가 불러일으키는 흥분은 창녀들의 장사에도 유익했음은 의심의 여지가 없다). 아우구스투스는 경기를 1년에 2번으로 제한했으나 시간이 흐르면서 횟수가 슬그머니 늘어났다. 또한 광고가 기대에 찬 흥분을 부풀리면서 군중을 열광케 했다.

거대한 콜로세움 안으로 들어온 대중은 도시의 사회정치적 지형도 속에 편입되었다. 관중은 (로마 사회가 언제나 그랬듯이) 계급에 따라 세밀히 나뉘어져서 기사, 원로원 의원, 군인, 시민, 그리고 가장 중요한 황제 자신의 좌석이 분리되었다. 사람들은 각자 자신의 지위를 드러내는 의례복을 입었다. 원로원 의원은 가장자리에 자주색 단이 대어진 토가, 시민은 흰색 토가 하는 식이었다. 만약 원로원 의원이 되면, 이러한 새로운 지위를 가장 잘 드러내주는 것 가운데 하나가 경기장에서의 좌석과 복장의 변화였다. 현기증이 날 듯한 높이로 솟아 있는, 원형으로 층을 이룬 좌석들의 공간은 모든 사람들이 자신의 적절한 위치에서 검투 경기를 볼 수 있는 동시에 그 자신이 보여질 수 있도록 구성되어 있었다.

검투 경기는 상류층이 지위와 권력을 추구하는 하나의 무대였다. 부유한 원로원 의원들과, 특히 황제는 가장 사치스럽고 기억될 만한 행사를 열기 위해 경쟁했다. 검투 경기는 광고되고, 찬미되었으며, 토론되었다. 일부 철학자들과 도덕주의자들은 검투 경기가 피로 얼룩지는 것보다는 군중의 과열된 감정에 대해 더 혐오감을 표했다. 하지만 검투 경기는 로마와 그 속주들에서 대단한 성공을 거두었다. 그리스의 연극들도 검투사를 위해 각색되었다. 그리스도교가 초기부터 검투 경기에 대해 격렬히 도덕적 거부감을 표했으나, 기록에 따르면 6세기가 되도록 검투 경기는 계속해서 열렸다. 이런 관례가 차츰 사라지게 된 것은, 이 오락에 대한 사람들의 지지가 사라져서라기보다는 자금부족 때문이었다. 검투 경기는 여러 세기 동안 엄청난 인기를 누렸다.

검투사는 일반적으로 네 가지 역할을 맡아 서로 싸웠다. 그 역할에 따라 갑옷과 무기가 정해졌다. 이들은 허리에 간단히 커다란 천 조각을 두르고 한두 개의 (금속으로 된) 정강이받이를 착용했다. 일반적인 네 가지 유형 가운데 셋은 무거운 투구를 쓰고, 한쪽 팔에 금속 또는 가죽 보호대를 대었으며, 방패를 소지했다. 그리고 네 번째 유형(이른바 레티아리우스끝이 셋으로 갈라진 삼지창이라는 뜻-옮긴이 또는 '어부,' '정구선수'로 불렸다)은 그물과 삼지창을 휴대했으나 투구는 쓰지 않았다. 이들 검투사 유형들은 전력戰力의 균형을 맞추어 두 사람씩 한 조를 이루었다. 다른 유형의 검투사들이 무거운 갑옷을 걸친 데 반해, 특히 레티아리우스는 속도와 기동성을 갖추고 있었다.

그림 40의 모자이크는 오른손에 삼지창을 들고 왼팔에 전형적인 방어용 소매식 보호대를 착용하고 있는 레티아리우스를 묘사하고 있다. 왼쪽의 세쿠토르('추격자')는 커다란 방패, 투구, 다리 아래쪽의 정강이받이를 착용하고 있다. 이러한 유형의 검투사들 사이의 결투 전술은 연마되고 훈련되어 높이 평가되었다. 검투사 양성소는 거칠고 격렬하면서도 고도로 발달한 훈련을 시켰다. 검투 경기에서는 또한 죽이고 죽는 기술에 대해 찬미했다.

● 그림 40
검투사가 묘사된 베로나의 모자이크

검투사들이 사용하는 이러한 공식 장비들은 그의 몸을 특히 두 가지 인상적인 방식으로 드러내 보여준다. 우선, 대부분 검투사들이 머리를 가렸다. 격투는 개인의 고통이나 승리에 찬 기쁨의 표정을 보기 위한 행사가 아니었다. 여기서는 할리우드 영화가 아주 좋아하는 식으로, 격투를 벌이는 인간을 부각시키는 클로즈업이 없었다. 그런 클로즈업은 로마의 경기장과는 무관했다. 두 번째로, 좀더 중요한 사실은 검투사들이 상체를 벗은 채로 싸웠다는 점이다.

검투사의 벌거벗은 상체는 구경꾼들의 눈과 강철의 날에 몸이 노출됨을 의미하는 것만은 아니었다. 이는 검투사에게 중요한 미덕인 적극적인 용감성을 구체적으로 드러내는 것이었다. 지식인이자 정치가인 플리니우스《박물지》의 작가로 유명하다-옮긴이는 검투사의 격투에 대해 이렇게 썼다. 검투사의 격투는 "상처 속의 영광과 죽음에 대한 경멸을 고취시킨다. 찬양받고 싶은 마음과 승리에 대한 욕망은 노예들과 죄수들에게서도 볼 수 있기 때문이다." 키케로는 검투사 훈련이 최하류 인생인 노예들과 죄수들을, 로마의 미덕을 보여주는 모범적인 인물들로 바꾸어놓았다고 말한다.

> (상대에 의한) 타격을 견디는 타락자이거나 야만인인 검투사들을 보라! 일격을 비열하게 피하기보다 기꺼이 받아들이는 잘 훈련된 남성들을 보라!……실력이 좀 떨어지는 검투사라도 어느 누가 신음을 토하거나 안색이 변한 적이 있던가?……그들 중에 자신의 이름을 더럽히는 자가 있던가?……치명적인 타격을 입어 넘어지고도 어느 누가 목을 움츠리던가? 그것은 훈련, 연습, 습관의 힘이다.

검투사는 로마의 진정한 미덕을 구현하는 방식으로 죽고 죽이도록 훈련받았다. 패한 검투사는 최후의 일격을 받아들이기 위해 가슴을 드러내어야 했다. 겁을 내어 피하거나 주저하거나 외면해서는 안 되었다. 그는 (키케로가 말한 것처럼) '온몸으로' 그 일격을 받아들여야 했다. 검투사는 천하고 소모품 같은 존재에다 공개적으로 전시되는 노예였을지 모르나, 또한 그 남성다움으로 해서 로마인들에게는 아주 중요한 경기장의 영웅이기도 했다.

검투사들이 보통 노예나 죄수였기 때문에 그 몸이 용감히 맞서다가 찢겨지는 것을 공개적으로 드러내놓고 보여줄 수 있었다. 로마인들은 노예의 목숨을 사람 목숨과는 차별되는 것으로 취급했다. 특히 광산이나 개인 소유의 대농장에서, 노예는 비인간적인 노동력인 기계에 가깝게 이용되었다. 노예의 몸은 시민과 같은 보호를 전혀 받지 못했다. 시민과 달리 노예는 권리가 없었으며, 채찍질, 낙인, 고문을 피할 수 없었고, 남녀 주인으로부터 섹스를 강요받았다. 이 모두가 실제로 로마 사회의 일상적인 모습이었다. 강간은 남녀 하인을 처벌하는 방법 중 하나였으며, 채찍질은 다반사였다. 로마인들의 눈앞에서 검투사들의 몸을 드러내놓고 폭력적으로 다룰 수 있었던 이유는, 노예와 죄수의 몸은 원래 처벌, 노동, 그리고 오락에 쓰이는 것이기 때문이었다.

죄수는 선택의 여지가 없었으며, 경기장에서 잔인하게 죽임을 당하곤 했다. 하지만 당시의 일부 작가들은 값비싼 훈련을 받고 다이어트를 하는 검투사의 생활이 노예나, 심지어는 자유민이지만 가난한 사람의 비천하고 짐승 같은 빈곤한 생활보다 더 나음직한 것으로 보았다. 검투사 양성소에 자원하는 이들도 소수 있었고, 검투사 생활에서 살아남아 유명한 운동선수로서 은퇴한 검투사도 있었다. 어떤 이들은 아슬아슬하게 살아남았으나, 이어지는 긴 격투 끝에 결국은 죽임을 당했다. 낙서를 하거나 새겨넣은 식의 다양한 방식으로 검투사들의 명성을 기록하고 있는 것들이 남아 있는데, 연승 끝에 결국 패해서 목숨을 잃은 검투사의 생애를 요약하고 있는 것도 있다.

예를 들어 폼페이에 있는 한 낙서는, 한 신참이 연장자에다 훨씬 더 경험이 많은 검투사를 물리친 짤막한 승리의 역사를 기록하고 있다. "네로 양성소의 스피쿨루스, 첫 격투, 승, 아프토네투스, 전前 노예, 16승, 사망." 이 이야기는 그냥 상상한 것일 수도 있으나, 어쩌면 전 노예가 자진해서 검투사가 되어 수차례 경기에서 살아남았다고 하는 것도 그리 무리는 아닐 것이다. 예전에 노예이던 이 검투사는 관록이 있었다. 하지만 네로의 검투사 양성소에서 훈련받은 스피쿨루스가, 나이가 더 많고 손에는 격투로 인한 상처들이 가득한 이 남자와 맞붙은 첫 격투에서 운이 좋았거나 싸움기술이 더 좋아 이겼던 것이다. 두 남자에 대해, 또는 젊은 스피쿨루스에게 이후 무슨 일이 있었는지에 대해 더 이상 알려진 바는 없다. 하지만 어떤 이가 일부러 벽에다 이 이야기를 썼다는 점은 의미심장하다. 검투사란 사회적으로 불명예스러운 존재일 수 있으나, 또한 로마 사람들을 깊이 매료시킨 존재이기도 했다.

실제로 커크 더글러스나 러셀 크로 이전에도, 검투사는 다소 수상쩍은 거친 매력을 가진 섹시한 남성의 상징이었다. 유베날리스로마시대의 풍자시인는 예의 냉소 띤 어조로 말한다. "이 여자들은 무엇을 사랑하는가? 검……." 악한들이 지닌 섹시함과 비슷한 검투사들의 섹시함은 그들에게 명성을 가져다주는 폭력과 결코 따로 떼어 생각할 수 없었다. 그리고 이러한 섹시함은 (특히 여자 때문에 고민하는 로마의 선량한 시민 남성들의 마음속에서) 언제나 불명예와 영광의 과시가 기묘하게 뒤섞이면서 퇴색되었다.

하지만 검투사들은 악한과 마찬가지로 가장 고귀한 여성에게도 섹시하게 여겨지곤 했다. 마르쿠스 아우렐리우스 안토니우스 황제의 부인인 파우스티나는 한 검투사를 좋아하게 되었다. 그것을 남편에게 털어놓은 것은 실수였다. 황제는 즉시 그 검투사를 죽이게 해서, (그녀와 섹스를 하기 전) 파우스티나로 하여금 그의 피로 목욕하게 했다.

이 이야기는 검투사의 섹시한 매력과 황제의 타락한 권력에 대한 로마인들의 양가적인 감정을 담고 있다. 하지만 이야기는 여기서 그치지 않는다. 왜냐하면 이 부부 사이에 난 아이가 경기장과 관련해서 타락이 극에 달했던 콤모두스 황제이기 때문이다. 황제의 지위에도 불구하고 콤모두스는 몸소 경기장에서 싸우겠다고 고집을 부렸다. 그는 이틀간의 광적인 검투 경기에서 창과 활로 몸소 하마 다섯 마리, 코끼리 두 마리, 코뿔소와 기린 각각 한 마리를 살육했다. 단지 젊은 황제가 살육하기 위해 이 이국의 동물들을 아프리카에서 로마로 운송해오는 데 든 비용은 그의 지나친 행동만큼이나 터무니없었다.

콤모두스 황제는 집에서 검투술을 훈련하기 위해 노예들의 귀나 사지를 잘라 죽이거나 불구로 만들었다(또는 그랬다고 한다). 무딘 칼을 가지고 하는 것이기는 했지만, 그는 경기장에서 개막경기로 열리는 한판 승부에 참가하기도 했다. 황제인 그는 항상 승리했다. 바람직한 로마인들은 이러한 황제의 과시를 혐오했다. 콤모두스는 공식 집정관 취임식을 할 때도 검투사 복장을 하는 계획을 세우기도 했다. 하지만 그는 주연酒宴 후에 교살되어, 최초로 암살당한 황제가 되었다(영화 〈글래디에이터〉에서 그려진 것처럼, 콜로세움에서 싸우다가 찔려 죽은 게 아니었다).

검투사의 목숨은 황제가 엄지손가락을 어떻게 놀리느냐에 달려 있었다. 그리고 검투사는 사내다움이라는 미덕을 지닌 섹시한 영웅이면서 근본은 노예였다. 이러한 검투사는 권력에 대한 로마인들의 모순된 생각이 구체적으로 표현된 것이었다. 콤모두스 황제가 검투사 역을 맡았을 때 로마인들은 심히 마음이 불편했다. 그것은 고귀함과 비천함, 권력자와 소모품 같은 존재, 명예욕과 수치스러운 전시 사이의 긴장이 너무도 격렬한 탓이었다. 그리하여 콤모두스는 사람들의 반감을 산 것이었다.

로마제국의 주요 오락인 검투 경기는 수많은 이야기와 이미지를 통해 묘사되었다. 로마인들이 남성다움과 폭력, 계급제와 권력의 과시에 대해 보이는 강박관념이 검투사에게서 그 완전한 상징을 찾은 것이었다. 그림 41에 보이는 바닥의 모자이크화는 검투사를 묘사하고 있는 많은 이미지들 가운데 하나이다. 한 부자의 저택에 장식되어 있던 것이지만, 로마인들의 시각세계에서 일반화되어 있던 검투사를 전형적으로 표현한 것이다. 이는 선량한 로마인의 가족생활에서 흔히 볼 수 있는 이미지였다.

● 그림 41 검투사를 묘사한 모자이크

모자이크의 검투사들에게는 이름이 붙어 있으며, 각 쌍은 승자와 패자가 분명하게 드러난다. 아래쪽에 있는 쌍은 치명적인 일격을 가한 용맹스러운 승자가, 죽어서 여전히 피를 흘리는 적수 앞에서 자세를 취하고 있다. 쏟아진 피, 내던져진 칼, 희생자의 뒤틀린 몸과 감긴 눈이 승자의 단호한 자세, 황제를 향해 치켜든 시선과 대조된다. 위쪽의 쌍에서는, 치명적인 일격이 가해지려는 참이다. 희생자는 일격이 가해지기를, 눈을 뜬 채 똑바로 쳐다보고 있다.

희생자의 이름은 쿠피도이다(이는 라틴어로 '욕망'이라는 의미로, 검투사에게 더할 나위 없이 잘 어울리는 이름이다). 그 이름 밑에 그리스어 글자인 테타(θ)가 있다. 이는 타나토스(즉 죽음)이라는 말의 첫 글자이다. 이 경기의 후원자가 죽음의 선고를 내렸음을 의미하는 표시이다. 투구를 쓴 사형집행자는 최후의 일격을 가하기 위해 칼을 높이 쳐들고 있다. 이 두 쌍 위로, 사체들을 실어가기 위해 검은 들것이 기다리고 있다.

경기장의 이러한 폭력적인 장면은 아드레날린이 솟구쳐 잔뜩 흥분한 대중을 위한 것만은 아니었다. 이 장면은 또한 로마인의 집안 세간들에 장식되기도 했다. 갓난아기의 젖병에도 검투사의 이미지가 그려질 수 있었을 것이다.

그림 42의 설렁줄은 야수와 싸우고 있는 검투사를 보여준다. 검투사는 칼을 빼들고서 자신의 남근에서 일어서는 짐승과 싸우고 있다. 이는 재미를 위한 것이지만(나는 그렇게 본다), 검투사와 관련해서 로마인들이 갖고 있는 섹스와 폭력에 대한 생각을 핵심적으로 보여준다. 이 검투사는 셰익스피어의 말처럼, 욕망('허리 아래의 야수')을 정복하기 위해 싸우고 있는 걸까? 검투사가 고귀하게 죽도록마지막 순간에 비겁하게 고개를 돌리지 않고 당당히 죽도

록-옮긴이 훈련받는 것은 자제심의 한 전형을 보여준다. 또는 이것은 검투사의 섹시함을 꺾어놓는 한 방법일까? 아니면 사람들의 내심에 있는 공격적인 수성野性일까? 여기서 남자와 야수 사이의 구분선은 자멸적인 폭력과 융합되어 있다. 이것은 대문에 걸던 일상적인 물건이다. 하지만 그 표현의 의미를 헤아리기 어려운 이미지이다. 로마제국의 곳곳에서 검투사의 이미지를 볼 수 있었다. 그들이 보여주는 극적인 공연은 로마인들이 폭력, 섹슈얼리티, 권력을 개념화하는 중요한 한 가지 방법이었기 때문이다.

● 그림 42
검투사 형상의 설렁줄

귀족의 장례식에서부터 황제의 대규모 과시에 이르기까지, 검투 경기는 언제나 하나의 정치극 무대였다. 검투 경기는 상류층이 권력을 과시하는 한 방편으로써 제공된 것으로, 이 볼거리에서 로마 대중은 중대한 역할을 했다. 황제 치하에서, 로마인들이 정치활동을 할 기회는 훨씬 더 줄어들었다(상류층의 역할도 제한되었다). 따라서 황제 앞에 대중이 빽빽이 모이는 이런 경기는, 통치자와 피통치자가 극적으로 조우하는 순간일 수 있었다.

역대 로마 황제들은 대중의 (검투 경기라는 정치극 무대로의) 출연을 신중히 통제하는 데 능했으며, 권력으로써 이들의 출연을 (황제 자신을 찬양하는 자리로) 연출했다. 하지만 지나치게 공공연하거나 공격적인 권력의 과시는 쉽게 전제적인 폭력의 징후를 드러내었다. 도미티아누스는 뜨거운 태양을 가리는(콜로세움의 가장 놀라운 기술적 성과의 하나인) 차양을 걷게 해서, 군중이 태양 아래 앉아 생고생을 하게 만들었다. 검투 경기장은 로마의 사회적 긴장이 역력히 드러나는 공간이었다.

검투 경기를 보기 위해 모인 군중은, 다른 공식적인 정치 무대에서는 볼 수 없는 자신들의 목소리를 발견했다. 해서 로마 군중은 다른 곳이 아닌 바로 원형경기장에서 칼리굴라 황제에게 세금을 줄여달라고 청했던 것이다. 황제가 거절하자 군중이 계속해서 고함을 질러댔고, 마침내 황제는 군중 속으로 군인들을 보내 고함을 질러대는 자들을 죽이도록 명령했다. 군중은 침묵에 빠졌으나 불만이 들끓었다. 유대인 역사가인 요세푸스에 의하면, 이것이 황제 암살 음모에 동기를 제공했다. 반면, 티베리우스 황제는 유명한 (그리고 로마인들로부터 많은 사랑을 받는) 조각상을 공중욕탕에서 자신의 개인 궁으로 옮겨다놓았다가 사람들의 분노를 사자, 그들의 바람에 따라 그것을 원래 자리에 도로 갖다놓았다.

이런 경우들에서는 황제의 권력이 대중 집단의 의지에 부딪힌 것이었다. 하지만 황제의 권위가 가장 공식적으로 과시되는 방식은 좀더 노골적이었다. 격투 끝에 승리한 검투사는 그 경기를 연 황제에게 물었다. 상대 검투사를 죽이시겠습니까, 살려두시겠습니까? 이때 군중은 함성을 질러대었다. 그러면 황제는 수신호를 보내어(엄지손가락을 세우면 죽이고 내리면 살려주라는 뜻) 패자의 운명을 결정지었다. 검투 경기는 생사여탈권을 쥔 황제의 권력이 여실히 드러나는 이런 퍼포먼스가 거듭되었다.

검투 경기가 불러일으키는 전율은 삶과 죽음 사이의 아슬아슬한 경계, 황제의 엄지손가락 동작, 모든 군중이 자신이 내리는 사형선고를 외칠 수 있는 기회 등이 심히 뒤섞인 결과였다. 시인 유베날리스는 "사람들은 누군가를 죽이지는 않더라도 사람을 죽일 수 있는 권력을 갖고 싶어한다"고 신랄하게 말했다. 검투 경기가 절정에 이른 순간, 전 군중과 검투사들의 시선은 황제에게 집중되었다. 그 순간에 귀중한 목숨은 바로 황제의 손짓에 달려 있었다. 이보다 더 강렬하고 분명하게 권력을 과시하는 구경거리를 만들기는 어려울 것이다.

검투 경기는 부분적으로 처벌 목적을 위한 것이기도 했다. 죄수들은 여기에서 공개적으로 처형되었다. 처형 방식은 극적인 잔인성에서 다양했다. 죄수들을 굶긴 야수에게 던질 수도 있었다. (물론 '사자에게 던져지는' 것은 그리스도교의 순교를 나타내는 인기 있는 이미지이다.) 또는 총력전에서 희생물로 이용될 수도 있었다. 아마도 가장 기묘한 처형 방식은, 죄수들로 하여금 신화 이야기에서 죽는 역할을 맡게 해서 실제로 죽이는 것이었다.

헤라클레스는 장작더미 위에서 불태워졌는데, 이 장면은 헤라클레스로 분장한 죄수에 의해 재연되었다. 파시파에는 황소와 잠자리를 해서 미노타우로스를 낳았다.해신 포세이돈이 크레타의 왕 미노스에게 제물로 쓰라고 황소를 보냈으나, 그 황소가 마음에 들었던 미노스는 그것을 제물로 바치지 않는다. 그에 화가 난 포세이돈은 미노스의 왕비 파시파에로 하여금 그 황소를 사랑하게 만든다-옮긴이 그래서 한 여죄수는 죽을 때까지 황소와 교접을 해야 했다. 참수형이나 교수형, 사지를 잡아당겨 찢어 죽이는 것과 같은 극단적인 공개 처형은 유럽 역사에서 일반적인 것이었으나, 신화를 재연하는 기묘한 고문은 로마에만 있는 것이었다.

짐승들을 서로 싸우게 하고, 훈련받은 사냥꾼들로 하여금 짐승들을 사냥하게도 했다. 그림 43의 격조 있는 조각은 그러한 행사가 불러일으키는 전율을 포착하고 있다. 로마인들은 야수의 희귀성과 야수를 운송해오는 데 따른 높은 비용, 그리고 그 사냥꾼들의 솜씨에 관심이 쏠려 있었으나, 인간과 짐승 사이의 고도로 상징적인 싸움은 경기에서 드러나는 권력관계의 기초였다. 죄수는 짐승들이 갈가리 찢어 먹을 고기로 여겨짐으로써, 비인간으로서 굴욕적으로 격하된다. 그리고 짐승 사냥은 인간과 야수 사이의 경계를 거듭 언명하는 것이다. 그것을 지켜보는 관중은 위험 없는 안전한 상태에서, 자연세계에 대한 인간의 지배가 무너질 수 있는 가능성을 인식하면서 흥분하고 전율했다.

검투 경기와 관련된 가장 유명한 이야기가 나오게 되는 것은 이런 배경에서이다. 이 이야기를 기록한 아울루스 겔리우스에 따르면, 아피온은 그날 원형경기장에서 자기 눈으로 직접 이 사건을 목격했다. 안드로클레스는 아프리카 총독한테서 도망쳐 나온 노예였다. 그는 결국 다시 붙잡혀 로마에서 야수에게 죽임을 당하도록 사형선고를 받았다. 하지만 흉포하고 굶주린 사자는 안드로클레스를 공격하는 대신 그의 발과 손을 핥았고, 둘은 오랜 친구처럼 서로 반가워하는 듯 보였다. 이 경기를 연 황제는 칼리굴라였다. 그는 안드로클레스를 자신이 앉은 특등석으로 불러 이 놀라운 광경에 대해 설명하도록 했다.

안드로클레스는 도망 중에 바로 그 사자의 동굴에 숨었다가 사자의 발에서 가시를 빼준 적이 있었다고 했다. 이후 사자는 그를 공격할 생각이 없는 듯이 보였다. 그래서 그는 그 동굴에 3년 동안 머물렀고, 그 동굴을 떠났다가 로마에서 붙잡혔던 것이다. 그리고 검투 경기장에서 다시 그 사자를 만난 것이었다. 황제는 이 이야기를 쓴 플래카드를 가지고 경기장을 돌아다니게 해서 모든 사람들이 볼 수 있게 했다. 사람과 야수 사이의 소통과 보답에 관한 이 거짓말 같은 이야기는 검투 경기의 폭력성, 검투 경기의 희생자에 대한 고의적인 인간성 말살 및 살인과는 완전히 대조되는 것이다. 이것이, 현대의 관중이 검투 경기에 대한 하나의 교정수단으로써 이 이야기를 즐겨 되풀이하는 이유이다.

노련한 검투사의 잔인성과 살육에 열광한 대중은 로마제국의 이미지로서 오래도록 지속되었다. 가장 좋은 옷을 입고 계급에 따라 나뉘어 지정좌석에 앉은 관중, 황제 권력의 과시, 통치자와 피통치자의 역학관계, 의식儀式과 성가聖歌들과 추문들이 만들어내는 끊이지 않는 소음들이 이를 하나의 행사로 바꾸어놓음으로써, 로마는 스스로 구경거리를 만들어내었던 것이다. 로마인들 스스로는 검투 경기를 군국주의적인 로마 사회의 한 측면, 다시 말해 기강과 남성다움이라는 미덕에 헌신하는 것으로서 보았다. 하지만 산업사회 이전에 흔했던 요절과, 광대하고 위험한 세계 속에 놓인 시민의 무력함에 대한 액막이 형태로서 좀더 심리적인 틀에서 검투 경기를 볼 수도 있다. 이

● 그림 43
사자와 싸우는 검투사가 묘사된 부조

경기에서 적어도 군중은 항상 살아남았다.

하지만 르네상스 이후 서구 사회를 가장 매혹시키고 흥분케 한 것은 로마의 군중, 다시 말해 인간을 죽이는 구경거리에 몰두해 함성을 질러대고 열광하며 약동하는 군중이었다. 콜로세움의 모든 것이 그렇지만, 우리는 이 죽음의 공연만큼이나 그 구경꾼들에게 빨려들게 되는 것이다.

에로티시즘과 폭력의 뒤섞임은 현대 관중에게 아주 매혹적인 동시에 혐오감을 준다. 시미언 솔로몬의 그림 〈다쳤다!〉(Habet!, 그림 44)에는 이러한 뒤섞임이 예리하게 그려져 있다. 이 그림은 욕망과 권력에 대해 다양한 표정을 보이는 여성들에게 반영되어 있는 검투사의 죽음의 순간을 그리고 있다. 여성의 욕망, 죽음, 고대 세계에 대한 빅토리아 여왕 시대 사람들의 강박관념을 능숙하게 다룬 솔로몬의 이 그림은 관람자에게 하나의 거울 같은 역할을 한다. 우리는 솔로몬의 그림을 보면서, 로마인들이 즐기던 구경거리를 보고 싶어하는 우리의 욕망을 발견한다.

맨가슴에 칼을 겨누는 폭력성, 죽음에 함성을 보내는 군중, 한 인간의 운명을 결정짓는 황제의 엄지손가락, 사람 피의 냄새와 훼손된 몸 등, 모든 것이 다 낯설다. 타자성을 느끼는 것은 현대 문명을 규정짓고 그에 따라 우리 자신을 규정짓는 데 도움이 된다. 우리는 검투 경기를 '아주 이질

● 그림 44
시미언 솔로몬의 그림
〈다쳤다!〉

적이고 상상할 수 없는' 것으로 여기곤 한다(그렇게 보아야 할 필요가 있다). 그것이 우리 사회가 문명화된 사회임을 보증해주기 때문이다.

대부분의 위안과 마찬가지로, 이런 위안은 또한 자기부정의 정도에 달려 있다. 현대 사회의 상징적, 실제적 폭력에 대해 깊이 생각하는 것을 피함으로써 위안을 얻을 수 있는 것이다. 공개처형은 대부분 유럽 역사에서 선풍적인 인기를 끄는 흥밋거리였으나 지금은 더 이상 아니다. 하지만 미국에서는 국가에 의한 사형 집행의 경우 공식적인 참석자들의 입회 하에 이루어지고, 그 장면을 다시 볼 수 있도록 비디오로 녹화된다.

실제 쇼와 영화나 비디오의 포르노그래피는 폭력적이고 낯 뜨거운 행위들을 즐겨 보여준다. 그것이 사실적일수록 값은 올라간다. 자동차가 충돌하는 '실제 재난'을 담은 비디오를 파는 사업이 번창하고 있다. 텔레비전에서는 시청률을 높이기 위해 '실제 살인'과 '실제 범죄'를 끊임없이 보여준다. 그리고 '살인마 잭'원래 1888년 영국 런던에서 결론을 내리지 못하고 막을 내린 연쇄살인 사건의 범인을 가리키는 말로, 이를 소재로 만들어진 게임의 이름이기도 함-옮긴이이 상업적으로 성공하고 있다.

전쟁이나 테러를 보도하는 현대의 뉴스 프로그램에서는 실려 가거나 가려진 사체의 이미지를 빠짐없이 보여준다. 2001년 9월 11일 뉴욕에서 있었던 테러를 전하는 화면들은 갑작스럽게 죽음을 맞이한 사람들을 거듭 보여주었다. 제2차 걸프전에서는 카메라가 전투 중인 군인들을 따라다녔고, 기자들이 포화 속을 누비고 다녔다.

이런 식으로 합법적으로 용인되는 사건들과 사회적으로 가벼이 여겨지는 일들을 늘어놓자면 끝이 없다. 에스파냐의 투우, 권투, 격투기, 할리우드 액션영화의 극단적이고 되풀이되는 폭력, 예술영화에 보이는 좀더 기괴한 폭력, 비디오 게임의 엄청난 보급, 유럽의 여러 도시들에서 열린 귄터 폰 하겐스얼마 전 국내에서도 전시되었던 '세계를 뒤흔든 인체의 신비 전'을 기획한 독일 의사-옮긴이의 살가죽이 벗겨져 플래스티네이션귄터 폰 하겐스가 개발한 기법으로, 유기체의 조직을 살아 있는 듯한 상태로 해부 표본화해 영구 보존하는 해부학 기술-옮긴이 기법으로 처리된 사체들의 전시 등.

현대 사회는 또한 폭력을 즐겨 보여주며, 그것이 마찬가지로 오락거리에 열렬한 사람이든 냉정한 사람이든 관객을 그러모은다. 잘리고 뒤틀리거나 능욕을 당해 끔찍하게 드러난 몸에 사람들이 마음을 빼앗기고 있다. 만약 한 사회가 즐기는 오락을 통해 그 사회를 알 수 있다면, 현대 서구 사회가 문명의 어둡고 부도덕한 취약점을 정복했다고 호언장담하기는 어렵다.

검투 경기는 아주 중요한 점에서, 현대의 구경거리들과 다르다. 특히 공식적인 경기장에서 그런 '대량학살'을 저지른다는 점에서 그러하다. 이를 모를 바보는 없다. 하지만 현대의 오락은 고대 검투 경기와 다르다며 문명화된 우리의 오락에 대해 안도하는 데서 그치고 만다면, 염려스럽게도 자기반성의 요소가 가려지는 듯하다.

〈스파르타쿠스〉나 〈글래디에이터〉가 엄청난 성공을 거둔 이유는 부분적으로, 그 관객들이 검투 경기를 오락으로 생각하는 데서(관객이 실제로 영화 속 검투 경기장에 있는 것처럼 느끼는 데서) 전율을 느끼는 까닭이다. 또한 다양한 수준의 군사적, 성적, 개인적 폭력을 연출하는 거대 오락 산업은 이러한 감정에의 매혹을 좀더 직접적으로 불러일으킨다. 인간의 몸에 가해지는 폭력을 보면서 대리만족을 느끼는 것은, 현대 사회와는 '완전히 이질적인 상상할 수 없는' 일이 전혀 아니다.

이럴 때 검투 경기라는 구경거리는 여전히 충격적이기는 해도, '어떻게 그럴 수가 있지?'라는 의문을 불러일으키지는 않는다. 이는 우리가 현대 문명이라고 생각하는 것에 대해 갖고 있는 자부심이 얼마나 쉽사리 허물어질 수 있는 것인지 깨닫는 데도 도움이 된다. 검투사라는 구경거리가 제기하는 의문('어떻게 그럴 수가 있지?')은 현대 세계 또한 직시해야 할 필요가 있는 것임에도, 아쉽게도 우리는 거의 그러지 않는다. 우리 현대인이 오락이라는 이름으로 그런 것들을 즐겨 본다는 사실은, 우리에 대해 무엇을 말해주는가?

04 최후의 만찬

The Last Supper

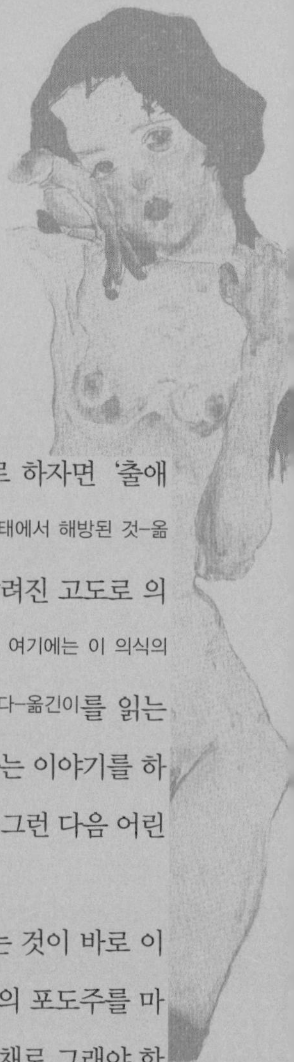

전 세계의 유대인들은 유월절, 성서대로 하자면 '출애굽' 기원전 3세기 모세가 이끄는 이스라엘 민족이 이집트의 노예상태에서 해방된 것-옮긴이을 기념한다. 그 주된 기념 형식은 세데르로 알려진 고도로 의례화된 식사이다. 이때 하가다세데르 의식에 관한 책으로, 여기에는 이 의식의 일부로서 반드시 다시 듣게 되어 있는 〈출애굽기〉가 포함되어 있다-옮긴이를 읽는다. 이 책은 이스라엘 사람들이 이집트에서 탈출하는 이야기를 하고서, 그에 대해 논평을 한 뒤, 찬송가를 덧붙이고, 그런 다음 어린이들이 부르는 민요로 끝을 맺고 있다.

예수와 사도들이 '최후의 만찬'에서 행하고 있는 것이 바로 이 식사 의례이다. 세데르 동안, 모든 사람들이 네 잔의 포도주를 마시도록 되어 있는데, 하가다는 비스듬히 드러누운 채로 그래야 한다고 가르치고 있다. 하지만 오늘날 많은 사람들은 이 지시를 문자 그대로 받아들여 식탁의 손님들에게 긴 의자를 제공하지는 않는다.

고대 도시국가의 그리스 시민이나 로마제국의 로마인에게는 이 의식의 많은 부분이 놀랍도록 익숙할 것이다. 세데르의 관습은 많은 요소에서, 기원전 6세기 이후 지중해 연안에 잘 알려져 있던 그리스의 주연인 향연을 따르고 있다. 그리스인들에게 향연은 그리스 특유의 오락 형태였으나, 그것은 로마제국, 특히 '동방' 의 상류계급 사회의 주류를 이루는 그리스어를 사용하는 엘리트들 사이에 두루 퍼졌다. 동방이란 오늘날의 이집트, 터키, 이라크, 이란, 시리아, 이스라엘을 포함하는 지역이었다. 향연은 세련된 그리스 생활을 특징짓는 것 가운데 하나였다.

긴 의자에 비스듬히 눕는 것이 일반적인 향연의 스타일로, 보통 긴 의자 하나에 세 사람씩이었다. 포도주를 마시는 양과 그 강도는 모임을 이끌도록 뽑힌 '주재자' 가 결정했다. 비스듬히 누워서 넉 잔의 포도주를 마시는 것이 향연의 특징인데, 이는 평소보다 포도주를 많이 마시는 것이나 드러누워서 마시는 것 때문만이 아니라 모두에게 정해진 포도주의 양 때문이기도 하다.

향연에서는 노예가 주인의 손을 씻겨주곤 했다(그래서 오늘날에도 세데르를 주재하는 사람은 손을 씻는다). 그러고서 이야기를 나누고 놀이도 하면서 서로 결속감을 느끼며 그날 저녁을 보냈다. 좀더 지적인 향연은 특정 화제에 관해 미리 준비한 연설을 하거나, 또는 애매하지만 가벼운 문제들에 대해 물어 참석자들을 시험했다. 세데르 역시 보통 식탁에 둘러앉은 사람들이 돌아가면서 질문과 논쟁과 해석을 하는 똑같은 절차를 따른다. 이 전례에서 가장 유명한 부분은 전통적으로 어린아이가 '네 가지 질문' 을 하는 것이다.

고대 세계의 향연에서는 취기가 좀더 돌면 요란하게 노래가 터져 나오곤 했으며, 결국 그 젊은이들은 밤거리로 나갔을지도 모른다. 그런 유의 파티를 하는 젊은이들은 흔히 거리로 나가기 마련인 것이다. 세데르는 민요를 부르는 것으로 끝나지만, 절차상의 마지막 행위는 끝을 맺는 뜻으로 누룩을 넣지 않은 빵인 '아피코만' aphikoman 한 조각을 먹는 것이다. '아피코만' 이라는 말은 히브리어로는 아무런 의미가 없다(그래서 대부분 사람들은 그것이 어디서 유래했는지에 별 관심이 없다). 하지만 이는 그리스어 단어인 '에피 코몬' epi komon에서 바뀐 것으로 '코모스' komos를 의미한다. 코모스란 집이 떠나갈 듯 야단법석을 떨어대는 주연을 가리킨다. 이것은 그날 저녁의 의식이(그리고 예법을 차려야 하는 그날 저녁의 일정이) 모두 끝났음을 나타낸다.

세데르는 그리스 문화가 지중해 동부를 지배하던 시기에 오늘날까지 유지되고 있는 기본 형식을 갖추었다. 이는 자유에 대한, 그리고 평화로운 삶이 주는 풍족함과 은혜에 대한 찬양이다. 하지만 세데르는 유대인이 유대인이게 하는 자기규정적인 중요한 의식이지만, 그 형태와 그것이 상징하는 자유의 의미는 그리스 로마 사회에서 가져온 것이다. 전 세계 유대인들은 지금도 이를 여전히 따르고 있다. 하지만 대대로 경건히 전해 내려온 이 의식이 그리스의 유산임을 아는 사람은 거의 없다. 그럼에도 어떤 사람들은 이데올로기적인 동기 이상으로 그런 사실이 알려지지 않도록 억압한다. 세데르는 그리스와 로마의 오락이 남긴 유산이 현대 문화에서 아주 오래도록 지속되고 있는 완벽한 예이다. 놀라운 사실은 이 의식의 형식이 수천 년에 걸쳐 그대로 지속되어왔다는 점이다. 이러한 사실을 알든 모르든, 유월절을 기념하는 사람들은 문화의 차용과 모방의 역사를 이어가고 있는 것이다.

'최후의 만찬' 이라는 그리스도교의 도상은 새로운 의미를 가지고 이 의식을 재연한다. 자유를 의미하는 누룩을 넣지 않은 빵과 포도주가 그리스도교에서는 또 다른 종교적 신비, 또 다른 자유에의 약속을 나타내게 된다. 그리스도의 살과 피(누룩을 넣지 않은 빵과 포도주)가 물질세계로부터의 자유를 제공하는 것이다. 유월절의 제물인 어린 양은 신의 어린 양으로 대체된다. 예수의 피는 제물로서 그리스도교 세계를 구하고 자유롭게 할 것이다. 이스라엘인들의 문설주에 칠했던 어린 양의 피가 죽음의 사자使者로부터 유대인들을 구해 자유로 이끌었던 것처럼 말이다.

일부 그리스도교도들은 '부활절' (Paschal, 그리스어로 파스카pascha)은 그리스도의 '수난' (Passion, 그리스어로 파스케인paschein)과 어원적으로 관련이 있다고 보았다. 또 다른 이들에게, '유월절'Passover은 그리스도의 승천을 의미했다. 하지만 이 전통 또한 그것이 그리스로부터 물려받은 유산에 대해 명확히 밝히지 않는다. 그리스어를 사용하는 그리스도교도들은 '이교도'(즉 경멸받는 타자)를 뜻하는 일반적인 용어로서 '그리스인'('헬렌'Hellen)이라는 말을 사용하는, 놀라운 언어 제국주의를 보여준다.

서양 예술형식들의 역사 전반에 걸쳐서 고전 문화에 대한 모방이 이루어지고 있다. 이는 조각과 회화에서 가장 명백한데, 이 둘은 의식적으로 고전 형식을 회복하고자 한다. 고전적 조화(그리고 고전적인 몸)에 대한 관심은, 운동경기에서와 마찬가지로 발레와 춤의 역사의 저변에서도 흐르고 있다. 운동경기에서 '올림픽의 이상'은 주로 고대 세계의 균형 잡히고 완벽한 몸을 가진 운동선수의 이미지로 표현된다. 연극과 오페라의 역사는, 바그너의 바이로이트 음악축제로부터 그 이전의 최초의 오페라와 그 이후 그리스 비극에 대해 애정을 보인 현대 연극에 이르기까지, 그리스의 영광과 로마의 장대함을 재창조해내려는 시도들로 가득하다.

우리의 특정한 오락 형태들이 오랜 고전적 계보를 가지며, 그 권위와 위상과 영감을 고전적 기원들에 의존하고 있다는 사실을 이해하는 것이 중요하다. 또한 그러한 계보가 어느 시점에서 잊혀져 과거의 유산이 우리 자신의 문화로 여겨지게 되었는지를 (즉, 우리가 인식하지 못하고 있는 역사를) 아는 것도 아주 재미있는 일이다.

그것이 디도와 아이네아스고대 로마 작가 베르길리우스에 따르면, 아이네아스가 아프리카에 들렀을 때 그와 사랑에 빠진 디도는 아이네아스가 주피터의 명령을 따라 자신을 버리자 자살했다고 한다-옮긴이의 이야기를 재연출한 것일지라도, 비극적인 사랑 이야기는 언제나 우리로 하여금 눈물을 흘리게 한다. 그리고 비록 호메로스의 서사시를 읽지 않았더라도, 집으로 귀환하는 모든 군인들은 오디세우스인 것이다.

오락의 역사의 계보와 유산을 탐사하려면 고전이 필요하다. 하지만 이들 고대의 오락들은 또한 우리의 좀더 조악한 자아인식을 폭로하는 거울 역할을 하기도 한다. 이를 통해 우리는 현대의 공동 문화의 결핍과 자기기만을 좀더 명확하게 관찰할 수 있다. 또한 고전의 렌즈를 통해 현대의 오락을 들여다보면, 문명화된 오락에 대해 속 편한 자부심을 갖는 현대인이 눈 뜬 장님과 다르지 않음을 깨닫게 된다.

오락은 언제나 한 사회가 어떤 사회인지를 잘 드러내 보여준다. 하지만 우리의 오락이 드러내 보이는 우리 자신에 대해 내심으로부터 반성하기는 특히 어려운 일이다. 우리가 무엇을 하는지를 이해하는 것이 우리의 정체성을 이해하는 것에 다름이 아니다. 하지만 '오락'이라는 말 자체가 이런 진지한 관심을 물리치는 듯하다. 플라톤과 아우구스티누스가 오락을 두려워했던 것처럼, 오락을 할 때 우리는 우리 자신을 잊어버리고 싶어하기 때문이다. 그리고 프로이트는 우리가 우리 자신을 잊어버릴 때 우리의 본심이 가장 잘 드러남을 보여주었다.

고대 그리스와 로마의 전형적인 오락인 연극과 검투 경기는, 오늘날의 예술 전통이나 대중문화 속에 여전히 많이 남아 있다. 부분적으로 이러한 이유 때문에, 이들 오락은 우리가 무엇을 하는가에 대해 비판적으로 반성하는 데 특히 유익한 수단이 된다. 이들은 우리 자신을 아는 데 필요한 관점을 제시해준다. 연극과 검투 경기는 현대인이 자신의 행위에 대해 어떻게 생각하는지 살펴보기에 좋은 부분이다.

제5부 할리우드와 프로이트

Where do you think you come from?

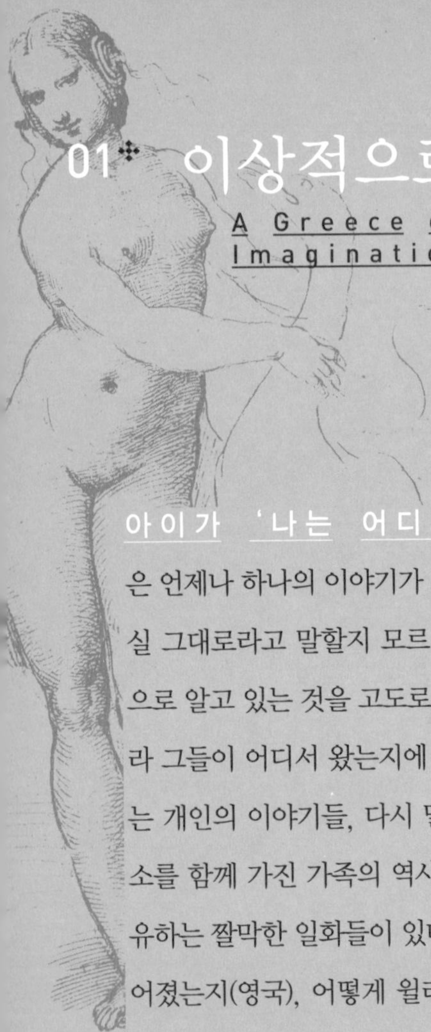

01 이상적으로 상상된 그리스

A Greece of the Imagination

아이가 '나는 어디서 왔어요?' 라고 물을 때, 그 답은 언제나 하나의 이야기가 된다. 부모는 아이에게 그 이야기가 사실 그대로라고 말할지 모르지만, 그것은 언제나 어른들이 일반적으로 알고 있는 것을 고도로 편집한 것이다. 아이들이 자라남에 따라 그들이 어디서 왔는지에 관한 이야기는 점점 불어난다. 거기에는 개인의 이야기들, 다시 말해 신화와 기억, 평범함과 비극적 요소를 함께 가진 가족의 역사가 있다. 한 문화의 모든 구성원이 공유하는 짤막한 일화들이 있다. 어떻게 뉴턴의 머리 위로 사과가 떨어졌는지(영국), 어떻게 윌리엄 텔이 아들의 머리 위에 얹힌 사과를 향해 활을 쏘았는지(스위스 등) . 이런 이야기들을 모르는 사람은 그 문화의 국외자일 것이다.

사회생활의 관계들을 만들어내는 국가, 공동체, 종족의 역사가 있다. 이런 이야기들은 인간 종족 자체가 어떻게 존재하게 되었는지(아담과 이브, 또는 우주 대폭발과 진화와 같은), 과거에 대해 품을 수 있는 주요한 의문들을 설명하기 위해 제시되는 종교적, 과학적 시대 서사들이 있다. 신화와 역사는 우리의, 우리 안의 과거를 구성한다. '지금, 여기'에 대한 우리의 의식은 우리가 어디서 왔는지에 대한 이야기들을 통해 형성된다.

현대사회를 이해하고자 한다면, 사람들로 하여금 현재와 같은 삶을 살게 하고, 그들이 갖고 있는 신념을 갖게 하며, 사회에서 중요한 활동을 하도록 이끄는 역사적인 이야기들을 세심히 살펴보는 것이 필요하다. 예를 들어, 중동에서의 충돌은 역사적인 이야기에 의해 불붙여진 것이다. 대부분 고대 역사(성서나, 로마제국에 의해 파괴되기 전까지 존재했던 유대왕국)가 영토 주장과 그에 대한 반대 주장을 정당화하기 위한 주요 근거로써 거듭 이용되어왔다. 그리고 좀더 최근에는 마찬가지로 불협화음을 불러일으키는 극단적인 싸움이 벌어지고 있다.

1920-47년 영국의 위임통치령의 역할, (가족의 이야기들로 채워진) 이주와 추방의 역사, 최근의 전쟁 혹은 폭동의 원인, 그리고 과거의 테러 행위에 대한 상호 비난과 더불어, 자유의 권리에 대한 격렬한 주장을 떠올리지 않고서 중동의 최근 정치상황에 대해 논의하는 것은 상상하기 어려운 일이다. 이들은 삶과 죽음에 관한 이야기들이다. 사람들은 생사를 놓고 생사를 위해 싸운다. 이러한 내력들이 잔인한 폭력과 독선적인 증오를 자극한다. 그리고 이런 논의에 참여하게 된 전 세계인들은 불가피하게 이들 역사를 단순하거나 모욕적으로, 또는 점잖거나 이성적으로 재진술하면서 혼란을 일으킨다. 이는 중요한데, 이들 이야기를 하는 방식이 대단히 중요한 것이다.

●●
영국의 위임통치령의 역할
제1차 세계대전 이후 팔레스타인은 영국의 위임통치령이 되었다. 영국은 전략적으로 중요한 중동을 내부적으로 분열시켜 아랍 민족의 독립을 막기 위해 팔레스타인에 유대인 국가의 건설을 보장하는 밸푸어 선언을 하였다. 그에 따라 이스라엘이 건국되고, 그 결과 오늘날까지 아랍 민족과 유대인들 간의 분쟁이 지속되어 오고 있다

'너는 네가 어디서 왔다고 생각하는가?'는 오늘날 분명 정치적 분쟁을

자극하는 문제인 것 같다. 최근의 수많은 폭력과 충돌의 중심에는 이 문제가 놓여 있다. 옛 유고슬라비아의 무지막지한 분리에서부터 여전히 유럽의 정치적 논쟁의 주를 이루는 이민과 국가적 정체성에 관한 교활하거나 신랄한 싸움에 이르기까지, 제도화된 인종차별 정책에 대한 공격에서부터 일상의 인종차별과 편견에 대한 맹렬한 적개심에 이르기까지, 그리고 유전학, 본성, 교육에 대한 혼동된 과학적 논의에서부터 그러한 새로운 생물학적 이해의 사회적 의미에 이르기까지. '너는 네가 어디서 왔다고 생각하는가?' 라는 물음의 힘, 즉 삶을 형성하고 삶에 영향을 미치는 그 힘에 대한 반성이 오늘날보다 더 필요했던 적은 없었다.

유럽과 미국의 동시대 작가, 정치가, 예술가들은 거듭 '너는 네가 어디서 왔다고 생각하는가?' 라는 물음에 대한 근본적이고 이상적인 한 가지 답을 찾으려고 노력해왔다. 그 답은 바로 고전 고대이다. 고전 고대와의 사이에 놓인 먼 거리가, 하나의 이상적인 그림을 발전시켜 유용하게 이용할 수 있도록 해준다. 특히 이상화된 그리스의 이미지는 서구 사회에서 있었던 가장 감동적인 문화적, 정치적 대변혁에 거듭 동력을 제공해왔다. 그것은 진보의 기치가 되었으며, 혁명과 영감과 염원에 박차를 가하였다.

고대 그리스와 로마는 후대인들에게 삶을 변화시킨 과거의 이야기를 제공해주었다. 카를 마르크스가 "프랑스혁명은 로마식 의상을 입고 일어났다"고 말했을 때, 이는 사고의 틀, 행동 모델, 무엇보다도 프랑스혁명을 가능하게 했던 정치적 이상이 근본적으로 프랑스혁명 지도자들의 고전 연구를 통해 체계화되었음을 의미하는 것이었다. 마르크스 또한 마찬가지였다. 과거를 향한 동경에 찬 시선이 없었다면, 18세기 유럽을 뒤흔들어놓고 근대 유럽을 형성했던 혁명적인 발전은 일어날 수 없었을 것이다.

고전 고대, 주로 그리스의 이러한 이상화된 이미지는 서구 문화와 정치에 절대적으로 중요한 것이었다. 그것은 지금 우리가 우리의 내적 삶을 이해하는 방식에도 영향을 미치고 있다. 지그문트 프로이트는 모든 사람들 속에서 오이디푸스를 발견한다. 프로이트에게, (전형적인 그리스 신화인) 오이디푸스의 이야기는 우리 모두가 어디서 왔는지를 설명해준다. 또한 프로이트가 현대인의 심리를 설명하는 데도 고대 그리스의 이미지가 필요했다.

마르크스와 프로이트는 20세기의 문화와 오늘날의 우리 사회에 헤아릴 수 없는 영향을 미쳤다. 당시 사람들은 이들의 이론을 충격적으로 받아들였는지는 몰라도, 두 사람이 이상화된 그리스로 관심을 돌린 것에 대해서는 그다지 놀라지 않았을 것이다. 이들이 저작을 썼던 당시는 예술만큼 정치에서도, 문학만큼 음악에서도, 고대 세계에 대한 아주 강렬하고도 광범위하며 열정적인 관심이 일던 시대였다. 프로이트의 오이디푸스와 마르크스의 로마식 의상을 입은 혁명은 바로 19세기 사람들의 지적 관심을 말해준다.

19세기 문화가 20세기의 영웅인 마르크스와 프로이트를 만들어낸 것인지도 모른다. 하지만 현대 사회는 스스로를, 무엇보다도 19세기 문화와는 다른 것으로서 규정해왔다. 우리 현대인은 다름 아닌 긴 크리놀린치마를 부풀게 하기 위해 말총으로 만든 딱딱한 페티코트 또는 버팀살을 넣은 치마-옮긴이을 입은 숙녀, 실크해트를 쓴 신사, 어디에나 따라다니는 하인들이 살았던 19세기로부터 왔다. 우리의 과거에 대한 이야기에서는 '빅토리아 여왕 시대 사람들'이 주연배우이다.

우리가 빅토리아 여왕 시대 사람들과 그들의 그림을 어떻게 이해하는가는 우리 자신에 대한 우리의 인식에 기초가 된다. (신화화된 그리스와 그리스 신화가 서구 문화의 형성을 어떻게 도왔는지) 이상화된 그리스의 역사를 탐사하기 위한 출발점으로 삼기에 19세기보다 더 좋은 시기는 없다. 19세기에는 대영제국의 식민지 통치자들이 그곳으로 부임하러 가면서 고전 문헌들을 소지하고서 항해했고, 그리스어와 라틴어가 전 유럽의 교육에서 중심을 이루었으며, 영광의 그리스가 모든 예술적 이상의 기준이었다. 우리가 어디서 왔는지 알려면, 이상화된 그리스로 가야 한다.

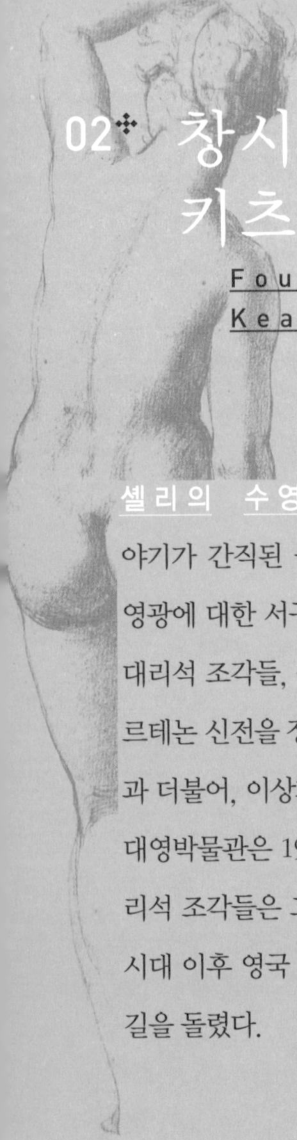

02 창시자들 – 키츠에서 할리우드까지

Founding Fathers - From Keats to Hollywood and Back

셸리의 수영과 오스카의 복장 | 박물관은 과거의 이야기가 간직된 곳이다. 그리고 런던의 대영박물관만큼 그리스의 영광에 대한 서구의 집착을 강렬하게 보여주는 곳도 없다. 엘긴의 대리석 조각들, 즉 한때 아테네의 아크로폴리스 언덕에 자리한 파르테논 신전을 장식했던 프리즈 조각들은 대영제국의 상징적인 힘과 더불어, 이상화된 그리스를 향한 유럽인들의 동경을 담고 있다. 대영박물관은 19세기 영국의 대망을 구현하고 있는데, 엘긴의 대리석 조각들은 그러한 영광에 썩 잘 어울리는 보배이다. 낭만주의 시대 이후 영국 문화는 강박적으로 고대 그리스를 향해 동경의 눈길을 돌렸다.

이 주목할 만한 대리석 조각품들은 1816년 처음으로 불확실한 경로를 통해 영국으로 들어와서 다소 기울어져 가는 한 회관에서 전시되었다. 당시의 모든 문화계 주요 인사들이 그곳을 찾았다. 키츠도 그 전시회에 갔는데, 그 감상을 소네트로 썼나. 이 젊은 시인은 '그리스의 장대함', 그 '위대함의 그림자'로 인해 '가장 어지러운 고통'에 젖어든다. 그는 황홀해하며 이렇게 쓴다. "나는 하늘을 올려다보는 병든 독수리처럼 죽어야 하네." 그는 전형적인 관능에의 탐닉을 보여주는데, 이들 과거의 이미지 앞에서 흐느껴 울고 싶을 만큼 기꺼움을 느끼는 것이다. "눈물 흘리며 우는 것은 소박한 사치이네." 이 대리석 조각들은 키츠가 열망하는 이상을 구현하는 것이었다. 하지만 그는 시인으로서 슬프게도 자신이 그 이상에 미치지 못함을 안다.

키츠의 시는 그가 일생 고전 고대에 열중했음을 말해준다. 그리스를 향한 이러한 동경은 〈그리스 항아리에 부치는 노래〉(1819)에서 가장 생생하게 표현된다. 이는 고대 예술작품 앞에서 극적으로 고무된 키츠를 보여주는 또 다른 시이다. (당시의 다른 시인들과 달리) 상류층 출신이 아니었던 키츠는, 실은 그리스어를 알지 못했다. (바이런은 키츠의 작품을 '오줌싸개 시' '아무렇게나 갈겨 쓴 시'라는 뜻-옮긴이라고 불렀다.) 그리고 더 심하게는 키츠에게 남성다움이 부족하다고 모욕했는데, 여기에는 키츠의 유약함만큼이나 그의 교육 정도와 출신계급이 떨어짐을 모욕하려는 의도가 담겨 있었다. 하지만 오늘날 학교수업에서 키츠의 이 시는 잃어버린 그리스를 추구하는 영국인의 전형을 모범적으로 보여주는 것으로 여겨지고 있다.

이 시는 꽃병에 그려진 이미지에 대해 묻는 일련의 수사적인 물음들로 이루어져 있다. 침묵을 지키고 있는 꽃병에 새겨진 장면의 수수께끼를 풀어내고자 하는 시인의 생각이 극적으로 표현되고 있다. 그런 의문들로 해서 키츠는 그 아름다운 항아리 앞에 꼼짝 못하고 붙들려 있다. 하지만 그는 그 고대의 무대 속으로 들어가 완전히 참여할 수 없다. 이 시의 유명한 네 번째 절은 이렇게 시작된다.

● 그림 45
파르테논 신전의
프리즈

제사 드리러 오고 있는 이들은 누구인가?
어느 푸른 제단으로, 오 신비로운 사제여,
그대는 하늘을 보고 우는, 그 비단 같은 허리에
온통 꽃다발로 단장한 저 송아지를 데리고 가는가?

이 구절은 엘긴의 대리석 조각상들에서, 특히 그림 45의 이미지에서 영감을 받았다고 한다. 여기에서 실제로 머리를 하늘로 향하고 입이 벌어진 송아지가 희생제물이 되기 위해 가고 있다. 〈그리스 항아리에 부치는 노래〉는 모호한 이미지에 포착된 상상 속의 땅 그리스의 (낯설어서 이해할 수 없지만) 압도적인 매력을 긴장감 넘치는 형식으로 연출한다.

그리스에 대한 애호에서, 키츠는 단연 영국 문화의 최선두에 서 있었다. 전 세대의 영국 낭만주의 예술가들이 '그리스에 대한 열광'에 빠져들었다. 가련한 키츠가 런던에서 예술적으로 번민하는 동안, 추문 때문에 어쩔 수 없이 런던에서 도망쳐야 했던 바이런은 해외에서 글을 쓰는 슈퍼스타 시인이 되었다. 하지만 바이런은 그리스를 위해 싸우다 죽음으로써 낭만주의 예술가들의 전당에 들어가게 된다. 다른 많은 작가들이나 사상가들과 마찬가지로 바이런은 오스만 제국으로부터 자유를 얻기 위한 그리스의 독립전쟁에 자극을 받았다. 이 전쟁은 그리스 예술로 돌아가자는 이상주의적 이데올로기에 완전히 정치적인 의제를 제공했다. 하지만 바이런은 실제로는 아무것도 이루지 못한 채 다소 평범하게 열병으로 죽었다. 바이런은 1823년 투르크인들의 오스만 제국에 대항해서 독립전쟁을 벌이던 그리스를 도와달라는 요청을 받아들여, 직접 오스만 제국과의 전투에 참여했다가 열병으로 죽었다-옮긴이 하지만 그는 (예술적, 정치적, 성적) 자유라는 대의를 위해 헌신한 낭만주의적 영웅이 되었다. 그리하여 그리스에 대한 애호(그리스에 대한 열렬한 애정)가 그 시대의 근본적인 신조가 되게 했다.

셸리 역시 그리스의 독립전쟁에 열광했다. 그는 많은 뛰어난 시들에서, 사회 관습과 정치적 압제의 음울한 족쇄에서 벗어나기 위한 싸움을 자유로운 그리스라는 이상적인 이미지와 연관시키고 있다. 셸리는 거듭 프로메테우스라는 인물을 등장시킨다. 프로메테우스는 진리와 인류를 위해 고통 받으면서도 자유와 정의를 갈망하는, 사슬에 매인 창조적인 정신을 상징한다. 이러한 정신은 그리스의 티탄만큼이나 낭만주의 예술가들을 규정짓는 것이었다.

●●

티탄

그리스 신화에 나오는 거인족으로, 우라노스[하늘]와 가이아[땅] 사이에 태어난 남신들과 여신들을 이른다. 아버지 우라노스에 의해 지하세계 타르타로스에 갇혀 있다가 아버지에게 반란을 일으켰다. 티탄들 가운데 하나인 크로노스의 아들 제우스가 다시 아버지 크로노스에 반대하여 반란을 일으키자 티탄들은 크로노스 편에 가담했고 결국 승리한 제우스에 의해 다시 타르타로스에 갇혔다-옮긴이

셸리도 젊은 나이에 해외에서 죽었다. 그는 이탈리아의 해변에서 익사했는데, 이는 바이런의 경우보다 신화적 고결성이 덜한 죽음이었다. 하지만 이상하게 수영도 고전이 주는 매혹과 닿아 있는 것이었다. 수영이 18세기 후반에야 오락으로서, 그리고 그보다 훨씬 더 후에야 하나의 스포츠로서 재발견되었다는 사실은 지금으로서는 이해하기 어렵다. 그리스인과 로마인이 여가활동으로 수영을 하기는 했으나, 그 역사에는 긴 공백이 있었다. 중세와 르네상스 시대의 유럽인들은 수영을 하지 않았던 것이다.

그리스 애호주의자인 낭만주의자들이, 운동을 하고 몸을 단련하기 좋아했던 고대인들을 의식적으로 흉내 내면서 다시 수영이 시작되었다. 이

레안드로스

아비도스 마을의 청년으로 축제에서 아프로디테의 처녀 사제인 헤로를 보게 된다. 둘은 사랑에 빠지고, 레안드로스는 밤중에 헤로의 탑에서 비치는 불빛을 따라 물을 헤엄쳐 건너 그녀를 만난다. 폭풍이 치던 어느 날 밤 불이 꺼져 레안드로스가 물에 빠져죽자, 연인의 시체를 본 헤로도 물에 뛰어들어 죽는다-옮긴이

들 낭만주의자들은 그리스 신화의 레안드로스처럼, 애인에게 가기 위해 보스포루스 해협을 건너는 공상을 했다. 수영은 스포츠이면서, 그리스나 로마의 영웅처럼 되기 위한 노력이었다. 물에 빠져죽은 셸리의 죽음(그의 마지막 수영)은 그리스인처럼 되려 했던 그의 자기신화의 일부를 이룬다.

바이런, 셸리, 그리고 일단의 지식인들(19세기 첫 25년 동안의 낭만주의의 거장들)은 그리스를 매개로 지적으로 규합했다. 이상화된 그리스에 대한 관심은, 이 세대의 영국 지식인들이 자신들을 미학적, 정치적으로 규정하는 근거였다. 그들은 혁명적인 정치학과 시학에 전념하여, 이 두 영역에서 영감 넘치는 자유로운 그리스라는 이미지를 발견했다. 셸리는 자부심 넘치는 선언을 통해 자기 세대의 모든 이들에게 기치를 제시했다.

그리스를 애호하는 이 낭만주의자들은 이어지는 세기 동안 자신들의 의제를 수립했다. 그리스는 영국의 예술 및 문화생활 저변을 지속적이고 강박적으로 흐르고 있다. 교양 있는 부류에게 그리스는 개인적, 문화적 정체성의 구성에 없어서는 안 되는 부분이었다. 그림 46은 늘 그렇듯이 이채로운 모습을 보여주는 오스카 와일드이다. 그는 당시 더블린 트리니티 칼리지에 다니던 때의 지도교수와 함께 처음으로 그리스를 여행하는 중이었다. 이 사진은 이러한 여행이 와일드의 자기형성에 어떤 작용을 했는지 잘 보여준다.

와일드는 사진을 찍기 위해 그리스인처럼 복장을 차려입고, 자신감에 찬 미소를 지으며, 가족이나 대학 친구를 위해 신경써서 자세를 잡아 그리스의 오래된 암석에 발을 올려놓고 있다. 이 이미지는 그리스인처럼 되고자 하는 그리스 애호주의자들에게서 흔히 보이는 자기투사를 보여준다. 말하자면 이 사진은 와일드의 생애 후기를 특징짓는 극적인 자기연출과 동일한 경향을 보여준다. 그는 옥스퍼드 대학의 지도교수에게 이번 그리스 방문에서 많을 것을 배우고 있으므로 학기에 맞춰 가지 못하는 것을 허

락해달라고 부탁하는 편지를 썼다. 와일드는 확실히 배우고 있었다.

와일드는 "우리는 모두 그리스인이다"라는 말이 의미하는 바를 실행에 옮기고 있었다. 그는 자신이 이미 활동하고 있던 무리유미주의자들을 말함-옮긴이 사이에서 이 주장은 강력한 명령임을 잘 알았다. 그는 '유미주의자'로 알려진 옥스퍼드 및 런던의 무리와 어울리면서 제 물을 만난 듯했다. 이들 유미주의자들은 의도적으로 관습에 반기를 들었다. 이들은 자기선택적이고 유동적인 개인들의 모임이었다. 이들을 결속시킨 것은 그 무엇보다도 '아름다움'이 중요하다는 극단적인 미학적 원리에의 헌신이었다. 이들에게는, 삶의 모든 측면들이 이러한 규범에 종속되어 있었다. 그리고 이들 모두에게 그리스는 아름다움으로 고취된 세계의 모범을 제시했다.

후기에 와일드에게 쏟아진 악평은 예술사가 월터 페이터,Walter Pater, 1839-94 앨거넌 스윈번 같은 시인들, 존 애딩턴 시먼즈John Addington Symonds, 1840-93, 이탈리아 르네상스의 문화사로 유명함 같은 평론가를 포함한 좀더 진지한 고전학자들(이들은 출판물과, 옥스퍼드 대학에서 교육받은 상류층과의 개인적 친교를 통해 동시대 젊은이들에게 심대한 영향을 미쳤다)의 노선에 그림자를 드리웠다.

그리스가 아름다움(그리고 섹슈얼리티)에 대한 이들의 논쟁을 관류하고

● 그림 46
1877년 그리스에서의 오스카 와일드

있다. 이 운동의 주요 옹호자인 페이터는 학생들이 그들 주위에 있는 "각별히 생기 넘치며 성장하는 인간 존재와의 충실한 교류 속에서, 광휘와 교묘함으로 일상의 가장 사소한 세부를 건드리는 절묘한 장인솜씨의 세계"(그는 자신의 모범이자 희망인 그리스 예술을 이렇게 정의했다)를 재발견하기를 바랐다.

하지만 시먼즈는 좀더 명확하고 개방적인 성적性的 의제를 가지고 있었다. 그는 사회적으로 비난받는 자신의 욕망(동성애)의 관점에서, 빅토리아 여왕 시대의 헬레니즘이라는 문화적 이상을 보았다. 그의 이상화된 그리스의 이미지는 이렇게 요약된다. "몸에 기름을 바르고 화관을 쓰고 있으며 아주 조용한, 갓 레슬링장에서 나온 젊은이처럼, 그리스인들의 천재天才가 우리 앞에 나타난다. 그의 영혼에는 세계의 고통이 짐 지워져 있지 않다……그는 아직 죄의식을 느끼지도 않았다."

시먼즈에게 그리스를 향한 동경은 죄의식 없는 아름다운 소년으로 그려진다. 그리스는 그리스도교 이전의, 죄의식으로부터 자유로운 낙원을 약속했다. 그리 놀랄 일도 아니지만, 옥스퍼드 대학의 보수주의자들로부터 신랄하게 공격받았던 사람은 페이터보다는 시먼즈였다. 시먼즈가 "우리는 그리스인들을 모방해야 한다"고 요구하면서 생각하고 있던 것을, 그들 보수주의자들은 너무도 뻔하게 상상할 수 있었던 까닭이었다.

와일드는 그리스인처럼 옷을 차려입으면서, 자신이 무엇을 하고 있는지 잘 알았다. 와일드가 페이터와 시먼즈의 글, 그리고 자신이 읽은 다른 책들의 구절들을 모아놓은 필기장과 비망록은, 그가 점점 그리스식 사랑에 빠져들고 있음을 보여준다. 플라톤 철학과 《향연》에서의 남성간 사랑에 대한 찬미가 특히 여기에 영향을 미쳤다. 그가 모아 적어놓은 구절들은 와일드의 그리스식 스타일이 형성되어가는 모습을 보여준다. "우리는 부둥켜안기 위해 레슬링을 하고 레슬링을 하기 위해 부둥켜안는다." 와일드는 동성애적인 에로티시즘과 변증법적 철학을 슬쩍 뒤섞어 이렇게 썼다. 그는 페이터의 표어인 "욕망에 관한 철학 하기"라는 구절도 써두었다. '철학하기' 는 '그리스적' 인 면이 아주 강해서, '철학적 성향을 가진 존재' 란 동성애 감정에 대해 함께 이야기할 수 있는 누군가를 완곡히 이르는 말이 되었다.

와일드는 "세련된 그리스 문화는 낭만적인 열렬한 우정을 매개로 나타난 것"이라는 유일무이한 원칙에 따라 젊은이들 사이의 저 격렬한 대화를 파악하고자 했다. 열렬한 우정으로 묘사된 그의 로맨스에는 '세련된 그리스 문화'라는 장막이 필요했다. 특히 욕망에 대한 플라톤의 대화는 이에 맞는 이상적인 이미지를 제공해주었다. 동성애는 그리스 문화를 통해 이러한 선명한 입장과 영향력 있는 지적 배경을 얻었다. 와일드의 가장 유명한 소설에 등장하는 주요 인물이 그리스적 감수성의 학구적인 세계에 대해 언급한 것이 우연은 아니다.

《도리언 그레이의 초상》은 '그 이름을 말할 수 없는 연인'에 대해 언급하기를 주저한다. 하지만 '도리언'이라는 기이한 이름을 통해 의도적으로 스파르타인, 다시 말해 우수한 종족인 도리스족 곧 그들의 남색 전통을 암시한다. 이 전통은 남성 간의 사랑을, 여성적인 나약함의 표시가 아니라 남성다운 전쟁의 일부로 만든다. 이들 유미주의자 교사들과 학생들, 작가들과 화가들이 좀더 내심을 드러내는 이야기에는 이러한 암시와 의뭉스러움이 전형적으로 나타난다.

빅토리아 여왕 시대 영국에서 지식층에게, 그리스어는 세계를 이해하고, 무엇보다도 세계 안에서 자신의 지적, 도덕적, 성적 지위를 표현하는 기본적인 수단이었다. 이것이 학교와 대학 교과과정에서 고전이 차지하는 위상에 대한 논의가 오랫동안 뜨겁게 달아오른 이유 중 하나였다. 이러한 정치적 논쟁은 19세기 내내 진행되었으며, 20세기 훨씬 뒤까지도 이어졌다. 그리고 이는 오늘날에도 아직 끝나지 않았다. 하지만 19세기에는 일단 읽고 쓸 수 있는 아이들이라면, 고전 외의 것과 성서도 가르쳐야 하는지 어떤지 하는 문제와 더불어 이 논의가 시작되었다. 19세기에 고전 과목은 교과시간의 80퍼센트를 차지했다. 그리스와 로마에 친숙해지는 것은 이러한 제도적인 바탕에서 시작된다.

19세기의 정치가들과 교육자들은 교육을 개혁했다. 이때 교육에서 고전이 갖는 위상은 강력한 국가적 관심사였다. 이 장기간의 논쟁에 가장 큰 영향을 미친 인물 가운데 하나는 벤저민 자우엣이었다. 유미주의자들이 옥스퍼드와 런던의 거리에서 그들의 '자질'을 뽐내며 거리를 활보할 때, (그들 가운데 많은 이들과, 특히 스윈번과 친밀했던) 자우엣은 자신이 교수로 있던 베일리얼 칼리지로부터 시작해서 옥스퍼드 대학의 교육체계를 근본적으로 바꾸어놓고 있었다.

자우엣은 또한 미소년에 대한 심취와 관련해서 《향연》에 관심을 쏟는 사람들과 아주 다르게, 플라톤의 저작을 교재로 채택했다. 자우엣은 일대일 수업 또는 개별지도를 주요 교육방침으로 정했다. 수업은 플라톤이 묘사했듯이, 소크라테스가 친구와 함께 철학을 하는 것과 같은 방식으로 계획되었다. 그는 직접 플라톤의 모든 저작을 영어로 번역하여, 플라톤이 잘 통찰하고 있던 공적 생활에서 사람들이 플라톤의 철학을 지침으로 삼을 수 있게 했다. 자우엣은 영국의 식민지 제국 통치에 도움이 되도록 플라톤의 저작을 가지고 학생들을 교육했고, 옥스퍼드 대학의 연구실에서부터 대영제국의 권력 상층부에 이르기까지 이러한 교육은 두드러지게 효과를 발휘했다.

공무원시험에서는 어떤 과목보다도, 심지어는 영국의 식민지에서 사용되는 언어과목보다도 고전과목에서 더 많은 점수를 받는 것이 유리했다. 고전은 통치를 위한 교육이었으며, 공무원이 되기 위해 공립학교에서부터 대학에 이르기까지 가장 우수하고 똑똑한 학생들은 고전 문헌으로 교육을 받았다. 인도 통치에서 공무원의 역할은 1830년대 후반 토머스 매콜리 Thomas Macaulay, 1800-59, 1834년 인도 총독 고문으로서 만인의 법 앞에서의 평등, 영어 교육, 인도 형법전 작성 등, 인도 통치상 중요한 제언들을 했다-옮긴이에 의해 정식화되었다.

매콜리는 배를 타고 처음 인도를 여행하면서, 플라톤의 거의 모든 저작들, 《일리아스》와 《오디세이아》가 포함된 많은 그리스어 문헌들과 더불어 키케로 및 다른 로마 작가들의 저작들을 읽고 또 읽었다. 이는 인도제국 통치를 준비하기 위함이었다. 알렉산드로스 대왕은 세계 정복에 나섰을 때, 호메로스가 그리고 있는 영웅들의 불멸의 영광을 얻고자 베고 자는 베개 밑에 그의 서사시를 넣어두곤 했다. 제국을 이루고자 하는 (문화적 정복의) 야망은 고전적인 꿈들에 의해 길러진 것이었다.

이 교육 모델은 널리 보급되었다. 그리고 자우엣이 있는 옥스퍼드 대학은 훨씬 너 광범위한 영국 교육의 절정을 보여주었다. 인도제국 통치를 준비하는 초년의 학창시절부터 조용히 은퇴하여 저녁이면 호메로스를 읽게 되기까지, 고전은 19세기 영국 신사에게 필수였다.

이렇게 시인, 유미주의자, 교양 있는 고관들에 대해 잠시 살펴봄으로써, 빅토리아 여왕 시대의 영국에서 열렬한 그리스 애호주의자들이 다양한 층을 이루고 있었음을 알 수 있다. 이들만 가지고서는 그것이 얼마나 폭넓게 보급되어 있었는지 파악하기는 어렵다. 내가 초점을 맞추어 살펴본 것은 19세기 영국의 문화 영웅들이다. 이들은 많은 지식계급 사람들이 받아들이고 따랐던 문화적 의제를 수립한 인물들이었다.

낭만주의 시인들과 그들이 의식적이고 혁명적으로 받아들인 그리스 문화, 의식적으로 관습을 거스른 유미주의자들이 받아들인 그리스 문화, 그리고 옥스퍼드 대학에서 교육받은 상류층이 제국 통치를 위한 교육으로써 의식적으로 몰두한 그리스 문화, 이들은 이상적인 그리스에 대해 서로 아주 다른 뿌리를 취하고 있으며, 그리스를 이용하는 방식도 서로 아주 다르다. 하지만 이들 각 집단은 그리스를 안다는 점 때문에 권한을 부여받으며, 그들이 그리스를 이해한 바에 따라 그들의 삶이 형성된다. 그리스에 대한 이들의 관심은 여러 가지 취미들 가운데 하나인 지적 취미인 것만이 아니라, 세계에 대해 반응하고 그 세계 안에서 존재하는 하나의 방식인 것이다. 이는 이들의 개인적, 문화적 정체성을 구성하는 필수적인 요소이다.

이렇게 상상된 그리스는 우리에게 빅토리아 여왕 시대의 문화에 대해 알려준다. 지난 100년 동안 현대 영국 문화는 자신의 뿌리가 빅토리아 여왕 시대에 있음을 인정하면서도, 자신이 빅토리아 여왕 시대의 문화와 얼마나 다른지 보여주고자 대단한 노력을 기울였다. 빅토리아 여왕 시대의 사회가 현대 영국의 여러 기원들 가운데 하나라는 점은 분명하다(현대 영국은 조바심을 내며 빅토리아 여왕 시대의 사회를 연구하고, 거부하며, 또는 그 사회에 대해 환상을 가지고 있다). 이를테면 미국과 달리 영국에서는, 전국 도시들에 빅토리아 여왕 시대풍의 건물들이 많이 남아 있다. 빅토리아 여왕 시대의 소설들은 여전히 영국 교육에서 주요 부분을 이루며 텔레비전에서 각색되는 영화나 드라마에서도 그러하다.

마거릿 대처는 "빅토리아 여왕 시대의 가치들로 돌아갈 것"을 요구했다. 신문에 등장하는 문화적 정체성이란 무엇인가 하는 논의들에서부터 여성들이 긴 드레스를 입은 빅토리아 여왕 시대의 온화한 오후를 그린 멋진 영화들에 이르기까지, 제국시절에 대한 향수 또는 식민지 시대 이후의 새로운 사회에서 표출된 긴장관계에 대한 좀더 우울한 인식이 대중문화에 넘치고 있다. 현대 영국인들이 빅토리아 여왕 시대의 문화를 이해하는 것은 중요한 일인 것이다.

빅토리아 여왕 시대 사람들이 교양의 기초(고전과 성서를 읽고 아는 것)로 생각했던 것을, 현대인들은 점점 더 가벼이 여기고 있다. 문화 변화를 경험하는 사회에서 교육은 하나의 투쟁의 장이 된다. 왜냐하면 교육이 시민을 키워내기 때문이다. 다시 말해 교육이 시민을 만드는 것이다. 교육제도를 통해 성장했던 빅토리아 여왕 시대의 사람들(상류층)에게 교육은 고전을 의미했다. 그들은 성서(물론 성서 역시 고대 언어인 그리스어, 라틴어, 히브리어로 씌어져 있었다)와 더불어 그리스어와 라틴어, 그리고 이들 언어로 씌어진 문헌들을 아는 것을 당연히 여기고 이들을 공유하며 암기했다. 그것이 교양이었던 것이다. 이러한 교양을 올바르게 인식하려 하지 않는다면, 어떻게 그들의 문화를 올바르게 인식할 수 있을까?

키츠는 그리스어를 모른다는 이유로 바이런한테 모욕을 당했다. 따라서 현대 역사가들이 빅토리아 여왕 시대의 문화가 가지고 있던 전체적인 기대 지평에 접근하면서 고전 교육에 대해 침묵한다면, 그 접근로는 막히고 만다. 중요한 점은, 빅토리아 여왕 시대 사람들의 편견 혹은 엘리트주의를 오늘날 사회에 재연하여 '빅토리아 여왕 시대 가치들'의 소멸을 지지하거나 혹은 유감스러워하자는 것이 아니다.

문제는, 우리가 어디서 왔는지 알고 싶을 때, 빅토리아 여왕 시대의 사회에 대한 어떤 종류의 그림이 유익한가이다. 우리가 과거를 살필 때 저지르기 쉬운 일은 우리 자신의 이해관계에 따라 편리하게 거울을 골라 든다는 것이다. 그리고 과거를 살피면서 가질 수 있는 희망은, 우리가 어디서 왔는지를 더 잘 이해함으로써 우리의 정체성을 더 잘 이해할 수 있다는 점이다. 빅토리아 여왕 시대의 문화적 상상력에 대한 빛바래고 빈약한 그림은 이러한 이해의 과정에 도움이 안 된다. 우리가 가진 빅토리아 여왕 시대 문화의 그림에 생생한 색채와 깊이를 더하려면 고전이 필요하다.

워싱턴의 토가와 부시의 키케로

그리스에 대해 점점 커져가는 18, 19세기 영국인들의 열정은 하나의 문화적 정체성이 형성되어가는 과정을 보여준다. 18세기 미국인들에게, 고전은 그리스보다는 로마를 의미했다. 미국 헌법 제정자들도 고전에 대한 관심이 깊었으나 초점이 달랐다. 미국에서 정치혁명이 촉진되는 데 고전에 대한 관심이 필수적인 요소였다.

미합중국의 헌법 제정자들은 공화국의 기초를 놓기 위한 한 가지 방편으로서 역사와 정치철학에 관한 고대 문헌을 읽었다. 존 애덤스는 1778년 파리를 방문할 때, 두 아들 존 퀸시 애덤스와 찰스 애덤스를 동행했다. 존 애덤스가 파리를 방문한 것은, 벤저민 프랭클린이 영국에 대항하는 혁명의 성공 여부에 중대한, 프랑스와의 동맹관계를 이루도록 돕기 위함이었다. 그는 프랑스에 도착하자마자, 아들들을 라틴어 문법학교에 등록시켰다. 배(이 배의 이름은 적절하게도 '동맹' 호였다)에서, 그는 아들 존 퀸시와 함께 키케로가 카틸리나키케로가 집정관일 때 로마 공화정을 전복하려다가 실패한 귀족–옮긴이에 대항해서 한 연설을 읽었다. 이는 유혈과 음모로 점철된 공화정을 위한 정치혁명을 지지하는 위대한 연설이었다. 세 사람이 1780년 다시 유럽에 왔을 때, 애덤스는 아들에게 이렇게 썼다. "부모로서 나의 바람은 네가 무엇보다도 라틴어와 그리스어에 관심을 두는 것이다."

애덤스만이 아니었다. 토머스 제퍼슨은 고전이 "모든 학문을 위한 기본적인 준비"라고 썼다. 그리고 그는 자신이 "일주일에 한두 번 신문을" 읽지만 "그 시간마저도 마지못해서 타키투스와 호메로스로부터 눈을 뗀다"고 말했다. 그는 대단히 많은 그리스어 주석들로 자신의 편지들을 채웠고, 그래서 (그 이상으로 교양 있는) 존 애덤스마저 "아이쿠! 아이쿠! 이리 많은 그리스어를 어째!"라고 소리쳤다.

농장에서 일한 조지 워싱턴은 애덤스와 제퍼슨처럼 정식 고전 교육을 받지는 못했다. 그런 그도 할아버지가 되었을 때 자신이 사들인 책들과 교육열 덕분에 손자 잭이 말을 할 수 있게 되자마자 라틴어 공부를 시작했다고 자랑했다. 미국 헌법 제정자들은 이러한 교육 이상에서 유럽의 예를 따랐으며, 그것을 자랑스럽게 떠벌리기도 했다. 미국인들도 유럽인들과 마찬가지로 고전에 매혹되었다.

하지만 이들의 고전 읽기가 가장 명백하고도 오래도록 지속된 성과를 남긴 분야는 정치였다. 고대의 영웅과 특히 로마 공화정의 군사적, 정치적 지도자들은 본받을 만한 모범을 제공했다. 논문에는 ('푸블리우스,' '메텔리우스,' '툴리,' '아리스티데스,' '호라티우스' 같은) 라틴어와 그리스어 필명으로 서명을했다. 그리고 고전에서 모범이 되는 생애의 이야기를 찾기도 했다.

● 그림 47
로마식 군복을 입은 조지 워싱턴

조지 워싱턴은 킹킨나투스로마 공화정이 위기에 처했을 때 사욕이 없는 헌신적인 자세로 나라를 위해 일하다가 위기가 끝났을 때 권력을 내놓음으로써 명성을 얻은 정치가-옮긴이라는 인물을 좋아했다. 킹킨나투스는 쟁기를 내려놓고서 로마의 군사적, 정치적 총사령관이 된 농부였다(마침 '조지'는 그리스어로 '농부'를 의미했다). 그는 국가에 대한 의무를 다하여 결국 이탈리아 땅에서 적을 몰아내고 영광스런 승리를 거두었다. 그리고 빛나는 직위에서 사임하는 즉시 농장으로 돌아가 다시 나라의 부름이 있기까지 시골에서 평화롭게 살았다.

1788년 7월 4일 델라웨어 주 윌밍턴에서는 "위대한 사람들을 통치하도록 부름을 받아 쟁기를 내려놓은 제2의 킹킨나투스 같은 농부 워싱턴"을 위해 기원하는 축배를 들었다. 그리고 대서양의 다른 편에서는, 혁명론자 바이런이 워싱턴을 "적도 감히 미워할 수 없는 서구의 킹킨나투스"로 찬미했다. 과거 이야기의 틀에 따라 현재의 사건들이 진행되고 이야기되었던 것이다.

당시 워싱턴이 거듭 로마식 의상을 입은 모습으로 묘사된 것은 놀랄 일이 아니다. 그 자신이 거듭 이상적으로 상상된 로마를 이용하여 자유를 위한 미국의 투쟁을 표현하고 있기 때문이다. 그림 47의 조각상은 카노바 Canova, 1757–1822, 이탈리아의 대표적인 신고전주의 조각가의 작품을 복제한 것이다. 워싱턴은 로마 군복을 입고 있지만, 그 당당한 표정이 암시하듯이 감동적인 연설문을 쓰고 있다. 그는 이제 '국부國父'로서 칼을 내려놓고(칼은 바닥에 있다) 펜을 쥐고 있다. 로마 공화정의 영웅이 재탄생한 것이다.

하지만 아마도 여기서 고전이 한 가장 큰 역할은, 미국 헌법 제정자들이 얻고자 했던 정치제도의 이상을 제공한 데 있을 것이다. 새뮤얼 애덤스는 보스턴이 '그리스도교화된 스파르타'가 될 것을 기원했다. 이 이미지를 억지로 강요할 수는 없었다. 군국주의, 남성들의 공동생활, 그리고 부정한 성적 관습으로 유명한 스파르타의 이미지가 청교도의 그리스도교 사회, 즉 보스턴에 그대로 통합되기는 어려웠다. 하지만 애덤스는 스파르타에서 좀더 거리낌 없이 이용할 수 있는 소박함, 사심 없음, 용기, 애국심이라는 이상을 찾았다. 스파르타에서 받은 감동이 덜한 제퍼슨은 스파르타인들을 '군인 수도사들'로 불렀다. 그리고 공산주의자가 아닌 존 애덤스는 물자를 공동소유하는 스파르타의 관습을 '완전히 미친 일'로 생각했다. 그에게 영감을 불어넣고 열망을 일깨운 것은 로마, 그 중에서도 특히 로마 공화정이었다.

로마의 통치제도는 미국의 헌법 제정을 둘러싼 엄청나게 많은 논의들을 불러일으켰다. 로마 백성들과, 통치를 위해 선출된 원로원 사이의 조직적인 견제와 힘의 균형은 혐오스러운 영국의 군주정체와 대조되었다. 하지만 이러한 대조는 여러 가지 방식으로 작용했다. 로마의 군사적 승리는 칭송되었으나, 동시에 로마가 속주를 다룬 방식은 미국인들에게 불쾌한, 유사한 상황을 떠올리게 했다. 미국 헌법 제정자들 가운데 한 사람인 제임스 오티스James Otis, 1725-83는 1764년에 이렇게 썼다. "로마의 속주 운영 방식과 모든 종류의 지방 관리들의 부패와 압제에 관대했던 점이, 저 자랑스러운 공화정이 몰락한 한 가지 큰 원인이었다."

알렉산더 해밀턴Alexander Hamilton, 1755/57-1804, 미국 제헌회의의 뉴욕 대표이자 초대 재무장관은 1774년 더 강도를 높여 말한다. "로마는 자유의 고향이었다. 로마는 그 정의와 관대함으로 찬양받았다. 하지만 로마는 그 속주들을 어떤 방식으로 통치했던가? 그들은 끊임없이 약탈하고 잔혹성을 드러내었다." 그리스는 식민지들을 잘 다루었다. 만약 영국이 로마보다는 그리스와 같았다면, 어땠을까? 이 혁명의 또 다른 기초자는 이렇게 썼다. "진실은, 모든 악들 가운데서 가장 극심한 악, 즉 말해 로마 공화정 후기에 그 아래 속주들을 신음하게 했던 정부(만약 그것이 정부라는 이름으로 불릴 수 있다면)와 같은 또 다른 극악무도한 정부로부터 우리나라와 우리 후손을 필히 지켜야 한다는 것이다." 미국은 희생자로서 로마의 학정에 저항했던 유대인이나 그리스도교도들처럼, 잔혹한 전제군주로 인해 폭동을 일으켰다가 진압된 식민지였다.

모든 제국들의 원류인 로마는, 미국 헌법 제정자들이 자신들의 공화국을 수립하기 위한 모색에서 이용하기에 환상적인 모델이었다. 이들 헌법 제정자들이 영국 출신이기는 하지만, 혁명은 수수께끼와도 같은 정치에서 그런 출신배경이 무슨 의미가 있는가 하는 의문을 갖게 했다. 헌법이 체계화되어가는 사상의 소용돌이 속에서, 고전의 모범들은 미국 헌법 제정자들을 자극하고 고무시키며 영감을 불어넣어주었다. 고전 모범들의 상징적 권위와 그 유효한 정치철학은 미국 헌법 제정자들과 그들의 정치적 대망에 영감을 주었다.

이렇듯 로마 공화정의 가치에 관심을 돌린 것은 미국만이 아니었다. 마르크스가 프랑스혁명이 "로마식 의상을 입고 일어났다"고 말한 것은 부분적으로, 프랑스혁명을 촉발시킨 모든 선도적인 지식인들이 스스로 고전으로부터 영감을 받았음을 주장하면서 연설과 소책자들에서 고전적 이상을 지속적으로 언급해왔을 뿐 아니라, 고전을 이용하여 새로운 정치제도의 모델을 명확히 한 까닭이었다.

아마도 미국독립전쟁에 가장 큰 영향을 미친 지적 안내자였던 장 자크 루소는 자신의 "자유와 공화주의 정신, 굳건한 성격, 속박과 노예상태로부터 벗어나고자 하는 열망"이 어렸을 때 플루타르크의 저작을 읽으면서 생겨났다고 말했다. (아주 오랜 후이기는 하지만 똑같은 개혁의 열정을 지녔던 버나드 쇼는 자랑스럽게 플루타르크를 '개혁의 안내서'라고 했다.) 고전 문헌들이 혁명의 정체성을 형성케 했던 것이다.

하지만 마르크스는 프랑스혁명의 개개 영웅들이 각자 고전을 어떻게 실제에 적용했는지도 알았다. 샤를로트 코르데는 역사와 신화가 뒤섞인 프랑스혁명을 이룬 인물 가운데 하나이다. 이야기인즉슨, 그녀는 평범한 시골처녀였으나 놀랄 만한 영웅적 행위로 진정한 혁명정신을 수호했다는 것이다. 욕조에 있던 압제적이고 잔인한 장 폴 마라를 자유, 평등, 우애의 이름으로 칼로 찔러 죽인 것이 바로 그녀였다. 이 암살과 뒤이은 그녀에 대한 재판은 프랑스 어린이들이 지금도 여전히 역사시간에 배우고 있는 혁명의 상징이 되었다. 카를 마르크스가 알아보았던 대로, 샤를로트 코르데는 '고전의상을 입고서' 그 일을 실행했다. 그녀는 고대 역사가들이 가장 좋아하는 영웅인 '폭군 살해자'의 역할을 했을 뿐 아니라, 그 영웅적인 행위를 수행하기 전 하루 종일 플루타르크를 읽었다고 한다.

프랑스혁명과 미국독립전쟁에, 고전 고대는 근본 정치 이상을 개발하기 위한 자극제이자 매개체였다. 고전 연구가 공화정을 산출하는 지적 틀을 제공한 것이었다. 그들의 혁명 이상을 언급하는 말이나 이미지는, 그 모범이 되는 고대 그리스와 로마의 강력한 권위와 수사학에 의존하여 표현되었다. 이상적으로 상상된 그리스와 로마는 현대 유럽과 미국을 형성하게 한 동기였다.

로마의 이러한 역할은 20세기 할리우드를 통해서, 긍정적인 면모보다는 다소 부정적인 면모로서 미국 문화에 돌아왔다. 20세기, 그 중에서도 특히 제2차 세계대전 시기에 할리우드는 로마를 주제로 한 일련의 대단히 성공적인 영화들, 〈스파르타쿠스〉(1960), 〈벤허〉(1959), 〈클레오파트라〉(1963), 〈쿠오바디스〉(1951), 〈성호〉(1932), 〈로마제국의 멸망〉(1964) 등과 그 밖에 많은 영화들을 제작했다. 〈벤허〉나 〈쿠오바디스〉처럼, 이들 영화 가운데 많은 것들이 19세기의 소설이나 연극을 바탕으로 하고 있다. 〈스파르타쿠스〉 같은 영화들은 당시 소설에 기초를 두고 있는데, 냉전 중의 미국 상황이 좀더 두드러지게 반영되어 있다. 하지만 이들 영화는 모두 로마를 이용하여 미국에 대해, 그 이데올로기와 세계적인 권력에 대해 이야기하고 있다. 제2차 세계대전과 뒤이은 소련과의 냉전 시기 동안, 미국의 영화산업은 고전 고대를 정치적으로 이용했다.

선악 구도의 할리우드 영화에서, 로마가 어느 편에 서 있는지는 의심의 여지가 없다. 그 부정적인 이미지는 영화가 시작되는 장면에서부터 거듭 굳어진다. 로마인들은 무자비한 군국주의 체제의 표상이다. 그 냉혹성과 능률성을 동요시킬 수 있는 것은 부절제한 섹슈얼리티와 사악한 타락뿐이다. 로마는 악의 제국이며, 미국 헌법 제정자들이 보였던 존경을 받을 만한 문명이 아니다.

로마의 장군 마르쿠스 크라수스는 〈스파르타쿠스〉에서 이를 유명한 말로 요약한다. 가죽, 금속, 강모剛毛로 된 온갖 무기들로 무장한 로마 군대가 시내를 행진할 때, 그는 위엄 있는 어조로 생각한다. "아, 로마를 보라, 로마의 힘, 위엄, 로마를 두려워하는 사람들을 보라. 보라, 거상Colossus, 실물보다 상당히 큰 상[像]을 말함-옮긴이처럼 세계를 지배하는 저 힘을. 어느 누구도 로마와 겨룰 수 없고, 어느 나라도 로마에 대적할 수 없다. 하물며 네놈이 어떻게……로마를 상대하는 방법은 오직 하나뿐. 안토니우스, 너는 로마를 섬기는 수밖에 없다. 너는 로마 앞에서 비굴해져야 한다. 로마의 발 아래 머리를 조아려야 한다. 너는 로마를 사랑하지 않으면 안 된다."

셰익스피어에 따르면, 줄리어스 시저는 "세상이 비좁은 거상처럼 세계를 지배"하지만, 셰익스피어 극에서 잘 드러나는 권력의 복잡성과 개인적인 야망이, 〈스파르타쿠스〉에서는 압제적인 군사력의 이미지에 비해 그리 중요하게 다뤄지지 않는다. 제작된 지 40년 후에야 공개된 이 영화의 무삭제판에서 앞서의 장면은 토니 커티스가 배역을 맡은 안토니우스를 크라수스 장군이 유혹하려 하는데, 이것은 특히 1960년대에는 대단히 충격적인 도덕적 방종이었다. 이는 권력의 과시에 필수적으로 따르는 성적 타락의 징후를 드러낸다. "너는 비굴해져야 한다……머리를 조아려야 한다……사랑하지 않으면 안 된다"라는 말은 로마의 장군이 노예에게 하는 말이기 때문에 더욱 통렬하게 들린다. 로마는 힘의 화신, 타락한 힘의 화신인 것이다.

이 때문에 할리우드 영화에 로마에 대한 적대감이 필수적인 것이 되었다. 1930년대로 거슬러 올라가는 세실 데밀Cecil B. DeMille, 1881-1959, 〈십계〉, 〈왕중왕〉의 영화감독의 대히트작 서사 영화에서부터 바로 2000년의 〈글래디에이터〉에 이르기까지. 하지만 이들 영화가 이데올로기적인 힘을 갖는 데 이러한 적대감이 중요했다. 그리스도교도들은 로마와 투쟁하는 전형적인 혁명론자였다. 화면에 보이지 않는 해설자는 〈스파르타쿠스〉의 프롤로그를 이렇게 시작한다. "로마의 이교도 폭군을 전복하고 새로운 사회를 열 새로운 종교 그리스도교가 생겨나기 전인 지난 세기에, 로마 공화정은 문명세계의 중심에 있었다."

그리스도교들이 혁명론자들인지 어떤지는 모르지만, 이들은 역사에 의해서만이 아니라 그들의 적이 '이교도 폭군'으로 묘사되고 있는 데서도 그 승리가 확인되는 전사들이다. 왜냐하면 알다시피 할리우드 영화에서는 '이교도'와 '폭군'이 궤멸당하기 때문이다. 로마가 '문명세계의 중심'이라는 생각은, 그것이 '이교도 전제국가'라고 불리면서 쉽사리 무너지고 만다.

세실 브런트 데밀의 〈성호〉는 로마가 불타는 장면으로 시작된다. 손에 리르를 든 네로는 그리스도교도들에게 화재의 책임을 돌리기 위해 음모를 꾸민다. 우리는 로마의 한 거리를 가로지르게 된다. 거기서 흉악하고 야비한 두 남자가 황제로부터 상을 받기 위해 그리스도교도들을 붙잡는 일을 의논하고 있다. 두 노인이 거리에서 마주친다. 한 사람이 지팡이로 땅바닥에 선을 하나 긋고 다른 한 사람이 마저 선을 그어 성호를 완성한다. 두 사람이 그 자리를 뜬 후, 지나가는 로마인들의 발길에 성호가 짓밟히는 모습이 보인다. 여기서 역사가 움직여가는 곳은 분명하다. 그것은 바로 지상의 그리스도교 왕국이며, 미국의 영화 관객은 거기에 동화된다. 성호가 훼손되어서는 안 되는 것이다.

여기서 그리스도교가 타락한 권력에 대한 도덕적 저항만을 보여주는 것은 아니다. 이들 영화는 또한 그 주인공으로 하여금 미국 사회가 장려하는 가족애와 인격적 고결함을 발견하게 한다. 물론 〈쿠오바디스〉와 〈성호〉에서 로마의 한 개인이 냉혹한 전체주의 체제를 탈출하는 진정한 영웅 이야기를 가능하게 하는 것은, 그리스도교로의 개종과 더불어 일찍이 할리우드 영화의 관심사이던 멋진 여성과의 로맨스이다. 할리우드 영화에 등장하는 로마의 그리스도교는 우리에게 영웅을 제시한다. 이 영웅들은 용기있는 소수집단의 희생자인 동시에, 세계 역사 면에서 보면 분명 정의와 진리의 편이다. 영화의 관객은 이런 매력적인 결합에 몹시 마음이 끌리게 되는 것이다.

하지만 1930년대 후반부터 1960년대까지 이탈리아에서 파시즘을 선동하기 위해 좀더 노골적으로 로마를 정치적으로 이용한 경우도 있었으며, 미국에서는 그에 반대했다. 이탈리아 파시스트당의 지도자인 무솔리니의 목표가 로마제국의 재건임은 명백했다. 무솔리니는 초기에 발표한 한 연설에서 이렇게 말한다. "우리는 로마제국 시대의 이탈리아, 다시 말하면, 현명하고 강하며 기강이 잡히고 제국이 지배하는 이탈리아를 꿈꾼다. 로마의 제국주의 정신이 많은 부분 파시즘에서 되살아난다. '파스케스' 고대 로마에서 공권력을 표시하는 상징물. 릭토르(수행관)들이 들고 다녔으며 붉은 띠로 묶은 느릅나무나 자작나무 막대기 다발에 도끼머리를 끼운 모양이었다.-옮긴이는 고대 로마의 것이며, 우리의 투쟁조직은 고대 로마식이다. 우리의 자부심과 용기는 고대 로마적인 것이다. 나는 고대 로마 시민이니라civis Romanus sum."

웅장하고 새로운 로마 시 건설을 위한 계획에서, 그는 로마제국의 첫 황제의 기념비인 아우구스투스의 무덤을 재활용해서, 그 자재를 자신의 기념비를 세우는 데 썼다. '파시즘'이라는 말은 무솔리니가 선언한 대로, 파스케스에서 유래한다. 그것은 공직에 있다는 표시로, 관리들이 들고 다니던 막대기 다발이었다. 파시스트들은 자신들을 고대 권력과 연관시키기 위해 이를 이용했다. 고대 로마가 승리했던(이탈리아인들이 몸소 싸웠던) 아프리카 원정에 관한 서사 영화에 이탈리아 정부가 자금을 지원한 것이 우연은 아니다. 새로운 이탈리아 제국은 옛 로마제국의 이미지와 이야기들을 통해 미화되었다.

로마제국은 미국과는 아주 달라 보인다. 적어도 할리우드 영화에서는 로마인들이 팔을 들어올려 서로 경례하며 '하일 시저!'라고 외친다. 나치식 경례를 하며 '하일 히틀러'라고 하는 인사법은 이미 1935년에 나와 있었다. 〈폼페이 최후의 날〉과 함께 분류되는 당시의 교육영화들은 그것을 보는 학생들에게 '로마인들의 경례방식은 어떠한가? 오늘날 정부가 그와 같은 경례를 요구하는 나라는 어디인가?'와 같은 의문들을 던져주었다. '정부가 요구하는'이라는 바로 이 구절에서, 미국의 자유는 유럽의 전체주의 체제들과 비교된다. 존 휴스턴은 〈쿠오바디스〉를 위한 사전 준비작업을 시작하면서, 그리스도교들을 죽여 없애려는 네로를, 그의 시대로부터 2천 년 후에 유대인들을 박멸하고자 했던 그의 역사상의 짝패이자 동료 미치광이인 아돌프 히틀러처럼 현대적으로 묘사할 것임을 밝혔다.

특히 로마의 지배자들에게 대항하는 유대인이 주인공인 대서사시 〈벤허〉는 이들 파시스트가 로마제국의 권력과 갖는 연관성에 전적으로 의존하고 있다. 잔학하고 강력한 로마의 군대를 대표하게 된 벤허의 예전 친구인 메살라는, 황제는 "유대가 좀더 순종하고 기강이 잡힌 속주가 되기를 바란다"고 말하면서 벤허에게 이렇게 요구한다. "로마에 대항하는 것은 어리석은 일이라고 자네 민족을 설득하게. 그것은 어리석은 것보다 나쁜 일이네. 곧, 무익한 일이지. 그랬을 경우 유일하게 가능한 결과는 자네 민족의 멸종이기 때문일세." 질서와 기강을 요구하면서 유대인들이 멸종하리라고 위협하는 메살라의 이 말은, 로마를 통해 독일 파시즘의 역사를 비추고 있다. 노골적으로 드러나는 정치성이 분명하고도 강렬하다.

이들 서사시의 주요 요소로, 로마의 결집된 힘을 보여주는 장대하고 극적인 장면들은, 특히 (독일 기록영화를 아주 매력적으로 혁신한) 레니 리펜슈탈이 충실히 기록한 1930년대 나치 전당대회를 흉내 내었다. 노예 같이 로마 사회의 전형적인 부분도 정치적으로 재구성되었다. 나치는 자신들이 왜곡한 니체의 초인 이데올로기(약한 종족들을 노예로 억압할 것을 요구하는)에서, 그들이 '외국의 피지배 종족들'이라고 부르는 이들을 다루는 방법을 배운 듯했다. 이것이 '자유'에 대해 언급하는 모든 할리우드 영화로 하여금 미국적 가치에 대한 정치적 진술이 되게 했다. 자유를 위해 싸운 미국 헌법 제정자들은 로마를 통해 그들의 공화주의를 발견했다. 하지만 이제 20세기에 '자유를 위해 싸우는' 이들에게, 로마는 전체주의라는 원수가 되었다.

미국의 대중문화에서는 끊임없이 로마의 흔적을 찾아볼 수 있다. 라스베이거스에 있는 호텔 '시저의 궁전'에서든 또는 〈포룸으로 가는 길에서 일어난 우스운 일〉포룸은 고대 로마의 도시에서 공공건물과 주랑으로 둘러싸인 구역의 한복판에 있는 다목적의 열린 공간으로 공공집회 장소로 쓰였다-옮긴이 같은 코미디 뮤지컬에서든, 또는 학생들의 토가 파티에서든.

토가 파티
로마에는 새해 바로 전날에 마구 먹고 마시는 파티를 여는 오랜 관습이 있었는데, 이와 같은 파티가 1960년대 미국 대학문화에서 유행했다. 참석자 모두가 토가를 입으며 엄청난 양의 술, 특히 맥주를 마셔대는 것으로 악명 높았다-옮긴이

하지만 제2차 세계대전이 발발한 무렵의 40년 동안, 로마는 미국적 가치들이 아주 명확하고 의미심장한 방식으로 시각화되고 논의되는 상상적 공간이었다. 아마도 〈스파르타쿠스〉가 이를 가장 잘 보여준다. 19세기에 스파르타쿠스의 이야기는 그 세기에 가장 인

기를 끌었던 연극의 하나로, 1831년 로버트 몽고메리 버드가 쓴 〈글래디에이터〉의 줄거리로 이용되었다. 이 연극은 5막짜리 '미국 비극' 경연대회에서 우승한 것이었다. 이 극의 주인공은 다름 아닌 '이 나라의 원조元祖'였다. 이 연극에 대한 초기 비평들은 '자부심과 만족감'을 보이면서, 이 연극이 실로 '미국인들의 비범한 재능, 취미, 그리고 문학적 모험심'에 아주 잘 맞는다고 논평하고 있다.

이 연극에서 로마 당국자들은 영국 제국주의를 상징하는 역할을 하며, 스파르타쿠스가 이 연극을 보는 관객들의 조상과 마찬가지로 자유를 위해, 그리고 자신의 가족과 가정을 위해 싸우는 것은 그리 놀라운 일이 아니다. '미국의 원조'로서의 스파르타쿠스의 이야기는 미합중국의 기원(이를 이후에 나온 영화 〈스파르타쿠스〉의 보도자료에서는 "옛날부터의 자유를 위한 투쟁"이라고 표현했다)에 관한 이야기가 된다.

하지만 1950년대 무렵 냉전의 긴장과, 미국 내 공산주의의 자취를 맹렬히 추적한 하원반미활동조사위원회호전적인 반공산주의 운동인 매카시즘을 불러일으킨 장본인인 극우파 조지프 매카시가 제안한 공산주의자 색출 법안에 따라, 미국 국내의 반미국적, 반역적 활동을 조사하고 그에 대처하는 입법을 권고하기 위하여 미국 하원에 설치된 위원회-옮긴이로 해서, 학대받는 사람들의 봉기를 찬미하는 이야기는 또 다른 의미를 갖게 되었다.

(공산주의의 창시자인) 카를 마르크스는 동료 창시자인 엥겔스에게 이렇게 썼다. "스파르타쿠스는 고대 프롤레타리아의 진정한 대표……고대 역사에서 가장 탁월한 동지이네." 로자 룩셈부르크를 앞장세운 공산주의자들이 1919년 베를린에서 쿠데타를 시도했을 때, 그들 무리는 스파르타쿠스단으로 불렸다. 이 영화의 기초가 된 베스트셀러 소설 《스파르타쿠스》를 쓴 하워드 패스트Howard Fast는 미국 공산당원이었다. 그는 실제로 하원반미활동조사위원회에 의해 모욕죄로 투옥되었다. 그리고 감옥에 있는 동안 이 소설의 초안에 착수했다.

이 책의 이데올로기적 입장은 명백하다. 스파르타쿠스는 〈공산당 선언〉을 변형하여 다른 검투사들에게 이렇게 외친다. "만국의 노예들이여, 들고 일어나 그대들의 족쇄를 벗어 던져라." 로마는 노예 노동을 파괴하는 자본가의 기계로 보여진다. 로마의 지도자들은 비웃듯이 로마 시민들의 허위의식을 교묘히 조작한다. 할리우드 영화가 어떻게 해서 《스파르타쿠스》를 택하게 되었는지는 분명치 않다.

《스파르타쿠스》를 영화화하는 계획에 관계된 모든 이들이 그것이 얼마나 위험한 일인지 잘 알았다. 이 영화의 주인공일 뿐 아니라 영화 제작에 주요한 영향을 미쳤던 커크 더글러스는 분위기 파악을 위해 당시 부통령이던 리처드 닉슨을 만났다. 이런 영화와, 블랙리스트에 오른 작가를 쓰는 데 대해 정부가 어떤 반응을 보일까? (이어서 일어난 일들에 비추어보면, 그 만남 자체가 한 편의 훌륭한 연극이었다.) 이 영화 제작사의 실력자들은 다른 어떤 동기보다도 이윤을 보호하기 위해서 어떤 정치적 메시지도 끼어들지 못하게 하는 데 민감했다. 그 밖의 다른 관계자들은 각자의 생각이나 망설임, 또는 방어책을 가지고 있었다. 그 결과로 만들어진 영화는 분명 마르크스주의자의 소책자와는 아주 달랐다.

이 영화는 검투사들 간의 결속을 고결함, 충성심, 그리고 자기결정과 같은 인간적 가치의 승리로 만들었다. 이들 확고한 가치의 중심에 가족이 놓인다(마지막 장면에서 죽은 스파르타쿠스의 아내와 아이가 멀리 끌려갈 때도 그러하다). 이 영화의 프롤로그에서, 그리스도교가 '인간을 노예로 부리는 병폐'와 '절대권력자의 시대'를 무너뜨릴 구제수단으로서 제시된다. 이 영화는 그해에 좋은 비평을 받았을 뿐 아니라 최대의 흥행수익을 올렸으며, 수많은 미국 관객들이 환영할 만한 메시지를 전했다. 하지만 이 영화는 여전히 권력이 어떻게 제국의 통치자들을 타락케 하는지, 제국이 어떻게 압제와 폭력에 의존하는지 그 위험성을 보여준다. 어쩌면 이 영화에는 적어도 리처드 닉슨이 미국 대통령이 되었을 때 제기될 문제가 암시되어 있는지도 모른다.

할리우드에서 로마는 검열을 피하는 한 가지 방법이다. 영화의 배경이 고대 로마인 경우, 그렇지 않으면 추잡하고 잔인하거나 불쾌하게 여겨질 폭력, 사디즘, 섹슈얼리티 또는 구경거리들을 고전을 전거 삼아 보여줄 수 있다. 동시에, 당대를 배경으로 할 경우 저항을 받을 만한 방식으로 정치,

또는 권력과 권위의 문제, 또는 정부에 대항하는 개인의 역할을 탐구하는 데 로마를 이용할 수 있다. 고대 로마는 하나의 장막 같은 역할을 한다. 그 장막이 아니라면 은폐되거나 또는 너무 까발려지는 것을 적절히 완화하여 우리가 볼 수 있도록 해준다.

미국이 현대의 제국인 자신에 대한 스스로의 시각을 계속적으로 공식화할 때, 21세기의 할리우드 영화가 로마에 대한 애정을 어떻게 이어갈지 지켜보는 것은 재미있는 일이 될 것이다. 용감한 개인이 타락한 제국의 권력에 맞서 싸운다는 전적으로 전통적인 이야기를 가지고 있으면서 충성심, 가족, 정의라는 가치를 옹호하는 영화 〈글래디에이터〉의 세계적인 성공은, 앞으로의 영화 제작에 자극이 될 것이다. 하지만 미국은 자신의 제국과 군사작전을 정치적으로 반성할 때, 로마제국을 새로운 시각으로 돌아볼 수 있을 것이다.

2001년 세계무역센터 건물 폭파 테러 이후, 고대를 주제로 다루는 영화들은 주로 독재적인 폭군들은 저지되어야 할 필요가 있다는 점에 초점을 맞추었다. 또한 미국 정부 대변인은, 조지 W. 부시 대통령의 정치사상이 위대한 종교적 가르침이 아니라 특히 '고대 그리스인들과 로마인들의 사상과 미국 헌법 제정자들의 원리에' 바탕을 두고 있음을 세계에 알렸다. 아리스토텔레스와 키케로는 분명 조지 부시 대통령에게 주요한 영감의 원천이다. 여기서 중요한 점은 키케로가 미국 대통령에게 정확히 어떻게 영감을 주었느냐 하는 것보다는 고전에서 영감을 받고 있다는 사실을 공식화하고자 했다는 것이다. 미국 사회가 고대 로마를 통해 정치적 담론을 언급하는 일은 앞으로도 지속될 성 싶다. 우리는 과거의 이야기를 통해 현재를 이야기한다.

03 조국 찾기 – 프로이트의 오이디푸스는 어디서 왔는가

Finding the Fatherland- Where Freud's Oedipus Comes From

19, 20세기에 특히 열렬히 그리스를 열애한 나라가 있었으니, 바로 독일이다. 독일어권 지역에서는 교육제도가 무엇보다도 고전을 장려하도록 조직되었으며, 예술가들과 작가들이 고전의 모범에 사로잡혔을 뿐만 아니라, 새로운 독일 국가를 건설하는 이데올로기 형성에 고전이 주요한 역할을 했다. 이 이데올로기는, 현대 유럽이 전쟁과 지속적인 폭력사태를 겪고 있는 원인인 국가주의 및 인종주의와 관련이 있었다. 이러한 이야기가 현대 유럽 역사의 기초를 이룬다.

'너는 네가 어디서 왔다고 생각하는가' 라는 물음은 근본적으로 고전 고대를 애호하는 독일의 국가주의 역사와 관련이 있다. 왜냐하면 독일인들은 스스로 자신들이 그리스의 영광과 특별한 연관이 있음을 발견했던 것이다. 독일인들은 자신들이 그리스인의 후예라고 보았다. 19세기 독일 문화를 지배했던 그리스에 대한 일반적인 관심은, 이제 독일인들이 좀더 분명하고 놀라운 계보를 주장하도록 하기에 이르렀다. 새로운 독일이 옛 그리스의 계승자이자 후예라는 것이다.

이는 지그문트 프로이트가, 우리 모두가 어디서 왔는지 심리학적으로 설명하기 위해 그리스 신화의 한 인물을 취했던 것과 같은 맥락이다. 프로이트의 이론은 현대인이 자아를 이해하는 하나의 방편이다. 프로이트의 오이디푸스를 독일(게르만)어권이라는 맥락 속에 놓고 보면, 그는 20세기의 두 가지 중요한 역사와 연관된다. 그 하나는 국가적 정체성의 주요 쟁점인 '너는 어디서 왔는가' 라는 물음이 빚어낸 소름끼치는 정치적 산물이다. 그리고 다른 하나는 자신이 어디서 왔는지 아는 것을 자기이해의 열쇠로 여기는, 자아에 대한 근본적으로 새로운 이해를 보여주는 정신분석학의 출현이다. 독일인들은 자기네 조국의 계보가 그리스까지 거슬러 올라가는 비할 데 없는 것임을 확인하고자 애썼다. 그리고 가족 내 심리적 드라마를 새롭게 인식한 프로이트는 우리 모두 안에 있는 폭력적인 난폭한 정념을 설명하기 위해 고대 그리스로 되돌아간다.

19세기에, 오늘날에는 잘 이해하기 어려운 포괄적인 권능을 지녔던 그리스는 독일인들에게 이상적인 모범의 역할을 했다. '독일인의 상상력에 대한 그리스의 전제專制적 지배' 라 일컬어지던 것을 독일인들의 모든 활동 수준에서 볼 수 있다. 헤겔의 이상적 미래상에서 그리스는 "역사에서의 빛의 초점"이었다. 고대 그리스는 "그리스의 이름으로, 유럽의 교양인들, 특히 우리 독일인들이 고향처럼 느낄 수 있는" 유일한 곳이었다. "그리스인들과 더불어 우리는 우리 자신이 완전히 고향에 있음을 느끼며, 거기서 영혼의 대지 위에 있게 된다."

한 세대 뒤에, 낭만주의적인 고결한 소외감과 동경으로 가득 찬 니체는 이와 같은 이상주의를 두드러지게 표명한다. "더 이상 어느 곳도 우리의 고향이 아니다. 결국 우리는 우리의 고향일 수 있는 유일한 곳을 동경한다. 왜냐하면 그곳이 우리가 우리의 고향이기를 바라는 유일한 곳이기 때문이다. 그곳은 바로 그리스이다." 시인들은 이와 동일한 그리스에의 헌신을 노래한다. 후고 폰 호프만슈탈Hugo von Hofmannsthal, 1874-1929, 오스트리아의 시인, 극작가은 진정한 독일 시인의 전형을 요약하면서 이렇게 썼다. "그의 영혼은 그리스인들의 땅을 동경한다." 실러는 그리스 애호 운동을 시작하면서 동료 작가 괴테에게 북방의 삶을 보충하기 위해 자신의 내면에서 고국 그리스를 찾을 것을 권했다. "당신이 독일인으로 태어난 지금, 당신의 그리스적인 영혼이 이 북방의 세계에 내던져진 지금……말하자면 내면으로부터 당신의 그리스를 만드십시오."

이 인용문들에서 독일 문학의 위대한 인물들은 열렬히 자신의 신조를 표명하고 있으며, 무수한 문하생들이 이 거장들을 따랐다. 그리스에 대한 동경, 그리스에서 진정한 고향을 찾는 것은 위대한 독일인의 영혼의 표지였다. 고대 그리스는 하나의 영감이자 꿈이었다. 이는 특히 예술에서 그러했다. 헤겔은 이렇게 쓰고 있다. "예술 형식의 원형인 그리스 예술은 우리에게 가장 좋은 모범들을 제공한다." 이는 독창성 없는 고전주의보다 훨씬 더 많은 것을 의미했다. 하지만 단조롭고 지루한 고전적 장면의 많은 그림들과, 그리스 인물들로 채워진 많은 단조로운 시들이 창작되었다. 이런 작품을 위한 시장이 있었으며, 이들은 폭넓은 애호가들에게 호소력을 가졌다. 그러나 좀더 흥미로운 것은 그 세기의 가장 혁명적인 예술이 자신의 길잡이로서, 그리고 사람들을 끌어들이는 '자석'으로써 그리스를 받아들였다는 점이다.

바그너가 19세기 독일 문화에서 가장 중요한 거장임은 의심의 여지가 없다. 그의 오페라는 유럽의 음악과 극에 혁신을 일으켰을 뿐만 아니라, 독일 국가주의라는 새로운 정치적 열정의 기치가 되었다. 바그너는 흔히 그렇듯 자신을 각색하여 "나보다 고전 문화에 더 열광한 친구는 없을 것"이라고 쓰고 있다. 그는 아이스킬로스의 비극을 읽으면서 "나의 상상 속에서 나는 얼마나 아테네의 비극 작품에 홀렸는지" 그리고 그것이 "나에게 미친 그 효과가 얼마나 말로 표현할 수 없는 것이었는지"를 묘사한다. "그 숭고한 감정에 비할 수 있는 것은 아무것도 없었다……." 아이스킬로스와 처음 만나면서부터 그는 "현재로부터 아주 멀리 떨어져 있는 기분으로 살았다. 나는 실로 현대 문학으로는 결코 만족할 수가 없었다. 내가 생각하는 완전한 의미의 극문학과 연극을 특징짓는 것이 바로 이러한 감동이라는 데는 일말의 의심도 없었다."

그리하여 바그너는 이러한 신조에 따른 음악이론을 바탕으로 한 첫 발표작품에 착수한다. "오늘날 우리의 예술에 대한 진지한 연구에서, 고대 그리스의 예술을 만나지 않고서는 한 발자국도 앞으로 나아갈 수가 없다." 그리고 바그너는 니체나 헤겔처럼, 다음과 같이 과장적으로 감정을 드러낸다. "나는 현대 세계가 제공하는 그 어떤 상태보다도 고대 아테네에서 진정 고향에 있는 느낌을 받았다." 바그너는 "맹목적인 모방에 의한 복원이 아니라 혁신만이 가장 수준 높은 예술작품으로 되돌아가게 해줄 수 있"음을 알았다. 하지만 이 혁명적인 예술의 목표와 모범은 여전히 전적으로 그리스적 이상에 의해 규정되었다.

바그너의 신조는 이론적인 입장이나 공허한 자기선전만은 아니었다. 그것은 충실히 예시되었다. 바이로이트 음악축제는 분명 고대 아테네의 연극축제를 모방하여 창설한 것이었다. 바그너의 가장 훌륭한 오페라 작품 〈니벨룽의 반지〉의 줄거리는 그리스적인 착상에서 나왔다. 바그너는 심지어 자신의 음악을 그리스적인 이상을 보여주는 한 예로 보았다. 그는 오케스트라와 주도동기의 사용에 대해 그리스 비극의 합창단 역할을 하는 것으로 설명했다. 바그너는 "그리스 비극은 그리스 정신의 절정을 표현했다"고 썼으며, 자신의 오페라가 독일 문화에 그러한 성취를 제공하기를 바랐다. 그리고 그에게 광적으로 열광하는 많은 신봉자들이 보기에, 바그너는 이러한 목표를 이루었다.

●●

주도동기 주로 오페라에서 나타나는 되풀이되는 음악의 주제로, 극적인 행위를 강화하고, 등장인물에 대한 심리적인 통찰을 제공하며, 극의 사건과 관련된 음악 외적인 상상을 유도하거나 회상할 수 있도록 하기 위해 사용된다. 이 기법은 특히 바그너와 밀접한 관련이 있으며 그의 음악극을 분석하는 학자들이 이 용어를 처음 사용했다-옮긴이

예술 이상으로서 그리스의 의미는, 현대 예술사의 창시자들 가운데 한 사람인 18세기 고고학자 요한 빙켈만Johann Winckelmann, 1717-68, 독일의 고고학자이자 미술사가이 처음으로 그리스 예술의 '고귀한 단순성과 고요함'을 찬미함으로써 후세대들에게 그러한 의제를 던져주었던 그 순간부터 논쟁거리가 되어왔다. 하지만 그리스가 예술 생산물의 이상을 제시한다는 견해는

한 세기 이상 동안 독일 예술가들에게 공통된 생각이었다.

이러한 '그리스의 전제'가 예술에서만 두드러진 것은 아니었다. 전 교육제도가 이러한 열렬한 그리스 애호에 부응하기 위해 재편성되었다. 고등학교에서부터 대학에 이르기까지, 고전 연구와 그리스어는 특히 교육과정에서 주된 것이었다. 그것은 특히 중요한 과목이었다. 정치가 카를 폰 훔볼트Karl von Humboldt, 1767-1835, 독일의 철학자이자 교육개혁가는 19세기 초 독일어권 지역에서 그러한 교육제도의 운영에 기초를 놓았다. 그의 신조는 분명하다. "그리스인들의 지식은 우리에게 단지 즐겁고, 유용하거나 필수적인 것이 아니다. 아니, 우리는 그리스에서만이 우리 자신이 되고 싶고 창작하고 싶은 것의 이상을 발견한다."

영국의 최상급 학교들에서는, 그리스어와 라틴어 수업시간이 시간표의 80퍼센트를 차지할 수 있었으며, 최고로 우수한 학생들은 필히 고전수업을 받았다. 19세기 중반에 한 역사가는 다소 기대에 부풀어서 이렇게 말한다. "16세기의 유토피아, 다시 말해 라틴어를 쓰는 치과의사, 호메로스를 읽는 법률가, 그리고 소포클레스를 인용하는 상인들의 세계가 실현되었다." 그 세기의 말 무렵에, 독일 황제는 교육에 관한 논쟁에 개입해서 한마디 하지 않을 수 없음을 느낀다. 그는 이렇게 탄식한다. "우리는 그리스와 로마의 젊은이들이 아니라 독일의 젊은이들을 키워야 한다." 바로 이러한 황제의 공식적인 개입이 19세기 독일 문화에서 고전이 얼마나 깊이 뿌리를 내리고 있었는지 말해준다.

예술적 열정, 교육개혁, 그리고 좀더 폭넓은 문화의 정치학 사이에 가교가 된 한 가지 근본적인 동력은 독일의 국가주의이다. 내가 '독일어권'이라는 표현을 썼던 것은, 프로이트가 빈 출신이고 오스트리아의 정치적, 사회적 배경이 베를린이나 뮌헨과는 다르다는 점을 인식해야 하기 때문만은 아니었다. 여기서는 좀더 폭넓은 역사적 조망이 또한 중요하다. 18세기 말 낭만주의의 탄생으로부터 1914년 제1차 세계대전이 발발하기까지의 시기에, 오스트리아-헝가리 제국이 전쟁의 상흔을 남긴 채 형성되고, 독일은 국민국가를 이루기 위해 투쟁을 벌인다. 그리스는 독일 국가주의의 역사에서 독특한 위치를 차지한다.

게르만어권의 많은 뛰어난 작가, 예술가, 사상가들은 자신들의 노력이 이러한 새로운 국민의식의 형성에 바쳐진 것임을 명백히 했다. 역사 서술은 국가 성체성의 형성과 함께 간다. 헤겔은 역사를 '새로운 국가정신'의 창조로 보고, 인류 역사를 네 단계로 나누어 설명했다. 여기서 '독일 정신'은 네 번째이자 최절정에 이른 단계이다. 바그너는 출판된 〈니벨룽의 반지〉 악보에, "독일 정신에 대한 확신에서" 자신의 걸작을 바친다는 말을 써넣었다. 니체는 '독일 음악,' '독일 철학,' '독일 자연'에 대해 (그리고 '독일인들의 몸'에 대해서도) 강도 높게 이야기한다. '독일적인 것'은 강박적인 관심사였다. 이러한 관심이, 20세기 유럽 역사를 전쟁에 휩쓸리게 하는 데 큰 동기가 되었다.

그리스 연구는 이러한 국민성 형성에 중요한 역할을 했다. 발단이 교육제도에 의해 비중이 높아진 고전수업은 다양한 사회적 배경을 가진 더 많은 어린이들에게까지 확대되었다. 낭만주의적 헬레니즘의 이데올로기를 수용한 중상류계층은 정치세력은 약하지만 국가 건설의 필요성을 아주 잘 인식하고 있었다. 그리스는 이러한 초기의 국가가 추구해야 할 사회적, 문화적 이상을 제시했다. 이 사회적, 문화적 이상은 교육정책의 기초단계에서부터 수립될 수 있었다. 그리스는 이 초기의 국가를 이데올로기적으로 봉합해주었다. 국민성과 국가를 구성하기 위한 노력들을 함께 묶어주었던 것이다. 미국인들이 '아메리칸 드림'을 꿈꾼다면, 독일인들의 꿈은 그리스였다.

이러한 무모한 혼합에 의해 독일과 그리스 사이의 친족관계가 만들어졌다. 이 이데올로기적 사실을 납득시키기 위해 많은 논법들이 개발되었다. 한 가지 특히 중요한 접근법은 민족과 국민das Volk의 발명이다. 한 국가의 진정한 정신은 그 국민들에게서 찾을 수 있다. 정치와 전쟁이 국가 없이 이루어지더라도, 국민(민족)이 세대에 걸쳐 그 나라의 본질을 유지한다. 국가는 없을지언정 독일 국민은 언제나 존재해왔던 것이다.

이 이야기에서 중요한 인물은 요한 고트프리트 폰 헤르더Johann Gottfried

von Herder, 1744-1803, 독일의 비평가, 신학자, 철학자이다. 그가 18세기 말에 쓴 저작들은 독일어권 사회에 엄청난 영향을 미쳤다. 그는 국민 또는 민족을 정의할 수 있는 기준의 기초를 마련했다. 국민은 신화, 언어, 조국, 그리고 체형이 공통적이어야 한다. 신화는 한 국민에게 특유한 것으로, 한 국민에게는 그러한 신화가 있어야 한다. 이것이 바그너의 북유럽 이야기가 그렇게 강력한 영향을 미칠 수 있었던 한 가지 이유이다. 그것은 독일 민족을 위한 독일 신화의 필요성에 부응한 것이었다.

독일 국민의 공통된 신체 특징들 또한 이러한 북유럽 전설에 꼭 맞았다. 그 전형은 큰 키, 금발, 잘 발달한 근육, 푸른 눈동자로 익히 알려져 있다. 초기 독일인들에 대한 이러한 묘사는 로마의 역사가 타키투스의 저작에서 찾아볼 수 있는데, 이러한 고전을 전거로 게르만 민족의 전형적인 체격에 관한 영원한 진리가 입증되었다. 그들의 공통된 조국은 독일이었다. 이들 종족의 이름은 아리아인이며, 그 게르만계 민족이 튜튼족이다.

언어 또한 중요하다. 이는 18세기 관학에서 또 다른 계보학적 논의를 낳았으며, 이는 19세기에 가장 큰 영향을 미쳤다. 윌리엄 존스William Jones, 1746-94는 영국의 언어학자이자 동양학자였다. 그는 아주 먼 옛날에 존재했던, 유럽과 동양 언어 사이의 언어학적 관련성을 명백히 설명해주는 원형의 언어를 발견했다(또는 제시했다). 그는 이 원형의 언어를 인도-유럽어라고 불렀고, 이는 현대 언어 연구에서도 여전히 중요하게 여겨진다. 이 언어는 아리아인이 과거에 지배적인 세력이었음을 말해주는 과학적 증거였다. 인도-유럽어는 바로 아리아인의 언어였기 때문이다. 그리고 중요한 사실은, 그것이 아니었다면 참으로 아주 다르게 보일 수 있었던 그리스어와 독일어 사이의 연관성을 제시했다는 점이다. 그리스어와 독일어는 둘 다 아리아인의 언어인 인도-유럽어의 후예인 것이다.

이 논의를 좀더 진전시킨 것은 1824년에 출간된 카를 오트프리트 뮐러Karl-Otfried Muller, 1797-1840, 고대 그리스의 고전을 연구한 독일의 학자의 《도리스인》이라는 책이었다. 도리스인은 고대 그리스의 한 부족집단이다. 이 부족집단은 스파르타인과 코린트인을 포함했다(아테네인은 이오니아인이었다). 도리스인은 북방으로부터 그리스를 침입하여 식민지로 만드는 데 성공했다고 전해진다. 초기 도리스인에 대한 자료는 주로, 훨씬 후에 그리스인들 자신이 그들의 정치적 영토적 정복 또는 그들 자신의 동맹을 정당화하기 위해 만들어낸 신화적인 이야기들이다. 하지만 독일인이 그 '북방으로부터 온 민족'이라는 이미지가 굳어졌다. 뮐러가 쓴 책의 한 주제가 이른바 '도리스인의 이동'이며, 물론 도리스인이 북방에서 유래했다는 것은 그리스와 독일의 연관성에 특히 유용했다. 뮐러의 제자들 가운데 한 사람은 이 이야기를 완전히 이데올로기적으로 전용轉用하고 있다. 그는 그리스어만큼 아름다운 언어는 북방에서 기원해야 하며, 아무래도 지중해로부터 유래할 수는 없다는 이상한 주장에 감동받았던 것이다.

하지만 뮐러는 도리스인의 언어뿐만 아니라 아련한 초기의 도리스인에게서도 북방성을 발견하고서, 그들의 감탄할 만한 문화를 상상했다. 그는 도리스인들은 절제, 단순성, 소박함, 확고함(이들은 물론 모든 선량한 독일 신교도들이 소중히 하는 가치들이다)으로 넘친다고 쓰고 있다. 그리고 그는 마침내 도리스인과 이오니아인을 대립시키는데, 지금 보면 이러한 대립이 왜곡되어 있음을 금방 알 수 있다. 예를 들어, 도리스인은 자유에 대한 의식이 발달한 반면, 이오니아인은 쉽게 다른 권위에 예속된다. 또 도리스인들은 신중하게 적절한 숙고를 거친 후 행동하는 반면, 이오니아인은 충동적이고 성급하다. 이러한 독일적 성격을 지닌 북방민족인 도리스인은 아주 확실한 친족관계를 적절히 제공해준다. 독일인들은 새로운 도리스인들인 것이다.

지금은 낯설게 보일 이러한 계보학에의 믿음이 당시에는 극히 일반적이었으며 열정적인 지지를 받았다. 그리스는 일반적인 의미에서 서구 문화의 기원인 것만은 아니었다. 그 후예이자 계승자인 독일인들과 특별하고도 완전한 혈연관계를 가지고 있었던 것이다. 독일의 상상력을 지배하는 그리스의 전제에는 조상숭배가 곁들여 있었다. '순수'하고 '오염되지 않은' 혈통의 추구(이것이 전율을 일으키는 최악의 형태의 인종차별을 불러왔다)는 이러한 계보학 구성(즉 말해 혈족)에 중요한 부분이다.

바그너는 실제로 이러한 기묘한 친족관계를 표명하고 있다. 그는 그리스를 애호하는 가장 뛰어난 두 고전학자인 빙켈만과 레싱이 그리스로 거슬러 올라가는 그들의 혈통에 대한 독일인들의 이해를 도운 데 대해 이렇게 찬양한다. "하일Hail 빙켈만, 하일 레싱, 당신들은 토착 독일의 장엄한 세기들을 넘어 신성한 그리스인들에게서 독일인들의 진정한 원조를 찾았다!" 독일인들은 영광의 구름을 거느리고서 그들의 고향인 신성한 그리스로부터 등장하게 되는 것이다.

19세기 독일의 이데올로기에서 자신이 어디서 왔는지 아는 것은 실제적인 문제이며, 이 물음에 대한 답은 그리스라고 메아리치고 있다. 독일민족의 여정은 길고 복잡한 역사를 가지고 있을지 모르지만, 거기에는 두 가지 변함없는 점이 있다. 독일 정신의 발상지는 그리스이며, 당대 또는 미래의 국민국가에서 그 역사가 완수된다는 점이 그것이다. 어떻게 해서 그리스를 향한 동경으로부터 국가주의 신화가 나왔는지 이해하려 하지 않는다면, 우리가 그려내는 19세기 문화의 지형도는 심히 불충분한 그림이 되고 만다.

이제는 이러한 과거의 열정이 퇴색하여, 부모의 욕망에 맞닥뜨린 아이들이 어리둥절해 하듯, 새로운 세대는 그에 대해 무지할 수 있으나, 그러한 과거의 열정이 미친 영향은 지금도 여전히 느낄 수 있다. 국가주의와 혈통에 대한 왜곡된 극단적인 환상들은 21세기 정치에도 그대로 남아 있다. 아주 오래되고 지금도 여전히 지속되고 있는 폭력과 편견의 역사가, 우리가 '너는 어디서 왔는가?' 라는 물음을 참으로 진지하게 받아들여야 하는 한 가지 좋은 이유이다. 이러한 폭력과 편견은, 그릇된 독단적인 확실성을 가지고서 이 물음에 답하려는 데서 기인한다.

그러므로 21세기 초에, 과거의 기원을 탐색하는 유사한 과정을 목격하게 되는 것은 특히 불안한 일이다. 2001-2년에 트로이의 발굴품들이 독일 전역을 순회하며 새로이 전시되었으며, 85만 명의 사람들이 이를 관람했다. 이 전시의 제목은 얄궂게도 '트로이, 꿈과 실재' 였다. 이 전시회는 청동기시대의 트로이가 실제로 서양과 동양 사이의 교역 중심지였다고 주장한다. 이 전시회의 카탈로그에는 (트로이 유적이 있는) 터키의 대통령이 쓴 인사말이 실려 있다. 그 인사말에서 터키 대통령은 이들 유물로부터 '아나톨리아현재 터키의 아시아 지역을 이루고 있는 반도로 소아시아라고도 한다-옮긴이에서 발견되었을 유럽 문화 곧 자본주의의 가장 강력한 뿌리'를 분명히 볼 수 있다고 말한다. 그리고 이에 대한 회답으로써, 독일 대통령이 쓴 마찬가지로 정치적인 글이 함께 실려 있다.

고고학 전시 카탈로그에 붙인 이 극히 정치적인 서문은 명백한 기회주의의 산물이다. 당시 터키는 유럽연합에 가입하려 하고 있었고, 독일에서는 자국 내 거주 터키 노동자들에게 새로운 권리를 허용하려는 새 시민권법이 물의를 일으키고 있었다. 또한 동양과 서양을 연결한다는 트로이의 이미지는 이제 재통일된 독일 토론이 벌어지도록 불을 지폈다. 수많은 청취자들이 이 토론에 참여했고, 독일 대학들이 서로 툭탁거렸던 것이다!

동양과 서양이 어떻게 경제적으로 연관되는가? 이 새로운 트로이는 새로운 독일에서, 그리고 새로운 독일에게 어떤 의미를 가졌던 것일까? (얄궂게도 대제국으로 교역국가였던 엘리자베스 여왕 시대 영국은 스스로 '새로운 트로이'로 자칭하기도 했다.) 독일이 계속해서 고대에서 자신의 근본을 찾으려 한다면, 트로이에 대한 꿈, 그리고 그리스에 대한 꿈이 실제 독일 정치 이데올로기에 많은 부분 남아 있게 된다.

20세기 전환기의 빈에서, 프로이트가 자아심리학에 대한 자신의 혁명적인 이해방식을 표현하기 위해 그리스 신화의 인물에 의지한 것은 어쩌면 불가피한 일이었다. 그의 자아심리학은 현대 세계가, 우리는 어디서 왔는가라는 물음에 대해 답하는 방식을 상당히 바꾸어놓았다. 오늘날 우리는 프로이트의 이론에서 벗어나기 어렵다. 모든 사람들이 프로이트의 이론에 깊이 영향받은 문화 환경 속에 살고 있는 것이다. 그의 이론이 그가 살았던 빅토리아 여왕 시대 사람들에게는 망측해 보였을지 모르고, 현대의 많은 비평가들이 아무리 그의 주장에 의문을 제기하더라도, 프로이트의 잠재의식, 억압, 그리고 말실수Freudian slip와 상징은 현대사회의 지식의 일부이다. 프로이트의 오이디푸스는 우리가 우리 자신을 이해하는 한 방편이 된 것이다.

프로이트는 자기인식에 대한 열망을 치료원리의 중심에 두었다. 우리 각자는 과거로부터 벗어날 수 없고 그러한 과거에 대해 새롭게 인식할 필요가 있다는 것이 프로이트 정신분석학의 근본원리이다. (키케로의 말을 새로 써보면) 만약 어린시절의 성장발달 과정에 대해 모른다면, 미해결된 어린시절의 문제들에 갇혀서 삶을 보내게 되고 말 것이다. 아이에게 무슨 일이 일어나며 그 아이가 유아시절의 긴장을 어떻게 푸는지가, 그가 성인이 되었을 때의 정체성을 구성한다. 그리고 그러한 긴장을 해결하는 데 실패하면 이 성인은 유아상태에 고착된다.

자신이 어디서 왔는지 알려면 분석을 수행해야 한다. 프로이트에게, 오이디푸스는 자기인식에 대한 열망을 전형적으로 보여주는 인물이었다. 그리고 프로이트는 오이디푸스로부터 현대인의 정신과 섹슈얼리티의 발달에 관한 거대서사를 만들었다. 오이디푸스를 통해 모든 사람들의 마음속에 있는 성적 과거에 대한 추악한 비밀을 발견한 것이다. 오이디푸스가 없었다면, 정신분석학은 실로 아주 달라졌을지도 모른다.

어떻게 프로이트의 정신분석학에서 오이디푸스가 그러한 역할을 하게 되었을까? 곧바로 두 가지 답이 떠오른다. 첫째, '오이디푸스' 라는 이름이 아이와 부모 사이의 폭력적이고 양가감정이 병존하는 욕망을 편리하게 요약해주었기 때문이다. 프로이트는 이 욕망을 아이의 초기 발달에서 감정상의 중대 국면으로 보았다. 두 번째, 그리스 비극에서 볼 수 있는 탐구적이고 효과적인 대화 유형이 정신분석학에 필요했던 것이다.

프로이트는 이렇게 자신이 그리스 비극에 빚지고 있음을 분명히 밝혔다. 그는 오이디푸스 왕의 행위가 '정신분석 작업에 비유될 수 있는 과정'을 보여준다고 쓰고 있다. 자신의 태생으로 거슬러 올라가 과거를 탐구해 나가는 오이디푸스의 고통스럽고도 집요한 자아탐색은 프로이트의 분석 작업을 상기시킨다. '수수께끼 풀기', '자취 찾기', '진실 찾기' 같은 오이디푸스의 탐색을 묘사하는 말들이 거듭 반복되었다. 이러한 말들이 또한 분명 마음을 끄는 것이었다.

하지만 훨씬 더 묘한 것은, 프로이트가 자기 자신을 오이디푸스로 보았다는 점이다. 수수께끼를 풀고 자기인식을 위해 비극적 탐색을 해나가는 오이디푸스와 자신을 동일시했던 것이다. "우리 가운데 누가 오이디푸스인가? 스핑크스는 누구인가? 그것은 의문투성이인 것 같다"라는, 의미가 불분명한 니체의 말은 프로이트가 일생 오이디푸스에 대해 가졌던 강박감에 대한 하나의 제사題辭가 될 수 있을 것이다.

1906년 그의 50회 생일 행사 때, 프로이트의 제자들과 추종자들은 그의 모습을 메달에 새겼다. 이 메달의 한쪽 면에는 프로이트의 측면 초상이 새겨지고, 다른 쪽 면에는 스핑크스가 내는 수수께끼에 답하는 오이디푸스의 이미지가 있었다.그림 48

모든 사람들이 그것이 아주 적절하고 상당히 재치 있는 상징이라고 생각했음은 분명했다. 거기에는 《오이디푸스 왕》에 나오는 그리스 시의 한 구절이 덧붙여져 있었다. "가장 유명한 수수께끼의 답을 알며 가장 강력했던 자." 이는 오이디푸스의 일생을 요약하는 합창단(지금은 대개 걸치레로 여겨진다)의 마지막 대사에서 따온 것이다. 하지만 그것이 얼마나 적절한 선물이었는지 짐작할 수 있는 사람은 아무도 없었다. 그 자리에 있었던 프로이트의 전기 작가인 어니스트 존스 Ernest Jones, 1870-1958, 영국의 정신분석학자는 프로이트가 "……마치 망령"이나 유령을 "만난 것처럼 창백해지며 동요했다"고 썼다.

빈 대학 재학시절에, 프로이트는 지붕이 커다란 아치형인데다 유명한

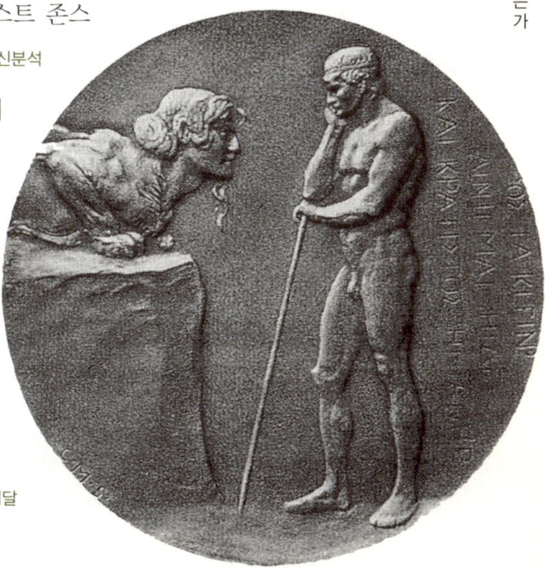

● 그림 48 프로이트의 메달

교수들의 흉상이 세워져 있는 건물 주변을 거닐곤 했다. 그러면서 언젠가 자신의 두상도 거기에 세워질 것이라는 공상에 잠겼다. 이런 공상에 잠길 때면 그는 항상 그의 흉상에 "그가 지금 보고 있는 메달에 새겨져 있는 말이 새겨질" 것이라고 생각했다. 그런데 그 공상이 실현된 것이었다. 프로이트에게는 이 이상한 꿈의 실현이 아주 적절하면서도 놀라웠을 것이다.

1873년 프로이트는 《오이디푸스 왕》을 특별히 공부하게 되었다. 한 시험에서 이 비극의 일부를 번역해야 했던 것이다. 그의 편지에서 간간이 스핑크스에 대한 언급을 볼 수 있다. 그는 부모 중 한 사람에게, 자기분석에 도움을 준 데 대한 고마움의 표시로 "오이디푸스와 스핑크스가 그려진 그림을 선물"했다(하지만 우리는 그의 부모가 그 선물을 어떻게 해석했는지는 알 수 없다). 프로이트는 정신분석의로 일하는 진찰실에다, 자신이 열심히 수집한 고대의 인물 조각상들을 전시해놓았다.

● 그림 49
프로이트의 진료실

그림 49의 사진은 (그의 개 요피가 다소 시선을 흩뜨리기는 하지만) 그런 것들이 널려 있는 그의 사무실을 잘 보여준다. 진열장의 꼭대기에 도도하게 놓인 것은 스핑크스가 분명하다. 스핑크스는 큰 잔 너머 낙타를 마주 보고 있다. 더 높은 선반에 소포클레스를 포함하는 위대한 그리스 비극작가들의 흉상이 놓여 있다. 프로이트는 또한 한 진열장 전체를 날개 달린 소년, 다시 말해 욕망의 신인 에로스의 작은 테라코타 조각상들로 채워놓았다.그림 50 이것이 상징하는 바를 굳이 해석할 필요는 없을 것이다. 하지만 프로이트가 왜 그렇게 고대 그리스 신화의 모델로 정신분석학이라는 학문을 표현하는 데 마음이 끌렸는지, 그 이유에 대해서는 주목할 필요가

● 그림 50
프로이트의 진열장

있다.

그리스어 작품 읽기, 조각상 수집, 오이디푸스 콤플렉스라는 명칭, 이 모든 것이 프로이트의 고전 고대와의 깊고도 지속적인 관계를 말해준다. 고대에 대한 그의 관심을 가장 생생하게 말해주는 (눈에 보이는) 증거는 그의 진찰실에 있는 저 고대 조각상들이다. 프로이트가 살아 있는 동안, 고전 고고학은 가장 인기 있던 최신유행 학문 분야의 하나였다. 고전 고고학은 그와 그의 당대인들의 상상력을 사로잡았다.

슐리만은 서양과 동양이 충돌한 첫 격전지로, 헥토르, 파리스, 헬레네가 거닐던 도시 트로이를 발굴했다. 그리고 미케네를 발굴했으며, 그의 핵심적인 말인 "오늘 나는 아가멤논의 얼굴을 보았다"는 자기선전용으로 성공적이었다. 아서 에번스Arthur Evans, 1851-1941, 영국의 고고학자로 미노스 문명의 중심지 크노소스를 발굴함는 미궁과 미노타우로스의 본고장인 크레타 섬에서 미노스 왕의 궁전을 발견했다.포세이돈이 보낸 황소와 잠자리를 한 왕비 파시파에가 반은 사람이고 반은 소인 미노타우로스를 낳자, 미노스 왕은 장인 다이달로스를 시켜 한 번 들어가면 결코 빠져나올 수 없는 미궁을 짓게 해 거기에 미노타우로스를 가둔다-옮긴이 이 발견은 괴물과 신화의 수수께끼를 물질계로 가져온 것 같았다.

프로이트는 그의 많은 환자들이 그랬던 것처럼, 고고학에 대해 열렬했다. 층층이 고대의 진실을 향해 파내려가는 발굴이라는 모델은 특히 프로이트를 자극했다. 그러한 고고학의 기법 자체와, 발견된 진리의 고색창연함과 원형성과 확실성에서 말이다. 그리스 땅에 묻혀 있던 그러한 문화재들의 발견에 대한 매혹은 프로이트의 인간의 마음 표면 아래로의 탐사로 전이되었고, 프로이트는 자신의 새로운 연구방식을 정당화하는 한 방편으로써 고대 그리스의 모델로 관심을 돌리게 되었다.

하지만 프로이트가 "오이디푸스의 운명이 우리를 감동시키는 것은 우리 자신의 운명이 그렇게 될지 모르기 때문일 뿐이다"라고 말할 때, 또는 같은 전통에 있는 다른 비평가들이 "몇 가지 의미에서 오이디푸스는 우리 모두이며 우리 모두가 잠재적으로 오이디푸스이다"와 같은 말을 할 때, 고대 그리스의 모델은 또 다른 매력을 획득하게 되며, 이는 '너는 네가 어디서 왔다고 생각하는가?' 라는 물음과 깊이 연관된다.

독일어권 사람들의 그리스에 대한 애호와 그 국가주의적 열정이 절정에 이른 가운데, 프로이트는 이 민족의 가족사家族史에서 욕망과 폭력이 얽힌 추악한 비밀을 폭로한다. 그리스에 순수하고 순결한 기원을 두고 있다는 독일의 국가 신화를 위협하는 망측한 진실을 드러내고 있는 것이다. 프로이트에게 그리스는 우리가 어디서 왔는지에 관한 이야기를 제공해준다. 하지만 그것은 영광스러운 이야기가 아니다. 프로이트의 이론은 독일인의 정체성에 대한 심각한 도전이었다.

이러한 독일적 배경은 프로이트의 오이디푸스에 근본적인 중요성을 갖는다. 프로이트가 자신이 발견한 것을 '오이디푸스 콤플렉스' 라고 불렀을 때, 이 이름은 고전이 갖는 위상으로 인해 곧바로 일종의 권위를 갖게 된다. 그리스는 서구인들의 자아발달에 관한 생각에서 아주 중요했다. 그래서 그리스의 영웅은 인간 심리 발달의 새로운 모델로서 아주 매력적이었다. 그리고 무의식과 더불어 프로이트 정신분석학의 상징인 오이디푸스 콤플렉스는 아마도 지금도 가장 곧바로 알아볼 수 있는 심리학적 접근의 지표이다.

동시에 프로이트의 이론은 실로 망측한 것이었다. 그는 어린아이도 성적 감정을 가지며, 모든 사람들의 마음속 깊은 곳에 있는 성적 욕망이 관습을 거스르고 있음을 발견한 것이었다. 이러한 입장은 19세기 유럽에서는 오늘날보다 훨씬 인기가 덜했다. 프로이트에 의해, 그리스는 가장 독일적인 학교 교실에서 얘기되는 그리스보다 더 원시적이고 피비린내 나며 혼란스러운 곳이 되었다. 프로이트의 저작이 일으킨 도발 또한 그리스의 영광을 고의로 이용한 것이었다.

프로이트의 독일인 오이디푸스의 자취를 따라가는 것은 '너는 네가 어디서 왔다고 생각하는가?' 라는 물음에 대한 몇 가지 해석과 겹쳐지는 부분이 있었다. 자아가 어디서 유래하는지 알고자 했던 프로이트는 유아기의 욕망에서 성장발달 과정에서의 전기轉機를 발견했다. 모든 인간의 마음속에는 묻혀 있는 역사가 있다. 그것이 우리의 정체성을 이룬다. 프로이트는 이 모델의 명칭을 한 그리스 영웅의 이름에서 땄다. 이 영웅의 이야기는 자신이 어디서 왔는지 알고자 하는 탐색의 원형을 보여준다. 이렇게 묻힌 역사는 또한 관습을 거스르는 섹슈얼리티에서도 그 전기를 발견한다.

동시에 프로이트는 점점 더 국민의식이 강렬해지기 시작하는 독자들을 대상으로 글을 쓰고 있었다. 이러한 국민의식은 독일인들로 하여금 뿌리를 찾는 계보학 탐사에 열광케 했다. 혈통 및 종족의 순수성은 '너는 어디서 왔는가' 라는 물음을 또 다른 종류의 물음으로 만들었다. 독일 민족주의는 모든 문화 수준에서, 고대 그리스에서 상징적인 고국과 고향을 발견했으며, 이러한 주장을 교육제도, 오페라극장, 문학, 다시 말해 문화생활 전반에 걸쳐 실행했다.

그리하여 21세기에 프로이트는 현대인의 정체성의 한 기원을 이루고 있다. 우리 모두는 이제 프로이트주의자들이다. 프로이트 자신의 저작이 본래대로 연구되지 않았을지도 모르지만, 우리의 자아감은 말실수, 잠재의식, 성적 욕망의 억압, 정신건강에 대한 논의가 오가는 한 세기를 거치면서 매개되고 있다.

프로이트의 독일인 오이디푸스에 대한 복잡한 이야기는 '너는 네가 어디서 왔다고 생각하는가?' 라는 물음이 얼마나 다층적인지를 드러낸다. 이들 층을 뚫고 파내려가는 것은, 자아와 유럽의 정치사에 대한 현대인의 생각의 역사가, 이상적으로 상상된 그리스와 얼마나 밀접하게 뒤얽혀 있는지를 보여준다.

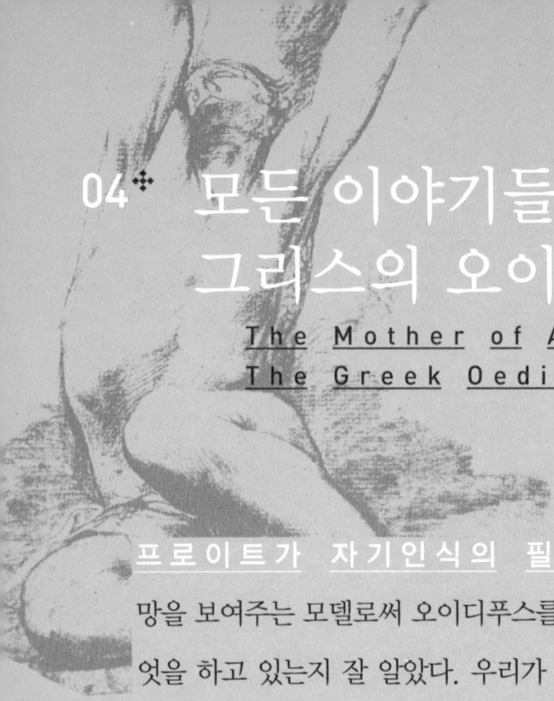

04 모든 이야기들의 근원-그리스의 오이디푸스

The Mother of All Stories - The Greek Oedipus

프로이트가 자기인식의 필요성과 그에 대한 열망을 보여주는 모델로써 오이디푸스를 택했을 때, 그는 자신이 무엇을 하고 있는지 잘 알았다. 우리가 어디서 왔는가 하는 문제를 고민하게 될 때, 모든 이야기의 근원이 오이디푸스에게 있기 때문이다. 이 이야기는 거의 모든 사람들이 그것을 처음 들었던 때를 기억하지 못하는 그런 유의 이야기들 가운데 하나이다(이것은 사실상 그것이 신화임을 말해주는 좋은 표시이다). 그러면서도 오이디푸스가 아버지를 죽이고 어머니와 잠자리를 했다는 것을 모두 다 알고 있지 않은가? 이 그리스 이야기는 자신이 어디서 왔는지를 몰랐던, 그래서 그의 삶이 한 어린아이에게 있을 수 있는 최악의 것이 될 운명이었던 남자에 관한 이야기의 기초를 놓아준다. 오이디푸스는 자신이 누구인지 알고자 하는 서구인들의 상상력 속에 늘 따라다니며, 그러한 인식의 추구를 자기기만 및 자기파괴의 공포와 뒤섞어 놓았다.

고대 세계나 현대 세계에는 아주 많은 다양한 오이디푸스들이 있다. 현대의 지식인들뿐 아니라 고대의 지식인들도 '신화'라 일컬었던 이야기들이, 서로 다른 맥락 속에서 주인공이 바뀌고 아주 다양한 줄거리와 결말(비극적이거나 희극적이거나 철학적이거나 혹은 멍청한)을 가지고서 서로 다른 목적을 위해 거듭 이야기되고 있기 때문이다. 여기에는 공인된 판본이란 것이 없다. 현대 독자들은 언제나 한 가지 본래의 해석을 바라는 경향이 있지만, 신화의 세계는 수천 가지 이야기가 가능하다.

하지만 이러한 다양성에도 불구하고 어떤 판본들, 어떤 이야기들은 점점 더 인기를 얻고 아주 큰 영향력을 미쳤다. 그래서 그것들은 점점 더 권위를 가지게 되었고 다른 이야기들보다 우위를 차지하게 되었다. 모든 사람들이 그것을 알고 그 이야기들을 최상의 것으로 알고 있는 것이다. 셰익스피어의 햄릿과 마찬가지로, 호메로스의 《일리아스》에 나오는 아킬레스의 이야기나 베르길리우스의 아이네아스 이야기가 그러한 예들이다. 그리고 소포클레스의 비극 《오이디푸스 왕》도 그러하다.

소포클레스의 연극은 유럽 문화에 아주 큰 영향을 미쳤다. 따라서 그것은 우리가 그리스의 오이디푸스에 다가가는 데 길잡이가 되어줄 것임에 틀림없다. 이 비극이 어째서 그런 힘을 가지고 있는지 그 근거는 충분히 분명하다. 오이디푸스 이야기가 단순히 근친상간이나 오인된 정체성에 관한 슬픈 이야기에 그치지 않고, '너는 네가 어디서 왔다고 생각하는가?'라는 물음에 대해 심오하게 답하도록 한 것이 바로 소포클레스의 극이기 때문이다.

《오이디푸스 왕》은 서구 문화에서 가장 강렬한 인상을 주고 지속적으로 읽히는 작품들 가운데 하나이다. 소포클레스의 오이디푸스 이야기는 기원의 탐색에 대한 참으로 비극적인 해부이다. 고대 세계를 연구해볼 만한 이유는 많다. 그 강렬함, 미묘함, 감동적인 힘이 그것을 고전으로 손꼽히게 하고 우리의 관심을 끌기에 충분한 이유임을 잊어서는 안 된다.

소포클레스의 극이 정체성 문제와 관련해서 보여주는 통찰은 현대의 관객에게 충격적이도록 정밀하고 강렬하게 전해진다. 프로이트가 오이디푸스를 모든 인간의 모델로 삼았을 때 그는 옳았다. 오이디푸스의 자신에 대한 탐색, 자신이 어디서 왔는지를 알기 위한 여정은 우리가 자기인식을 위해 어떻게 과거를 뒤돌아보아야 하는가 하는 것뿐만 아니라, 그 피할 수 없는 과정이 얼마나 혼란스럽고 고통스러울 수 있는지를 예시한다.

아리스토텔레스에게 《오이디푸스 왕》은 비극으로서 완벽한 줄거리를 갖춘 작품이었다. 그것은 선량한 사람이 자신의 오해에 의해 고통을 겪는 과정을 필연적이고 단계적으로 전개해야 한다는 아리스토텔레스의 원리를 요약했다. 많은 그리스 비극들처럼, 이 이야기의 줄거리는 아주 간단히 요약될 수 있다. 비록 이 비극이 다른 이야기들보다 우여곡절이 많기는 하지만 말이다.

그리스 비극은 형식상 막 구분을 하지 않는다. 하지만 합창단의 노래에 의해 구분되는 다섯 개의 장면들은 이 극의 구조를 쉽게 볼 수 있게 해준다. 다섯 개의 장면은 다음과 같다.

제1막

테베는 역병이 돌아 흉흉해진다. 테베의 왕 오이디푸스는 아폴론 신으로부터 이 도시가 이전 왕 라이오스의 살해범을 잡아 처벌하지 않았기 때문에 신성을 더럽혔다는 신탁을 받는다. 오이디푸스는 그 살해범을 저주하며 그를 추적해 잡을 것을 맹세한다.

제2막

장면1: 오이디푸스의 첫 행보는 예언자 테이레시아스를 불러들이는 것이다. 예언자가 입을 굳게 다물고 있자 왕은 그에게 의견을 말하도록 추궁한다. 예언자는 오이디푸스 왕 자신이 살해범이라고 말한다. 격노한 오이디푸스는 예언자가 왕위를 빼앗기 위해 자신의 처남인 크레온과 음모를 꾸미고 있다고 비난한다. 테이레시아스는 몹시 화가 나서 물러간다.

장면2: 오이디푸스는 크레온을 반역자라고 비난한다. 왕비 요카스타가 두 사람의 언쟁에 끼어들어 말린다. 그들이 이야기를 나눔에 따라, 오이디푸스가 처음 코린트의 집을 떠나 테베로 왔을 때, 사륜마차로 자신을 길에서 밀쳐낸 남자를 죽인 사실이 드러난다. 오이디푸스는 자신이 아버지를 죽이고 어머니와 결혼할 것이라고 경고하는 신탁을 받은 까닭에, 코린트의 고향집을 떠나 피해 있었던 것이다. 오이디푸스는 자신이 죽인 남자가 실제로 라이오스였더라도, 그것은 그 남자가 자신에게 경솔하게 자신에게 욕지거리를 했기 때문이라고 오이디푸스는 이유를 변명한다. 라이오스의 최후의 여행에서 유일한 생존자가 하나 있었는데, 그때 그는 왕 일행이 강도 무리에게 습격을 받았다고 말했다. 이 남자는 이전 왕의 살해범에 대한 이야기를 분명히 하도록 불려온다.

제3막

하지만 이 양치기가 나타나기 전, 코린트에서 보낸 전령이 도착해서 오이디푸스의 아버지 폴리보스의 죽음을 알리고, 오이디푸스에게 코린트의 왕권을 바친다. 오이디푸스는 슬프기는 했으나, 이제 자신이 아버지를 죽일 일은 없을 것이기 때문에 안도한다. 코린트의 전령은 신탁의 나머지 부분에 대한 오이디푸스의 염려를 덜어주기 위해, 폴리보스가 실은 그의 진짜 아버지가 아니며, 또한 메로페도 그의 진짜 어머니가 아니라고 말해준다. 오이디푸스는 코린트의 왕과 왕비가 주워온 아이였다. 이는 깜짝 놀랄 일이었다. 오이디푸스는 이제 필사적으로 자신의 친부모가 누구인지를 알아내고자 한다. 라이오스의 죽음을 목격했던 양치기가 또한, 아기를 코린트 왕궁에 건넨 자기 동료에게 애초에 아기를 넘긴 사람이라는 사실이 밝혀진다. 그 양치기를 알고 있던 요카스타는 즉시 이 모든 것이 무엇을 의미하는지 깨닫게 된다. 오이디푸스는 그녀의 아들이었던 것이다. 그녀는 자기 아들과 잠자리를 한 것이었다. 그녀는 절망에 빠져 침실로 들어가, 자살하게 된다.

제4막

하지만 오이디푸스는 여전히 아무것도 모른 채, 양치기가 오기를 기다린다. 양치기는 왕궁에 도착해서 진실을 밝히도록 요구받는다. 그는 요카스타와 라이오스로부터 그 아이를 건네받은 것이었다. 마침내 모든 것이 분명해진다. 신탁이 실현된 것이었다. 오이디푸스는 아버지를 죽이고 어머니와 잠자리를 한 것이다.

제5막

오이디푸스는 궁으로 달려 들어가 이미 목을 매단 요카스타를 발견한다. 그는 요카스타의 옷에서 장식핀을 뽑아 자기 눈을 찌른다. 그리고 크레온이 이 도시를 다스리는 통치자로서 등장하고, 더불어 눈멀어 피를 흘리며 파멸에 이른 오이디푸스가 다가올 자신의 냉혹한 운명을 기다리면서 연극은 끝난다.

'너는 어디서 왔는가?' 라는 물음은 각각의 중대한 시점에서 이 유명한 이야기에 동기를 제공한다. 그리고 소포클레스는 충격효과를 위해 이 물음이 이 연극 전체에 걸쳐 끊임없이 울려 퍼지게 한다. 오이디푸스가 처음 델포이 신탁소로 간 것은 주연에서 한 취객이, 오이디푸스가 그의 부모의 자식이 아니라고 조롱했기 때문이다. 어린아이들은 '내가 어디서 왔어요?' 라는 물음에 대한 이런 답그가 그의 부모의 자식이 아니라는–옮긴이을 잘 믿지 않으려 한다. 셰익스피어의 《겨울 이야기》에서부터 디킨스의 《올리버 트위스트》, 《스타워즈》, 《해리 포터》에 이르기까지, 친부모를 찾는 것은 서구 소설의 거대서사 가운데 하나이다.

하지만 오이디푸스는 아폴론으로부터 바라는 답을 얻지 못한다. 그 신전에서, 그는 자신이 아버지를 죽이고 어머니와 잠자리를 하리라는 말을 듣는다. 이에 겁을 먹은 오이디푸스는 그가 자신의 집으로 알고 있던 곳으로부터 달아난다. 그리고 그는 자신이 어디서 왔는지 안다고 생각하고서, 다시 말해 자신이 코린트에서 태어났다고 생각하고서 곧장 실제 자신이 태어난 곳, 즉 테베로 달려간다.

놀라운 층위들을 갖는 상징적인 여운과 더불어, 오이디푸스는 바로 '세 길이 만나는 곳에서' 아버지를 만나 살해한다. 오이디푸스가 그의 운명을 실행하는 결정적인 행위를 한 곳은 선택과 이행의 지점인 교차로이다. 교차로는 '너는 네가 어디서 왔다고 생각하는가, 그리고 어디로 가고 있는가?' 라는 물음에 물리적, 공간적 형식을 제공한다. 여기서 오이디푸스는 길 밖으로 밀쳐나게 되자, 아버지 살해라는 돌이킬 수 없는 걸음을 내딛는다. 교차로는 '너의 삶의 행로가 어떠할 것인지 아는가' 하는 물음을 극적으로 표현한다.

다음으로 오이디푸스의 무지를 조롱하는 사람은 테이레시아스이다. 이 예언자는 항상 진실을 말하지만, 그의 수수께끼 같은 말은 그 말을 듣는 사람을 도와주기보다는 동요하게 만든다. 오이디푸스가 예언자인 그가 역병에 시달리는 도시에 아무런 도움이 되지 못한다고 비꼬자, 그는 도전적이고 경멸하는 어조로 소리친다.

> 왕께서는 눈이 있으면서도 왕께서 처한 무시무시한 상황을 보지 못합니다.
> 왕께서는 자신이 어디에 있는지도, 누구와 가족을 만들고 있는지도 알지 못합니다.
> 왕께서는 자신이 어디서 왔는지 아십니까?

키케로는 이렇게 경고했을지 모른다. 오이디푸스는 자신이 어디서 왔는지 모르기 때문에, 가능한 가장 소름끼치는 방식으로, 언제나 무지한 어린아이의 상태로 남을 운명이라고. 그는 자신의 삶(그가 같이 살고 있는 사람과 그가 살고 있는 곳)이 재앙임을 알지 못한다. 눈먼 예언자는, 오이디푸스 왕이 자신이 처한 무시무시한 상황을 보지 못한다고 말한다. 테이레시아스가 오이디푸스를 불안에 사로잡히게 하는 것을 지켜보기란 섬뜩한 일이다.

테이레시아스: 제가 어리석게 보일 것입니다. 하지만 폐하를 낳은 폐하의 부모에게, 저는 분별 있는 사람일 것입니다.

오이디푸스: 누구라고? 잠깐! 누가 나를 낳았다고?

오이디푸스는 노하여 테이레시아스를 물리치지만, 그 예언자의 조롱으로 인해 그는 꼼짝을 못하게 된다. 오이디푸스는 벌컥 화를 내었지만, 자신의 부모가 누구인지 필시 알아야 한다. 그는 자신이 어디서 왔는지 확실히 말할 수 없다. 그리고 이러한 무지가 그를 그 자리에 멈춰 서게 한다. 오이디푸스가 이렇게 멈춰 선 것은 교차로에서이다.

소포클레스는 기막히고도 고통스러운 아이러니로써 세 번째로 오이디푸스를 불안하게 만든다. 코린트에서 온 전령이 오이디푸스에게 코린트의 왕과 왕비가 그의 친부모가 아니라는 사실을 밝히자, 그는 자신이 어디에서 왔는지 몹시도 알고 싶은 마음을 드러낸다. 요카스타는 점점 절망에 빠져들면서, 그에게 더 이상 태생을 알려고 하지 말 것을 간청한다. "아니 됩니다, 부디, 이왕에 당신의 생활을 좋아한다면, 이 일에 대해 뭘 알아내려 하지도 알지도 마소서." 하지만 오이디푸스는 고집을 꺾지 않을 것이다.

고통스러운 오해의 장면에서, 오이디푸스는 지금쯤은 벌써 자신의 실체를 알게 된 요카스타가, 자신의 친부모가 천한 신분으로 밝혀질지도 모르기 때문에 당황하고 있다고 생각한다. 그녀의 속물근성에 대한 그의 추측과 그녀의 절대적인 공포 사이의 충돌은 몹시도 고통스럽다. 요카스타가 뛰쳐나가기 전, 할 수 있는 유일한 일은 오이디푸스가 자신이 누구인지 결코 알지 못하기를 간절히 바라는 것뿐이다. '아무것도 나를 막지 못할 것' 이라고 오이디푸스는 맹목적인 확실성을 가지고 단언한다. "나는 나의 태생을 알아야 하오." 그리고 그는 자멸이라고 생각될 정도로 자신의 정체성을 탐색하고 있으니, 알게 될 것이다

오이디푸스에게, 그가 어디서 왔는지 모르는 것은 격심한 불안을 안겨주는 동시에 불행의 원천이다. 그 부정한 도시, 그 부정한 집, 그가 태어난 그 부정한 침실에서 파국을 맞는다. 그는 자신의 태생에 관한 의문의 답을

찾고자 한다. 하지만 그가 어디서 왔는지 아는 것은 공포와 자해를 불러올 뿐이다. 소포클레스 극의 모든 복합적인 아이러니는, 자신이 어디서 왔는지 모르는 불행과 그것을 알게 되는 불행 사이에 붙들린 남자라는 기묘한 틀 구소 내에서 발생한다.

이 줄거리는 대단히 매혹적이고 관객으로 하여금 한 남자의 자멸을 공포감에 차서 바라보게 한다. 하지만 《오이디푸스 왕》을 또 다른 차원으로 받아들이게 하는 것은 소포클레스의 시 언어이다. 그것은 우리에게 인간이란 무엇인가, 한 인간을, 그리고 우리 자신을 규정하는 데 필수적인 역할을 하는 말을 우리는 어떻게 사용하는가에 대해 뜻깊은 의미를 열어놓는다. 이 극은 '너는 네가 어디서 왔는지 아는가?' 라고 묻고 있는 것만은 아니다. 이것은 또한 정체성을 나타내는 말의 놀랄 만한 해체를 통해, 우리가 누구인지 안다는 것에 대해 고통스러운 의문을 불러일으킨다.

두 가지 중요한 예가 이러한 해체 과정을 밝혀준다. 우선, '아이' 라는 말이 그것이다. 이 말을 이용하면 우리가 가족관계를 나타내는 데 사용하는 모든 말들을 대신할 수 있다. 한 사람의 일대기(자아의식)는 그러한 유사어들로 정밀히 표시되는 지도인 셈이다. 이러한 말들('나의 어머니', '너의 아버지', '우리 아이들' 등)은 한 사람의 생애 이야기에서 관계망을 나타내는 하나의 격자 눈금이다. 그런데 소포클레스는 이 지도를 찢어놓는다. 하지만 정체성의 가장 두드러진 증표는 적절한 이름이다. '오이디푸스' 라는 이름이 앞서 말한 두 가지 예 가운데 두 번째의 것이다. 소포클레스는 이들 정체성의 중요한 표지들로 하여금 근친상간과 무지로 불안하게 비틀린 줄거리를 경험하게 하고서, 그것들을 (그리고 우리를) 충격 받은 채로 내버려둔다.

오이디푸스의 첫 대사이자 이 극의 첫 대사이면서, 서구 문학에 가장 길이 남을 오이디푸스의 대사는 "오, 나의 아들들이여" 제1막 첫머리에서, 테베에 역병이 돌자 탄원을 하러 온 테베 사람들을 향해 오이디푸스가 입을 열어 가장 먼저 내뱉는 말이다—옮긴이이다. 그는 테베 사람들의 통치자이자, 이 도시국가의 '아버지' 로서 말한다. 이 극에서 그가 마지막으로 크레온에게 하는 말은 "부디 내 아이들을 내게서 데려가지 말기를"이다. 딸들이 옆에 있으면서 자신의 고통을 치유해주기를 바라는 것이다. 하지만 크레온은 그의 딸들을 데려가버린다.

오이디푸스의 첫 번째 대사와 마지막 대사 사이에서, 이 연극은 그가 어떻게 해서 자신의 아이들뿐 아니라 그 가장 단순한 어휘를 사용할 수 있는 가능성마저 잃게 되는지 밝혀나간다. 그의 어머니가 그의 아내이기도 하기 때문에, 오이디푸스의 아이들은 또한 그의 형제이자 자매이기도 하다. 자아를 규정하는 통상적인 언어가, 근친상간에서는 내파內破한다. 그의 가족의 결혼들이 "아버지들, 형제들, 아이들, 혈통, 신부들, 아내들, 그리고 어머니들을…… 폭로했다"고 오이디푸스는 슬퍼한다. 한 인간은 혈연의 관계망에 의해 사회라는 지도에 위치지워져야 한다. 하지만 관계들의 목록이 뒤집어엎어지면서, 그 지도의 혈연관계가 뒤범벅이 되어버린다. 여기서 작동할 수 있는 범주는 더 이상 아무것도 없다. 오이디푸스에게 자신의 기원을 아는 것은, 세계의 질서 속에서 자신의 위치를 상실하고, 가족 가치가 붕괴되는 전조가 될 뿐이다.

이는 우리로 하여금 새로운 불길한 예감을 갖고서 이 연극의 첫 대사를 듣게 한다. 오이디푸스가 왕답게 당당히 "오, 나의 아들들이여"라고 입을 열 때 그는 이미 소름끼치는 자신의 이중적 처지를 보여주었다. 오이디푸스는 이 도시의 구원자인 동시에 이 도시를 타락케 한 자이며, 스핑크스의 수수께끼를 푼 왕이자 살인자이다. 그에게 '아이'라는 말은 아주 두려운 이야기를 불러낸다. 아리스토텔레스 이후, 비극은 선량한 사람들의 이야기로 여겨졌다. 이 선량한 사람은 자신의 실수로 해서 두렵고도 비참하게 전락한다. 하지만 오이디푸스는 언제나 은폐된 공포로부터 드러난 불행으로 가는 길 위에 있었다. 합창단이, 비극에서 가장 잊혀지지 않는 시가들 가운데 하나에서 이러한 여정을 포착하고 있다.

> 아아, 그대들 죽어야 할 인간의 종족들이여,
> 내 헤아리건대 그대들의 삶은 한낱 그림자에 지나지 않도다

그 어느 누가 행복으로부터

행복의 허울과 허울 뒤의 몰락보다도

더 많은 것을 얻고 있는가?

(이 부문은 국내 번역본 《오이디푸스, 안티고네》, 천병희 옮김, 243, 244쪽을 참조함–옮긴이)

오이디푸스가 '나의 아들들' 이라는 말로 이 연극을 열 때, 우리는 몸서리를 치며 이미 피할 수 없이 '허울 뒤로부터 몰락' 하기 시작한 '허울 좋은 행복' 에 대해 듣게 된다. 처음부터 '아이' ('아들')라는 말은 오이디푸스의 비극이 그리는 찢겨진 세계의 징후를 드러낸다.

'오이디푸스' 라는 이름 자체가 어긋남을 드러낸다. 근친상간이 관계망을 타락시켰을 때 이 위험한 말실수가 제 역할을 한다. '오이디푸스' 가 무슨 의미일까? 전통적인 한 가지 견해로는, '부어오른 발' 을 의미한다. 그의 부모가 아이가 죽게 내다버리면서 갓 태어난 오이디푸스의 발목을 묶었고, 이때 손상을 입어 그는 평생 다리를 절룩거리게 된 것이었다. 코린트에서 온 전령이 이 왕이 '오이디푸스' 로 불리게 된 이러한 연유를 들려준다.

하지만 소포클레스는 또한 '오이디푸스' (그리스어로 'Oidipous')라는 이름으로 일련의 이상한 말놀이를 하고 있다. 이 이름에는 '나는 안다' 라는 뜻을 가진 '오이다' oida라는 말과 '어디' 라는 의미를 가질 수 있는 '푸' pou라는 말이 들어 있다. 오이디푸스는 '그가 어디서 왔는지' 모르지만, 그의 이름은 '나는 어디인지 안다' 라고 외치는 것 같다.

분열적인 말놀이로 가장 두드러진 것은 코린트의 전령이 등장할 때 행해진다. 요카스타는 아폴론 신에게 '구해달라고' release 기원했다. 그때 마침 신으로부터 온 답처럼 전령이 도착한다. 하지만 그것은 지독하게 얄궂은 답이었다. 왜냐하면 전령이 친절하게 '알려주는' release 사실이 그들 모두를 파멸로 이끌기 때문이다. 여기서 이 연극은 앎에 대한 매혹과 은폐와 폭로에서 하나의 전기를 맞이한다. 그리고 전령이 등장할 때 그가 하는 대사에서 이루어지는 말놀이는 분명하게 들리는데, 이를 번역하면 좀 애매해진다.

낯선 분들, 좀 물어봐도 될까요,
오이디푸스 왕의 저택이 어디인지?
혹 아신다면, 그가 어디에 있는지 상세히 말해줄 수 있을까요?

하지만 이를 그리스어로 보면 아주 놀랍다. 그렇게 되면 이 구절이 뒤집어져서 3행의 각각이 반복적이면서 강박적인 각운으로 끝맺어지기 때문이다.

어딘지 알 수 있을까요?(……Mathoim' Hopou)
오이디푸스의(……Oidipou)
어딘지 아시나요?(……Katisth' Hopou)

이때 '오이디푸스'라는 말은 '어디인지 안다'는 말로 되울리게 되어 있다. 바로 그의 이름이 소리쳐 묻는다. '너는 네가 어디서 왔는지 아는가?'

《바코스의 무녀들》에서, 디오니소스가 펜테우스에게 그가 자신이 누군지 모른다고 말하자, 펜테우스는 자신의 이름, 어머니의 이름, 가족, 다시 말해 사회적 지위로써 답한다. 《오이디푸스 왕》에서는 펜테우스가 제시한 정체성의 표지들이 차례로 해체된다. 오이디푸스의 이름, 가족관계, 지위 등, 산산이 깨어진 모든 파편들이 차이를 드러내지 못하게 된다. 그의 정체성은 펜테우스의 몸처럼 완전히 그리고 생생하게 찢어발겨진다.

이것으로도 충분히 냉혹하다고 할 것이다. 하지만 소포클레스는 극 전체를 한 번 더 비튼다. 극 시작에서부터 오이디푸스는 나쁘거나 타락한 사람이 아니라 지적이고 관심을 한 몸에 받는 아주 원기왕성한 인물로 묘사된다. 그는 주변상황을 통제하기 위해 자신이 가진 온갖 수완을 부려 싸운다. 그는 자신의 지식과 그에 대한 다른 사람들의 존경에 의해 권력을 위임받은 인물이다. 이 극은 이러한 맹목적인 삶과 유일하게 중요한 한 가지

밖에 알지 못하는 눈먼 예언자 테이레시아스를 연관시킨다.

오이디푸스는 통제하고자 애쓰지만, (운명 또는 우연 또는 신의 예정이라 불리는) 다른 힘들이 그를 다른 길로 이끈다. 그는 자기 삶의 이야기를 통제하고자 한다(누군들 그러지 않을까). 그리고 그는 그러한 통제를 추구하는 사람이 할 수 있는 일을 한다. 하지만 크레온은 이 극을 끝맺는 대사에서, 오이디푸스에게 이렇게 단호히 말한다. "모든 걸 통제하려 하지 말게. 자네가 통제했던 것이 자네 뜻대로 되지 않았으니 말일세." 무엇보다 지독한 아이러니는, 여기서 크레온 역시 세상에 대해 자신의 통제를 주장하려는 뜻이 분명하게 드러나고 있다는 점이다. 안티고네의 이야기를 아는 사람들은 이 마지막 대사에 담긴 크레온의 뜻이 얼마나 보람 없게 되는지 알 것이다.

《오이디푸스 왕》이 관객에게 보여주는 것은 인간 삶에 대한 인간의 통제 실패, 다시 말해 자기 삶의 이야기를 분명하게 직시하여 적절히 보지 못하는 무능함이다. 이것이 오이디푸스에게서 자신을 보는 모든 독자들을 자극한다. 우리 모두가 오이디푸스와 마찬가지로 우리 삶을 통제하고자 하기 때문이다.

왜 대단히 총명한 오이디푸스가, 요카스타가 그녀의 아들이 그녀와 결혼할 것이라고 예언한 신탁을 받았으며, 자신이 어머니와 결혼할 거라는 신탁을 받았다는 '우연의 일치'에 주목하지 않았는지, 그리고 왜 그러한 여러 정황에 근거해서 상황을 추론해보지 않았는지, 이상히 여기지 않을 독자는 없을 것이다. 왜 그는 자기 발이 어떻게 해서 불구가 되었는지 묻지 않는 걸까? 왜 그는 그런 신탁을 받은 후에 누군가를 죽이거나 자기보다 나이가 더 많은 여자와 잠자리를 하는 것을 피하지 않았을까? 오이디푸스에 대해 이러한 의문을 갖기 쉽다. 하지만 이 극은 우리가 우리 삶에서 적절한 의문을 갖는 것이 얼마나 어려운 일인지를 보여준다. 당신이 수수께끼를 풀었다고 생각하는 바로 그 순간에 우리는 이미 불행 속으로 이끌려 들어가고 있는 것일까? 교차로에 이르렀을 때, 우리는 어느 길을 가야 하는지 아는가?

《오이디푸스 왕》에서 가장 충격적인 극적 사건은, 한 남자가 아버지를 죽이고 어머니와 잠자리를 했음을 알게 되는 것을 지켜봐야 하는 일이 아니다. 비록 이것이 잔인하고 고통스러운 일이기는 하지만 말이다. 가장 충격적인 것은 내가 어디서 왔는지, 내가 누구인지 안다고 생각하는 바로 그때야말로, 우리가 가장 자기기만의 비극을 초래하기 쉬운 순간임을, 끈질기고도 불안하도록 이 연극이 주장하고 있다는 점이다.

이는 관객에게 자기반성을 불러일으키기 위해 의도된 극이다. 테이레시아스의 물음("왕께서는 자신이 어디서 왔는지 아십니까?")이 오이디푸스를 그 자리에서 멈춰 서게 한 것처럼, 이 극은 자신감을 불안한 멈칫거림으로 바꿔놓을 것이다. 중요한 점은 우리도 우리 아버지를 죽이고 어머니와 결혼할 수 있다는 것이 아니며, 프로이트가 말한 것처럼, 우리가 잠재의식적으로 아버지를 죽이고 어머니와 결혼하고 싶어할지 모른다는 것도 아니다.

오이디푸스가 친부모를 알아내고 그의 가족에게 운명지어진 공포스러운 이야기를 피하지 못하는 것을 보면서, 우리가 이 극에 대해 심리적으로 복합적인 매혹을 느끼게 되는 것은 분명하다. 하지만 우리를 지속적으로 동요케 하는 이 극의 효과가 가장 강렬하게 느껴지는 것은 다른 곳에서이다. 오이디푸스는 수수께끼의 해독자이자, 문제 해결사이며, 앎의 추구자이다. 그리고 성공을 거둠에도 그럴수록 그는 점점 더 불운한 자기파멸을 향해 나아간다.

《오이디푸스 왕》은 근본적인 인간 능력, 다시 말해 알고자 하는 욕구와 답을 찾는 능력을 훼손시켜 놓는다. 특히 세계를 지배하는 인간의 능력을 자랑스러워하던 시대에, 오이디푸스는 불안의 망령을 되살린다. 프로이트가 현대인의 자아를 탐구하기 위해 소포클레스의 오이디푸스를 선택한 것은 아주 통찰력 있는 것이었다. 지난 세기의 역사가 겪은 불행에, 지배에 대한 오만과 앎에 대한 그릇된 확신이 기여한 바는 너무도 비극적인 것이었다.

우리가 어디서 왔는가 하는 문제에서, 오이디푸스는 모든 이야기의 원천이다. 하지만 소포클레스의 극이 그렇게도 설득력을 갖는 것은, 그것이 '어디서 왔는가' 하는 문제만큼이나 '앎'의 문제가 중요하다고 주장하고 있기 때문이다. '너는 네가 어디서 왔다고 생각하는가?'는 어려운 문제이다. 《오이디푸스 왕》이 주장하는 대로, 과거와, 과거가 어떻게 '지금, 여기'에 대한 인식을 형성하는지에 대해 적절히 안다는 것은 어려운 일이다.

이 극이 가진 역설은 그러한 앎을 통해 세계를 지배하려는 인간의 시도를 요구하는 동시에 폭로한다는 점이다. 오이디푸스의 비극이 갖는 냉혹성, 다시 말해 그것을 실로 비극적이게 하는 것은, 우리가 우리를 우리 자신이게 하는 과거에서, 그 파묻혀 있는 삶에서 벗어날 수 없으며, 뒤늦게야 과거가 우리의 삶 속에 정확히 어떻게 들어와 있는지 알게 된다는 점이다.

현대 세계의 정치적 충돌에서 민족주의와 인종주의가 주를 이루면서, 오이디푸스가 이렇듯 강력한 이미지를 갖게 되기 시작한 점은 역사의 아이러니이다. 개인적이거나 정치적인, 모든 민족주의적, 인종주의적 유산을 과신하는 논자들에게, 그리고 자신이 어디서 왔는지에 대한 답이 간단명료하다고 생각하는 모든 이들에게, 소포클레스의 극은 요구한다. 모든 세대의 사람들이 '오이디푸스를 보고 비통해할 것을.

05✣ 기원의 신화

The Myth of Origins

《오이디푸스 왕》이 이처럼 심오하고 우리를 동요하게 하는 연극임에도, 오늘날 '그리스 신화'가 흔히도 그저 학생들을 위한 만화 주제로만 다뤄지는 것은 서글픈 아이러니이다. 하지만 '신화'에 대한 그렇게 많은 논의들이 그리스로 통하게 되는 것이 우연은 아니다. 한편으로, 그리스 신화는 특히 그리스에 관한 신화이상적으로 상상된 이미지의 그리스–옮긴이와 뒤엉켜 있는데, 그리스에 관한 신화 또한 유럽의 문화적, 정치적 상상력을 크게 지배해 왔던 것이다. 그리고 다른 한편으로, '신화'는 바로 고대 그리스에서 발명된 것이기 때문이다.

하나의 범주로서의 '신화' 개념은 기원전 5세기 그리스에서 처음으로 나타났으며, 이와 동시에 역사와 과학도 막이 열렸다. '신화'와 '역사'에 대해 이야기하려면 고대 세계로부터 물려받은 지적 유산의 한 부분을 상세히 언급하지 않을 수 없다. 하지만 또한 신화가 유래한 곳을 살펴보면, 가장 일반적인 수준에서, 우리가 왜 어떻게 과거에 대해 이야기하는지, 그리고 어째서 그리스에 관한 신화가 여전히 힘을 얻고 있는지 알 수 있다.

키츠가 그 앞에서 황홀해 했던 엘긴의 대리석 조각상들은 언제나 영광스러운 과거, 다시 말해 우리의 기원인 잃어버린 시대에 대한 이야기를 들려주었다. 페리클레스 시대에 도시국가 아테네를 찬미하기 위해 세워진 파르테논 신전에서 나온 이 프리즈들은, 잘 알려진 신화적인 영웅 시대를 묘사하고 있다. 아테네 시민이 이 신전의 서쪽 끝에서 올려다보면, 그리스인들이 아마존 부족그리스 신화에 나오는 여전사 부족-옮긴이과 싸운 전쟁이 묘사된 14개의 패널을 보게 되어 있었다.

야성적이고 말을 타고 달리며 남자를 싫어하고 약탈질을 하는 아마존 부족을 물리친 것은 바로 테세우스였다. 테세우스는 아테네의 훌륭한 왕으로, 아티카의 모든 마을들과 농장들을 아테네라 불리는 도시국가로 묶었다. 그는 도시국가 아테네의 설립자였다. 이것이 아테네의 기원이다. 아마존 부족을 물리친 것은 이 도시국가의 기초를 놓는 이야기의 일부였다. 아테네 시민은 아크로폴리스에서 시가를 쭉 조망하면서, 아테네의 여러 언덕들 가운데 하나로서 최고법원이 자리 잡은 아레오파고스(이곳은 아마존 부족이 패하기 전 전투를 벌였던 곳이다)를 알아볼 수 있었을 것이다. 역사가 바로 눈앞에 놓여 있는 셈이다.

아마존 부족은 농작물을 경작하고 가부장적이며 규율이 있는 아테네인들과는 다른 모든 것의 축소판이었다. 그들은 신전 건물의 북쪽 면에 있는 야만적인 반인반마의 켄타우로스나, 또는 신전의 남쪽 면에 묘사되어 있는 트로이인들처럼, 또는 동쪽 면에 있는 거인들처럼 패배할 수밖에 없었다. 이 신전 건물 사방에 무질서한 세력들을 지배하는 그리스와 아테네의 승리에 관한 이야기들이 둘러져 있었다. 지금도 여전히 아테네의 실제 및 상상의 풍경을 지배하는 이 신전은 국가에서 자금을 대어 세워진 것으로, 그 건축물 자체가 강력한 메시지를 전한다. 그 메시지란 바로 어떻게 바람직한 아테네인이 되고, 이 도시국가의 질서를 유지하기 위해 그런 무질서한 세력들을 분쇄하는 데 무엇이 필요한가에 대한 강령인 것이다.

엘긴의 대리석 조각상들은 아테네인들이 어디서 왔는지에 대한 아테네인의 이야기를 담고 있다. 이것들이 그 독특한 힘으로 아테네인의 마음을 지배할 수 있는 것은, 과거에 대한 이런 이야기가 당연한 것으로 받아들여지기 때문이다. 그것은 말하자면 교양인 것이다. 신화의 반복이 그 신화를 익숙한 사고로 만들어놓는다. 예를 들어, 이 조각상들에 묘사된 이야기는 여성을 지배하는 남성 우위의 정당성을 당연시하고 있다. 이러한 남성 우위의 원칙은 거의 모든 그리스어 저작이나 그리스 신전의 조각들에서 찾아볼 수 있으며, 그리스의 모든 가족들이 이를 따랐다. 신화는 한 문화의 관점을 자연스럽고 정당하며 필연적인 것으로 보이게 만드는 장치이다. 아크로폴리스 위에서, 우리는 실제 도시국가의 신화를 볼 수 있다. 이 신화는 하나의 국가로서, 하나의 국민으로서 아테네인들이 어디서 유래했는지를 이야기하고 있다.

이런 조각을 계획하여 그러한 과거를 눈앞에 볼 수 있도록 해놓음으로써 시민들이 그에 동화되도록 하는 것이다. 세기에 걸쳐 거듭 공연되고 있는 호메로스의 서사시는 말을 통해 사람들의 마음에 그러한 과거를 주입한다. 《일리아스》와 《오디세이아》는 그리스인들이 어디서 왔는지에 대한 이야기이다. 그 주인공들은 이후의 일족들과 국가들의 조상이었다. 이들은 그 주인공들을 존경하고 그들에게서 자신들의 뿌리를 찾았다. 그리고 이들 영웅은 트로이와의 싸움을 통해 남성에게 어울리는 군사적인 영광만을 추구한 것이 아니라, 동방 야만인들의 타락하고 화려한 세계에 맞서 대담하게 싸우는 그리스인들의 모습을 미래 세대에게 보여준 것이었다.

트로이는 그리스와 그리스가 소중히 여기는 모든 것들의 영원한 적수인 야만인들의 고향 페르시아에 있었다. 호메로스의 《일리아스》는 영광스런 아킬레우스에 대해 이야기한다. 아킬레우스는 트로이에 복수하기 위해 싸우는데, 그것은 트로이의 왕자 파리스가 헬레네를 강탈해간 까닭이었다. 아킬레우스는 트로이와 싸우는 한편으로, 동료 그리스인들과 명예와 위신을 놓고 맹렬히 다투기도 한다. 이러한 《일리아스》는 진정한 그리스인 남성이 어떠해야 하는지를 말해주는 이야기이다. 그래서 일찍이 남자 중의 남자인 아킬레우스는 아마존 부족의 여왕인 펜테실레이아를 죽이기도 했다. 여왕은 몹시 아름다웠다. 그래서 아킬레우스는 그녀를 죽이면서도 죽어가는 그녀를 보며 흥분에 떨었다. 그리스인들은 호메로스의 이야기에서 국가적, 문화적 정체성에 관한 이야기를 확인했다. 이러한 영웅적인 과거가 '지금, 여기'의 토대를 이루고 있는 것이다.

《일리아스》에서도 이미 과거의 이야기들이 어떻게 현대에 영향을 미치는지를 보여준다. 호메로스는 "오늘날 열 명이 함께 달라붙어도 헥토르가 쉽게 들어올렸던 바위를 들어올릴 수 없을 것이다"라고 말하면서, 트로이 전쟁의 영웅들이 이 서사시를 듣는 그 누구보다도 몸이 좋고 빠르며 강하고 아름다움을 일깨운다. 게다가 이 서사시 속의 인물들 또한 따라야 할 모범을 제시하거나 피해야 할 것에 대해 경고해주었던 위대한 인물들이 살았던 잃어버린 세대에 대해 노래한다. "너는 네 아버지의 반도 못 따라가지"라고 아테네 여신은 싸우고 있는 한 전사를 조롱한다. 아킬레우스는 자신의 스승으로부터 "옛날의 멜레아그로스기원전 1세기경의 그리스 시인의 모범을 따라 배우라"고 경고 받는다. 이러한 유의 명성이야말로 영웅들이 바라는 바였다.

그들은 단순히 명예나 승리를 위해서가 아니라 앞서의 노래가 전해주는 것과 같은 '불멸의 영광'을 얻기 위해 싸운다. 영웅은, 영웅이라는 이름에 걸맞은 위대한 공적을 찬미하고자 할 때 읊는 그런 유의 이야기, 다시 말해 전설이 되기 위해 싸운다. 영웅은 항상 스스로, 미래 세대들이 기억하며 경탄하는 신화적 인물이 되기를 바란다. 서사시는 과거에 대한 기념비인 것이다.

호메로스의 생각으로는, 아테네 시민은 파르테논 신전 앞에 서서 자신의 문화와 역사를 배웠다. 또는 전통적인 문화적 기대에 의하면 그렇게 되어야 했다. 하지만 우리에게 파르테논 신전을 안내하는 아테네 시민이, 기원전 5세기에 새롭게 유행하던 최신 사상을 따르고 소피스트라 불리던 사상가들과 함께 공부하고, 최신의 종교 사상에 대해 잘 알고 있는 젊은 지식인일 수도 있다. 전통적인 아테네인이 이 이야기들을 아테네의 토대에 관한 역사로서 즐거이 이야기하는 반면, 이들 좀더 진취적이고 지적인 안내자들은 오히려 좀더 자의식적으로 비판적인 노선을 취하여 이 이야기들을 간단히 '신화'로 치부해버릴지도 모른다. 대중은 이들 이야기를 따르지만, 교양 있는 이들은 그것을 액면대로 받아들이지 않는다.

일단 그것들에 대해 논쟁이 일어나기 시작해서 더 이상 당연시되지 않게 되면, 신화는 과거를 보는 다양한 생각들이 서로 다투는 격전지가 될 수 있다. 기원전 5세기의 그리스인들은, '신화'가 더 이상 모든 이들이 알고 동의할 수 있는 이야기가 아니게 될 때 어떤 일이 벌어지는지 생각해볼 수 있는 도구를 제공해준다. 이 도구들은 바로 '신화'와 '역사'라는 개념이다.

'신화'는 그리스인들의 선물이다. 처음 '신화'라는 개념이 발달한 것은 도시국가 아테네에서였다. 기원전 5세기는 '그리스의 계몽시대'로, 또는 좀더 낭만적인 시대에는 '그리스의 기적'으로 묘사되곤 한다. 이 시대는 독특하다. 왜냐하면 아주 짧은 시기에, 그리고 주로 오직 한 도시에서, 서구가 자랑스러워하는 아주 많은 것들이 처음 생겨났기 때문이다. 아테네는 민주정체를 만들어내었고, 그와 더불어 일반인들이 배심원을 맡는 법정이 생겨났다. 극장에서는 아이스킬로스, 소포클레스, 에우리피데스의 비극 걸작들과 아리스토파네스의 뛰어난 희극이 공연되었다.

하지만 기원전 5세기가 '그리스의 계몽시대'로 불리는 이유는 특히 이 시대에 과학, 철학, 역사, 의학이 학문분야가 되었기 때문이다. 일찍이 사람들은 아프거나 상처를 입게 되면 병이나 상처를 치료하고자 했다. 하지만 기원전 5세기에 처음으로 정식으로 훈련받은 전문가를 공식적으로 인정하게 되었다. 그 전문가들은 치료의 기술과 원리를 논의하고, 질병의 신체적 원인들에 대해 토의하며, 그 결과를 실험하고 검토하여 연구결과를 발표했다. 일찍이 어떤 무리가 지배 권력을 획득한 이후에는 '정치에 종사'하는 사람들도 생겨났다. 하지만 기원전 5세기에 처음으로 다른 정체政體에 관한 이론과, 권력의 이론적인 특징과 그 도시국가의 제도에 대해 논의하는 정치이론가들이 등장했다. 이러한 자의식적이고 이론적이며 추상적인 사고의 발달이 새로운 교육제도, 종교제도와 더불어 처음으로 '의학'과 '정치철학'이라는 학문분야를 만들어낸다.

이들 새로운 형태의 지적 활동은 급진적인 혁신으로서 시작되었으며, 곧 많은 보수적인 세력들을 위협했다. 이 새로운 학문분야들은 성립의 기초를 다지면서 자기 분야에 권위를 세우는 것이 필요했다. 그를 위한 학문분야들의 주요한 수사적 전략은 그들이 신화를 퍼뜨린다고 함으로써 자신의 반대자들을 비난하거나 그들의 권위를 손상시키는 것이었다. 이제 '신화'는 이들 새로운 학문분야들이 다루지 않는 것을 가리키는 이름이 된다. 한 자연과학자는 이렇게 주장한다. "내가 제시하는 것은 과학적으로 관찰하고 묘사한 이 세계에 대한 진정한 그림이다. 나는 자연세계가 어떻게 작동하는지 말해줄 수 있다. 만물이 어떻게 생겨나는지에 대한 저 옛 이야기들, 그것들은 단지 신화일 뿐이다."

신화는 믿을 만한 이야기가 아님은 말할 것도 없고, 더 이상 물려받은 옛날이야기를 의미할 수 없게 된다. 이제 '신화'는 진실한 '역사'에 반대되는 것이 되었다. 또는 진정한 '철학'에 의해 제거되어야 하는, 또는 객관적인 '과학'에 의해 대체되어야 하는 것이다. '계몽운동'이 전개되던 기원전 5세기에 생겨난 이러한 부정적인 색채가 오늘날에도 여전히 '신화'라는 개념을 물들이고 있다. 우리는 여전히 '단지 신화' '신화일 뿐'이라는 말을 쓴다. 신화는 경멸로써 그 그릇된 유혹을 경계해야 할 어리석거나 유해한 이야기를 의미하게 되었다.

그리스의 계몽운동은 옛 권위들의 정체를 성공적으로 폭로했다. 그리고 특히 '역사'라는 새로운 학문분야의 목표는 과거를 이해하는 방식을 변화시키는 것이었다. 헤로도토스는 '역사의 아버지'이다. 기원전 430년대에 나온 그의 위대한 작품은 그 자체가 처음으로 '역사'(히스토리에historie 또는 그리스어로 '연구')라 불린 것이다. 그리고 그는 고대인들과, 그리고 현대인들에게도 역사의 창시자로 받아들여지고 있다.

그의 주제는 페르시아 전쟁이다. 페르시아 제국은 지중해에서 가장 강력한 힘을 가지고 있었으며, 기원전 5세기 중반에 대왕페르시아의 다리우스 1세 왕을 말함-옮긴이의 제국을 위해 그리스를 정복하고자 두 번에 걸쳐 침략했다. 수적으로 훨씬 열세였던 그리스인들은 두 번 다 승리해서 페르시아인들을 격퇴했다. 그것은 그리스인들에게 놀랍고도 고무적인 사건이었다. 이는 실로 그리스 국가가 규정지어지는 순간이었다. 페르시아 전쟁 전에는 '그리스인'에게 공통된 문화적 정체성에 대한 의식이 거의 없었다. 이 전쟁 후, 그리스인들은 그저 같은 언어를 공유하는 일련의 도시국가들에 머물지 않고 국가적인 정체성에 대해 의식하게 되었다.

헤로도토스의 역사가, 페르시아인들을 패배시켜 침략을 접게 한 테르모필라이, 마라톤, 살라미스의 전투 같은 유명한 전투들만을 연구한 것은 아니다. 그는 지중해 전체(와 그 바깥)를 여행하며 다른 문화들 간의 차이들을 탐사한다. 헤로도토스는 인상적이게도, 오늘날 스키타이에서 발견되는 아마존 부족에 대해서도 들려준다. 그는 인류학적 관점에서 스텝 지역의 유목민들과 더불어 번식하는, 여전히 존재하는 여성 부족으로서 이들을 논의하고 있다.

헤로도토스는 서구의 그리스 문화가 동방의 페르시아 문화보다 얼마나 우수한지 보여줌으로써 페르시아의 패배를 설명한다. 페르시아의 왕 크세르크세스는 '진정한 남자가 어떤 것인지' 배우게 되었으며, 전체 역사의 결론적인 교훈은 "쾌적하고 온화한 나라들이 유약한 인간을 만들어낸다"는 것이다. 이와 반대로, 거칠고 험한 그리스는 "남성들의 적합한 유모"이다. 헤로도토스는 동양이 위험하고 부유하며 타락하고 교활한 위협적인 타자로서 패배할 수밖에 없다고 보는 서구의 시선을 만들어낸 창시자이다.

그가 그려낸 동양의 이미지는 현대 서구의 정치에 여전히 화근이 되고 있다. 서양과 동양의 충돌이, 남아 있는 서구 전통의 최초 서사시인 《일리아스》의 주제이다. 하지만 이 충돌에, 현대의 이데올로기에서도 익숙한 수사적 관점을 제시한 것이 바로 헤로도토스이다. 동양에 대한 수사적인 대립, 이것이 진정한 현대 서구의 기원의 역사이다.

헤로도토스는 그리스와 그리스적인 것이 승리하는 역사를 쓰고 있다. 하지만 그는 확고한 선입견에 따르기보다 훨씬 더 세밀히 관찰하고 있다. 예를 들어, 이집트는 그리스보다 훨씬 더 오래되고, 그리스의 지식과 기술을 풋내기처럼 보이게 만드는 지식과 기술을 가진 나라로 묘사되고 있다. 헤로도토스는 고대 이집트를 마주하면서 "그리스가 우월을 주장함은 우스운 일이다"라고 쓰고 있다.

다른 문화들은 또한, 그리스인들로 하여금 유사성과 차이점을 볼 수 있게 해서, 그들 자신의 우월성이 반영된 것만을 보지 않게 하는 거울을 제공했다. 헤로도토스는 날카로운 분석적 시선과 비판적 연구로써, 다양한 문화적 차이에 관한 지도를 만든다. 문화적 규범을 이해하고 평가하는 데 모든 요소들이 고려되고 있다. 긍정적이고 부정적인 이미지들이, 변하기 쉬운 거울 표면처럼 만화경을 이룬다. 이러한 속에서 그리스적인 것이 보여지고 지적으로 반성되고 있다.

정상적인 것의 경계가 이러한 온갖 다양성을 통해 탐사된다. 페르시아인이나 다른 무엇보다도, 그리스인이라는 것이 의미하는 바가 역사적 '연구'의 주제가 된다. 그리스 독자는 자기인식이라는 매혹적인 과정에 참여하게 된다. 헤로도토스는 그 독자들이 사회적, 도덕적, 정치적 이정표들이 있는 지형matrix 안에 자신을 위치시키게 하는 길잡이를 제공한다. 이는 자신을 발견하기 위한 지도인 것이다. 그의 역사는 그리스적인 것의 발명에 관한 이야기이다. 그것은 우리가 어디서 왔다고 생각하는지에 관한 의문에 비판적으로 답하고 있다.

하지만 헤로도토스는 오늘날에도 관심을 가질 만한 인물이다. 그것은 그의 저작이 서양의 가치와 동양의 가치의 충돌을 다루고 있는 기초적인 문헌이어서만이 아니다. 물론 현대인이 보기에 이러한 대립은 끝이 없을 듯하지만 말이다. 그가 우리로 하여금 세계를 어떻게 보게 하는가도 중요하다. 헤로도토스가 '역사의 아버지'로 불리는 것은, 그가 우리 모두를 역사가로 만들고 싶어하기 때문이다. 말하자면, 그는 당연한 것으로 받아들여지기 때문에 권력을 갖게 되는 옛이야기를 하기보다, 비평적이고 분석적인 연구자로서 글을 쓰고 있기 때문이다.

헤로도토스는 자신이 어째서 그런 이야기들을 당연한 것으로 받아들이지 않는지를 보여준다. 그는 사건의 원인들을 이해할 것을 요구하며, 사건을 단순히 기록하지만은 않는다. 그는 자신이 하는 작업을 지속적으로 보여준다. "나는 펠라스기인기원전 12세기에 그리스에 살던 종족-옮긴이이 정확히 어떤 언어를 썼는지는 말 못한다. 하지만 추론을 해볼 수 있다면……", "나 자신의 연구로부터, 나는……발견했다", "그 사람들의 말이 나는 납득되지 않는다……", "두 번째 제시된 설명은 덜 과학적이다" 등.

헤로도토스의 서술은 해석과 분석에 바쳐진다. 물론 모든 이야기들이 그런 것처럼, 그의 이야기도 많은 것들을 당연한 것으로 받아들이고 있으며, 설득을 위한 많은 수사적 형식들을 이용하고 있다. 하지만 헤로도토스가 우리에게 내세우며 요구하는 것은 연구와 비평이라는 이상이다. 그는 우리에게 사건들이 어떻게 해서 일어나게 되었는지, 그리고 무엇이 우리를 우리 자신이게 하는지에 대하여 면밀히 생각할 것을 요구한다.

다음 세대 역사가들 가운데 냉소적이고 분석이 날카롭고 뛰어난 선도자는 투키디데스이다. 그는 아테네와 스파르타 간의 대전大戰에 대한 저작을 썼다. 그리고 그는 헤로도토스의 연구 원리를 가장 수준 높은 방법론으로 끌어올린다. 그는 말한다. "대부분 사람들에게 진리 탐구는 중요치 않은 활동이며, 그들은 그저 유용한 것에만 마음을 쓴다." 우리는 "그들의 노래에서 그럴듯하게 꾸미고 과장하는 시인들을……그리고 진실을 알기보다는 청중을 끌어들이려는 연대기 작자들"을 믿어서는 안 된다. "그 증거를 확인할 수 없고 시간이 흘러 그 대부분이 믿을 수 없는 신화가 되었기 때문이다."

투키디데스는 실제 신화가 발명되는 과정을 신랄하게 조명한다. 우리와 같지 않은 보통 사람들은 단순히 주어지는 것을 받아들인다. 그리고 어리석게 그저 청중을 즐겁게 하기 위해 아무래도 확인될 수 없는 이야기들을 제공하는 작가들을 믿는다. 시간이 흐르면서 숭배 받게 된 이런 유의 이야기들은 '단순한 신화'로서 물리쳐야 한다. 그리고 대신 진실(이는 정밀함, 정확성, 검증 가능성을 의미한다)에 헌신해야 할 지적 의무가 있다고 투키디데스는 주장한다.

그는 정확한 역사를 요구한다. 역사는 그 자체가 '신화를 제거'하게 한다. 과거에 대한 비판적 분석 또한 고전 고대가 우리에게 물려준 교훈이다. 문화 전통의 역할은 과거에 대해 비평하고 분석하며, 자기인식을 향한, 다시 말해 진행 중인 역사에서의 자신의 위치에 대한 적극적인 인식을 위한 추진력이 되는 것이다. 우리가 어디서 왔다고 생각하는지 이해하려면 비판적 역사가 필요하다.

투키디데스의 이러한 낭랑한 외침은 세대에 걸쳐 역사가들에게 영감을 주었다. 그는 자신의 역사를 '모든 시대가 가지고 있어야 할 것' 이라고 불렀으며 이는 입증되었다. 1990년 제1차 걸프전이 발발했을 때 영국 국영 방송 BBC는 아주 특별한 일을 했다. 그날 저녁 예정되어 있던 방송을 일부 취소하고, 투키디데스가 쓴 (아테네 제국에게 불운했던 군사작전인) 시칠리아 원정을 극화한 방송으로 대체했던 것이다. 이 일이 특별한 이유는 비록 인상적이기는 해도 이 일 자체 때문만은 아니다. 이것이 그 어떤 정치 논평보다도 훨씬 더 날카롭고 뼈아픈 논평이기 때문이기도 한 것이다. '모든 시대가 가지고 있어야 할 것' 의 비판적 분석이 다시 한 번 시의 적절한 것으로 입증된 것이다.

아주 초기부터, 호메로스의 이야기에서도 이미 '이상적으로 상상된 그리스' 가 존재했다. 우리는 언제나 어떤 일이 있으면 그에 대한 이미지와 설명을 구하기 위해 과거로 눈길을 돌려왔으며, 오늘날에도 여전히 그러하다. 또한 우리는 우리의 서사시적 과거(브리튼에서의 전투, 바스티유를 휩쓴 혁명, 포토맥 강의 도하), 시민 사회의 신화(영국의 빌리지 그린, 프랑스의 '상퀼로트들', '상류층이 입던 반바지인 퀼로트를 입지 않은' 이라는 뜻으로 프랑스혁명 때 혁명군 중 남루한 옷차림새에 장비도 허술했던 의용군을 가리키는 말로, 나중에는 급진민주파를 뜻하게 되었다-옮긴이 미국의 아메리칸 드림)를 가지고 있으며, 그리고 우리 자신들의 역사를 가지고 있다(헤로도토스와 유사하게, 그리고 윈스턴 처칠의 《영어 사용 민족들의 역사History of the English-Speaking Peoples》에서와 같이, 그것은 국가적, 문화적 정체성의 출현에 대한 이야기이기도 하다). 하지만 또한 그리스인들은 '신화' 와 '역사' 를 발명했다. 우리는 이 두 가지 방식을 통해 과거를 이야기하고 이 두 가지 방식에 따라 '우리의 기원'을 구성하는 것이다. 그리스는 우리가 고대에 대해 가진 생각의 이론적 틀을 제공한다.

신화와 역사에는 이의가 제기되기 십상이다. 투키디데스와 그의 현대 후계자들은 과거의 진실에 이르는 유일한 진정한 길로써 과학적 역사를 택할 것을 요구한다. '진실에 헌신'하기보다는 신화의 그릇된 인식에 예속되기를 더 좋아하는 사람은 없을 것이다. 하지만 신화 없는 역사나 역사 없는 신화를 상상하기는 어렵다. '신화'와 '역사'라는 범주는 서로를 상호 규정한다.

하지만 더 중요한 것은, 우리의 문화적 상상력이 아무리 분석과 비판적 연구를 믿는다고 하더라도 언제나 반복되고 일반적으로 인정되는 이야기를 이용하리라는 점이다. 역사가들이, 우리가 신화를 만들어내는 것을 그만두게 할 수는 없다(최근의 중동이 너무도 생생하게 보여주고 있는 것처럼 말이다). 아무리 많은 역사가 씌어지더라도, 윈스턴 처칠, 에이브러햄 링컨 또는 잔 다르크 같은 인물들은 여전히 국가적 신화를 이야기하게 될 것이다.

우리는 우리가 어디서 왔는지에 대해 이야기할 필요가 있다. 하지만 그 이야기들을 신중하게 비판적으로 분석할 준비가 되어 있어야 한다. 우리가 '지금, 이곳'을 이해하려면 실제로 이런 이야기들을 많이 필요로 하기 때문이다. 그래서 비판적 역사 또한 필수적이다. 우리 삶을, 눈을 둥그렇게 뜬 채 옛날이야기에 홀린 어린아이처럼 보내게 되기를 바라지 않는다면 말이다.

우리는 어쩔 수 없이 우리가 물려받은 이야기들과, 우리를 우리이게 하는, 묻혀 있는 삶에 대한 분석에 의존할 수밖에 없다. 우리가 과거를 이해하는 두 가지 방식인 신화와 역사 사이에는 역동적인 긴장관계가 존재한다. 그리고 그것은 '너는 네가 어디서 왔다고 생각하는가?'라는 의문을 아주 절실히 제기한다.

엘긴의 대리석 조각상들은 여전히 신화와 역사가 충돌하는 지점이다.

이 책의 서두에 등장했던 멜리나 메르쿠리는 엘긴의 대리석 조각상들을 그리스로 환수하기 위한 운동으로 유명하다. 그녀가 죽은 지 많은 시간이 흘렀지만, 그녀의 사진은 여전히 그 운동을 계속하고 있는 그리스 문화부의 웹사이드를 꾸미고 있다. 이 사진 속의 메르쿠리는 파르테논 신전 앞에 서서 손을 흔들고 있다. 이 조각품들이 있어야 할 곳이 어디인지에 대한 온갖 흑백 논쟁들이 쏟아지는 가운데 지난 세기에 그토록 상흔을 남겼던 국가주의의 수사학이 여전히 비장의 방책이 되고 있는 것은 충격적이면서 슬픈 일이다.

엘긴의 조각상들은 그리스 국가의 상징이며, 한 민족의 염원을 담고 있다. 여기에는 그리스에 관한 신화가 여전히 무성하다. 그것은 그리스에 관한 신화가 유럽의 정치와 문화에서 얼마나 많은 역할을 했는가 하는 것뿐만 아니라, 그러한 기원에 관한 신화가 갖는 힘이 얼마나 지속적으로 현대 세계의 정치적, 문화적 상상력을 지배하고 있는지를 또한 보여주는 지표일 것이다.

'신화'와 '역사'가 유래한 곳을 살피는 것, 그리스에서 이들이 발명된 정황을 살피는 것은, 우리로 하여금 오늘날 우리의 삶에서, 과거를 이야기하는 이 두 가지 방식이 갖는 힘을 알 수 있게 한다. 기원에 관한 신화가 국가주의자들의 수사학, 정치적인 정책, 종교적 폭력에서 계속해서 그러한 힘을 갖고 있다면, 그리스에 관한 신화가 어떻게 기능했고 어떻게 계속해서 기능하고 있는가에 대한 좀더 자의식적인 인식이, 현대 사회에서 왜 '너는 네가 어디서 왔다고 생각하는가?'라는 물음에 집중적이고 비판적인 관심이 필요한지 아는 데 도움이 될 것이다. 우리가 어디서 왔는지에 대해 이야기하는 데는 많은 위험이 따른다.

06 오늘날의 역사

History Today

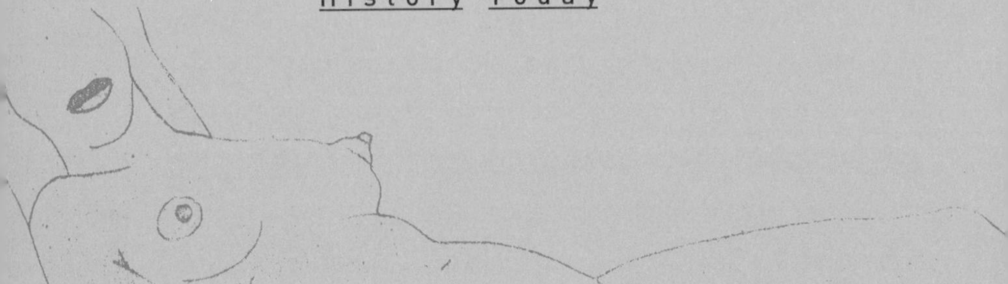

19세기 영국 문화는 급격한 변화를 경험했다. 낭만주의 예술혁명은 그것을 이끈 작가들의 그리스 애호와 따로 떼어 놓을 수 없다. 영국 본국의 주요 공직자뿐 아니라 인도제국의 통치를 담당한 공무원들의 사고방식은 전적으로 고전으로 채워진 교육의 이론과 실제를 통해 형성된 것이다. 그리스어와 라틴어는 빅토리아 여왕 시대 사람들의 교양을 제공했다.

프랑스혁명과 미국독립전쟁은 로마를 추구해야 할 공화국의 이상으로 만들었고, 개혁의 원리와 실제를 구상하는 한 방법으로서 고전시대의 정치학을 활용했다. 미국에 '세나토르' 미국의 상원의원(senator)은 로마의 원로원 의원을 가리키는 '세나토르'에서 유래했다—옮긴이가 있고, 프랑스가 로마법을 가지고 있는 것이 우연은 아니다.

19, 20세기의 독일은 '독일인의 상상력에 대한 그리스의 전제적 지배'를 통해 예술과 문학에서의 문화적 정체성뿐만 아니라 국가주의적 열정 또한 발견했다.

20세기에, 기원(자신들이 유래했다고 생각하는 곳)에 대한 독일인들의 탐색은 가장 무시무시한 지독한 결과를 가져왔다(모든 혁명적 변화가 좋은 것만은 아닌 것이다). 고전에서 기원을 찾으려는 경향과 국가주의적 신화의 힘이 전 유럽의 정치생활을 지속적으로 왜곡시키고 있다.

고전 고대가 그저 고전 고대인 것만은 아니며, 고전 연구가 그저 세대에 걸쳐 평온하게 이어지는 것도 아니다. 혁명의 기치로서, 정치적, 예술적 변화를 자극하는 영감으로서, 강한 자기반성의 공간으로서, 그리스라는 이상과 로마라는 모델의 중요성은 거듭 빛을 발했다. 이상적으로 상상된 그리스와 로마는 서구의 정치적, 문화적 역사의 이러한 중대한 시점에서 절대적인 기초가 되었다. 이들 모든 창시자들이 각자 고전을 어떻게 생각하는지, 그리고 고전이 그들에게 어떻게 영향을 미쳤는지를 살피는 것이 우리 정체성의 역사에서 중요하다.

이상적으로 상상된 그리스와 로마가 이렇게 지속적으로 혁명적인 영감을 제공해온 사실을 보면서, 아주 놀라운 것은 현대의 대중매체에서 흔히 통용되는 고전의 이미지이다. 정치, 예술, 음악, 시, 사상, 성적 행동에서 가장 급진적인 인물들은 고전을 그들의 이상주의의 동력으로 받아들였다. 하지만 적어도 영국에서 고전이 언급될 때는 판에 박은 듯이, 그것이 비록 한때는 유행했으나 이제는 분명 소수를 위한 보수적인 주제이며 따라서 물론 현대에서 제한적인 타당성을 가질 뿐인 것으로 여겨진다.

이것은 고전의 중요성에 대한 실로 아주 협소한 시각이다. 특히 고전 연구가 서구의 가장 급진적인 사상에 동기를 제공한 데는 그만한 충분한 이유가 있기 때문이다. 과거에 대한 면밀한 검토가 현재에 파묻혀 있는 삶을, 그리고 삶의 변화 가능성을 드러내 보여준다.

유럽 문화의 역사에서 그리스와 로마의 신화가 어떻게 기능했는지를 되돌아보면서 드러나는 가장 간단한 사실은 과거가 중요하다는 점이다. 과거는 심리학적, 사회적, 지적, 예술적, 정치적 관점에서 현재를 형성하기 때문이다. 그것은 한 사람 또는 한 문화의 뿌리 깊은 토대이다. 과거가 어떻게 이해되고 이야기되는지가 중요하다. 이야기들이 삶을 변화시킨다.

그 이야기들이 토대를 이루어서, 희망을 불러일으킬 수도 죽일 수도 있다. 과거에 대한 자의식적인 인식은 신화와 역사, 그것을 이야기하는 방식과 비판적 분석에 대한 반성을 요구한다. 이를 통해 과거를, 따라서 현재를 이해할 수 있다.

'현재 속에서 살아가기' 라는 표어는, 어린아이 같은 공상과 다르지 않다. 과거가 어떻게 자신을 관류하고 있는지 모르는 사람들은 영원히 어린아이로 살아갈 수밖에 없는 운명이다. 현재를 이해하는 것(그저 어린아이처럼 살아가는 것에 반대되는 것)은 비판적 회고를 요구한다. 그리고 문화의 뿌리 깊은 근본을 이해하지 못하는 사람은 생각이 얕을 수밖에 없다.

하지만 좀더 깊은 차원에서, 고전 고대라는 과거는 서구의 정치적, 지적, 예술적 전통을 창시한 세대에게 대단히 중요했으며 특별한 위력을 가지고 있었다. 우리 조상들은 그리스와 로마에 열광했으며, 그들이 가진 그리스와 로마에 대한 이미지를 문화적 상상력의 기초로 삼았다. 그들은 세계를 변화시키기 위해 고전을 이용했다. 만약 우리가 어린아이들처럼 우리의 아버지나 어머니의 그러한 열정을 이해하지 못한다면, 과거를 보는 우리의 관점은 전적으로 부적절한 것이 될 것이며, 더 나쁘게는, 우리의 이해관계가 반영되어 흐릿해진 거울밖에 되지 못할 것이다.

현대인은 '타당성' 을 우상시한다. 하지만 그 타당성이라는 것이 '지금, 이곳' 에서 마음을 혹하게 하는 일이나 '지금, 이곳' 의 사소한 일들에만 빠지는 것을 의미해서는 안 된다. 또한 그것이 우리 자신의 것과 동일한 이야기들이나 이미지들에만 반응함을 의미해서도 안 된다. 그것은 오늘날과는 달랐던 과거, 그리고 그것이 현재에 지속적으로 미치고 있는 영향을 이해하고 배우는 것을 의미하기도 한다. 또한 과거를 이해한다는 것은, 이전 세대가 과거를 이해한 방식을 비판적으로 받아들일 것을 요구한다. 고전 고대는 끊임없이 과거의 특별한 모델로서 재발명되어왔고, 그렇게 해서 현재를 이해하는 (그리고 변화시키는) 동력이 되어왔다.

우리가 서구의 문화 전통을 이해하고 그 일부가 되려면 그리스와 로마를 통해 거듭되는 과거의 재발명을 올바르게 인식해야 한다. 물론, 그렇다고 해서 이것이 전부라는 말은 아니다. 하지만 이것이 서구의 정체성을 구성하는 본질적인 요소의 하나이다. 고전 고대가 어떻게 상상력을 제공하고 자극을 주며 사상을 만들어내고 예술적, 정치적 혁명의 기치로서 역할했는지를 제대로 인식하지 않는다면, 우리의 문화 전통에 대한 시각은 필시 왜곡되고 만다.

하지만 가장 중요한 점은, 이러한 문화 전통이 우리를 우리 자신이게 만드는 것이라는 사실이다. 우리가 어디서 왔는지에 대한 이해 없이는 우리가 누구인지 알 수 없다. 이상적으로 상상된 그리스와 로마 없이, 이러한 이해의 여정은 불완전하고 부적절한 것이 될 것임에 틀림없다.

고전은 그 자체로서 흥미롭다. 그리고 이전 세대가 세계를 어떻게 이해하고 세계에 어떻게 반응했는지를 이해하도록 도와주기 때문에 교육적이기도 하다. 하지만 고전이 중요한 것은 그것 없이는 '너는 네가 어디서 왔다고 생각하는가?' 라는 물음에 적절히 답할 수 없기 때문이다.

이러한 역사의식은 자기이해에 중요한 요소이다. 나는 "네가 어디서 왔는지 모른다면, 너는 언제나 어린아이에 머물러 있게 될 것이다"라는 키케로의 조소에 경탄하는 편이며, "음미되지 않은 삶은 살 가치가 없다"는 매혹적이고도 영감을 자극하는 소크라테스의 말을 알고 있다.

우리가 어떻게 해서 우리 자신이 되는지를 아는 것은, 세계에서 무엇이 중요한지, 그리고 그 안에서 어떻게 행위해야 하는지를 이해하는 데 필수적인 한 걸음이다. 우리 안의 역사가 우리를 우리 자신이게 한다. 우리는 이러한 역사를 이해할 필요가 있다. 그래야만 완전히 그리고 충실히 우리 자신이 될 수 있는 것이다.

❖ 더 읽어볼 만한 책들

제1장 러브

1. 완벽한 몸

Andrew Stewart, *Art, Desire and the Body in Ancient Greece*(Cambridge, 1997)

Robin Osborne, *Archaic and Classical Greek Art*(Oxford, 1998)

Mary Beard and John Henderson, *Classical Art: From Greece to Rome* (Oxford, 2001)

Catherine Johns, *Sex or Symbol? Erotic Images of Greece and Rome* (London, 1982)

2. 신의 남근

James Davidson, *Courtesans and Fishcakes* (London, 1997)

Kenneth Dover, *Greek Homosexuality* (Cambridge, Mass., 1978)

Jack Winkler, *The Constraints of Desire*(New York, 1990)

3. 여성의 몸

Helen King, *Hippocrates' Woman*(London, 1998)

Thomas Laqueur, *Making Sex*(Cambridge, Mass., 1990)

Susan Suleiman, *The Female Body in Western Culture*(Cambridge, Mass., 1986)

4. 사랑 이야기

Anne Carson, *Eros the Bittersweet*(Princeton, 1986)

Claude Calame, *The Poetics of Eros in Ancient Greece*(Princeton, 1992)

Roger Just, *Women in Athenian Law and Life*(London, 1989)

5. 그리스식 사랑

Michel Foucault, *The Use of Pleasure*(New York, 1985)

Michel Foucault, *The Care of the Self*(New York, 1986)

6. 남자답다는 것

François Lissarrague, *The Aesthetics of the Greek Banquet*(Princeton, 1990)

Natalie Kampen ed., *Sexuality in Ancient Art*(Cambridge, 1996)

7. 사포를 향한 동경

Margaret Williams, *Sappho's Immortal Daughters*(Cambridge, Mass., 1995)

Bernadette Brooten, *Love Between Women*(Chicago, 1996)

Lynda Need, *Myths of Sexuality*(Oxford, 1988)

Yopie Prins, *Victorian Sappho*(Princeton, 1999)

Joan deJean, *Fictions of Sappho 1546–1937*(Chicago, 1989)

8. 무엇이 자연스러운 것일까

Michel Foucault, *The History of Sexuality*(London, 1978)

Stephen Heath, *The Sexual Fix*(London, 1982)

David Halperin, *One Hundred Years of Homosexuality*(London, 1990)

제2장 섹스와 결혼

2. 육욕을 물리친 슈퍼스타들

Peter Brown, *The Body and Society*(New York, 1988)

Peter Brown, *The Cult of the Saints*(Chicago, 1981)

3. 섹스와 사회

Ross Kraemer, *Her Share of the Blessings*(Oxford, 1992)

Susanna Elm, *'Virgins of God' : The Making of Asceticism in Late Antiquity*(Oxford, 1994)

Kate Cooper, *The Virgin and the Bride*(Cambridge, Mass., 1996)

Gillian Clark, *Women in Late Antiquity*(Oxford, 1992)

Caroline Bynum, *Holy Feast and Holy Fast: The Religious Significance of Food to Medieval Women*(Berkeley, 1987)

Virginia Burrus, *Chastity as Autonomy: Women in the Stories of the Apocryphal Acts*(New York, 1987)

4. 아테네가 예루살렘과 무슨 상관이란 말인가

Jas Elsner, *Art and the Roman Viewer*(Cambridge, 1995)

Peter Brown, *Society and the Holy*(London, 1982)

5. 그리스어는 이단이다!

Lisa Jardine, *Erasmus: Man of Letters*(Princeton, 1993)

Simon Goldhill, *Who Needs Greek?*(Cambridge, 2002)

6. 예수가 비유로 이야기하는 이유는?

Keith Hopkins, *A World Full of Gods*(London, 1999)

제3장 선량한 시민

1. 정치에 역사가 필요한가

John Dunn, *Western Political Theory in the Face of the Future*(Cambridge, 1992)

M. I. Finley, *Democracy, Ancient and Modern*(New Brunswick, 1985)

Josiah Ober and Charles Hedrick ed., *Demokratia: A Conversation on Democracies, Ancient and Modern*(Princeton, 1996)

2. 아테네 민주주의 – 지도 바꾸기

Robin Osborne, *Greece in the Making 1200–479 BC*(London, 1996)

J. K. Davies, *Democracy and Classical Greece*(Hassocks, West Sussex, 1978)

M. I. Finley, *Politics in the Ancient World*(Cambridge, 19983)

3. 선량한 시민

R. K. Sinclair, *Democracy and Participation in Athens*(Cambridge, 1988)

Ellen Meiskens Wood, *Peasant, Citizen and Slave: The Foundations of Athenian Democracy*(London, 1988)

Nicole Loraux, *The Invention of Athens*(Cambridge, Mass., 1986)

4. 민주주의 비판가들 – 전문가와 교육

Josiah Ober, *Political Dissent in Democratic Athens*(Princeton, 1988)

Jennifer Roberts, *Athens on Trial: The Anti-democratic Tradition in Western*

Thought(Princeton, 1994)
John Rawls, *A Theory of Justice*(London, 1973)
Karl Popper, *The Open Society and Its Enemies*(London, 1945)

5. 플라톤, 소크라테스를 배신하다

Sarah Kofman, *Socrates: Fictions of a Philosopher*(New York, 1998)
Alexander Nehemas, *The Art of Living*(Berkeley, 1998)
Melissa Lane, *Plato's Progeny*(Cambridge, 2001)
I. F. Stone, *The Trial of Socrates*(London, 1988)

제4장 오락

1. 오락!

Peter Burke, *Popular Culture in Early Modern Europe*(London, 1978)
Peter Stallybrass and Allon White, *The Politics and Poetics of Transgression*(London, 1986)
Robert Hodge and Gunther Kress, *Social Semiotics*(Oxford, 1988)

2. 그리스 비극에 관한 의문

Simon Goldhill, *Reading Greek Tragedy*(Cambridge, 1986)
Simon Goldhill, *Aeschylus: The Oresteia*(Cambridge, 1992)
P. E. Easterling ed., *The Cambridge Companion to Greek Tragedy*(Cambridge, 1997)

3. 검투사와 몰아치는 군중-'내 명령이 떨어지면 무차별 공격이다'

Keith Hopkins, *Death and Renewal*(Cambridge, 1983)
Carlin Barton, *The Sorrows of the Ancient Romans*(Princeton, 1993)
Thomas Wiederman, *Emperors and Gladiators*(London, 1992)
Donald Kyle, *Spectacles of Death*(London, 1998)

제5장 할리우드와 프로이트

2. 창시자들 - 키츠에서부터 할리우드까지

Linda Dowling, *Hellenism and Homosexuality in Victorian Oxford*(Ithaca, 1994)

Frank Turner, *The Greek Heritage in Victorian Britain*(New Haven, 1981)

Richard Jenkyns, *The Victorians and Ancient Greece*(Oxford, 1981)

Carl Richard, *The Founders and the Classics*(Cambridge, Mass., 1994)

S. Joshel, M. Malamud and D. McGuire ed., *Imperial Projections: Ancient Rome and Modern Popular Culture*(Baltimore, 2001)

M. Wyke, *Projecting the Past: Ancient Rome, Cinema and History*(London, 1997)

3. 조국 찾기-프로이트의 오이디푸스는 어디서 왔는가

Peter Rudnytsky, *Freud and Oedipus*(New York, 1987)

Simon Goldhill, *Who Needs Greek?*(Cambridge, 2002)

4. 모든 이야기들의 근원-그리스의 오이디푸스

C. P. Segal, *Oedipus Tyrannus: Tragic Heroism and the Limits of Knowledge*(New York, 1993)

J.-P. Vernant and P. Vidal-Naquet, *Myth and Tragedy in Ancient Greece*(Brighton, 1981)

5. 기원의 신화

Simon Goldhill, *The Invention of Prose*(Oxford, 2002)

Marcel Detienne, *The Creation of Mythology*(Chicago, 1986)

Lowell Edmunds ed., *Approaches to Greek Myth*(Baltimore, 1990)

Wm. Blake Tyrrell, and Frieda Brown, *Athenian Myths and Institutions*(Oxford, 1991)

Paul Cartledge, *The Greeks*(Oxford, 1992)

✢ 도판 출처

아래의 도판들을 복제하도록 허락해준 데 대해 해당 작가와 출판사들에게 감사하고 싶다.
그림1. Museo Archaeologico Nazionale, Naples; 그림2. Trustees of the Wallace Collection; 그림3. National Archaeological Museum, Athens; 그림4. German Institute of Archaeology, Rome(사진 Singer, 69.634); 그림5. Charles Atlas Limited, all rights reserved; 그림6. National Museums Liverpool; 그림7. Leni Riefenstahl-Produktion; 그림8. Peter Clayton; 그림10. Rheinisches Landesmuseum Trier; 그림11, 20. Staatliche Museen zu Berlin, Antikensammlung; 그림12, 14, 38, 42. Museo Nazionale, Naples; 그림13. German Institute of Archaeology, Rome(사진 Faraglia, 28.26); 그림15. University of Wisconsin Press; 그림16. Villa Giulia, Rome; 그림17. Ashmolean Museum, Oxford; 그림18, 19, 22, 28, 29, 45. The Trustees of the British Museum; 그림21. Staatliche Antikensammlung, Munich; 그림24. Manchester City Art Galleries; 그림26. The Walters Art Museum, Baltimore; 그림27. Louvre, Paris ⓒ Photo RMN/Hervé Lewandowski; 그림30. The Royal Collection ⓒ 2003, Her Majesty Queen Elizabeth II; 그림31. The Detroit Institute of Arts; 그림32. Robin Osborne; 그림33. German Institute of Archaeology, Rome(사진 Bartl, 58.1789); 그림34. German Institute of Archaeology, Athens(KER16171/16172); 그림35. Brooklyn Museum of Art; 그림36. Harvard University Press; 그림37, 39. The Metropolitan Museum of Art, all rights reserved; 그림40 . Museo Archeologico al Teatro Romano, Verona; 그림41. Borghese Gallery, Rome; 그림43. Museo della Civilita Romana, Rome; 그림44. 개인소장, Bradford Art Galleries and Museums에 대여; 그림47. North Carolina Division of Archives and History, Raleigh; 그림48, 49, 50. Estate of Sigmund Freud.

✢ 감사의 말

이 책의 각 장들을 검토해준 내 친구들에게, 특히 헬렌 모랄레스와 미리엄 리오나드에게 진심으로 감사를 전한다. 그리고 나의 대리인인 피터 스트라우스와, 그 누구보다도 특히 이 책을 편집한 애나 세토러에게 감사한다. 진정한 편집자인 세토러의 방향 제시와 지지가 없었다면 이 책은 결코 나오지 못했을 것이다.

소크라테스는 '몸짱'에 '동성애자'였다?

영화 〈다빈치 코드〉의 종교기호학 교수인 로버트 랭던은 강연에서 이렇게 말한다. "과거를 제대로 이해해야 현재를 파악할 능력이 생깁니다. 그것이 우리의 정체성을 형성합니다." 이 책이 현대 서구인의 자아를 구성하는 기본 블록 조각들인 섹스와 몸, 종교와 결혼, 정치와 민주주의, 오락과 볼거리, 신화와 역사를 바탕으로 고대 그리스를 돌아보고 있는 것은, 정확히 이런 이유에서이다.

최근 에스파냐 마드리드 패션쇼에서 지나치게 마른 모델들을 무대에 서지 못하게 했다. 현대 여성들은 거의 '모델링'이 불가능한 '모델'을 미의 이상으로 삼아 부지런히 다이어트를 하고 피트니스 클럽을 다닌다. 소크라테스도 부지런히 피트니스 클럽(체육관)을 다녔다. 실제로 따라 하기에는 힘든, 고대 그리스 조각의 이상적인 남성 몸을 모델로 삼아서 말이다.

고대 그리스 시민들(여성과 아이들과 노예는 제외되었으므로 남성들)은 정기적으로, 심지어는 매일 체육관에 가서 몸을 단련하여 관리해야 했다. 소크라테스는 몸이 빈약한 친구 에피게네스에게 이렇게 잔소리를 한다. "자넨 올림픽 경기 선수 못지않게 몸을 관리해야 하네." 체육관에서 단련을 하고, 거리를 걷고, 의회나 법정에서 이야기를 하면서 시민의 몸은 보여지고 논평되었다. 다른 사람들은 그 시민의 몸을 보고서 그를 평가했으며, 시민의 자아감은 그러한 평가에 달려 있었다. 그래서 다이어트 및 운동 안내서, 건강 안내서가 체육관과 함께 번창했다. 이렇게 다이어트와 운동으로 가꾸어진 시민의 몸은 모독되어서는 안 되었다. 법은 시민의 몸을 찌르거나 채찍질하거나 고문하는 것을 금지시켰다(하지만 노예의 몸은 찌르고 채찍질하고 고문할 수 있었다).

초기 그리스도교는 자신이 태어난 요람인 그리스-로마 문화를 의도적으로 전복시키는 데서 자기형성의 원동력을 찾았다. 고행자 시메온은 몸에 대한 그리스도교의 새로운 태도를 잘 보여준다. 그리스인들이 다이어트와 운동으로 몸을 가꾸고 사회의 공적 영역을 활보했다면, 고행 성인들은 사회에서 이탈해 금식의 고통을 견디며 고행을 했다. 로마의 희극작가 테렌티우스가 "음식과 포도주가 없으면 섹스는 냉담해진다"고 쓴 반면, 니사의 그레고리우스(4세기의 주교이자 교부신학자)는 "맛은 모든 죄악들의 어머니"라고 말했다. 〈다빈치 코드〉의 사일리스는 십자가 앞에서 자신의 몸을 정화하기 위해 스스로 채찍질을 가한다. 그리스도교도는 순교자의 고문을 찬미했다. 순교자는 고문자에게 몸을 찔리면서 '하느님을 찬양하기 위한 구멍을 더 많이' 갖게 되었다며, 자기 몸이 모독당하는 것을 즐겼다. 그리고 채찍질을 피하기는커녕, 자신이 하느님의 노예라는 표시로서 채찍질(태형)을 자청하기도 했다.

현대의 광고나 영화 등에서 미의 규범(canon)은 흔히 여성의 몸에 의해 표현된다. 하지만 아리스토텔레스에 의하면, 여성은 남성의 변종이다. 즉 남성이 되지 못한 인간이며 불완전하고 결핍된 존재인 것이다. 해서 '완전한 여성의 몸'이란 고대 그리스인의 사고에서는 모순된 말이다. 그러니, 여성 몸의 규범이란 있을 수가 없었다. 조각가 폴리클레이토스가 여성이 아니라 남성의 몸으로 미의 규범을 개발한 것은 달리 이유가 없었다. 그래서 페르세우스와 안드로메다의 이야기를 그린 고대의 그림들에서, 거의 누드로 등장하는 것은 페르세우스이며, 안드로메다는 오히려 단정히 옷을 입고 있다. 하지만 이것이 르네상스 시대에 오면 뒤집어진다. 이탈리아 르네상스를 대표하는 화가 티치아노는 옷을 갖춰 입은 페르세우스로부터 나체의 안드로메다로 관람자의 시선을 완전히 돌려놓는다.

어느 날 소크라테스가 헤라 여신의 사원 근처에 있는 타우레아스 체육관에서 운동을 하고 있는데, 미소년 카르미데스가 들어섰다. 소크라테스는 그의 미모에 황홀해한다. "사람들은 그 소년이 체육관에 들어섰을 때 벼락을 맞은 듯 눈을 흡뜨면서 혼란스러워했다……그때 나는 소년의 망토 안을 얼핏 보고서 활활 타올라 더 이상 제정신을 차릴 수가 없었다……나는 야수에게 사로잡힌 것 같았다."

고대 그리스에서 에라스테스(사랑하는 자 또는 애자)인 시민 남성이 에로메노스(사랑받는 자 또는 애인)인 미소년을 욕망하고 섹스를 하는 것은 완전히 정상적인 일이었다. 하지만 소년 또한 장차 시민 남성이 될 것이므로, 그에 대한 상당한 보호가 필요했다. 해서 에라스테스가 에로메노스에게 구애하는 과정은 규정이 아주 복잡한 무도(舞蹈)처럼 양식적인 의례와 세심함이 요구되는 절차를 따랐다. 소크라테스가 카르미데스를 보고 그랬던 것처럼, 첫눈에 반하는 첫 단계에서부터 최종적인 쾌락의 행위에 이르기까지. 쾌락의 행위는 성인 남성의 남근을 소년의 허벅다리 사이에 끼워 넣는 식으로 이루어졌다. 일명 '가랑이 성교' 라고 하는 이것은 고대 그리스에서 아무런 흠 없는 정상적인 행위방식이었다. 이렇게 해서 소년에게 삽입할 일은 없었던 것이다. 흔히 동성애를 지지하는 이들에게 전거를 제공해주고 있는 플라톤의 《향연》에서 아리스토파네스는 성인 남성과 미소년 사이의 사랑을 최고의 선이라고 말하고 있다. 실제로 '동성애' 와 그 짝인 '이성애' 라는 용어를 처음 사용한 것은 1879년대 독일의 신경정신과 의사 리하르트 크라프트 에빙이었다. 19세기에 의학사가들이 '동성애' 라 불리는 병리 현상을 처음 제시하면서, 그때부터 사람들은 동성애자가 '되었' 던 것이다.

케임브리지 대학의 고전학 교수인 사이먼 골드힐은 이런 식으로, 고대 그리스의 사회, 문화, 정치, 종교 등 전반에 걸친 고전이라는 렌즈를 통해, 얼핏 보면 원래부터 그러한 것으로서 자명하고 명백해 보이는 것들이 어떤 역사를 겪으면서 '자명하고 명백한 것으로 보이게 되었는지' 를 조명한다. 그리고 이를 통해 문화적, 종교적 정체성 또는 인종문제 등과 관련된 편협한 선입관들이 엄청난 폭발력을 가지고 파괴와 혼란을 불러일으키곤 하는 현대 사회에서, 자신과 타자를 구분하는 '정상적' 이고 '자연스러운' 기준이란 무엇인지를 묻고 있다. 나는 무엇을 알고 있는가(Que sais-je)?